Willy Obrist

Die Mutation des Bewusstseins

Vom archaischen zum heutigen Selbst- und Weltverständnis

opus magnum

Dr. med. Willy Obrist
(1918 - 2013), Studium der Philosophie, Geschichte und Medizin. Facharzt für innere Krankheiten. Nach mehreren Jahren ärztlicher Praxis Ausbildung zum Analytiker am C. G. Jung-Institut Zürich. Dort langjähriger Dozent für tiefenpsychologische Theorie.

Seit 1970 Mitarbeiter der Stiftung für Humanwissenschaftliche Grundlagenforschung (Zürich) mit dem Forschungsschwerpunkt Evolution des Bewusstseins / Wandel des Weltbilds. Mitbegründer der Schweizerischen Gesellschaft für Religionswissenschaft, der Stiftung für Jungsche Psychologie (Zürich) und der Stiftung zur Förderung der Philosophie (Mönchengladbach).

Der Hirnforscher Gino Gschwend schrieb in der Schweiz. Aerztezeitung über Willy Obrist: „Dabei gelang ihm für die Evolution des Bewusstseins das, was seinerzeit Charles Darwin für die Bioevolution gelungen ist: der methodisch einwandfreie Nachweis, dass sich eine solche ereignet hat."

Eine Übersicht seiner Werke bei opus magnum findet sich am Ende des Buches.

Willy Obrist

Die Mutation des Bewusstseins

Vom archaischen zum heutigen Selbst- und Weltverständnis

Bibliografische Information der Deutschen Nationalbibliothek
Die Deutsche Nationalbibliothek verzeichnet diese Publikation in der Deutschen Nationalbibliografie; detaillierte bibliografische Daten sind im Internet über http://dnb.d-nb.de abrufbar.

ISBN 13: 978-3-939322-78-8

Erstausgabe unter dem gleichen Titel bei Peter Lang, Bern 1980
Durchgesehene Neuauflage, Version 3.02

Grafik und Layout: Dr. Lutz Müller
Herstellung: Books on Demand GmbH., Norderstedt

Inhalt

Vorwort zur dritten Auflage 11

Einleitung 13

Das zwiefache Unbehagen 13
Evolutionäre und geistesgeschichtliche Betrachtungsweise 14
Mutation des Bewusstseins als Ursache des zwiefachen Unbehagens 16
Unterschied zwischen biologischer Evolution und Evolution des Bewusstseins 17
Notwendigkeit die heute möglich gewordene Weltsicht zu entfalten 18
Drei Typen von Wissenschaft 19

1. Allgemeine Merkmale archaischen Welterlebens. 21

Aussagekraft primitiver Kulturen 21

Die Allverbundenheit 22
Das Partizipationserleben 22
Das Bewirken durch Vormachen 25
Allverbundenheit, Bewusstheit und Bewusstseinsevolution 30

Die „jenseitige" Dimension 34
Opferbräuche schon in der Steinzeit 34
Zusätzliche „Dimension" der Außenwelt 35
Doppeltheit des Erlebens 36
Projektion innerer Bilder in die Außenwelt 36
„Jenseitige" Welt als eigentlich wirkliche Wirklichkeit erlebt 37

Vorwiegend existenzielle Einstellung 38
Objektivierende und existenzielle Einstellung 38
Wissenschaft und spirituelle Schulen 40

Mythische Kosmologien 41
Wissenschaftliche und mythische Kosmologie 41
Beispiele mythischer Kosmologien 42

Zwei Kategorien metaphysischer Wesen **43**
Die „weiterlebenden Toten“ 44
Verlöschende und wachsende Tote 45
Die autochthon metaphysischen Wesen 46

Fähigkeiten der metaphysischen Wesen **48**
Wirkungsmächtigkeit 48
Die Fähigkeit, sich zu offenbaren 50
Die Fähigkeit, sich zu inkarnieren 69

Die Assimilation des Mythos **71**
Assimilation durch Reflexion (Theologie) 72
Assimilation durch „Begehen“ im Ritus 76

Die geistige Gemeinschaft (Riten-Gemeinschaft) **88**

Archaische Auffassung von Raum und Zeit **100**
Heutige Auffassung des Raumes ist quantitativ 101
Archaisches Raumerleben war vorwiegend qualitativ 101
Statischer Charakter des heutigen Raumerlebens 102
Dynamistischer Charakter des archaischen Raumerlebens 102
Heutiges Zeiterleben: ein unumkehrbares Kontinuum 104
Für den früharchaischen Menschen war die Zeit präsentisch 105

2. Bewusstseinsevolution während der archaischen Phase... 107

Der Übergang vom unbewussten zum bewussten Lebewesen **107**
Erste Zeichen von Bewusstheit 108

Langdauernde Anfangsphase **109**
Verschiedene Aspekte der Höherentwicklung 109
Diastole und Systole 110

Auseinanderrücken von Diesseits und Jenseits (Diastole) **111**
Ausgangspunkt: unistisches Weltbild 111
Physischer und metaphysischer Zweig der Bewusstseinsevolution 114
Bewusstseins-Evolution auf dem metaphysischen Zweig 117
Das archaische Weltbild des Mittelalters 147
Die Theologie als archaischer Wissenschafts-Typ 155
Anfänge der wissenschaftlichen Theologie 157

„Weltliche“ Disziplinen an den mittelalterlichen Universitäten 158
Dogmatik, die theologische Kerndisziplin 159
Sakramentenlehre als schöpferischer Beitrag des Mittelalters zur Theologie 160
Offenbarungstheorie als Fundament des archaischen Wissenschaftstypus 162
Archaischer Offenbarungsbegriff auch heute noch Grundlage der Theologie 164

3. Die positivistisch-rationalistische Übergangsphase......... 167

Nachholen der Entwicklung auf dem physischen Zweig 167
Die archaische Entwicklung des Geist-Begriffs strebte einem Grenzwert zu 167
Das Gesetz von Gegensatzspannung und transzendierender Funktion 168
Die Entwicklung auf dem physischen Zweig schuf die notwendige Gegensatzspannung 169
Ansätze zum Neuen im Mittelalter 170
Das Vorwärtsweisende an Renaissance und Humanismus 171
„Positivismus“ wird hier als Sammelbegriff verstanden 173

Der methodische Positivismus 173
Eine neue Art des Sehens 173
Methodischer und weltanschaulicher Positivismus 174
Der methodische Positivismus als „Tugend“ 175
Methodischer Positivismus in den Kultur-Wissenschaften 175
Methodischer Positivismus in der Naturwissenschaft 176
Entmythologisierung von Natur und Geschichte 177

Vorarbeit der Scholastik für die positivistische Wissenschaft 178
Die Schulung im logischen Denken 179
Das Austragen des Universalienstreits 182

Das Werden des positivistischen Wissenschafts-Typus 189
Kausalitätsbegriff verdrängt archaisches Mächte-Denken 190
Überwindung der archaischen Auffassung von Raum und Zeit 192
Die Beschränktheit des positivistischen Wissenschafts-Typs 193

Das positivistische Selbst- und Weltverständnis 195
Rationalismus als notwendige Folge des Positivismus 196
Entwicklungsfördernde und hemmende Funktion des Rationalismus 197
Das positivistische Weltverständnis war areligiös 198
Positivistische Ethik war subjektivistische Ethik 198
Verkümmerung der Geist-Vorstellung 200

4. Der Durchbruch zu höherer Bewusstheit 203

Die Entdeckung des Unbewussten 203
Gegensatzspannung und vereinigendes Symbol 203
Ansätze zu etwas Neuem im 19. Jahrhundert 203
Der empirische Nachweis des Unbewussten 207
Theoretische und angewandte Psychologie 208
Modell-Vorstellungen der Psyche 209

Vom mechanistischen zum systemischen Naturverständnis 211
Der Ausdruck „das Unbewusste" als Symbol 211
Das mechanistische Naturverständnis 211
Die Wende in der Naturwissenschaft 212
Systemisches Naturverständnis 212
Die Erforschung der „Innerlichkeit" 214
Nunmehr Möglichkeit einer tiefenpsychologischen Theorie 215

Die Psyche als System 216
Erkenntnistheoretische Vorbemerkung 216
Informationsfluss im Lebewesen 217
Zwei Arten von Vorstellungen 221
Die Sprache des Unbewussten 231
Innerlich Wahrgenommenes als objektiv Wirkliches 240
Physische und psychische Wahrheit 243

Das Hereinklappen der metaphysischen Welt 245
Zwiefache Bedeutung des Ausdrucks „Gott" 245
Schöpfungsmythen sind „ätiologische" Mythen 246
Theologische Reflexion der Schöpfungsmythen führte zum Begriff des Schöpfergottes 247
Auch Reflexion über sinnlich Wahrgenommenes führte zum Begriff des Weltenschöpfers 248

Die Vorstellung des Schöpfergottes wurde bei der Mutation nicht „hereingeklappt" 249
Das „Hereinklappen" war die vierte Demütigung des abendländischen Menschen 249

Der Geist-Aspekt der Natur 250
Ansatzpunkt für einen neuartigen Geist-Begriff 250
Geist als Tendenz zur Selbstwerdung 267
Geist als Tendenz zu überindividueller Ordnung 274
Geist als Innerlichkeit 278
Geist als Kreativität 281

Neuartige Auffassung von Religiosität 285
Ende der Religionen. Sehnsucht nach Religiosität 285
Homo faber-Haltung und Haltung des Geschehen-lassen-Könnens 288
Psychotherapie und Religiosität 289

Bewusstseins-Mutation als Makro-Mutation 293

Anmerkungen 297

Literatur 303

Werke von Willy Obrist 311

Vorwort zur dritten Auflage

Ich begrüße es, dass der opus-magnum-Verlag bereit ist, dieses mein erstes Buch neu aufzulegen. Gewünscht wurde dies schon von Vielen, und zwar deshalb, weil ich nur hier – anhand von Beispielen aus Ethnologie und Religionsgeschichte – die archaisch-mythische Weltsicht so ausführlich dargestellt habe: jenes Muster des Selbst- und Weltverstehens, das bis in unser Mittelalter allen Kulturen zugrunde lag, und aus dem alle Religionen hervorgegangen sind. Es war mein Anliegen, zu zeigen, dass die archaische Weltsicht zwar ein konsistentes, in sich logisches System des Welterfassens gewesen ist, dass ihre Logik jedoch auf Prämissen aufbaute, die einer früheren Entwicklungsstufe des menschlichen Geistes entsprachen. Es galt auch zu zeigen, dass die Evolution des Bewusstseins, die unter archaischer Weltsicht schon eine gewisse Höhe erreicht hatte, in unserem Mittelalter an einem Plafond angestoßen ist. Das lässt verstehen, dass sie nur weiter schreiten konnte, wenn die Prämissen der Evolutionshöhe angepasst wurden, was zu einem grundlegend neuen Welt- und Menschenbild führte. So galt es, diesen Wandlungsprozess, den ich als Mutation des Bewusstseins bezeichne, zu schildern. Da ich in meinen späteren Büchern jeweils nur einen besonderen Aspekt der neuen Weltsicht ausführlich dargestellt habe, konnte ich in ihnen die archaische Weltsicht nur noch kurz skizzieren. Diese verkürzte Darstellung führte nun nicht bei allen Lesern zum wirklichen Erfassen des früheren Welterlebens und damit zum Erkennen der vielen Reste, die davon heute noch vorhanden sind und überholte Strukturen stabilisieren. Aus diesem Grund bin ich froh, dass die ausführliche Darstellung des archaischen Welt- und Menschenbildes wieder zugänglich ist.

Am Text des Buches habe ich auch für diese Neuauflage – abgesehen von der Aktualisierung einiger Ausdrücke – nichts geändert. Nun hoffe ich, dass es weiterhin vielen Menschen, die in unserer Zeit des Übergangs desorientiert sind, Orientierung geben könne.

Willy Obrist

Einleitung

Das zwiefache Unbehagen

Bedeutende Naturwissenschaftler, insbesondere Physiker, schreiben heute Bücher über Gott, über den Sinn des Lebens, über Verantwortlichkeit und ethische Normen. Sie gelangen dabei zu Lösungen verschiedener Art, doch stimmen sie alle darin überein, dass das heute dominierende wissenschaftliche Weltbild zu eng sei, dass es noch eine andere, vom naturwissenschaftlichen Denken nicht erfasste Wirklichkeit gebe, und dass nur die Besinnung auf diese uns vor der Verzweiflung oder vor der Katastrophe zu bewahren vermöge.

Damit tritt ein Unbehagen zutage, das untergründig weitverbreitet ist: *das Unbehagen im Positivismus,* das heißt in jenem Weltverständnis, das nur das als objektive Wirklichkeit anerkennt, was *mit den Sinnen wahrnehmbar* ist. Neu ist dieses Unbehagen zwar nicht. Schon zu Beginn unseres Jahrhunderts machte es sich bemerkbar, vor allem bei Malern und Literaten. Die Wissenschaftsgläubigen jedoch, das heißt die große Menge jener, die Wissenschaftlichkeit mit positivistischer Einstellung gleichsetzen, verdrängte es so lange, bis die Vertreter der mit dem größten Prestige umkleideten Fachgebiete sich dazu bekannten. So beginnt es denn erst jetzt ins allgemeine Bewusstsein aufzusteigen.

Die „andere" Wirklichkeit wird in der Regel, einem allgemeinen Sprachgebrauch folgend, als metaphysische bezeichnet. So liegt es denn nahe, dass man auf der Suche nach ihr *in die Vergangenheit* blickt: in jene frühere Zeit, der die Existenz einer jenseits des gestirnten Himmels gelegenen metaphysischen Welt noch selbstverständlich war.

Häufig wird dabei Plato zurate gezogen, und man richtet sich dessen Vorstellung von präexistenten Urbildern für den heutigen Stand des Wissens zurecht (z. B. Heisenberg). Dies vermag wohl das Fragen nach der Ordnung in der Natur zu befriedigen. Jene Naturwissenschaftler hingegen, denen weniger die ontologische als die existenzielle Frage unter der Haut brennt (z. B. Heitler); wenden sich der Religion beziehungsweise der Theologie zu und bemühen sich, diese zu rehabilitieren.

Dabei müssen sie aber feststellen, dass auch die Theologen von Unbehagen befallen sind, allerdings von einem Unbehagen anderer Art: vom *Unbehagen im mythischen Weltbild.* Das theologische Selbstverständnis ist heute sogar noch mehr erschüttert als das positivistische.

Während nämlich die Naturwissenschaftler die Ergebnisse ihres Forschens nicht prinzipiell infrage stellen, sondern nur die erkenntnistheoretischen Grenzen, die die positivistische Einstellung ihrem Denken setzt, steckt die Theologie in einer eigentlichen *Grundlagenkrise.*

Verunsichert wurde sie vorerst durch die Ergebnisse jener historischen Disziplinen, die sich seit der Aufklärung an den theologischen Fakultäten entwickelt hatten: der Kirchen- und Dogmengeschichte, der Geschichte der Theologie und insbesondere der historisch-kritischen Bibelwissenschaft. Diese ließen nämlich Kirche und Schrift sowie die Person Jesu in bedeutend weniger göttlichem Licht erscheinen, als eine naive Tradition bis dahin angenommen hatte.

Den entscheidenden Stoß jedoch gab dem theologischen Selbstverständnis der empirische Nachweis eines unbewusst-geistigen Systems im Menschen sowie der Wechselwirkung zwischen diesem und dem Bewusstsein. Durch diesen Nachweis wurde nämlich das *Fundament* allen theologischen Denkens erschüttert: die Annahme einer übernatürlichen Offenbarung.

Die Entdeckung des Unbewussten wirkte aber, obwohl sie das theologische Denken relativierte, nicht destruktiv auf die Religiosität. Sie machte es im Gegenteil möglich, jene Vorgänge, die man in früherer Zeit als übernatürliche Offenbarung Gottes auffasste, auf eine neue, der heutigen Bewusstheit entsprechende Art und Weise zu verstehen. Damit eröffnete sie einen Zugang zur „anderen" Wirklichkeit, der vom heutigen Menschen ohne Preisgabe der geistigen Redlichkeit vollzogen werden kann.

Evolutionäre und geistesgeschichtliche Betrachtungsweise

Im Lichte dieses Prozesses erscheint das zwiefache Unbehagen – das Unbehagen im positivistischen und im mythischen Weltbild – als Symptom einer Wachstumskrise des menschlichen Geistes: als Symptom des Übergangs von einer niedrigeren zu einer höheren Stufe der Bewusstheit. Um den Nachweis zu erbringen, dass es sich dabei tatsächlich um einen Übergang zu einer höheren Bewusstheit und damit um einen irreversiblen Entwicklungsschritt handelt, müssen wir allerdings eine Betrachtungsweise anwenden, die tiefer unter die Oberfläche des Geschehens hinabführt als die traditionelle geistesgeschichtliche; wir müssen dazu nach der Evolution des Bewusstseins fragen.

Damit begeben wir uns auf ein noch wenig bekanntes Gebiet. Die Einsicht, dass eine Evolution *der raum/zeitlichen Systeme* stattgefunden und über welche Stufenfolge von Formen sich diese vollzogen hat, gehört zwar zum indiskutablen geistigen Besitz unserer Zeit. Zur Diskussion steht hier lediglich die Theorie, mit der man bisher dieses Geschehen zu erklären versuchte. Ob jedoch der Evolutionsprozess sich nach dem Erscheinen des Menschen – innerhalb der menschlichen Art – als Evolution *des Bewusstseins* fortgesetzt habe, war bis in die jüngste Zeit umstritten. Es war deshalb umstritten, weil man kein sicheres Kriterium zur Bestimmung der Evolutionshöhe des Bewusstseins besaß.

Ein Evolutionsprozess kann nämlich nur dann in vollem Umfang erfasst werden, wenn er komplementär unter den Aspekten der Variation *und* der Entwicklungshöhe betrachtet wird. Dabei geht die Erforschung der Varianten der Bestimmung der Entwicklungshöhe zeitlich voraus. Der Gedanke, dass eine Höherentwicklung der Lebewesen stattgefunden habe, hätte ja im 19. Jahrhundert gar nicht aufkommen können, wenn damals nicht schon eine große Zahl von Arten – von Varianten des Lebendigen – bekannt gewesen wäre.

Als Varianten des Bewusstseins können die Kulturen aufgefasst werden, denn diese sind Äußerungen je verschiedener Vorstellungswelten. Diese Varianten des Bewusstseins wurden von Kulturhistorikern seit Langem und von Völkerkundlern in neuerer Zeit gründlich erforscht und plastisch dargestellt. Wenn es aber darum ging, die Evolutionshöhe einer Kultur beziehungsweise eines Weltbildes innerhalb einer Kultur zu bestimmen, versagten die sonst so effizienten Methoden dieser Wissenschaften. Das Scheitern der Versuche von Religionswissenschaftlern und Ethnologen führte sogar dazu, dass innerhalb dieser Disziplinen heute das Fragen nach Evolution verpönt ist.

Nach einem Kriterium für die Evolutionshöhe des Bewusstseins muss man eben bei diesem selber suchen. Um aber herauszufinden, welches das Charakteristikum des Bewusstseins bzw. der Bewusstheit ist, darf man nicht das Bewusstsein allein betrachten, sondern muss auch das Unbewusste ins Auge fassen. Nur durch die Untersuchung der Wechselwirkungen zwischen dem menschlichen Unbewussten und dem Bewusstsein sowie durch Vergleich der kognitiven Fähigkeiten des Menschen mit denen unbewusster Lebewesen verschiedener Evolutionshöhe – d. h. durch Zusammenarbeit von Tiefenpsychologie und Ethologie – lässt sich erkennen, welche völlig neue Eigenschaft beim Entwicklungsschritt vom Tier zum Menschen zustande kam. Es ist dies die Fähigkeit zur Unterscheidung zwischen Ich und Nicht-Ich bzw. zwischen Subjekt und Objekt. Nur der Mensch gelangt zur Einsicht: „Das bin ich und jenes ist etwas anderes." So simpel es klingt, dies ist *die* spezifisch menschliche

Fähigkeit, aus der sich alles andere, das für den Menschen typisch ist, ergibt.

Diese Fähigkeit hat sich aus den allerbescheidensten Anfängen zur heutigen Differenziertheit entwickelt. Im Grad dieses Unterscheidungsvermögens sehe ich denn auch das gesuchte Maß, mittels dessen wir die Evolutionshöhe eines Bewusstseinszustandes – und damit auch einer Religion, eines Gesellschafts- oder Wirtschaftssystems als Ausdruck eines solchen – bestimmen können.

Mutation des Bewusstseins als Ursache des zwiefachen Unbehagens

Treten wir nun, ausgerüstet mit diesem Instrumentarium, an die Fakten heran, die die Ethnografen und Historiker zusammengetragen haben, stellen wir fest, dass die Bewusstheit von der Steinzeit bis zum Ende des Mittelalters zwar beträchtlich an Evolutionshöhe gewann, dass jedoch die Entwicklung während dieser ersten Phase, die ich als *archaische* bezeichne, geradlinig verlief: geradlinig in dem Sinn, dass in diesem Zeitraum lauter *mythische* Weltbilder entstanden, d. h. Weltbilder, in denen der Mythos als ein *außen* sich abspielendes, gleichsam historisches Geschehen verstanden, und die Akteure dieses Geschehens als *konkrete Wesen* aufgefasst wurden (archaischer Konkretismus).

Seit Beginn der Neuzeit vollzog sich dann eine tief greifende Transformation des Bewusstseinssystems, eine Transformation, die unter anderem zur erwähnten neuartigen Auffassung des mythischen Geschehens und des Offenbarungsvorgangs führte. Wenn wir im Einzelnen untersuchen, wie dieser Wandel sich vollzog, sehen wir, dass er einer erstaunlichen, geradezu „naturhaften" Gesetzlichkeit folgte: dass in einer ersten Phase *neben* dem in Kirche und Theologie weiterlebenden mythischen Weltverständnis ein Weltbild des Übergangs sich ausformte: das auf das sinnlich Wahrnehmbare eingeengte Weltbild des Positivismus; und dass durch diese eingeengte Weltsicht gleichsam ein archimedischer Punkt zustande kam, von dem aus dann – in einem zweiten Schritt – das mythische Weltbild, d. h. das konkretistische Verständnis des innerlich Wahrgenommenen, aus den Angeln gehoben wurde.

Weil das mythische Weltverständnis durch die Entwicklung überstiegen wurde, wird es heute denen, die noch darin leben, mehr und mehr unbehaglich. Dass es aber daneben noch ein anderes Unbehagen gibt – das Unbehagen im positivistischen Weltverständnis – beruht darauf, dass durch den zweiten Schritt der Bewusstseinsmutation auch dieses relativiert wurde und uns heute als zu eng und einseitig erscheint.

Der Evolutionsschritt von der archaischen zur heutigen Bewusstheit, den ich in Analogie zu entsprechenden Vorgängen während der biologischen Evolution als Mutation – und zwar als Makromutation – des Bewusstseins bezeichne, soll in diesem Buche beschrieben werden. Im Verlauf dieser Darstellung wird sich dann auch erweisen, dass es sich dabei tatsächlich um einen Schritt zu höherer Bewusstheit, d. h. zu einem differenzierteren Unterscheidungsvermögen handelt und außerdem, dass dieser Schritt geschehen *musste,* weil die Evolution unter archaischen Vorzeichen am Ende des Mittelalters an einem Plafond anstieß.

Unterschied zwischen biologischer Evolution und Evolution des Bewusstseins

Hier ist nun auf einen Unterschied zwischen der biologischen Evolution und der Evolution des Bewusstseins hinzuweisen und ein Begriff einzuführen, der uns während der ganzen folgenden Untersuchung begleiten wird. In der biologischen Evolution vollziehen sich Mutationen an der Erbsubstanz und pflanzen sich auf der Erbbahn fort. Die Bewusstseinsevolution hingegen vollzieht sich extragenetisch, und ihre Ergebnisse werden mit dem Traditionsstrom, d. h. innerhalb der historischen „Dimension", an die folgenden Generationen weitergegeben.

In der Erbsubstanz ist jeweils der „Bauplan" beziehungsweise das Reaktionsprogramm einer Art festgehalten: ein Programm von „Sollwerten", das sowohl die morphologisch-physiologische Struktur eines Lebewesens als auch dessen kognitive Fähigkeiten und Verhaltensmuster bestimmt. So wie jedes Lebewesen sich gemäß dem für seine Art typischen Reaktionsprogramm entfaltet, entfaltet sich auch der Mensch nach dem für die menschliche Art typischen Programm, und wir werden später sehen, dass das was C. G. Jung das kollektive Unbewusste nannte, mit diesem Reaktionsprogramm – unter dem psychischen bzw. geistigen Aspekt betrachtet – identisch ist.

Da nun der Mensch zusätzlich zu dem, was dem Tier gegeben ist, noch Bewusstsein besitzt, entsteht in ihm Menschen-"Welt": ein imaginärer „Raum", der mit den durch die Wahrnehmung zustande gekommenen Vorstellungen der außerbewussten Wirklichkeit angefüllt ist. Diese Vorstellungen werden durch die ordnenden Funktionen des Bewusstseins – durch das Denken und Bewerten – zu einem *Weltbild* angeordnet.

Entscheidend für das Verständnis der Bewusstseinsevolution ist nun die Tatsache, dass die Art und Weise dieses Anordnens auch in einem gewissen Sinne vorprogrammiert ist, dass aber diese Vorprogrammierung nicht durch die Erbsubstanz, sondern durch die Tradition weitergereicht wird. Die klassische Bewusstseinspsychologie unterschied am Wahrnehmungsvorgang zwei Phasen: die Perzeption und die Apperzeption. Als Perzeption bezeichnete sie das Eindringen eines zu erkennenden Inhalts ins Bewusstsein, als Apperzeption hingegen das Eingeordnetwerden dieses Inhalts ins Bewusstseinsgefüge, d. h. ins Weltbild. Die Art und Weise, wie etwas Wahrgenommenes apperzipiert wird, steht nun – und das ist an dieser Stelle das Entscheidende – nicht oder nicht völlig im Belieben des Ich. Sie wird zur Hauptsache durch unbewusste Faktoren bestimmt: durch die sogenannten *Apperzeptionsschemata.* Was nun der Bauplan für die biologische Evolution bedeutet, das bedeuten die Apperzeptionsschemata für die Bewusstseinsevolution. Sie sind es, die bei der Mutation des Bewusstseins verändert wurden.

Notwendigkeit die heute möglich gewordene Weltsicht zu entfalten

Wenn ich von heutiger Bewusstheit spreche, ist dies nicht so zu verstehen, als sei dies die heute allgemein verbreitete Art des Selbst- und Weltverstehens. Im Gegenteil, die Mehrzahl der Menschen versteht heute sich selbst und die Welt noch so, wie es während der positivistischen Übergangsphase üblich war, und eine große Zahl apperzipiert heute sogar noch auf archaische Weise. Der evolutionäre Durchbruch zu einer neuen Art des Apperzipierens hat jedoch stattgefunden, und solche Durchbrüche sind irreversibel. Sie finden zwar jeweils bei einzelnen Individuen einer Population statt, breiten sich dann aber – meistens erst in den folgenden Generationen – unaufhaltsam aus. Im Prinzip war der Durchbruch zur neuen Weltsicht geschehen, als zu Beginn unseres Jahrhunderts das unbewusste Führungssystem entdeckt worden war. *Entfaltet* jedoch war das neue Weltbild damit noch nicht. Vorerst musste eine lange Reihe von Fakten erarbeitet werden: von Fakten, deren Kenntnis es erst ermöglichte, die neuartige Weltschau bis in alle Konsequenzen durchzudenken und – was ebenso wichtig ist – in einer zeitgemäßen Sprache auszudrücken.

Dies geschah während der bisherigen Jahrzehnte unseres Jahrhunderts. Auf den verschiedensten Wissensgebieten vollzog sich in dieser Zeit eine gleichsam geraffte Entwicklung: eine Entwicklung, die jener Akzeleration gleichzusetzen ist, welche sich bei den Makromutationen der biologischen Evolution nachweisen lässt. So ist denn erst heute die Zeit dafür reif geworden, die durch die Entdeckung des Unbewussten möglich gewordene Weltsicht zu entfalten: einerseits all das Wertvolle, das durch archaische und positivistische Apperzeption gewonnen wurde, in diese zu integrieren, anderseits zu erkennen, was endgültig überholt ist. In unserer von der Wissenschaft beherrschten Zeit muss dies vor allem durch interdisziplinäres Gespräch vollzogen werden: durch ein Gespräch zwischen Vertretern aller wissenschaftlichen Disziplinen.

Drei Typen von Wissenschaft

Nun ist es aber, wie die Erfahrung zeigt, mit dem guten Willen zum humanwissenschaftlichen interdisziplinären Gespräch nicht getan. Während mehrerer Jahre habe ich an derartigen Gesprächen teilgenommen und musste immer wieder feststellen, dass diese nur wenig fruchtbar sind, weil man gerade in den entscheidenden Fragen aneinander vorbei redet. Es ist, als ob die Teilnehmer verschiedene Sprachen sprächen. Dabei fällt auf, dass es vor allem drei *Gruppen* von Wissenschaftlern sind, die sich gegenseitig nicht verstehen: die Theologen auf der einen, die Natur-, Geistes-, Gesellschafts- und Wirtschaftswissenschaftler auf der andern Seite und schließlich die Tiefenpsychologen. Innerhalb der einzelnen Gruppen ist Verständigung möglich.

Nun hat die moderne Linguistik nachgewiesen, dass Sprechen und Denken beziehungsweise Sprache und Weltverständnis sich gegenseitig bedingen. Es drängt sich somit die Vermutung auf, die sprachlichen Schwierigkeiten zwischen den drei Gruppen von Wissenschaftlern könnten mit dem Strukturwandel des Bewusstseins zusammenhängen; mit andern Worten: Es könnte sich bei den von diesen vertretenen Wissenschaften um drei *Typen* von Wissenschaft handeln, die auf verschiedenen erkenntnistheoretischen Voraussetzungen ruhen.

Tatsächlich hat sich ja die Theologie schon im Mittelalter zu einer eigentlichen Wissenschaft entfaltet, zu einer Zeit, als das innerlich Wahrgenommene noch archaisch-konkretistisch apperzipiert wurde. Die Natur-, Geistes-, Sozial- und Wirtschaftswissenschaften konstituierten sich in der Neuzeit unter der Dominanz des positivistischen Apperzeptionsschemas, das das innerlich Wahrgenommene ausfiltriert; die Tiefenpsychologie schließlich entstand mit dem zweiten Schritt der Bewusstseinsmutation und der damit verbundenen neuartigen Apperzeption der inneren Wahrnehmung.

So sitzen denn bei interdisziplinären Gesprächen im Grunde genommen drei Zeitalter beziehungsweise drei Phasen der Bewusstseinsevolution am gleichen Tisch, ohne dass die Vertreter der drei Bewusstseinsstufen sich darüber bewusst sind, dass ihr Denken durch verschiedenartige Vorverbindungen gesteuert wird. Erst wenn man gelernt hat, die

Denk- und Sprechweise des einen Wissenschaftstyps in die des andern zu übersetzen, wird man in der Lage sein, im interdisziplinären Gespräch ein der heute möglichen Bewusstheit entsprechendes erfahrungswissenschaftliches Menschenbild zu erarbeiten: ein Selbst- und Weltverständnis, in dem auch die „andere" Wirklichkeit miteinbezogen ist und in dem somit die religiöse Funktion sich wieder ohne Preisgabe der geistigen Redlichkeit entfalten kann; ein Selbst- und Weltverständnis ferner, das auch zu lebensfreundlicheren und lebenswerteren gesellschaftlichen Strukturen führen wird. Diesem Ziel möchte die nun folgende Untersuchung dienen.

1. Allgemeine Merkmale archaischen Welterlebens

Aussagekraft primitiver Kulturen

Die archaische Art des Welterlebens war *bis zum Ende des Mittelalters* auch im Abendland die allgemeingültige. Es läge somit nahe, diese anhand von Äußerungen mittelalterlicher Menschen zu untersuchen. Dem stehen jedoch zwei Gründe entgegen. Erstens wurde auf dem Entwicklungszweig, der zu uns Abendländern führte, schon einmal ein Versuch zur Überwindung der archaischen Apperzeption unternommen: in der vorsokratischen und klassischen Philosophie der Griechen. Obwohl jener Anlauf im Sande verlief und sogar von einer Rearchaisierung des Bewusstseins gefolgt war haben wir es doch von dort an – wenigstens bei jenen Äußerungen, die von den Geistesgeschichtlern beschrieben werden – nicht immer mit Äußerungen *rein* archaischer Bewusstseinsstruktur zu tun, sondern oft mit Mischformen, in denen schon Ansätze zur heutigen Apperzeption vorhanden sind. Dazu kommt, dass der zweite, nunmehr erfolgreiche Anlauf zur Mutation, obwohl er erst in der italienischen Renaissance manifest wurde, sich untergründig schon während des Mittelalters anbahnte.

Wir müssen uns deshalb, wenn wir die Eigenheiten der archaischen Bewusstheit kennenlernen wollen, Kulturen zuwenden, in denen wir diese noch in reinem Zustand vorfinden, den sogenannten primitiven. Den Ausdruck primitiv verwenden wir hier im Sinne von ursprünglich. Er ist ebenso wenig abwertend gemeint wie der Ausdruck archaisch. Beide Wörter dienen lediglich dazu, frühe Stufen der Bewusstseinsevolution zu benennen.

Nun können wir aber Einblick in das archaische Erleben und Denken nur durch lebendige Begegnung mit primitiven Menschen gewinnen: durch Beobachtung derselben in ihrem Alltag. Außerdem müssen solche Beobachtungen an Völkern gewonnen werden, die noch nicht in nähere Berührung mit der westlichen Zivilisation und mit der Denkweise des westlichen Menschen gekommen sind. Diese Voraussetzungen sind heute kaum mehr vorhanden. Wenn auch hin und wieder ein vereinzelter unberührter Stamm aufgespürt wird, dann ist doch der Zusammenprall mit dem zivilisatorischen Apparat, den die Forscher mit sich schleppen, zu unvermittelt, und außerdem bieten solch einzelne Stämme bei Weitem nicht die Vielfalt kultureller Varianten und orthogenetischer Stufen, aus der allein das Unwesentliche ausgeschieden und die Charakteristika der archaischen Bewusstheit herausgeschält werden können.

Wir besitzen indessen ein reichhaltiges Beobachtungsgut, das die oben aufgestellten Bedingungen erfüllt: Während der vier Jahrhunderte der Kolonisation – zu einer Zeit also, da unsere wissenschaftlich-technische Zivilisation selber erst im Entstehen war – kamen fortwährend weiße Männer mit unberührten, innerlich noch gesunden, rein archaischen Völkern in Kontakt und lebten auf einsamen Vorposten oft Jahre und Jahrzehnte mit den ‚Wilden' zusammen: Forschungsreisende, Verwaltungsbeamte, Händler und Missionare. Diese stellten immer wieder mit Erstaunen oder mit Entrüstung fest, wie *andersartig* die Denk- und Reaktionsweise der „Naturmenschen" war. Obwohl sie die innere Folgerichtigkeit der archaischen Gedankengänge meistens nicht verstanden und das Verhalten der Primitiven – je nach Standpunkt – für kurios, für dumm, für verbohrt oder abergläubisch hielten, beschrieben sie es doch häufig mit großer Sorgfalt. So besitzen wir denn heute eine kaum überblickbare Fülle authentischer Beobachtungsberichte, aus denen wir – ausgehend von der heutigen Einsicht in die psychischen Vorgänge – die Grundzüge archaischen Welterlebens herausschälen können.

Dies soll im ersten Kapitel dieses Buches versucht werden. Dabei werden wir sehen, dass das, was man mit dem knappen Ausdruck „archaische Apperzeption" bezeichnet, ein sehr komplexer Sachverhalt ist, der nur dann einigermaßen erfasst werden kann, wenn man ihn von vielen Seiten her betrachtet. Anschließend wollen wir uns darüber Rechenschaft geben, wie das Bewusstsein sich während der archaischen Phase in die Höhe entwickelt hat. Dabei kommt es vor allem darauf an, den *Trend* der Entwicklung zu erfassen; denn nur wenn wir diesen sowie den dabei entstehenden Gewinn an Bewusstheit erfasst haben, können wir verstehen, dass und warum auf unserem Entwicklungszweig am Ende des Mittelalters eine Transformation des Apperzeptionsschemas eintreten musste.

Die Allverbundenheit

Das Partizipationserleben

Ein Gefühl, das wie ein Grundton in vielen Äußerungen archaischen Erlebens mitschwingt, ist das der Allverbundenheit. Auf eine für uns *schwer vorstellbare* Weise fühlte der frühe Mensch sich mit Tieren und Pflanzen verwandt und verbunden. Er fühlte sich sogar verbunden mit unbelebten

Dingen – mit Bergen, mit Flüssen und mit der Erde –, denn den Unterschied zwischen lebendig und tot erfasste er bei Weitem nicht so klar wie wir. Während wir die unbelebte wie auch die belebte Natur als etwas von uns wesensmäßig Verschiedenes erleben, verstand der frühe Mensch sich einfach als *eine* der vielen Formen jener universalen Gemeinschaft, in der er sich beim Erwachen des Bewusstseins vorfand. Dieses Gefühl der Allverbundenheit verbalisierte sich sogar noch in der abendländischen Tradition, zum Beispiel in dem viel gebrauchten Ausdruck „unus mundus" (die eine Welt). C. G. Jung nannte diese Art des Erlebens archaische Identität. Wir wollen sie in Anlehnung an den französischen Sozioethnologen Lévy Bruhl als Partizipation (= Teilhabe) bezeichnen, auch wenn wir mit seinen Ansichten nicht in allem übereinstimmen.

Eine Folge dieser unbewussten Partizipation war die Ehrfurcht des Primitiven vor der Natur, besonders vor der belebten: die Tatsache, dass er – im Gegensatz zu uns – keinerlei Raubbau betrieb, sondern sich jeweils nur so viel nahm, wie er zum Leben brauchte. Dies ging so weit, dass er sich bei den Tieren, die er jagen und bei den Pflanzen. die er pflücken musste, entschuldigte.

Partizipation an der Sippe

Enger und intensiver als an Tieren, Pflanzen und Elementen fühlte sich der frühe Mensch natürlich an Menschen partizipierend, allerdings nicht an jedem Menschen, sondern an dem, der zur gleichen Gruppe gehörte. Dies ging so weit, dass viele Ethnografen den Eindruck hatten, der Primitive funktioniere nicht als selbstständiges Individuum, sondern nur als Glied seiner Gruppe: auf niedriger Entwicklungsstufe sei nicht der Einzelne, sondern die Sippe oder der Stamm das eigentlich handelnde Subjekt. Auf jeden Fall war das Aufgehobensein in einer Verwandtschaft für den frühen Menschen die Vorbedingung dafür, dass sein Leben menschliches Leben war.

Die vorgeschichtlichen Germanen, deren Denken und Verhalten in hohem Grade durch die Sippenpartizipation bestimmt wurde, bezeichneten das Geborgenheitsgefühl, das diese ihnen gab, als „Friede". Ausgestoßen zu werden aus der Sippe bewirkte „Friedlosigkeit", und das bedeutete für den Germanen so viel wie gestorben zu sein: abgeschnitten zu sein von einer für sein Leben unerlässlichen Partizipation.[1]

Aus der Partizipation an der Sippe lässt sich unter anderem die Blutrache verstehen, und es lässt sich anhand dieses Brauchs auch erkennen, wie folgerichtig das archaische Denken war: dass es für uns nur so lange unverständlich ist, als wir die „Vorverbindungen“ nicht kennen, denen es folgt. Wenn ein Mitglied einer Sippe getötet wurde, dann war es, – nach Grönbech – als hätte das Individuum „Sippe“ eine Wunde empfangen, aus der gleichsam die Lebenskraft aller übrigen Sippenmitglieder ausströmte. Diese Wunde blutete für das primitive Erleben so lange, bis einer aus der Sippe des Täters umgebracht war. Es ist bezeichnend für das noch wenig entwickelte Individualitätsempfinden, dass der Tod irgendeines Mannes aus der betreffenden Sippe Abhilfe schuf.

Dass die Sippenpartizipation gleichsam als physisches Verbundensein erlebt wurde, kann gelegentlich an sprachlichen Formen abgelesen werden. Ein Beispiel dafür findet sich im Dakota. Diese sehr altertümliche Sioux-Sprache kennt zweierlei besitzanzeigende Präfixe: solche für abtrennbaren und solche für unabtrennbaren Besitz. Es ist nun bezeichnend für die Intensität und den physischen Charakter der Sippenpartizipation, dass die Dakota das Präfix für unabtrennbaren Besitz nicht nur für Teile ihres Körpers, sondern auch für Verwandte gebrauchten.[2]

Sakralkönigtum als Ausdruck des Partizipationserlebens

Ein weiteres Beispiel für die Partizipation an der Gruppe war jene evolutionsmäßig niedrige Form des Sakralkönigtums, die in weiten Gebieten Schwarzafrikas bis in die Kolonialzeit hinein vorkam. Die Aufgabe jener Sakralkönige bestand in erster Linie darin, es sich wohlergehen und sich umsorgen zu lassen, weil – gemäß archaischer Auffassung – das ganze Land am König partizipierte und somit das Wohlergehen des Landes und seiner Bewohner von dem des Königs abhing. Diese Auffassung hatte aber auch zur Folge, dass der König aus dem Leben scheiden musste, sobald an ihm eine Schwäche erkennbar wurde, denn auch die Schwäche hätte sich auf das Land übertragen.[3]

Schön kommt dieses Verständnis des Königtums im Bericht des Dominikaners Joäo Dos Santos zum Ausdruck, eines Missionars, der 1586-1590 in Sofala im ostafrikanischen Reich Monomotapa lebte. Er erzählt, „dass die Könige jenes Landes Gift nehmen mussten, um zu sterben, so oft ihnen ein Unglück zustieß oder ein Defekt an ihnen sichtbar wurde, sei es, dass sie impotent oder von irgend einer Krankheit heimgesucht wurden; oder wenn ihnen die Vorderzähne ausfielen [...] oder wenn irgend ein anderer Defekt oder eine Lähmung auftrat“.[4]

Auch in den Fürstentümern des vorkaiserlichen China nahm man an, das Wohlergehen des Landes hänge von dem des Fürsten ab. Wie der afrikanische Sakralkönig lebte auch der frühchinesische Fürst passiv inmitten seines Hofes, und seine Vasallen bildeten einen Schutzwall um ihn, damit er nicht durch den Kontakt mit dem Volk „verunreinigt" wurde. Seine Mahlzeiten z. B. wurden nach einem sinnreichen Plan zusammengestellt. „Wenn er darauf achtet" schreibt der Sinologe Marcel Granet, „im Frühling Fleisch vom Schaf (dem Tier des Ostens) und Getreide, im Sommer Bohnen und Huhn (Süden), im Herbst Hund (Westen) und ölspendende Körner, und im Winter Hirse und Schwein (Norden) zu essen, dann vermehren sich unter seiner Herrschaft die Herden der Domäne, und die Früchte der Erde gedeihen".[5]

Das Bewirken durch Vormachen

Partizipationserleben ist aber nicht bloß passive Teilhabe. Es hat im Gegenteil ausgesprochen dynamistischen Charakter, denn der archaische Mensch erlebte die Außenwelt als etwas, mit dem er in Wechselwirkung stand. Er stellte sich vor, zwischen ihm und der Welt bestehe eine Fülle geheimnisvoller, allgegenwärtiger, im Einzelnen nicht unterscheidbarer Beziehungen. Nicht nur schien es ihm, als könne jedes äußere Ding und Wesen auf ihn einwirken, sondern als habe auch sein eigenes Denken und Benehmen Rückwirkungen auf die belebten und unbelebten Dinge.

Daraus ergab sich ein Verhaltensmuster, das für den früharchaischen Menschen typisch ist: das Bewirken durch Vormachen. Dieses Muster liegt den sogenannten Bann-Gesten, der Jagd- und sonstigen „Magie", sowie den Signatur-Praktiken zugrunde.

Die Dinge hatten nämlich nach früharchaischer Vorstellung die Tendenz, sich zu verändern, und zwar eher zum Chaotischen und Bedrohlichen als zum Geordneten hin. Dieser Tendenz trat der archaische Mensch durch den sogenannten Bann entgegen: durch Haltung, Geste und Wort.

Als permanente Bann-Geste kann das eben erwähnte Sakralkönigtum verstanden werden. Durch Passivität sowie durch gewichtiges und ausgewogenes Benehmen „bewirkten" jene Fürsten, dass die Welt im Gleichgewicht blieb. Aus diesem Grunde durfte z. B. der chinesische Fürst – nach Granet – beim Gehen nur kleine Schritte machen und beim Sprechen nur wenige und fein abgewogene Worte von sich geben.[6]

Bewirken durch Vormachen bei Älplern

Eine Bann-Geste, die in der Schweiz heute noch geübt wird, ist nach Eduard Renner der sogenannte Betruf der Älpler. Um diesen zu verstehen, müssen wir uns die Kosmologie der prähistorischen Germanen vor Augen halten. Für jene bestand die Welt aus Midgard und Utgard. Midgard war der „friedliche“ Bezirk, in dem sich das Leben abspielte. Utgard hingegen, das sie sich unter und außerhalb dieses Bezirks vorstellten, war für sie die unheimliche Welt der Jöten, von der her das menschliche Dasein bedroht war. Midgard war für die Germanen geheuer (heore), Utgard jedoch ungeheuer (unheore). Nun war aber die Grenze dieser Bezirke nicht beständig: Wenn die Nacht hereinbrach, schrumpfte Midgard auf das Innere des Gehöfts zusammen, und Utgard drang bis an die Schwelle der Häuser vor.[7] Dieses Utgard suchen nach Eduard Renner die Älpler der Zentralschweiz mit ihrem Betruf für die Dauer einer Nacht zu bannen. Renner, der Arzt im Kanton Uri war, gewann bei seiner beruflichen Tätigkeit Einblick in das Denken und Fühlen der Älpler. Er wies darauf hin, dass diese nicht Bauern im üblichen Sinne sind, sondern Hirten-Nomaden, die mit ihren Herden dauernd die Talhänge hinauf und hinab, von Alpstadel zu Alpstadel wandern. Es fiel ihm auf, dass das Welterleben dieser Hirten noch weitgehend dem des frühharchaischen Menschen entspricht: dass sie z. B. annehmen, die Dinge könnten sich jederzeit auf unvorhersehbare Weise verändern. Was die prähistorischen Germanen Utgard nannten, bezeichnen die Älpler mit dem unbestimmten Pronomen „Es“ (es ruft, es droht usw.).

Zum Vollzug des Betrufs – der großen Bann-Geste – begibt sich der Senn an einen erhöhten Punkt der Alp. Von dort aus wendet ersieh, gemäß einem bei vielen primitiven Völkern verbreiteten Muster, der Reihe nach in alle vier Richtungen des Raumes. Dabei ruft er jedes Mal im Singsang durch einen vor den Mund gehaltenen Trichter einen mit christlichem Vokabular verbrämten uralten Bannspruch. Er glaubt – nach Renner – er dränge dadurch das „Es“ bis an den Horizont zurück und schaffe so rund um die Alp einen festen, ringförmigen Bezirk – ein Midgard –, in welchem er selber, das Vieh und die Seinen die Nacht in Sicherheit verbringen können.[8]

Frühharchaisches Denken sah Renner auch in der Signatur-Medizin, die in Uri hinter dem Rücken der Ärzte noch in großem Umfang geübt wird. Diese beruht auf der Ansicht, die erkrankten Organe seien aus der Form geraten, und Heilung könne dadurch erreicht werden, dass man ihnen zeige, welches ihre richtige Form sei. So legt man auf ein erkranktes Auge ein aufgeschlagenes Ei oder noch besser Froschlaich, der ja aus einer ganzen Menge wohlgeformter „Augen“ besteht. Einer blutarmen Frau gibt man Tee aus den Sprossen der Eberesche zu trinken, damit ihr Blut wieder so rot werde wie die korallenroten Beeren dieser Pflanze; und gegen hartnäckigen Brustkatarrh gibt man Zuckerrüben-Absud, weil diese Rüben beim

Sieden ein rasselndes Geräusch erzeugen wie ein sich lösender Katarrh. Aber auch zu Verboten (Tabus) führt das Partizipationserleben. So soll z. B. eine schwangere Frau in Uri nicht ins Feuer schauen, weil sie sonst ein Kind mit einem Feuermal oder mit roten Haaren gebären würde.[9]

Bewirken durch Vormachen bei Jägervölkern

Ebenfalls als Bewirken durch Vormachen kann die Jäger-„Magie" verstanden werden. Die eindrucksvollsten Zeugnisse dieses Verhaltensmusters sind wohl die Felsmalereien, die der Mensch der späten Altsteinzeit geschaffen hat, und die in den Höhlen Nordspaniens und Südwestfrankreichs fast unversehrt erhalten sind. Vorgeschichtler haben nachgewiesen, dass die späten Eiszeitjäger jene Bilder als Signaturen schufen und handhabten, um Erfolg auf der Jagd zu bewirken, um die Herden durch ihr Gebiet zu lenken und um die Jagdgründe mit Wild aufzufüllen.

Wie dies bei den Jung-Paläolithikern vor sich gegangen sein mag, können wir aus Beobachtungen an rezenten Jägervölkern schließen. So berichtet z. B. der Völkerkundler Leo Frobenius von seiner Expedition ins Innere Afrikas im Jahre 1905, er habe gegenüber den vier Pygmäen, die mit ihm herumzogen, den Wunsch nach einer Antilope geäußert. Sie erklärten ihm, sie könnten am gleichen Tage keine mehr erlegen, da sie *keine Vorbereitungen getroffen* hätten. Sie sagten es ihm aber für den folgenden Tag zu. Prüfend gingen sie dann lange im Gelände umher und schienen schließlich auf einem Hügel das Richtige gefunden zu haben. Im Morgengrauen des folgenden Tages suchten sie die auserwählte Stelle auf, rupften einen kleinen Platz frei und strichen ihn glatt. Dann zeichnete einer mit dem Finger ein ca. 80 cm großes Bild einer Antilope in den Sand. Währenddessen murmelten alle unverständliche Formeln vor sich hin. Als dann die Sonne sich am Horizont erhob, spannte einer den Bogen, und als die Strahlen der Sonne auf die Zeichnung fielen, schoss er einen Pfeil in den Hals der gezeichneten Antilope. Dann sprangen die Männer mit ihren Waffen in den Busch und kehrten am Nachmittag mit einer Antilope zurück, die sie durch einen Pfeilschuss in die Halsschlagader erlegt hatten.[10]

Bewirken durch Vormachen bei Agrarvölkern

Während bei Jägervölkern die aktive Form der Bewirkung durch Vormachen im Vordergrund stand, bildeten die Ackerbauern mehr die passive Form dieses Musters aus. Wenn bei Mensch oder Tier eine Anomalie auftrat – d. h. etwas, das *sie* für anomal hielten –, glaubten sie, dies würde Schaden stiften, und müssten deshalb das betreffende Lebewesen ausmerzen. So schreibt Livingston: „Wenn bei einem Kinde die oberen Schneidezähne früher als die unteren durchkommen, tötet man es, weil es Unglück bringt.“[11] Und über die Wa-giriama (Ostafrika) berichtet ein Captain Barret: „Das Kind, das mit den Füssen zuerst zur Welt kommt, wird erstickt. Die Eingeborenen begründen dies damit, dass, wenn man das Kind leben ließe, ihre Ernte durch Dürre vernichtet, ihr Vieh krepieren und vieles andere Unglück über sie hereinbrechen würde“.[12]

Aber auch das aktive Muster des Bewirkens durch Vormachen ist bei Agrarvölkern ausgebildet. Dies zeigen z. B. jene Praktiken, die den Regen, die unabdingbare Voraussetzung für das Gedeihen der Saat, bewirken sollen. Wie die Pangwa, ein Hackbauernvolk im heutigen Südwest Tansania dabei bis in unsere Tage vorgingen, schildert der Ethnologe Hans Stirnimann. Zuerst zerstießen sie in einem Mörser Blätter von stark wasserhaltigen Pflanzen. Hierauf goss der Regenmacher den wässerigen Brei in einen Worfelkorb und verlieh ihm durch Besprechen und Bespucken „Kraft“. Dann leerte er den Brei in den Regenmacher-Topf. Dieser „hatte, (berichtet der Informant,) die Gestalt eines weiblichen Oberkörpers mit zwei sehr großen, vollen Brüsten, deren Warzen mit einer Speerspitze durchbohrt waren. Masongola befahl mir, aus dem See Wasser in den Topf zu schöpfen, bis die Flüssigkeit die Brustwarzen erreichte. Dann begann ich die Medizin im Topf sachte umzurühren, sodass nach kurzer Zeit eine Schicht weißen Schaumes entstand, der durch die Brustwarzen heraus sickerte und an der Topfwand als schwere Regentropfen herunter auf den Boden fiel: tscha, tscha, tscha. Der weiße Schaum ist der Dunst des Sees, erklärte der mhuse (Regenmacher), der als Nebel an den Gebirgswänden empor kriecht (sich in ca. 2000 m Höhe zu Wolken verdichtet) und bei euch in Ukoko als Regen niederfällt. Die beiden Steine im Topf erzeugen Donnerrollen vor dem Gewitter. Sei vorsichtig beim Umrühren! Wenn du zu kräftig rührst, werden die Steine hart aufeinanderprallen, du verursachst in Mpungu heftige Blitz- und Donnerschläge, welche die Ackererde an den Hängen lockern. Wenn der Schaum zu hoch aufsteigt und über den Topfrand fließt, machst du Wolkenbrüche, welche in Ukoko ganze Äcker als Erdschlipfe zu Tale fahren lassen.“[13]

Das Vormachen geschah hier über zwei Stufen, indem vorerst die Signaturen selber durch Vormachen eines Geschlechtsaktes „gezeugt“ wurden: Die Wassertropfen, die ihrerseits als Signatur den Regen bewirken sollten, wurden durch das Hineingießen eines dem menschlichen Samen ähnelnden Saftes in ein als weiblicher Körper geformtes Gefäß „gezeugt", und das Geräusch, das als Signatur den Donner bewirken sollte, durch das Aneinanderschlagen von zwei Steinen, die man nach Aussage des Informanten als männlich und weiblich auffasste.

Eine direktere Art des Vormachens finden wir bei den Chortis, einem indianischen, in Guatemala lebenden Hackbauernvolk. Die Vormachpraktik ist dort allerdings in ein hochkomplexes System echter Riten eingefügt. Bei den Winteranfangs-Zeremonien, bei denen es unter anderem um das rechtzeitige Eintreffen des Regens geht, wird – als Signatur – Rauch erzeugt: auf den Feldern durch Verbrennen des gerodeten Holzes, im Tempel durch das Verbrennen von Harz in Räucherbecken. Durch dieses Erzeugen von Rauch, der den Wolken ähnlich sieht, glauben die Chortis zu bewirken, dass der Himmel sich mit Regenwolken überzieht.[14]

Schließlich finden wir das Muster des Bewirkens durch Vormachen auch bei handwerklicher Tätigkeit, z. B. der Gewinnung von Eisen bei den Pangwa. Dies ist deshalb interessant, weil der Primitive bei der Verhüttung des Erzes (wie übrigens auch bei der Jagd) die Naturgesetze völlig richtig *anwendet,* jedoch das Bewirken durch Vormachen als unabdingbare Voraussetzung für das Gelingen des Prozesses ansieht. Die Pangwa stellen sich die Verhüttung des Eisens ebenso wie die Erzeugung von Regen in Analogie zu einer geschlechtlichen Vereinigung vor. Der aus Lehm geformte „Hochofen" hat zwei ausgeprägte Frauenbrüste. Die Öffnung vorn unten am Ofen gilt als Muttermund, die drei Tonröhren, durch welche die Luft eingeblasen wird, haben phallische Bedeutung und die drei Doppelschalen-Pumpen aus Leder werden für Hoden gehalten. Vor dem Beschicken des Ofens mit Erz und Holzkohle wird durch den „Muttermund" ein mit „Medizin" (= mit „machtvollen" Stoffen) gefüllter Topf eingebracht. Die „Medizinal"-Pflanzen sind einerseits solche, die phallische Form haben oder (und) einen weißen, schleimigen Saft absondern, der wie männlicher Samen aussieht; anderseits solche, die rote oder braune Farbe haben und somit frischem oder eingetrocknetem Menstruationsblut gleichen.

Erst wenn der Topf durch den „Muttermund" eingebracht ist, wird der Ofen beschickt, denn die Schmiede sind der festen Überzeugung, der Verhüttungsprozess könne nur dann vor sich gehen, wenn die Dämpfe aus dem „Medizintopf durch das Füllgut aufsteigen. Geht schließlich der Verhüttungsvorgang dem Ende zu, wird durch den „Muttermund" das „Fruchtwasser" (eine schmutzig-braune Flüssigkeit) abgelassen und dann das „Kind" (das Roheisen) „geboren".[15]

Als letztes Beispiel sei angeführt, was Malinowski von den Bewohnern der Trobriand-Inseln (östl. von Neuguinea) erzählt. Diese verbrennen beim Bau ihrer seetüchtigen, segelbaren Ausleger-Kanus für die Kula-Expeditionen unter dem Kanu die Flügel einer Fledermaus, das Nest eines sehr kleinen Vogels, einige gedörrte Farnblätter, ein Flöcklein roher Baumwolle und Lalanggras. All diese „Medizinen" assoziieren sie mit Fliegen und Leichtigkeit. Sie stellen sich vor, deren Rauch verleihe dem Kanu Schnelligkeit und säubere es von unsichtbaren Mächten, welche dessen Schnelligkeit behindern. Interessant ist noch, dass das Holz, mit dem sie feuern, besonders leicht sein muss.[15]

Allverbundenheit, Bewusstheit und Bewusstseinsevolution

Wie nimmt sich nun das Partizipationserleben und das dazugehörende Verhaltensmuster im Licht der Bewusstseinsentwicklung aus? Um diese Frage zu beantworten, müssen wir uns vor Augen halten, dass das Bewusstseinssystem vor nicht sehr langer Zeit aus dem unbewussten System herausgewachsen ist, und zwar aus einem hochkomplexen unbewussten System, das schon eine Evolution von gut drei Milliarden Jahren hinter sich hatte.

Wir müssen ferner bedenken, dass die Aufgabe des Bewusstseins nicht in erster Linie in der Bewältigung des Lebens besteht. Die direkten Vorfahren des Menschen waren, wie alle unbewussten Lebewesen, in der vollen Bedeutung des Wortes lebenstüchtig, und auch beim Menschen – sowohl bei dem der Eiszeit wie beim heutigen – wird der größte Teil der zum Leben und Überleben notwendigen Leistungen vom unbewussten System vollbracht. Dies ist wohl gut so, denn wenn wir uns noch um die Verdauung der Speise, um Eiweiß-Synthese, um Innervation der Muskeln beim aufrechten Gang usw. zu kümmern hätten, kämen wir wohl aus den Problemen überhaupt nicht mehr heraus. Der Mensch ist eben, was oft zu wenig beachtet wird, nicht nur ein bewusstes, sondern ein unbewusst-bewusstes Lebewesen. Daher müssen wir, wenn wir die Evolution des Bewusstseins betrachten, immer auch den unbewussten Untergrund, ohne den Bewusstheit gar nicht möglich wäre, im Auge behalten.

Das unbewusste Lebewesen ist nun, wie die Verhaltensforschung gezeigt hat, durch seine Erkenntnis- und Verhaltensmuster wie durch unsichtbare Drähte fest in seine Umwelt – in den der Art, der es angehört, zugeordneten *Naturausschnitt – eingefügt.* Das Tier bildet – in der Sprache der Naturwissenschaft ausgedrückt – *zusammen* mit seiner Umwelt ein kybernetisches System.

Ob und wie dieses Eingefügtsein vom Tier erlebt wird, kann der Verhaltensforscher nicht sagen. Es gehört ja gerade zu seinem Ethos als Wissenschaftler, dass er davon absieht, über das Erleben seiner Untersuchungsobjekte irgendetwas auszusagen. Der Grund dafür liegt darin, dass der Mensch mit keiner tierischen Art ein gemeinsames Kommunikationssystem besitzt. Humanethologen und Psychologen sind in dieser Hinsicht in einer günstigeren Lage. Erstens können sie durch Introspektion erfahren, wie sie selber ihre Befindlichkeit in der Welt erleben, zweitens können ihnen Menschen niedrigerer Bewusstseinsstufe etwas über die Art ihres Welterlebens mitteilen. Dass man diese Mitteilungen oft nicht wörtlich nehmen darf, sondern zuerst in unsere heutige Sprache übersetzen muss, dürfte eines der bedeutsamsten Ergebnisse unserer Untersuchung sein.

Das wesentliche Merkmal der Bewusstheit besteht wie gesagt darin, dass das Ich – das „Zentrum" des Bewusstseinssystems – sich vom Nicht-Ich unterscheiden kann. Dadurch erlebt der Mensch sich selber als *Subjekt* und die Welt als *Objekt.* Die Entwicklungshöhe des Bewusstseins kann daran gemessen werden, wie differenziert das Unterscheidungsvermögen zwischen Ich und Nicht-Ich, d. h. zwischen Subjekt und Objekt ist.

Wenn wir bedenken, wie sehr das Gefühl der Allverbundenheit und Allverwandtschaft beim frühen Menschen noch vorherrscht, fällt es wohl nicht schwer, darin einen Zustand des Unabgetrenntseins zu erkennen: einen Zustand niedrigerer Bewusstheit, in dem nur in geringem Maße zwischen Ich und Nicht-Ich unterschieden werden konnte, ein Zustand somit, der jenem Eingefügtsein in die Umwelt, das für die Tiere kennzeichnend ist, noch nahestand.

Über das Erleben am „Punkt Null" – an jenem Punkt, wo die ersten Funken der Bewusstheit vor dem unbewussten Hintergrund aufleuchteten – können wir keine Informanten mehr befragen, denn die evolutionsmäßig niedrigsten Ethnien, die wir kennen, haben schon eine lange Bewusstseinsevolution hinter sich, was z. B. daran erkennbar ist, dass sie voll ausgebildete Sprachsysteme besitzen.

Wir haben aber noch eine andere, sehr aussagekräftige Quelle über das Erleben auf frühen Bewusstseinsstufen: die Mythen, und zwar vor allem die Schöpfungsmythen. Die Tiefenpsychologie hat den Nachweis erbracht, dass die Mythen Gestaltungen jener unbewussten bildschöpferischen Instanz sind, die auch die Träume, Wachfantasien und die Visionen komponiert. Obwohl die Schöpfungsmythen als Antwort auf die Frage des Ich nach der Entstehung der Welt entstanden, sind sie, nach Auffassung der Tiefenpsychologie, in erster Linie als bildhafte Darstellungen der „Schöpfung" des Bewusstseins zu verstehen.

Erich Neumann, der frühe Stadien der Bewusstseinsevolution durch Vergleichen von Mythen zu rekonstruieren versuchte, sah den uranfänglichen Zustand des *völligen* Eingebettetseins veranschaulicht unter anderem in den Mythen von der Kreisschlange, ferner in den Mythen vom Umschlungensein der Ur-Eltern sowie in denjenigen vom Ur-Meer. Alle drei Mythengruppen stellen – auf je verschiedene Weise – einen Zustand dar, in dem es noch keine Unterscheidung zwischen Subjekt und Objekt gab.

Das Bild von der Kreisschlange, die sich in den Schwanz beißt, gleicht in auffallender Weise unserem heutigen Modell vom Informationsfluss im unbewussten Lebewesen (vgl. Abb. 5, S. 222). Das Bild von den Ur-Eltern, d. h. von den Personifikationen des Himmels und der Erde, die eng umschlungen in Kohabitation aufeinander liegen, stellt den Zustand der unbewussten Identität dadurch dar, dass zwischen ihnen noch kein Raum vorhanden ist, in dem der Mensch – d. h. ein unterscheidendes Ich – sich hätte ansiedeln können. Das Bild wird verständlicher, wenn wir den Fortgang der Entwicklung betrachten. Dieser wird im Mythos dadurch verbildlicht, dass ein Heros die Ur-Eltern trennt, den Himmel in die Höhe schiebt und so einen Bewusstseinsraum schafft. Im Bild vom Ur-Meer – vom Meer, in dem alle Keime zukünftiger Entwicklung gleichsam in gelöstem Zustand enthalten sind – wird das völlige Eingebautsein in die Umwelt dadurch veranschaulicht, dass noch kein festes Land, d.h. kein Ich-Standpunkt vorhanden ist, von dem aus eine Unterscheidung vom Nicht-Ich hätte stattfinden können.[17]

Das Hervorwachsen des Ich aus dem Unbewussten wird im Mythos oft veranschaulicht durch das Bild von Mutter und Kind. „Mutter" verbildlicht dabei das Unbewusste, „Kind" das Bewusstsein beziehungsweise das Ich. Das Heranwachsen des Ich ist in diesen Mutter/Sohn-Mythen daran erkennbar, dass anstelle des Säuglings zuerst der Knabe, dann der Jüngling und schließlich der Held tritt. Jene Mythen, in denen das Ich durch einen Säugling oder Knaben dargestellt wird, dürften jenen Grad von Entwicklung veranschaulichen, in dem das Partizipationserleben noch überwog.

Dass die Partizipation zum wenig bewussten Zustand gehört, können wir auch aus Drogen-Experimenten ersehen. Die Bewusstseinserweiterung, die man den Drogen zuschreibt, ist Folge einer Reduktion des Ich. Sie kommt, bildhaft ausgedrückt, dadurch zustande, dass die „Membran", die das Bewusstsein vom Unbewussten trennt, durchlässig wird. So berichtete mir ein junger Mann, der mit Psylocibin experimentierte, Folgendes: Er saß, als er die Droge nahm, am Ufer eines Flusses und ließ die Beine ins Wasser hängen. In der Nähe war ein Boot vertaut, neben ihm stand ein Baum. Der junge Mann berichtete nun, er habe das Gefühl gehabt, sein Körper sei *eins* mit der Erde, auf der er saß, mit dem Fluss, mit dem Schiff und dem Baum. Einen Unterschied zwischen sich und diesen Dingen habe er nicht mehr empfunden. Auch mit den Kameraden habe er sich enger verbunden gefühlt. Wenn er mit ihnen sprach, habe er sogar schon im Voraus gewusst, was sie antworten würden.

Wenn wir sagen, beim Partizipationserleben habe der unbewusste Zustand noch dominiert, dürfen wir uns aber nicht vorstellen, der Primitive habe die Umwelt nur undeutlich wahrgenommen. Seine Sinneswahrnehmung war im Gegenteil äußerst präzis, sogar viel präziser als die unsrige, und er war auch, wenn er sich auf etwas konzentrierte, hell wach. Dies bestätigen alle, die länger unter sogenannten Naturvölkern gelebt haben. Wachheit der Sinne war für den frühen Menschen wie für die Tiere eine Vorbedingung des Überlebens. Archaische Ununterschiedenheit ist vielmehr so zu verstehen, dass das Subjekt/Objekt-Verhältnis – das Gespür für das Getrenntsein von Ich und Nicht-Ich – noch wenig ausgebildet war. Nachvollziehbar ist dieser Zustand für uns – außer nach Einnahme von Drogen – kaum mehr. In dem Maße, wie dann die Bewusstheit zunahm, ging die Partizipation zurück. Aber sie war neben der Bewusstheit immer vorhanden, auch wenn ihr Anteil geringer wurde. Sogar heute noch beruht auf ihr – selbst bei Vertretern der Bewusstseinsspitze westlicher Populationen ein beträchtlicher Anteil des Weltbezugs.

Wir haben uns von jetzt an nur noch mit jenen Zügen der archaischen Mentalität zu befassen, in denen sich die Tendenz zur Bewusstwerdung manifestiert. Auf die Partizipation bin ich deshalb so ausführlich eingegangen, weil wir das Welterleben des archaischen Menschen nur dann verstehen können, wenn wir im Auge behalten, dass in ihm neben allen Manifestationen von Bewusstheit beziehungsweise Unterschiedenheit immer auch ein *beträchtliches* Mass von Partizipation, d. h. von Unabgelöstheit und Ununterschiedenheit vorhanden war, und dass dieser Rest sich auch in seinem Verhalten ausdrückte.

Die „jenseitige“ Dimension

Opferbräuche schon in der Steinzeit

Schon beim Menschen der späten Altsteinzeit – jener Epoche also, während der im franko-kantabrischen Raum die Höhlenmalereien entstanden – finden wir Spuren eines Verhaltensmusters, in dem sich nicht mehr nur das Unabgetrenntsein von der Umwelt äußert, sondern eine Tendenz, die den Menschen *über dieses hinaushebt.*

So stieß man z. B. 1932 in Sibirien am Rand der jungpaläolithischen Jägersiedlung Malta im Gebiet von lrkutsk auf Ren-Skelette, denen der hintere Teil fehlte, während dem Kopf, Hals und das vordere Rumpfstück sowie die Vorderläufe vollständig vorhanden waren.[18] 1934 fand A. Rust in Meiendorf unweit Harnburg ein vollständiges Skelett eines zweijährigen weiblichen Rens, in dessen Brustkorb sich ein 8,25 kg schwerer Gneisblock befand. Die Lagerungsverhältnisse ließen darauf schließen, dass das Tier während der letzten Eiszeit in einem See versenkt worden war. 1935 wurden in dem nahegelegenen Stelmoor zwei genau entsprechende Funde gemacht. Wiederum waren es zweijährige weibliche Tiere, die mit Steinen in Brust oder Bauchhöhle versenkt worden waren. Beide Fundplätze befanden sich in der Nähe von Sommerlagern jungpaläolithischer Rentierjäger.[19]

Durch Vergleich mit Bräuchen jüngerer Jägervölker kamen Religionswissenschaftler zum Schluss, dass es sich bei den genannten Funden um *Opfer* handle: dass bei sibirischen wie bei norddeutschen Eiszeitjägern der Brauch bestand, sich gelegentlich eines Teils der kostbaren Beute zu entäußern, um ihn bestimmten Jagdgeistern darzubringen, damit ihnen diese reichen Jagdertrag gewährten.

Opferbräuche setzen die Vorstellung voraus, die Welt enthalte nicht nur sinnlich wahrnehmbare Wesen, sondern auch solche, die – wenigstens normalerweise – unsichtbar sind; ferner die Vorstellung, die unsichtbaren Wesen seien dem Menschen überlegen, und sein Gedeihen sowie das Gelingen seines Tuns hänge vom Wohlwollen dieser Wesen ab.

Darin manifestiert sich etwas, das – im Gegensatz zur Partizipation – auf Bewusstheit hindeutet: etwas, das gleichsam als Kristallisationskern der Bewusstwerdung dienen sollte. Es wird sich nämlich zeigen, dass sich die Zunahme des Unterscheidungsvermögens während der archaischen Phase vor allem in der Auseinandersetzung mit diesen unsichtbaren Wesen vollzog. Weil es nun für das Verständnis der Bewusstseinsmutation so wichtig ist, den Verlauf der Bewusstseinsevolution während der archaischen Phase zu kennen, müssen wir den Ausgangspunkt dieser Entwicklung zu verstehen versuchen.

Zusätzliche „Dimension" der Außenwelt

Für den Primitiven, bei dem die Partizipation noch übermächtig war, befand sich nicht die sichtbare Welt hier und die unsichtbare dort wie für den Menschen des Mittelalters, auf dessen Malereien Himmel, Erde und Hölle als säuberlich getrennte Reiche dargestellt sind. Für den Primitiven waren die unsichtbaren Wesen noch gleichsam mit den Dingen der Außenwelt verhaftet. Man könnte sagen, die Außenweltdinge hätten für ihn gleichsam eine Dimension mehr gehabt als für uns.

Nun entstammt aber das Wort „Dimension" dem heute vorherrschenden, ausschließlich durch die Sinneswahrnehmung bestimmten, entmythologisierten Weltbild der Naturwissenschaft. In ihm drückt sich ein quantitatives Raumerleben aus, und es bezeichnet nur sehr unvollkommen jenes Mehr, das das Raumerleben des frühen Menschen vom unsrigen unterschied. Der Primitive verwendete denn auch zur Bezeichnung jenes Zusätzlichen nicht quantitative, sondern ausgesprochen qualitative Ausdrücke wie Mana (Melanesien), Wakan (Sioux), Orenda (Irokesen), Zemi (Antillenstämme) usw.

Dem Bedeutungsgehalt dieser Wörter dürfte am ehesten unser „heilig" entsprechen. Aber auch dieses Wort bedeutet für uns nicht mehr das, was es dem mittelalterlichen Menschen noch bedeutete, weil das Welterleben, das ihm zugrunde lag, durch die Bewusstseinsmutation entschwand. Wir können vielleicht am ehesten dazu Zugang finden, wenn wir hören, was Ethnografen und deren Informanten über das Erleben der Primitiven berichten. Besonders gut orientiert sind wir über die nordamerikanischen Indianer. Die Indianerstämme, die die weißen Kolonisatoren im Gebiet der atlantischen Küste, der großen Seen und des Mississippibeckens antrafen, waren nämlich während unseres Mittelalters in mehreren aufeinanderfolgenden Wellen nach Süden gewandert. Vor dieser Wanderung hatten sie im subarktischen Gebiet auf der Jäger/Sammlerstufe gelebt. Diese Lebensform behielten einige von ihnen nach ihrer Wanderung in den Süden bei, während andere teilweise oder ganz den Ackerbau übernahmen. Die beiden Völkerschaften, die damals nach Süden zogen, sind durch die Sprachgruppen des Sioux und des Algonkin gekennzeichnet.

Doppeltheit des Erlebens

Der Ethnologe Werner Müller, der dem Welterleben der Sioux eine umfassende und tiefgründige Studie gewidmet hat, schreibt nun, für den Sioux habe noch *jede* Naturerscheinung – Pflanze und Tier, Erde, Gewässer und Himmel, selbst Sturm, Blitz und Donner – zwei „Seiten" gehabt: erstens *die* Seite, die der Mensch in wachem Zustand wahrnahm, zweitens jene „andere" Seite, zu der er in Traum und Vision (= in den „Gesichten") Zugang „hatte" (Abb. Nr. 1). „Für die Sioux beschränkt sich keine Erscheinung in der Welt auf das (sinnlich) Wahrnehmbare; das (sinnlich) Wahrgenommene vielmehr spiegelt nur – schwach genug – die eigentliche, grundsätzliche Wirklichkeit. Diese wirkliche Welt, die Heimat der Urformen, in der alle Urstücke der hiesigen Erscheinungen in einem unerhörten Glanz strahlen, liegt verborgen hinter den schattenhaften Abspiegelungen, in denen wir leben. Was unsere Augen erblicken, sind nichts als verdunkelte Schatten, mehr oder minder entfernte Abbilder."[20] Das gleiche sagt Sword, ein Oglala-Schamane: „Wir sehen nichts von der wirklichen Erde und den Felsen, sondern nur ihre Schatten."[21]

Wie das mit den „Schatten" und der „wirklichen" Erde gemeint ist, ersehen wir aus einem Text, den der Ethnologe Radin bei den Winnebago, einem im Algonkin-Gebiet lebenden Sioux-Volk aufnahm: „Es war einmal ein Wesen, das hieß Hase (der Kultur-Heros der Winnebago) und lebte bei seiner Großmutter. Seine Großmutter war die Erde. Im Anfang aller Dinge gab es sie in jedem Dorf. Immer wenn die Leute von einem Dorf sprachen, dann redeten sie von einer alten Frau, die am Ende des Dorfes lebte. Sie bewachte das Dorf. Erdmacher (das höchste Wesen der Winnebago) setzte sie dort hin, als er sie schuf. Sie wachte über die Menschen, die auf ihrer Brust wohnten […] *Die Erde, auf der wir gehen, ist deshalb eine alte Frau.* Die Erde bewahrt auch immer die Nahrung, die wir essen, denn sie ist unsere Großmutter und sorgt für alle unsere Dinge. Hase und Trickster lebten mit ihr zusammen, und sie versorgte die beiden mit allem Notwendigen, genau wie sie es heute für uns tut."[22]

Die Erde war also für den Winnebago nicht nur der mit Gras und Gebüsch bewachsene feste Boden, auf dem er seine Hütte baute, sondern gleichzeitig, oder besser gesagt „in Wirklichkeit" eine alte Frau, die spricht und handelt.

Projektion innerer Bilder in die Außenwelt

Wenn wir uns auch in dieses Welterleben nicht mehr einfühlen können, so können wir heute wenigstens verstehen, worauf es beruhte. Hiezu hilft

uns eine der grundlegenden Entdeckungen, die die Pioniere der Tiefenpsychologie machten: die Entdeckung des Projektionsvorgangs. Es ließ sich nachweisen, dass bei niedriger Bewusstheit die aus dem unbewussten Bereich der Psyche ins Bewusstsein aufsteigenden Bilder, durch die die unbewusste bildschöpferische Instanz unanschauliche Sachverhalte veranschaulicht, vom Menschen (vom Ich) so erlebt werden, als befänden sie sich außen. Sie werden in die Außenwelt projiziert, und zwar ohne dass der Projektionsvorgang dem Ich bewusst wird. Weil nun der Primitive von seiner physischen Umwelt noch wenig abgelöst war, konnte ihm noch jedes Ding der Außenwelt als Projektionsträger für die aus seinem Innern kommenden Bilder dienen.
Natürlich nahm er die Dinge so wahr, wie sie sich seinen Sinnen darboten. Aber es ist ein Kennzeichen der frühen Mentalität, dass der Mensch auf jener Entwicklungsstufe gleichzeitig „wusste", dass „hinter", „in" oder „unter" den sinnlich wahrnehmbaren Dingen noch etwas anderes war. *Erlebte* nun z. B. der Sioux dieses „Andere" – das nach außen projizierte Bild –, dann war das sinnlich wahrnehmbare Ding – der Fels, der Baum, der Adler – für ihn „wakan" (heilig). Je intensiver er das „Andere" erlebte, umso mehr war der Träger der Projektion für ihn wakan.

Der Religionswissenschaftler Mircea Eliade gebraucht für das Wakan-Erlebnis den Ausdruck Theophanie. Darin drückt sich die Vorstellung aus, das Göttliche beziehungsweise das „Andere" breche von hinten, das heißt von außerhalb dieser Welt durch die Dinge hindurch: Es scheine auf (griechisch phaino) in den „trügerischen Schatten" des sinnlich Wahrnehmbaren. So mag es sich der archaische Mensch vorgestellt haben, und auch viele Religionswissenschaftler, die selber noch – wenigstens im Hintergrund der Seele – archaisch apperzipieren, stellen es sich heute noch so vor.

„Jenseitige" Welt als eigentlich wirkliche Wirklichkeit erlebt

Dass für den Primitiven die „andere" Seite der Dinge das eigentlich Wirkliche war, hat seinen Grund in den visionären Erlebnissen, die auf früher Entwicklungsstufe noch viel häufiger und leichter auftraten als bei unseren heutigen, gefestigten und gegenüber dem Unbewussten abgekapselten Ich. Wir werden auf die Vision später zu sprechen kommen. Hier sei nur festgehalten, dass ihr eine ganz außerordentliche Erlebnisqualität zukommt: dass dem Menschen das in der Vision Geschaute viel wirklicher zu sein scheint als das, was er mit den Sinnen wahrnimmt.

So sagt z. B. Schwarzer Hirsch, ein Medizinmann der Oglala-Sioux, der selber eine große, sein ganzes Leben bestimmende Vision hatte, und von dem wir einen der aufschlussreichsten authentischen Berichte über indianische Erlebensweise besitzen: „Nichts, was ich je mit meinen Augen sah, war so hell und so klar wie das, was mein Gesicht mir gezeigt hat; und keine Worte, die ich jemals mit meinen Ohren gehört, waren gleich den Worten, die ich vernommen.“[23] Zu dem Ritus, in dem nach seinen Angaben das „im Jenseits“ Geschaute dargestellt wurde, bemerkte er: „Ich konnte erkennen: was wir da taten, das war wie ein Schatten von jenem Gesicht im Himmel auf die Erde geworfen. Ich wusste, die Wirklichkeit war dort, und der trübe Traum davon spielte hier.“[24]

Vorwiegend existenzielle Einstellung

Wir bezeichnen heute die jenseitige „Dimension“ des archaischen Erlebens als mythische, und was man sich innerhalb einer Gruppe oder kulturellen Einheit über die Handlungen der jenseitigen Wesen erzählte, nennen wir Mythos. Wir werden uns im Folgenden viel mit Mythen zu befassen haben. Dabei gehen wir mit ihnen um wie mit einem Beobachtungsmaterial, anhand dessen wir die Evolution des Bewusstseins verfolgen können. Wir wollen jedoch bedenken, dass jeder Mythos für *die* Menschen, die in ihm lebten, das Heiligste vom Heiligen war, dass er ihnen als von Gott offenbarte Wahrheit und von Gott gesetzte Richtschnur für ihr Tun und Lassen diente und ihr Leben mit Sinn erfüllte.

Objektivierende und existenzielle Einstellung

Wir stoßen damit auf zwei grundverschiedene Einstellungen, die das Ich einnehmen kann, und von denen jede ihre Berechtigung hat. Wir wollen sie als objektivierende und als existenzielle bezeichnen. Nimmt das Ich eine objektivierende Haltung ein, dann fragt es danach, *wie* das Nicht-Ich (das objektive Wirkliche) aufgebaut sei und funktioniere. Einerseits sucht es an ihm immer mehr Einzelheiten zu unterscheiden, anderseits ist es bestrebt, die Vielfalt der Erscheinungen in ihrer gegenseitigen Abhängigkeit zu erfassen und in eine ganzheitliche Ordnung zu bringen. Das Ziel der objektivierenden Einstellung ist der Gewinn von Sachwissen, wozu auch das Wissen um die Gesetzmäßigkeit der Welt gehört. Aus ihr ging die Wissenschaft hervor, und der Wissenschaftler muss, wenn er forscht, streng objektivierend eingestellt sein.

Nimmt der Mensch (das Ich) hingegen die existenzielle Haltung ein, kümmert er sich nicht um Sachwissen. Er ist dann in erster Linie darauf bedacht, sich „richtig“ zu verhalten; auch hierbei ist er um Bewusstheit bemüht, denn es geht ihm dabei um bewusstes (= ethisches) Verhalten im Gegensatz zum unbewussten (= nur vom „Instinkt“ geleiteten) Verhalten des Tieres.

Existenzielle Einstellung = religiöse Einstellung

Ethisches Tun setzt Normen voraus sowie eine Instanz, die die Normen setzt, die dann darüber wacht, dass die Normen eingehalten werden, und die eingreift, wenn der Mensch allzu krass gegen die Normen verstößt. Der archaische Mensch nahm noch an, die normgebende Instanz befinde sich außen (im „Jenseits“) und gebe sich ihm „auf übernatürliche Weise“ kund. Die Entdeckung des Unbewussten führte dann zur Erkenntnis, dass die normgebende Instanz sich im unbewussten Bereich der Seele befindet und sich dem Ich über den inneren Wahrnehmungsstrom kundgibt. Wir werden darauf im vierten Teil dieses Buches ausführlich eingehen.

Ob nun aber die normgebende und das bewusste Tun überwachende Instanz außen oder innen angenommen werde: In beiden Fällen muss das Ich ihr gegenüber eine Haltung einnehmen, die in traditioneller Sprache als religiös bezeichnet wird. Das Wort „religiös“ kommt nach neuerer Auffassung von religere (= sorgfältig beachten), dem Gegenteil von neglegere (= vernachlässigen). Das religiös eingestellte Ich beachtet bei seinen Entscheidungen, ob es sich innerhalb des von der normgebenden Instanz aufgestellten Rahmens bewegt.

Objektivierende und existenzielle Haltung stehen zueinander im Verhältnis einer gewissen Komplementarität. Man kann nur die eine oder die andere einnehmen, doch ist es zum ausgewogenen Menschsein unerlässlich, dass beide in gebührendem Maße zum Zuge kommen. Überblicken wir die bisherige Evolution des Bewusstseins, dann sehen wir, dass die existenzielle Einstellung die primäre war und dass die objektivierende erst relativ spät aufkam. Mit der Frage, *wie* die Welt „in Wirklichkeit“ sei, konnte das Ich sich erst dann eingehend und zielbewusst befassen, als es einen gewissen Grad von Festigkeit und Herauslösung erreicht hatte. Wollen wir den archaischen Menschen – insbesondere den früharchaischen – wirklich verstehen, müssen wir uns immer vor Augen halten, dass er vorwiegend existenziell eingestellt war. Weil das junge, instabile Ich den außen erlebten inneren Wirkimpulsen noch weitgehend ausgeliefert war, stand während der frühen Phase der Bewusstseinsevolution die Problematik des richtigen Tuns und Lassens noch ganz im Vordergrund.

Wissenschaft und spirituelle Schulen

Daher kommt es, dass eine eigentliche Wissenschaft erst spät entstand, sogar erst dann, als sich schon der Trend zur Mutation des Bewusstseins bemerkbar machte. Aus seiner existenziellen Einstellung heraus schuf der archaische Mensch allerdings ein Pendant zur Wissenschaft, ein Gebilde, das in seiner Art ebenso bewundernswert ist wie diese: die spirituelle Tradition. Geht nämlich aus der objektivierenden Haltung im Extremfall der reine Wissenschaftler hervor, so aus der existenziellen im Extremfall der Weise, der Heilige oder – modern ausgedrückt – der „ganzheitliche" Mensch. Die Erziehung zu dieser Lebensform war das Ziel der spirituellen Schulen: der christlichen – vor allem von den Mönchsorden getragenen –, der islamischen, der jüdischen, der hinduistischen und buddhistischen, aber auch der spirituellen Tradition primitiver Stämme. Beispiele spiritueller Schulen bei Primitiven finden wir z. B. in gewissen Geheimbünden und in der Erziehung zum Schamanen. Das „Fachwissen" beziehungsweise der Erfahrungsschatz, den die spirituellen Schulen vermittelten (und hinter dem man namentlich bei exotischen Schulen oft fälschlicherweise ein Wissen über verborgene Geheimnisse vermutet), war ein Wissen um den „Weg zum Heil". In diesen Schulen wurde jeweils der Jünger von erfahrenen Meistern dazu erzogen und trainiert, seine „inneren Sinne" zu schärfen, damit er die „Stimme Gottes" beziehungsweise der „jenseitigen Wesen" besser vernehme und deren Weisungen auch in die Tat umzusetzen vermöge. Wir werden sehen, dass das, was man in der analytischen Therapie – namentlich in denjenigen der Jungschen Richtung – macht, im Grunde genommen eine der heutigen Bewusstheitsstufe entsprechende Form der spirituellen Tradition – der Erziehung zur existenziellen Haltung – ist.

Es wird sich zeigen – um dies vorwegzunehmen –, dass dies heute besonders wichtig ist, weil die existenzielle Haltung während der positivistischen Übergangsphase vernachlässigt wurde. Das Unbehagen im Positivismus scheint mir im Grunde genommen ein Unbehagen in der ausschließlich objektivierenden Einstellung zu sein. Das Suchen nach der „andern" Wirklichkeit entspricht somit nicht einer Sehnsucht nach theologischem Sachwissen, sondern nach der zum vollen Menschsein gehörenden existenziellen (= religiösen) Einstellung.

Wir wollen uns bewusst bleiben, dass wir bei unserer Untersuchung eine objektivierende Haltung einnehmen und deshalb den Mythos als „Material" behandeln müssen. Es geht uns ja darum, herauszufinden, wie sich das Bewusstsein entwickelt und insbesondere, wie sich die Bewusstseinsstruktur seit dem Ausgang des Mittelalters gewandelt hat. Die Einsicht in dieses Wie ist die unabdingbare Voraussetzung für einen neuen, existenziellen Zugang zur „andern" Wirklichkeit, beziehungsweise für das Auffinden einer unserer Bewusstheit entsprechenden Form der Religiosität.

Wir wollen uns aber auch vor Augen halten, dass wir bei dieser Betrachtungsweise von der Menschlichkeit des archaischen Menschen absehen müssen, im vollen Wissen darum, dass er uns in dieser Hinsicht – aufs Ganze gesehen – weit überlegen war, und dass wir uns – nach der durch den Positivismus herbeigeführten Entmenschlichung des Daseins – vieles wieder aneignen müssen, was er noch besaß. Weil seine menschlichen Qualitäten in dieser Arbeit nicht berücksichtigt werden können, – denn hier geht es ja darum, den Wandel der *Apperzeption* zu untersuchen – soll an dieser Stelle noch einmal darauf hingewiesen werden, dass die Ausdrücke archaisch und primitiv in keiner Weise eine Wertung der auf jener Bewusstheitsstufe lebenden Menschen enthalten.

Mythische Kosmologien

Obwohl der archaische Mensch vorwiegend existenziell eingestellt war, stellte er doch auch gelegentlich die Frage, *wie* die Welt, in der er sich vorfand, beschaffen sei. So finden wir denn bei allen primitiven Völkern, über deren Erleben wir unterrichtet sind, eine Kosmologie (Kosmos = Ordnung).

Wissenschaftliche und mythische Kosmologie

Unsere heutige Vorstellung vom Geordnetsein der Welt – vom endlichen, gekrümmten Raum, der durch auseinanderstrebende Galaxien gebildet wird, sowie von dem ausgewogenen Ökosystem unseres Planeten – ist das Ergebnis naturwissenschaftlicher Forschung. Sie kam zustande erstens durch exakte Beobachtung der Außenwelt mit Hilfe von Geräten, welche die Leistungsfähigkeit der natürlichen Sinnesorgane vervielfachten, zweitens durch konsequente Kausalanalyse der beobachteten Phänomene, ein Bemühen, das höchste Abstraktionsfähigkeit voraussetzt.

Der archaische Mensch war weder zum einen noch zum andern fähig. Einerseits war er bei der Beobachtung auf seine unbewaffneten fünf Sinne angewiesen, anderseits war seine Fähigkeit zur Abstraktion und zu gerichtetem Denken bis zum Beginn der Bewusstseinsmutation gering. Deshalb geschah, wenn der Mensch nach dem Geordnetsein der Welt fragte, was immer geschieht, wenn er sich um ein Problem bemüht, zu dessen Bewältigung ihm die kognitiven Mittel fehlen: Es projizierten sich ihm, ohne dass er dessen gewahr wurde, Bilder des inneren Wahrnehmungsstromes über die Dinge der Außenwelt. Aus diesem Grund sind die archaischen Kosmologien nicht wissenschaftlich, sondern mythisch.

In der analytischen Therapie kann man beobachten, dass sich dann, wenn die divergierenden Tendenzen überhandzunehmen drohen oder wenn eine neue Einstellung sich anbahnt, in den Träumen oder Phantasien Bilder auftauchen, die die psychische Ganzheit – den Gleichschritt von bewusstem und unbewusstem System – veranschaulichen. Oft sind dies geometrische Gebilde wie Kreis, Quadrat oder Kreuz.

Solche Ganzheitsbilder projizierten sich dem archaischen Menschen bei seinem Fragen nach dem Sosein der Welt über die Vielfalt der sinnlich wahrgenommenen Dinge. In die Horizontale projizierten sich – die Grenzen der Erde (= Welt) bezeichnend – ein Kreis oder ein Quadrat, und in diese hinein ein Achsenkreuz beziehungsweise zwei Diagonalen. Als bedeutende Örter der sich kreuzenden, die Welt in vier Teile teilenden Geraden galten ihm das Zentrum sowie die vier Schnittstellen der Peripherie, die sogenannten Kardinalpunkte. In die Vertikale projizierten sich oft eine durch das Zentrum – den „Mittelpunkt der Erde“ – gehende Achse („Weltachse“) oder vier auf den Kardinalpunkten ruhende Säulen, die den „Himmel“ trugen.

Beispiele mythischer Kosmologien

Das breite Spektrum archaischer Kosmologien enthält lauter Varianten dieser wenigen, für die menschliche Art typischen Ganzheits- beziehungsweise Ordnungsmuster, wobei bald das eine, bald das andere Element besonders hervorgehoben und ausdifferenziert wurde.

So war z. B. für die Sioux die Welt eine Kuppelhütte. Sie schien ihnen gebaut zu sein wie ein großes Haus mit einem runden, viergeteilten Fußboden, über dem, gestützt durch vier Säulen, als Wand und Dach zugleich der sichtbare Himmel sich wölbte. Die Vierteilung des Bodens ergab sich ihnen durch die vier heiligen Richtungen, aus denen – gemäß dem Schöpfungsmythos – die vier heiligen Winde gegen die Mitte zu bliesen: gegen den zentralen Urfelsen oder gegen den Berg der Mitte.[25]

Für die Maya war die Welt ein Quadrat. Die vier Eckpunkte waren jene Punkte am Horizont, an denen die Sonne, ihr heiliges Gestirn, zur Zeit der Winter- und Sommersonnenwende auf- und unterging. Als Mitte des Himmels galt der Ort, an dem ihr „Herr" zur Zeit der Zenitüberschreitung am Mittag stand, die Mitte der Erde wurde markiert durch einen heiligen Baumwollbaum.[26]

Auch die Welt sibirischer Jäger- und Hirtenvölker war zentriert; in ihrer Weltmitte stand wie ein Mast eine riesige Birke, um die herum übereinander wie die Dächer eines Zeltes die sieben Himmel gespannt waren. Jeder Himmel hatte eine Öffnung, durch die jeweils Schamanen bei ihren „Himmelsreisen" (in der Imagination) hinauf- und hinunterstiegen.[27]

Zentriert war auch die Welt der Germanen. In der Mitte ihres Midgard, das wie erwähnt jenseits des Horizonts von Utgard umgeben war, stand die Weltesche Ygdrasill, deren Äste über die ganze Welt und den Himmelsbogen reichten, von deren Wurzeln die eine bei den Müttern, die andere bei den Jöten und die dritte im Reich der Toten endete, und unter deren Wurzeln Quellen lagen: die Quelle der Weisheit sowie Urds Brunnen, die Quelle von Weisheit und Schicksal.[28]

Die Welt des früh-archaischen Menschen war im Allgemeinen klein. Sie reichte oft kaum über das Gemeindegebiet hinaus, obwohl er natürlich wusste, dass auch jenseits desselben Menschen wohnten. Da aber sein Denken am konkreten Sinneseindruck haftete und er sehr geringe Fähigkeit zur Abstraktion besaß, war der Mittelpunkt seiner Welt mit dem Mittelpunkt seines Erlebens identisch. Deshalb besaß z. B. bei den Maya jedes Dorf seinen heiligen Baumwollbaum, und dieser *war* für die Bewohner des Dorfes der Mittelpunkt der Welt.

Zwei Kategorien metaphysischer Wesen

Die Religionswissenschaft, die seit dem 17. Jahrhundert durch wertfreies Sammeln die religiösen Vorstellungen verschiedener Kulturen zusammentrug, hat nachgewiesen, dass die Personifikationen unsichtbarer Mächte fast ebenso vielgestaltig waren wie die Formen des Pflanzen- und Tierreichs. Eine gewisse Ordnung konnte in diese Vielfalt gebracht werden, indem man Kanones metaphysischer Wesen, die zu einer ethnischen Einheit oder einem Kulturbereich gehörten, zusammenstellte, ferner, indem man untersuchte, auf welche Weise die unsichtbaren Wesen innerhalb eines Kanons hierarchisch gegliedert waren, und schließlich, welche von ihnen älteren und welche neueren Schichten entsprachen.

Wir wollen jedoch, mit Blick auf das Ziel unserer Untersuchung, weniger auf die Vielzahl der Varianten achten als nach einem Einteilungsprinzip suchen, das quer durch alle metaphysischen Populationen hindurchgeht. Dieses ergibt sich, wenn wir nach der *Herkunft* der unsichtbaren Wesen fragen. Dabei zeigt sich nämlich, dass wir die Unzahl derselben in zwei Kategorien unterteilen können: einerseits in jene Wesen, von denen man annahm, sie hätten von jeher metaphysische Existenz besessen (die autochthon metaphysischen Wesen), anderseits in jene, von denen man annahm, sie seien ursprünglich Menschen gewesen (die sogenannten weiterlebenden Toten).

Die „weiterlebenden Toten"

Der frühe Mensch hatte eine ganz andere Vorstellung vom Tod als wir, die wir die physiologischen Vorgänge kennen. Für ihn lebte der Mensch nach jenem Ereignis, das wir als Tod bezeichnen, irgendwie weiter. Der Verstorbene lebte zwar auf eine andere Art als während des „irdischen" Lebens, aber er gehörte – besonders bei primitiven Gesellschaften – weiterhin zur sozialen Gruppe. Genau wie gegenüber den im „Diesseits" Lebenden hatte der Primitive gegenüber den weiterlebenden Toten gewisse Verpflichtungen, und er kam diesen Verpflichtungen ebenso selbstverständlich nach wie gegenüber den noch sichtbaren Gliedern des Stammes. Er übte sie sogar mit besonderer Umsicht aus, weil er annahm, die Verstorbenen seien wirkungsmächtig und könnten sich für Vernachlässigungen rächen.

Dieser Glaube lässt sich schon beim Jungpaläolithiker erkennen. Häufig überließen diese Steinzeitmenschen den Toten die Wohnhöhlen. In Gruben, die sie sorgfältig und mit großer Mühe im Höhlenboden ausgehoben hatten, betteten sie die Toten bald in Schlafstellung, bald ausgestreckt auf dem Rücken, bald in Hockerstellung ein, und umgaben die Leiche mit einer Steinpackung. Öfter legte man die Toten auf Herdstellen in die noch glimmende Asche, wahrscheinlich um sie zu wärmen. Reichliche Ocker-Streuungen, die so rot waren wie Blut, sollten dem Leichnam wohl wieder Farbe geben (Bewirken durch Vormachen). In der Regel waren jene Toten auch schon reich mit Waffen, Schmuck und Wegzehrung ausgestattet.[29]

Verlöschende und wachsende Tote

Oft nahm man an, der Verstorbene nehme im Jenseits jenen Rang ein, den er im Diesseits hatte. Daraus entstand eine Gruppenbildung innerhalb dieser Kategorie metaphysischer Wesen: Je nach dem Rang, den ein Mensch im diesseitigen Leben eingenommen hatte, kam er im „Jenseits" entweder zur Gruppe der verlöschenden oder zu der der wachsenden Toten. Ein gewöhnlicher Sterblicher wurde so lange für weiterlebend gehalten, als sich jemand aus der Sippe seiner erinnerte. Waren die letzten, die ihn noch zu Lebzeiten gekannt hatten, „hinübergegangen", erlosch sein Kult. Jene Toten hingegen, die zu Lebzeiten einen besonderen Rang besessen oder sich um Stamm und Volk besondere Verdienste erworben hatten – z. B. große Häuptlinge, Könige, Krieger oder „Gottesmänner" –, erloschen nicht nur nicht, sondern machten im „Jenseits" einen Wachstums- und Wandlungsprozess durch: Sie verloren nach und nach ihre menschlichen Züge; die mythenbildende Phantasie wob an ihnen weiter, und sie wurden mehr und mehr zum Objekt der Verehrung durch die Gruppe. Man schrieb ihnen besonders große Wirkungsmacht zu, und man wandte sich deshalb an sie mit Bitten um Beistand in Nöten des Lebens. In diese Kategorie gehörten z. B. die Heroen der Antike sowie die mythischen Ahnen der berühmten germanischen Geschlechter: der Skjöldunge, der Siklinge, der Wölsunge usw., aber auch die jüdischen Propheten (vor allem Elias), und die christlichen Heiligen. Die wirkungsmächtigen, entfernteren und durch die Entfernung gewachsenen Toten bildeten oft nach der Vorstellung der Menschen eine jenseitige Gemeinschaft, und diese verschmolz in den Augen des einfachen Mannes mehr und mehr mit der Gruppe der autochthon metaphysischen Wesen.

Für die heutigen Pangwa am Njassasee, die wir schon erwähnten, scheint die „jenseitige" Bevölkerung sogar nur aus gewachsenen Toten zu bestehen. Jedenfalls konnte Hans Stirnimann während seines sechs Jahre dauernden Aufenthaltes unter diesem Volk nichts über autochthon metaphysische Wesen in Erfahrung bringen. Er schreibt: „Nach herkömmlichen Glaubensvorstellungen verdankt die auf dem Lutanana (= Gemeindegebiet) siedelnde Gruppe den heimgegangenen Vätern als ersten Bebauern nicht nur ihr Land, die Heimat, sondern auch die Kulturpflanzen, deren Wachstum und Gedeihen, Fruchtbarkeit des Bodens, den Regen und gute Ernte. Sie fühlt sich demnach in einem totalen Abhängigkeitsverhältnis von den Verstorbenen und weiß, dass sie nur dann auf deren väterliche Fürsorge zählen darf, wenn die im Brauchtum überlieferten Gebote und Verbote beobachtet werden, z. B. die Versorgung der

Alten mit Speise und Trank, die Vermeidung von Blutschande usw. Sollte sich ein Glied der Gruppe, besonders ein rangwichtiger Nachkomme, einer schweren Nachlässigkeit schuldig machen, werden die verstorbenen Väter aus Verärgerung ihren schützenden Arm von ihren Nachkommen zurückziehen, zur Strafe Krankheiten, Hagelschlag, Hunger schicken, um die Fehlbaren zu Umkehr und Abbitte zu zwingen."[30]

Die autochthon metaphysischen Wesen

Mit den autochthon metaphysischen Wesen werden wir uns noch viel zu befassen haben, denn wie gesagt entwickelte sich das Bewusstsein während der archaischen Phase vor allem durch die Auseinandersetzung mit diesen. Bevor wir die Fähigkeiten besprechen, die der archaische Mensch den unsichtbaren Wesen zuschrieb, sowie die Art und Weise, wie er mit ihnen umging, wollen wir auf etwas eingehen, das für primitive Religionen charakteristisch ist: die Paradoxie von gleichzeitiger Vielheit und Einheit des Göttlichen.

Da wir über die religiösen Vorstellungen und Bräuche der Sioux besonders gut unterrichtet sind und später anhand derselben die Merkmale der archaischen geistigen Gemeinschaften – jener Gebilde, die man heute als Kirchen bezeichnet – herausarbeiten werden, wollen wir die paradoxe Auffassung des Göttlichen anhand der Sioux-Religion erläutern. Auf den ersten Blick scheint die Religion der Sioux – als sogenannte Naturreligion – polytheistisch zu sein. Weil der Sioux *noch jede* Naturerscheinung in ihrer jenseitigen Dimension erleben konnte, bestand sein Pantheon aus einer Unzahl personaler Wakan-Wesen. Deshalb war, wenn er im Ritus die Götter anrief, eine lange Aufzählung nötig. So begann denn z. B. bei den Omaha-Sioux der Ritus der Ankündigung des neugeborenen Kindes wie folgt:

> Ho! Sonne, Mond und Sterne (d. h. Sonnen-, Mond- und *Sternwesen)*
> Ihr alle, die ihr im Himmel wandert, ich bitte Euch!
> In Eure Mitte ist ein neues Leben gekommen.
> Stimmt zu, ich flehe Euch an! Macht seinen Pfad glatt,
> damit es den Rand des ersten Hügels (= Jugend) erreicht.

Die folgenden, die gleiche Bitte wiederholenden Strophen beginnen mit:

> Ho! Ihr Winde, Wolken, Regen, Nebel...
> Ho! Ihr Hügel, Täler, Flüsse, Seen, Bäume, Gräser...

Ho! Ihr Vögel groß und klein,...
Ho! Ihr Vierfüßler groß und klein,...
Ho! Du kleines Gewürm, das da kriecht im Grase...
Ho! Ihr alle im Himmel, in der Luft und auf Erden...[31]

Noch eindrücklicher geschah die Anrufung resp. „Vergegenwärtigung" des Göttlichen als *Vielheit* der Welterscheinungen bei den Osage-Sioux. Jede Wegatsche (Totem-Gemeinschaft) derselben besaß ihr Wigie, d. h. den Genesis-Mythos, der die Entstehung des Clans mit Beihilfe jener Welterscheinung erzählte, auf welche die betreffende Gemeinschaft bezogen war. Versammelte sich der Stamm zum gemeinsamen Ritus, wurde zuerst das „jenseitige" Welthaus „vergegenwärtigt", indem jeder Vertreter einer Totem-Gemeinschaft (Nonhongschinga) *sein* Wigie rezitierte. Werner Müller schreibt darüber: „Jeder Nonhongschinga brüllt mit höchster Lautstärke das Wigie seiner eigenen Wegatsche, ohne sich durch die anderslautenden Worte seiner Nachbar-Wegatsche irremachen zu lassen. Dieses etwa 15 Minuten dauernde Wortgetöse hört sich von ferne an wie das Brausen eines Zikadenschwarmes, eine dissonierende Konsonanz höchster Sakralität, mit der jedes Ritual eingeleitet wird."[32]

Nun hat aber die Sioux-Religion noch ein ganz anderes Gesicht: ein „monotheistisches". Nicht nur als Vielheit der Wakan-Wesen konnten sich die Sioux das Göttliche vorstellen, sondern gleichzeitig – und ohne dabei einen Widerspruch zu empfinden – als ein einziges, übergroßes Wakan-Wesen. Sprachen sie von Gott als dem großen Einen, dann sprachen sie von Wakan-Tanka oder Wakonda. Dass sie sich darunter eine Person vorstellten, ist ersichtlich aus Wendungen wie: „das hat Wakonda angeordnet", „Wakonda will, dass es so ist", „Wakonda hat Träume zur Erleichterung unserer menschlichen Natur gemacht, er macht Freude und er macht auch Träume".[33]

Auch die Anrufungen im Bericht von Schwarzer Hirsch richten sich an eine Person, die hören, sehen und den Rauch der heiligen Pfeife riechen kann: „Unser Altvater Wakan-Tanka, Du bist alles und doch über allem!" „O Altvater Wakan-Tanka, an diesem Deinem heiligen Tage sende ich diesen Wohlgeruch zu Dir, der den Himmel oben erreichen will." „Wakan-Tanka, Altvater, Großer Geist, schau herab auf uns!" „Altvater Wakan-Tanka, wir haben Deinen Willen vernommen, ... Mit der Hilfe aller Dinge und aller Lebewesen schicken wir unsere Stimme zu Dir. Habe Mitleid mit uns! Hilf uns!"[34]

Man sieht, dass vor dem religiösen Erleben jener Menschen, bei denen die Partizipation noch überwog, unsere Begriffe Pantheismus, Polytheismus und Monotheismus versagen. Wakan-Tanka war ein Hochgott-Name wie Jahwe, Gottvater der christlichen Trinität oder Allah. Wenn wir uns die Gebete, die der Indianer an Wakan-Tanka richtete, unvoreingenommen anhören, wird deutlich, dass die Überheblichkeit, mit der Christen, Juden und Muslims oft auf die „armen Heiden" herabblicken, fehl am Platz ist. Wir können vor der indianischen Religiosität nur in Ehrfurcht schweigen und zugeben, dass uns da eine Auffassung des Göttlichen und eine Einstellung zu diesem entgegentritt, die meines Erachtens derjenigen der Hochreligionen in nichts nachsteht. Religiositas ist eben eine zeitlose menschliche *Haltung*, die unabhängig ist von der Höhe des Bewusstseins, und deren Qualität nicht gemessen werden kann an der Differenziertheit der Begriffe, mit denen über das Göttliche reflektiert (theologisiert) wird.

Wir wollen nun auf die Fähigkeiten eingehen, die der archaische Mensch den metaphysischen Wesen zuschrieb, und zwar den autochthonen wie den weiterlebenden Toten: Auf die Fähigkeit, durch blasses Wollen auf die diesseitige Welt einzuwirken, sowie auf die Fähigkeit, sich zu offenbaren und sich zu inkarnieren.

Fähigkeiten der metaphysischen Wesen

Wirkungsmächtigkeit

Wie wir vorhin sahen, glauben die Pangwa, das Wachstum der Pflanzen, das Eintreffen des Regens und die Fülle des Ernteertrags hingen vom Wollen ihrer verstorbenen Stammväter ab. Wir stoßen damit auf ein Denkschema, das für den archaischen Menschen geradezu typisch ist, und weitgehend den Unterschied zwischen archaischem und heutigem Weltverständnis bestimmt: auf die Annahme, jenseitige Wesen könnten auf das diesseitige Geschehen einwirken, und zwar nicht nur auf das Geschick des Menschen, sondern auf das gesamte Geschehen in der belebten und unbelebten Natur.

Dieses Einwirken vom Jenseits her wird in der abendländischen Tradition als Wunder bezeichnet. Der Ausdruck Wunder impliziert jedoch die Annahme, dass es sich um ein außergewöhnliches Ereignis handle, dass das Naturgeschehen aber normalerweise von selbst ablaufe. Diese Vorstellung gehört zur spätarchaischen Phase, zu einer Zeit, da das Bewusstsein schon eine beträchtliche Evolutionshöhe erreicht hatte. Für den Primitiven hingegen waren noch nahezu alle Veränderungen, die sich in der

Natur vollzogen, durch unsichtbare Mächte oder Wesen bewirkt. Dabei ist zu bedenken, dass ihn ja nicht so wie uns das Naturgeschehen an sich interessierte, sondern nur das, was für sein Überleben Bedeutung hatte.

Kausales und akausales Naturverständnis

Unser heutiges Naturverständnis beruht auf der Überzeugung von der Gültigkeit des Kausalprinzips: auf der Überzeugung, dass jede Veränderung im makrophysikalischen Bereich Ursachen habe, und dass aus gleichen Ursachen gleiche Wirkungen hervorgehen, d. h. dass die Wirkung sich *zwangsläufig* aus den Ursachen ergebe.

Im Gegensatz dazu kann das archaische Naturverständnis als akausal bezeichnet werden. Der archaische Mensch nahm nämlich an, die Mächte, deren Bewirken er die physischen Veränderungen zuschrieb, seien bewusste Wesen, die mit Überlegung und Absicht handelten, die sich entscheiden könnten, ob sie im gegebenen Fall wirken wollten oder nicht, ob sie diese oder jene Wirkung hervorbringen und außerdem, ob sie dazu dieses oder jenes „natürliche" Mittel benützen wollten.

Es war nach archaischer Ansicht sogar nicht einmal nötig, dass die Mächte „natürliche" Mittel einsetzten. Der Entschluss allein schon genügte, dass die Wirkung eintrat. Die wirkungsmächtigen Wesen konnten zwar „natürliche" Mittel benützen und taten dies in den meisten Fällen, aber schon die Vorstellung, dass sie dadurch eine Ursache/Wirkungskette in Gang setzten, die, einmal ausgelöst, gesetzmäßig ablaufe, war dem archaischen Menschen fremd. Die „natürlichen" Ursachen waren nach seiner Ansicht gefügige Instrumente in der Hand der wirkungsmächtigen Wesen, und diese konnten von ihnen einmal so, einmal anders Gebrauch machen. Wenn z. B. ein Mensch am Biss einer Schlange starb, dann war der Biss nach archaischem Verständnis nicht die eigentliche Ursache des Todes. Der betreffende Mensch wurde danach nicht deshalb von der Schlange gebissen, weil er die kritische Distanz zur Schlange unterschritten und dadurch das Verhaltensschema „Zubeißen" ausgelöst hatte, und der Tod des Opfers trat nicht deshalb ein, weil das in den Körper eingedrungene Gift gewisse Enzymsysteme blockierte; das Opfer starb nach archaischer Ansicht einzig und allein deshalb, weil ein metaphysisches Wesen dessen Tod *beschlossen* hatte.[35]

Folgen des akausalen Naturverständnisses für das menschliche Verhalten

Die Vorstellung von der Direktheit des Mächte-Wirkens und von der Entbehrlichkeit sowie dem instrumentalen Charakter der „natürlichen"

Ursachen hatte Auswirkungen auf das Verhalten. Sie lässt uns z. B. eine Eigenart archaischer Menschen verstehen, die Ethnografen oft in Erstaunen versetzte: die Tatsache, dass Primitive Verunglückte im Stiche ließen, selbst dann, wenn sie sie hätten retten können; und dass sie sich scheuten, Schwerkranke zu behandeln oder behandeln zu lassen.

Hilfeleistung schien ihnen eben in diesen Fällen weder sinnvoll noch ratsam zu sein, und zwar deshalb, weil man aus der Tatsache, dass einem ein Unglück zustieß oder dass einer von schwerer Krankheit befallen wurde – aufgrund der archaischen Prämissen durchaus logisch – folgerte, der Tod des Betreffenden sei von einem unsichtbaren Wesen beschlossen worden; und weil ein unsichtbares Wesen ja über die „natürlichen" Mittel wie über Instrumente verfugte, würde es am Lauf der Dinge nichts ändern, wenn man z. B. einen Ertrinkenden aus dem Wasser zöge. Das wirkungsmächtige Wesen würde ihn dann eben auf eine andere Weise erwischen, z. B. indem es ein wildes Tier anwiese, ihn zu töten, indem es einen Pfeil, der für eine Beute bestimmt war, auf ihn lenkte, indem es einen Baum oder Stein auf ihn fallen ließe oder einen Blitz auf ihn schleuderte. Außerdem musste ein wirkungsmächtiges Wesen nicht einmal ein anderes Mittel einsetzen, wenn ihm ein menschlicher Helfer in die Quere kam, da ja der Entschluss allein schon genügte, um die Wirkung herbeizuführen.

Ein Eingreifen bei Unglück oder tödlicher Krankheit war aber gemäß archaischem Denkschema nicht nur sinnlos, es brachte den, der sich dazu aufraffte, sogar selber in Gefahr. Dieser würde sich ja erdreisten, die Absichten eines wirkungsmächtigen Wesens zu durchkreuzen, und durch diesen Frevel würde er den Zorn dieses Wesens auf sich ziehen. Das einzig Richtige schien in solchen Lagen nach archaischer Logik der Versuch zu sein, das wirkungsmächtige Wesen durch Gebet oder Opfer umzustimmen oder ein noch mächtigeres Wesen gegen dieses um Hilfe anzurufen.

Die Fähigkeit, sich zu offenbaren

Dass die jenseitigen Wesen sich den „irdischen" mitteilen können, war für den archaischen Menschen ebenso selbstverständlich wie deren Wirkungsmächtigkeit. Für die Mitteilung jenseitiger Wesen an den Menschen steht im deutschen Sprachraum der Ausdruck „Offenbarung": Es wird dadurch dem Menschen etwas offenbar, was ihm ohne diesen Akt verborgen geblieben wäre. Bildhafter als Offenbarung ist Revelatio. Dieses Wort wird von revelare abgeleitet, welches seinerseits dem griechischen apokalyptein entspricht. Beide Ausdrücke besagen etymologisch: Einen Schleier (velum, kalymna) wegnehmen. Dahinter steht die Vorstellung, das offenbarende

Wesen ziehe für einen Augenblick den Vorhang zwischen der sichtbaren und der unsichtbaren Welt zurück und enthülle dabei dem Menschen Sachverhalte, die er mit seiner Vernunft allein nie hätte erkennen können.

Archaische und heutige Auffassung des Offenbarungsvorgangs
Das typisch Archaische besteht aber nicht in der Annahme, das Ich könne zur Kenntnis gewisser Dinge nur durch den Offenbarungsvorgang gelangen. Der Begriff „Offenbarung" gehört nämlich auch zu dem heute sich ausbreitenden Selbstverständnis; dieses unterscheidet sich vom Selbstverständnis der positivistisch-rationalistischen Übergangsphase gerade dadurch, dass es die Möglichkeit – ja, sogar die Notwendigkeit – von Offenbarung anerkennt. Der heutige Mensch versteht jedoch den Offenbarungsvorgang anders als der archaische. Die Bewusstseinsmutation führte zur Einsicht, dass die Offenbarungsinhalte dem Ich mit dem *inneren* Wahrnehmungsstrom zufließen: dass sie als Mitteilungen und Wirkimpulse des unbewussten Führungssystems an das Subzentrum „Ich" zu verstehen sind (vgl. Abb. 5, S. 222).

Für den archaischen Menschen ist es hingegen charakteristisch, dass er annahm, Offenbarung komme von außerhalb „dieser" Welt: Es seien die mit Bewusstsein ausgestatteten, wirkungsmächtigen metaphysischen Wesen, die dem Menschen dabei ihre Absichten offenbaren.

Der frühe Mensch erwartete Offenbarung ad hoc
Der früharchaische Mensch war wie gesagt existenziell eingestellt. „Wissen" war für ihn in erster Linie „Erkenntnis des richtigen Tuns und Lassens". Er war überzeugt, dass seine Unternehmungen nur dann gelangen, wenn die jenseitigen Wesen damit einverstanden waren, und dass es ihm nur dann wohl erging, wenn sein Verhalten Gott oder den Göttern wohlgefällig war. Es stand für ihn fest, dass ihn Unglück befiel, wenn er deren Zorn erregte. Gerade wegen seiner existenziellen Einstellung erwartete der früharchaische Mensch von den Göttern nicht nur die einmalige Offenbarung eines Moralgesetzes, dessen Anwendung im Einzelfall ihm von Gesetzeskundigen oder von Moraltheologen interpretiert wurde. Er erwartete von den jenseitigen Wesen in erster Linie Offenbarung ad hoc. So ist denn das Leben des Primitiven geradezu gekennzeichnet durch die dauernde Bereitschaft, Offenbarungen der Mächte wahrzunehmen. Ob er auf die Jagd gehen und welchen Weg er dabei einschlagen soll, ob die Zeit für die Aussaat oder der Platz für das Aufschlagen des Lagers günstig sei usw. usw.: Wenn immer möglich sucht er dafür, bevor er etwas unternimmt,

ein Zeichen der Mächte zu erlangen, an dem er zu erkennen glaubt, ob diese damit einverstanden seien oder nicht. Als Zeichen genügt ihm in den meisten Fällen ein Ja oder Nein.

Drei Offenbarungsörter

Es stellt sich nun die Frage, worin der archaische Mensch Offenbarung der jenseitigen Mächte zu erkennen glaubte. Überblicken wir die mannigfaltigen Berichte und Beobachtungen an primitiven Menschen sowie die literarischen Zeugnisse früher Völker, kristallisieren sich drei Offenbarungsörter heraus: die Natur, das Geschick und das Gesicht.

Offenbarung in der Natur

Die Vorzeichen

In der Natur kann der Primitive noch in *jedem* Ereignis einen Wink jenseitiger Wesen erblicken: im Fallen eines Blattes, in der Zugrichtung der Wolken, im Ruf eines Vogels usw. usw. In den verschiedenen Ethnien haben sich verschiedene Kanones von Vorzeichen ausgebildet, und die Vorzeichen wurden nach dem Ja/Nein-Prinzip in günstige und ungünstige eingeteilt.

Woher aber wusste man, welches Vorzeichen was zu bedeuten hatte? Auch dieses Wissen schrieb man einer Offenbarung zu, jedoch einer höheren Art von Offenbarung: dem direkten Sprechen eines göttlichen Wesens. Wie man sich einen derartigen Offenbarungsvorgang vorstellte, erhaschen wir z. B. im Reginsmäl, jenem Eddalied, welches erzählt, wie Sigurd gegen die Hundingssöhne auf Vaterrache auszog. Als er mit seiner Flotte an einem Vorgebirge vorbeisteuerte, sei Odin (Wotan) auf dem Felsen gestanden und habe verlangt, ins Schiff aufgenommen zu werden. Auf der Weiterfahrt habe er – der Hauptgott der normannischen Krieger – Sigurd über die guten Vorzeichen beim Kampf *belehrt:*

> Heilbringender Angang für Helden ist es
> wenn ein schwarzer Rab sie umschwebt.
> Ein anderer ist's, wenn zum Ausgang fertig
> zur Türe hinaus du trittst
> und dann auf der Straße stehen findest
> ruhmgieriger Recken zwei.
> Günstig auch ist"s, wenn den grauen Wolf
> unter Eschen du heulen hörst,

und Glück verspricht"s, erspähst du den Gegner
eher als er dich sieht.[36]

Orakeltechniken

Zum Offenbarungsort „Natur" gehören auch die meisten Orakel. Für den Fall nämlich, dass vor wichtigen Unternehmungen sich keine *spontanen* Zeichen des Einverständnisses oder der Ablehnung durch die Götter einstellten, haben viele archaische Völker Orakeltechniken entwickelt. Dabei wurde z. B. ein Satz von Knöchelchen, Steinchen oder Stengeln usw. geworfen, und aus dem Bild, das sich nach dem Fall ergab, las ein „Kundiger" die Antwort auf die gestellte Frage heraus. Bei den Joruba in Nigeria z. B. sind heute noch – wie an vielen anderen Orten in Afrika – Knöchelchen-Orakel im Gebrauch. Aus dem Alten Testament vernehmen wir, dass auch die Israeliten oft auf diese Weise den Willen Jahwes erkundeten: „Angesichts von Entscheidungen betreffs Kriegen, Bündnissen und innerpolitischen Angelegenheiten pflegten die israelischen Führer Jahwe zu befragen; in der Praxis hieß dies, von den Priestern orakelhafte Aussagen zu bekommen. Normalerweise zog der Priester eine Art Umhang an, „Ephod" genannt, und gebrauchte geheimnisvolle Instrumente, „Urim" und „Tumim", vielleicht kleine Stöcke oder Steine, die so gekennzeichnet waren, dass sie zustimmende oder ablehnende Antworten anzeigen konnten (vgl. Ex. 28, 30; 1 Sam. 30,7f.)."[37]

Eine andere Orakeltechnik ist die Organschau. Dabei wurde eine frische Leber, Lunge, Milz usw. entzweigeschnitten und aus dem Bild, das die Schnittfläche bot, wurde das Ja oder Nein der Gottheit herausgelesen. Die Organschau wurde bei vielen primitiven Völkern beobachtet. Sie wurde, als Hepatoskopie, auch von den Römern geübt, die trotz ihrer hohen Zivilisationsstufe eben doch noch archaisch apperzipierten.

Der archaische Mensch stellte sich vor, durch das Werfen des Orakels gebe er der Gottheit Gelegenheit, ihre Meinung zu offenbaren. Dies entspricht durchaus seiner Logik. Ebenso wie er annahm, die metaphysischen Wesen bewirkten die Veränderungen in der sichtbaren Welt, nahm er auch an, diese könnten den Fall der Steine oder Knöchelchen so lenken oder die Leber so verändern, dass daraus ihre Antwort auf die gestellte Frage abzulesen sei.

Nach unserer Erfahrung mit psychologischen Tests (z. B. Rorschach) ist zu vermuten, dass jene „Kundigen", wenn sie ihre Aufgabe ernst nahmen, die Antwort ihres Unbewussten – das ja aus der Außenwelt viel mehr

Information aufzunehmen und zu verarbeiten vermag als das Bewusstsein – in der Projektion auf die zu deutenden Muster wahrnahmen. Dabei mag bei medial Begabten, die bei Primitiven nicht selten sind, auch Hellsehen und Präkognition eine Rolle gespielt haben.

Spätarchaisch: Nur außerordentliche Naturereignisse haben Offenbarungscharakter

Auf höherer Entwicklungsstufe des archaischen Bewusstseins schrieb man vor allem den außerordentlichen Naturereignissen Offenbarungscharakter zu: den Erdbeben, Überschwemmungen, Sonnenfinsternissen, Kometen usw. Während *wir* aufgrund der heutigen Vorverbindungen des Denkens wissen, dass solche Ereignisse kausal bedingt sind, und uns deshalb fragen, wie sie verursacht seien und was man vorkehren könne, um deren Folgen zu entrinnen, „wusste" der archaische Mensch aufgrund *seiner* Vorverbindungen mit unerschütterlicher Gewissheit, dass ein göttliches Wesen sie bewirkt hatte, und zwar bewirkt, um dem Menschen damit etwas mitzuteilen. Das Problem, das sich für den archaischen Menschen daraus ergab, bestand darin, herauszufinden, *was* dieser göttliche Wink zu bedeuten habe.

Ein schönes Beispiel dieses archaischen Denkschemas findet sich in der Chronik der Stadt Genua des Genueser Erzbischofs Jacobus de Voragine (1230-98), jenes Mannes, der auch die berühmte Legenda aurea verfasst hat: „Im Jahre des Herrn 1264 erschien ein Komet, der zog einen großen feurigen Schweif nach sich. Der ging auf von Mitternacht und zog gen Morgen; und hub an zu scheinen vom ersten Tage des August, und erschien darnach vierzig Tage ohn Unterlass. Denselben Kometen haben wir oftmals gesehen, und haben uns verwundert, was Gott mit diesem unerhörten und ungewohnten Zeichen wolle bedeuten, und ob er etwan ein groß zukünftig Ding damit wolle künden."[38]

Offenbarung im Geschick

Der zweite Ort, an dem der archaische Mensch Kundgebungen jenseitiger Wesen wahrzunehmen glaubte, ist das Geschick: das Glück oder Unglück, das dem einzelnen, der Sippe oder dem Volk widerfuhr.

Hatte die Offenbarung des göttlichen Willens in der Natur mehr prospektiven Charakter, so war die Offenbarung im Geschick erst in der Rückschau erkennbar. In dieser Rückschau empfing der Mensch Korrekturimpulse für sein zukünftiges Verhalten sowie Vertrauen in den Beistand der Mächte.

Frühharchaisches Denkmuster: Unglück = Strafe Gottes

Auf früher Stufe archaischer Bewusstheit wurde nach folgendem Schema auf Einverständnis oder Ablehnung durch die Götter geschlossen: Wohlergehen bedeutet deren Zustimmung, Unglück dagegen deren Unwillen über das Verhalten des Menschen. Ein schönes Beispiel für diesen archaischen Gedankengang ist die alttestamentliche Geschichte des Jonas. Dieser wollte sich bekanntlich dem Auftrag Jahwes, den Leuten von Ninive Buße zu predigen, entziehen, indem er ein Schiff bestieg, um nach Tarsis zu fliehen. Als das Schiff in einen schweren Sturm geriet, taten die Schiffer zuerst das Naheliegende: sie warfen Ballast über Bord und „jeder rief zu seinem Gott". Als dies nicht half und das Schiff zu sinken drohte, „wussten" sie aufgrund ihrer archaischen Apperzeption, dass sich in diesem Unglück der Zorn eines Gottes über den Frevel eines Menschen offenbarte. Da „sagten sie zueinander: ‚Kommt, wir wollen das Los werfen (Orakeltechnik, Anm. d. Verf.), damit wir erfahren, durch wessen Schuld uns dieses Unglück trifft.'"

Im Neuen Testament kommt die gleiche archaische Logik in der Geschichte von der Heilung des Blindgeborenen durch Jesus zum Ausdruck (Joh. 9,2), und zwar in der Frage der Jünger: „Meister, wer hat gesündigt, dieser oder seine Eltern, dass er blind geboren wurde?"

Differenziertere Auffassung mit zunehmender Bewusstheit

In *jedem* Missgeschick eine Strafe Gottes für schuldhaftes Tun zu erblicken, ist wie gesagt frühharchaisch. Das Hiob-Epos, eine relativ spät entstandene Schrift des Alten Testaments, zeigt uns, wie sich schon unter archaischen Vorzeichen eine differenziertere Interpretation des Offenbarungscharakters von Unglück anbahnte.

Als Hiob seine Güter und seine Kinder verlor und dazu noch von einer Hautkrankheit befallen wurde, die ihn aus der Gemeinschaft ausschloss, „wussten" seine Freunde mit unbeirrbarer Gewissheit, dass dies die Strafe Jahwes für Hiobs Sünden war. Wie der weitere Verlauf der Geschichte zeigt, stellte der Verfasser damit die Freunde Hiobs als Vertreter einer überholten Meinung hin. Die neu aufkommende, höhere Bewusstheit legte er in der Diskussion dar, die er Hiob mit Jahwe führen ließ: Hiob, der weiß, dass er ein makelloses Leben geführt und sein Unglück nicht verschuldet hat, wirft Jahwe vor, er sei nicht gerecht. Er muss sich aber schließlich von Jahwe belehren lassen, dass er die göttliche „Gerechtigkeit" zu eng verstehe: dass es Ratschlüsse Gottes gebe, die der Mensch mit seinem beschränkten Verstand nicht zu durchschauen vermöge; dass es auch unverschuldetes menschliches Leid gebe, und dass auch dieses Leiden einen Sinn habe. Trotz seines differenzierteren Unterscheidungsvermögens stellt jedoch der Verfasser des Hiob-Epos die typisch archaische Auffassung, im Geschick offenbare sich der Ratschluss eines metaphysischen Wesens, nicht infrage.

Die sogenannte Heilsgeschichte

Nicht nur im Geschick des einzelnen, auch im Geschick der Gruppe sah der archaische Mensch eine Offenbarung metaphysischer Wesen. So ist z. B. das gesamte Alte Testament unter diesem Blickwinkel konzipiert. Obwohl in diesem literarischen Werk auch die beiden andern Offenbarungsörter, die Natur und das Gesicht, einen breiten Raum einnehmen, steht darin doch die Offenbarung im Geschick, und zwar im Geschick des Volkes, ganz im Vordergrund.

Das Selbstverständnis der Juden wurde bekanntlich durch die Gewissheit genährt, dass Jahwe sie unter allen Völkern auserwählt und ihnen versprochen habe, sie zum Heil zu führen: zu einem – entsprechend der früharchaischen Mentalität – noch durchaus „irdisch" verstandenen Heil. Durch dieses Selbstverständnis wurde der Blick der jüdischen Gottesmänner auf das Geschick des Volkes gelenkt: In diesem glaubten sie die Führung Jahwes zu erkennen. So stellten sie denn, in seelsorgerischer Absicht, dem Volk die Herrlichkeit, Macht und Gerechtigkeit Jahwes unter dem geschichtlichen Gesichtswinkel vor Augen: Durch Schilderung der Geschichte wiesen sie nach, dass Jahwe sein Versprechen, das auserwählte Volk zum Heil zu führen, gehalten habe; dass er es gehalten habe, obwohl dieses Volk dauernd gegen ihn murrte, ihm Widerstand leistete und sogar von ihm abfiel.

Das Modell, dessen sich die Verfasser des Alten Testaments zur Darstellung der „Heilsgeschichte" bedienten, war der „Bund", eine Rechtsform zwischen Herrscher und Vasall, die sich in den benachbarten Hochkulturen Mesopotamiens ausgebildet hatte.

Weil bei den biblischen Autoren die Absicht im Vordergrund stand, anhand des Geschicks ihres Volkes das Heilswirken Jahwes nachzuweisen, steht in diesem Werk, an dem Generationen und Generationen arbeiteten, wie erwähnt das Geschichtliche im Vordergrund. Dieses Geschichtliche hat aber wenig mit dem Historischen im modernen Sinn zu tun. Den Autoren des Alten Testaments wie auch denen des Neuen war die geistige Disziplin des methodischen Positivismus noch kein erstrebenswertes Ziel. Sie wollten ja gar nicht protokollarisch den Verlauf der Ereignisse darstellen, sondern dem Volk vor Augen halten, dass Jahwe an ihm Heil gewirkt habe, indem er dessen Geschick lenkte. Diese gläubige und seelsorgerische Absicht bestimmte nicht nur die Auswahl *tatsächlicher* Ereignisse, das heißt von Ereignissen, die auch vor der modernen historischen Forschung Bestand haben (und die zu Publikationen führen unter dem Motto: Und die Bibel hat doch recht!). Diese Absicht ließ zudem der *Produktion von Ereignissen* freien Lauf: sie ließ innere Erlebnisse (Träume, Visionen und Imaginationen) in die Darstellung einfließen, und ließ die biblischen Schreiber diese Bildabläufe so darstellen, als hätten sie tatsächlich – in der Außenwelt – stattgefunden.

Bei diesen inneren Erlebnissen „vernahmen" sie dann auch, was Jahwe mit seinem Volk vorhatte und ob er mit ihm zufrieden war oder nicht; denn ebenso wie über die Offenbarung in der Natur entnahm der archaische Mensch auch sein Wissen über die Offenbarung im Geschick jenen Mitteilungen, die er für direktes Sprechen Gottes hielt. Damit kommen wir zum dritten und wichtigsten Offenbarungsort zur Offenbarung im Gesicht.

Offenbarung im Gesicht

Der archaische Mensch unterschied, wenigstens von einer gewissen Bewusstheitshöhe an, zwischen einem Sehen mit den Augen des Körpers und einem Sehen mit den Augen der Seele. Es waren die Augen der Seele, mit denen er die Gesichte empfing. Was er Gesicht nannte, bezeichnen wir heute als Gestaltungen des Unbewussten. Dass man dabei früher in die jenseitige Welt zu schauen vermeinte, ist gerade das Charakteristikum der archaischen Apperzeption.

Die empirische Psychologie gelangte zu einer Einteilung der Gesichte in Träume, Visionen und Evidenzerlebnisse, in visuelle Eindrücke, Tagesfantasien und „aktive" Imaginationen. Als Einteilungsgrund dient dabei der Bewusstseinszustand, in dem der innere Bilderstrom wahrgenommen wird: der Schlaf, das Wachsein, der Halbschlaf sowie jener eigenartige und außergewöhnliche Bewusstseinszustand, in dem Visionen empfangen werden.

Der archaische Mensch – insbesondere der früharchaische – teilte wegen seiner ausgesprochen existenziellen Einstellung die Gesichte vor allem nach ihrer Erlebnisintensität ein, mit andern Worten nach der Bedeutung, die sie für sein Leben und für das Leben des Volkes hatten. Er unterschied deshalb in erster Linie zwischen bedeutenden und unbedeutenden: zwischen großen und kleinen Gesichten. Zu den großen Gesichten zählte er vor allem die Visionen, dann aber auch jene bedeutsamen Träume, die einen besonders intensiven Eindruck hinterlassen und die während Jahren in der Erinnerung haften bleiben.

Konkretistisches Verständnis von Traum und Vision

Um zu begreifen, welch außerordentlichen Stellenwert die Gesichte im Erlebnis des Primitiven einnahmen, muss man sich vor Augen halten, dass diese ihm, wie er glaubte, einen Ausblick in die jenseitige Welt eröffneten: in jenen Bereich der Wirklichkeit, der für ihn so überragende Bedeutung hatte. Wie erwähnt war das archaische Verständnis des Gesichts – im Gegensatz zum heutigen – konkretistisch. Wenn *wir* im Traum z. B. den verstorbenen Vater sehen, wissen wir, dass die unbewusste bildschöpferische Instanz die dem Ich bekannte Gestalt des Vaters benützt, um uns eine Verhaltensweise vor Augen zu führen, die wir mit dem Vater gemeinsam haben, oder um das Ich darauf aufmerksam zu machen, dass seine Einstellung allzu sehr der Tradition verhaftet ist. Wenn hingegen der *Primitive* von seinem verstorbenen Vater träumte, nahm er an, er habe den zwar aus der sichtbaren Gruppe verschwundenen, jedoch in der unsichtbaren Welt weiterlebenden Vater von Angesicht zu Angesicht gesehen und mit ihm gesprochen.

Das gleiche gilt für die sogenannt archetypischen Gestalten, das heißt für jene Gestaltungen des Unbewussten, die der archaische Mensch für autochthon metaphysische Wesen hielt. *Wir* fragen nach dem Semantem, das durch sie veranschaulicht wird; der archaisch apperzipierende „Seher" hingegen war überzeugt, dass er metaphysischen Wesen direkt gegenübergestanden sei, dass er diese mit eigenen Augen gesehen, deren Stimme mit eigenen Ohren gehört, dass er Fragen an sie gestellt und Antwort von ihnen erhalten habe. So schreibt J. Spieth, der Erforscher der Ewe-Stämme im Sudan über deren Traumverständnis: „Im Traum sieht man wirkliche Objekte, Ereignisse, welche „für wahr gehalten werden", und die Seele, die zeitlich vom Körper befreit ist, spricht und handelt, wie sie es am hellen Tage tun würde, wenn sie sich im Körper befindet. Der einzige Unterschied besteht darin: im Traum bewegt sie sich nicht in der sichtbaren, sondern in der unsichtbaren Welt."[39]

Traumgesteuertes Leben

Dass der Traum als Offenbarungsquelle bei primitiven Völkern eine außerordentliche Rolle spielte, berichten Ethnografen aus den verschiedensten Gegenden: von den australischen Gemeinschaften (Dawson), von Neuseeland (Dumont d“Urville) von den Batak auf Sumatra und von Borneo (Ling Roth), von den Kaffern (A. Steedman) und den Zulus (Taylor), von den Eskimos der Hudson Bay (L.M. Turner) und von den Bewohnern Kamtschatkas (G.W. Steiler). In den Berichten von Missionaren wird häufig erwähnt, dass „Eingeborene“, die lange Zeit allen Bekehrungsversuchen widerstanden hatten, sich plötzlich zum Empfang der Taufe entschlossen, weil ihnen ein göttliches Wesen dies im Traum befohlen hatte. Besonders ausführlich sind wir über die Bedeutung der Träume als Offenbarungsquelle bei den nordamerikanischen Indianern unterrichtet durch die „Relations des Jesuites“. Die Sioux achteten so sehr auf das, was ihnen im Traum mitgeteilt wurde, dass Werner Müller deren Leben geradezu als traumgesteuert bezeichnet. Gleiches berichtet Turner über die Eskimos: „Sie lassen sich hauptsächlich durch ihre Träume leiten, denn sie bilden sich ein, dass sie während der Nacht in direkter Verbindung mit den Geistern stehen, die über ihre täglichen Beschäftigungen wachen.“[40] Bei anderen primitiven Gesellschaften rückt der hohe Stellenwert des Traumes gegenüber anderen Charakteristika_ der archaischen Apperzeption in den Hintergrund.

Vorstellungen von der Befindlichkeit der Seele während des Gesichts

Der Primitive unterschied genau zwischen dem, was er im wachen Zustand und dem, was er im Schlaf wahrnahm. Um zu verstehen, warum er sich vorstellen konnte, er begegne im Schlaf jenseitigen Wesen, müssen wir uns vergegenwärtigen, welche Vorstellung er sich von seiner Befindlichkeit während eines Gesichts machte. Dabei stoßen wir auf zwei grundverschiedene Auffassungen, die jedoch – wie so manches andere für uns Widersprüchliche – bei noch wenig entwickeltem Unterscheidungsvermögen friedlich nebeneinander bestehen konnten. Einerseits stellte man sich vor, die Jenseitigen würden, während der Körper schläft, die Seele aufsuchen; anderseits nahm man an, die Seele verlasse den Körper und begebe sich selber in die jenseitige Welt. Dass der archaische Mensch sich dies so vorstellen konnte, hängt wiederum mit seinem Raumerleben zusammen, das wie schon erwähnt ganz anders als das unsrige war.

Gesicht als Quelle des Mythos

Nicht nur Offenbarung ad hoc und für sein individuelles Leben brachten dem archaischen Menschen die Gesichte. Diese waren auch die Quelle, aus der der Mythos hervorging. Wegen der außerordentlichen Bedeutung, die der Mythos für das archaische Welterleben – und der Umgang mit dem

Mythos für die Evolution des Bewusstseins – hatte, müssen wir hier näher auf ihn eingehen.

Der Mythos ist eine Angelegenheit der Gruppe, nicht des einzelnen. Er ist gleichsam der Traum eines Stammes, eines Volkes oder einer noch größeren Kulturgemeinschaft Aber nicht die Gruppe als solche hat ihn jeweils geträumt, immer waren es *einzelne,* die ihn „mit den Augen der Seele“ wahrnahmen und das innerlich Wahrgenommene äußerten. Die Gruppe hat es dann übernommen, bearbeitet und überarbeitet und – mit dem Traditionsstrom – von Generation zu Generation weitergegeben. Immer wieder wurde jeweils dieser kollektive Traum durch Gesichte „großer einzelner“ bereichert.

Die Inhalte des Mythos sind Antworten auf die „letzten Fragen“: Fragen nach dem Göttlichen, nach dem Woher und Wohin der Welt und des Menschen, nach dem Sinn des Lebens, nach den ethischen Normen, nach Schuld, Sühne und Vergebung usw. Deshalb wurden die inneren Erlebnisse einzelner immer dann zu einem für die Gruppe gültigen Mythos oder trugen zur weiteren Entwicklung desselben bei, wenn sie Antwort gaben auf eine zur gegebenen Zeit aktuelle Problematik.

Weil mit der Höherentwicklung des Bewusstseins immer neue Fragen sich stellen, kann ein Mythos altern und veralten. Er wird dann durch einen neuen, für die betreffende Zeit lebensvolleren abgelöst, oder er wird modifiziert. Aus diesem Grunde können die Religionshistoriker an den heiligen Büchern, in denen die Schriftvölker ihren Mythos festhielten und während Jahrhunderten immer wieder „auf die Höhe ihrer Zeit“ brachten (z. B. dem Popol Vuh der Maya oder am Alten Testament) ältere und jüngere Schichten herausarbeiten.

Der Mythos ist das tragende Element jeder Religion, sowohl der Stammesreligionen der Primitiven als auch der Weltreligionen, die gegen Ende der archaischen Entwicklungsphase entstanden. Die Angehörigen einer Religion verstehen ihn allerdings nicht als Mythos in unserem Sinn, das heißt nicht als eine Gestaltung des Unbewussten. Jede Religion führt ihren Mythos auf göttliche Offenbarung zurück und versteht ihn als „absolute Wahrheit“. Das ist auch beim Christentum der Fall. Die offizielle Theologie kann (und darf) nicht zugeben, dass das tragende Element der christlichen Religion ein Mythos ist: der Mythos vom wesensgleichen göttlichen Sohn, den der Vater auf die Erde gesandt hat um die Menschen zu erlösen, der freiwillig den Opfertod starb, wieder lebendig wurde, in den Himmel hinaufstieg und dort jetzt richtet über die Lebendigen und die Toten. Dieser typische Mythos, der aus lauter allgemein verbreiteten

Mythologemen besteht, ist allerdings ein historisierter, d. h. auf eine historische Person projizierter Mythos. Die Historisierung erhöhte einst – zur Zeit des erwachenden geschichtlichen Bewusstseins – seine Durchschlagskraft. Heute erweist sie sich aber als hartnäckigstes Hindernis für den Vollzug der Bewusstseinsmutation.

Die Vision

Die großen Gesichte, die zur Bildung oder Bereicherung eines Mythos führten, waren in der Regel Visionen. Diese werden in einem Bewusstseinszustand empfangen, in dem das Tagesbewusstsein ganz oder teilweise ausgeschaltet ist, in dem der Seher jedoch den Eindruck hat, er sei wach, wacher sogar als beim gewöhnlichen Wachsein. Diesen Eindruck hat er sogar dann, wenn er während der Vision im tiefsten Koma daliegt.

Die Vision wurde in den letzten Jahrzehnten gut erforscht, sowohl in Bezug auf das, was dabei geschaut wird wie auch bezüglich des Zustandes des Visionärs während dieses Geschehens. Dazu konnte einerseits eine umfangreiche Literatur verarbeitet werden: Selbstzeugnisse von Visionären sowie Beobachtungen von Zeugen, die den Visionär während dieser Zustände beobachteten und auch auf die Probe stellten. Anderseits hat man es bei der tiefenpsychologischen Arbeit immer wieder mit Menschen zu tun, die von Visionen befallen werden und die nachträglich exploriert werden können. (Man erlebt dabei übrigens eine der eindrücklichsten Demonstrationen von der Wirklichkeit und Wirksamkeit des unbewussten psychischen Systems, da eine Vision die Lebenseinstellung eines Menschen völlig verändern kann.) Außerdem liegen heute auch klinische Untersuchungen über Veränderung der physiologischen Funktionen während des visionären Zustandes vor. Was uns hier vor allem interessiert, ist das Verhältnis zwischen Tagesbewusstsein und visionärem Bewusstsein, die wie gesagt beide als Wachzustände erlebt werden. Das visionäre Bewusstsein überlagert und verdrängt das Tagesbewusstsein. Subjektiv sieht dies ähnlich aus wie die Überblendung in einem Film, wo eine Szene durch eine zweite überlagert und eventuell ganz ausgelöscht wird. Die Entfaltung der visionären Szene kann nun bei einem beliebigen Grad der Überlagerung zum Stillstand kommen, und der Zeitpunkt dieses Stopps entscheidet darüber, ob das Geschehen als „Erscheinung" oder als „Entrückung" erlebt wird. In vielen Fällen bleibt in den Randbezirken des Gesichtsfeldes die Sinneswahrnehmung erhalten, während im Zentrum das visionäre Geschehen (der nach außen projizierte innere Bilderstrom) abläuft. Eine meiner Analysandinnen, die von einer mehrere Tage dauernden Vision heimgesucht wurde, erzählte, sie habe die seitlichen Wände und die Gegenstände des Zimmers, in dem sie sich befand, während der ganzen Zeit wahrgenommen, und auch die Personen bemerkt, die ein- und ausgingen. An der gegenüberliegenden Seite des Zimmers jedoch habe sich ihr ein weiter Ausblick auf eine „jenseitige" Szenerie und ein „jenseitiges" Geschehen eröffnet.

Wirklichkeitscharakter des visionären Erlebens
Wir haben bei der Schilderung der „jenseitigen Dimension" schon gesehen, dass der archaische Mensch die „jenseitige Welt" für die eigentlich wirkliche Wirklichkeit hielt, und darauf hingewiesen, dass dies deshalb so war, weil dem in der Vision Geschauten eine außerordentlich intensive, das Ich erschütternde Erlebnisqualität zukommt. Dies bestätigte auch meine Analysandin. Obwohl sie im Umgang mit den Gestaltungen des Unbewussten große Erfahrung hatte, und mit dem symbolistischen Verständnis derselben bestens vertraut war, sagte sie, wenn sie sich nur auf den spontanen Eindruck verließe, könnte sie schwören, sie habe in wachem Zustand in die jenseitige Welt geschaut und mit jenseitigen Wesen verkehrt. Diese seien ihr wirklicher erschienen als alles, was sie je mit den Sinnen wahrgenommen habe.

Der Wirklichkeitscharakter dessen, was in der Vision geschaut wird, wird noch dadurch gesteigert, dass die Vision nicht nur den Gesichtssinn anspricht, sondern sämtliche Sinne. So berichten denn z. B. christliche Visionäre aller Jahrhunderte, sie hätten die jenseitige Wirklichkeit nicht nur geschaut, sondern auch himmlische Musik gehört und die Stimmen der jenseitigen Wesen vernommen; sie hätten göttliche Süssigkeit gekostet und himmlische Düfte sowie den Schwefelgestank der Hölle gerochen.

Nun müssen wir bedenken, dass auf niedriger Entwicklungsstufe des Bewusstseins der visionäre Zustand viel häufiger und leichter auftrat als bei unserem heutigen, gefestigten, gegen das Unbewusste abgekapselten Ich. So gab es denn in primitiven Gesellschaften außer jenen „großen Einzelnen" deren Gesichte den Mythos der Gruppe schufen und bereicherten, immer auch zahlreiche Individuen, die für sie allein bedeutsame Visionen hatten. Von einigen nordamerikanischen Indianergesellschaften wissen wir z. B., dass sie eine eigentliche Technik der Visionssuche ausgebildet hatten, womit junge Männer sich auf die Suche nach ihrem individuellen Schutzgeist begaben.[41] Das Vorkommen zahlreicher Individuen mit eigener visionärer Erfahrung in einer Gruppe förderte natürlich die

Bereitschaft, jene Schilderungen, die der Mythos von der jenseitigen Wirklichkeit gab, für „absolut wahr“ zu halten.

Erscheinung und Entrückung

Wir haben gesehen, dass der Primitive sich vorstellte, während des Traumes kämen entweder die jenseitigen Wesen zu seiner Seele oder die Seele begebe sich ins jenseitige Land. Diese zwiefache Vorstellung finden wir auch bei den Visionären, denn sie berichten entweder von Erscheinungen oder von Entrückungen. Den Eindruck einer Erscheinung hat der Visionär dann, wenn noch Reste des Tagesbewusstseins vorhanden sind, wenn er somit seine physische Umgebung noch wahrnimmt und der innere Bilderstrom sich nur auf eine umschriebene Stelle des Blickfeldes projiziert. Ist das Tagesbewusstsein hingegen völlig ausgelöscht, hat der Visionär den Eindruck, er werde in die jenseitige Welt entrückt. In diese Kategorie gehört z. B. das große Gesicht des Oglala-Sioux Schwarzer Hirsch. Seine Beschreibung von Anfang und Ende seiner Vision sei hier, stellvertretend für viele andere, ausführlieh wiedergegeben. Schwarzer Hirsch hatte die Vision im Alter von neun Jahren, als er krank im Tipi seiner Eltern lag. (Aus den geschilderten Symptomen kann geschlossen werden, dass es sich bei der Krankheit sehr wahrscheinlich um eine akute Nierenentzündung handelte.) Er erzählt:

> Ich konnte durch die Öffnung im Zelt hinaussehen. Plötzlich kamen zwei Männer aus den Wolken, die Kopf voran, schräg wie Pfeile herabgeglitten, und ich wusste, es waren dieselben, die ich früher gesehen hatte. Jeder trug einen langen Speer, an dessen Spitze ein zackiger Blitz zuckte. Sie stiegen diesmal vollständig auf den Boden nieder, standen in einiger Entfernung, blickten mich an und sagten: „Eile! Komm! Deine Großväter rufen Dich!“ Dann wandten sie sich ab und fuhren schräg aufwärts, wie von einem Bogen geschnellt. Als ich mich erhob, um ihnen zu folgen, schmerzten mich meine Beine nicht mehr, und ich fühlte mich sehr leicht. Ich trat aus dem Tipi, und von dort, wo die Männer mit den flammenden Speeren hingegangen, nahte sehr rasch eine kleine Wolke. Sie kam und ließ sich herab, dann nahm sie mich in sich auf und kehrte zurück, von wo sie gekommen, mit großer Geschwindigkeit. Und als ich hinabblickte, konnte ich dort meine Mutter und meinen Vater sehen. Es tat mir leid, dass ich sie verließ.

> Und dann war nichts mehr als die Luft und die Eile der kleinen Wolke, die mich trug, und jene beiden Männer, die noch immer höher strebten, bis dort weiße Wolken wie Berge in einer weiten, blauen Ebene übereinander geschichtet standen, in denen Donnerwesen wohnten, die hinliefen und aufleuchteten.
> Dann aber war plötzlich nichts mehr als eine einzige Welt von Wolken, und wir drei waren dort allein in einer großen weiten Steppe mit schneeigen Hügeln und Bergen, die uns entgegen starrten; und es war sehr still; aber da war ein Geflüster. Und die beiden Männer redeten miteinander, und sie sagten: „Sieh es an, das Wesen mit vier Beinen!"
> Ich schaute hin und sah ein rotbraunes Pferd dort stehen, das zu sprechen begann: „Sieh mich an!" sagte es, „meine Lebensgeschichte sollst du sehen." Und dann lief es nach der Richtung. wo die Sonne hinabgeht, und sprach: „Schau sie an! Du sollst ihre Geschichte erfahren".
> Ich sah hin und da waren dort zwölf schwarze Pferde, alle nebeneinander, mit Halsketten aus Büffelhufen, und sie waren schön aber ich fürchtete mich, denn ihre Mähnen waren Blitze und Donner kam aus ihren Nüstern.[42]

Der Reihe nach offenbaren sich ihm nun die „Wesen" der vier „heiligen" Richtungen des indianischen Kosmos als Pferde von je verschiedener Farbe und mit je verschiedenen Attributen. Dann reitet er an der Spitze der in Reih und Glied geordneten Pferdeschar zu einem aus Wolken gebauten Tipi, in dem die sechs großen Väter sitzen: je einer von den vier „heiligen" Richtungen, dazu einer vom Zenit und einer vom Nadir. Von jedem der Väter empfängt er ein Geschenk. Dann darf er die Zukunft seines Volkes schauen und empfängt den *Auftrag.* den er an seinem Volke zu erfüllen hat, und es wird ihm erklärt, wie er die empfangenen Geschenke verwenden soll, um seinem Volk beizustehen. Nun folgt die „Rückkehr":

> Jetzt begann das Tipi, aus Gewölk geschaffen, mit Wolke gedeckt, unter einem Winde vor-und rückwärts zu schwanken, und der flammende Regenbogen ward trübe. Von draußen hörte ich Stimmen aller Art schreien: „Adlerschwinge-spreitet-sich kommt heraus. Seht ihn an!"
> Als ich durch die Tür (des Wolken-Tipi) schritt, erschien mir das Gesicht des Erdentages (Rückkehr auf die Erde) mit dem

> Morgenstern auf seiner Stirn; und die Sonne ging auf und schaute auf mich, und ich schritt allein fürbass…
> Ich war nun ganz allein auf einer weiten Ebene, und meine Füsse schritten auf der Erde – allein, nur mit dem gefleckten Adler (indiv. Totem) als Wächter über mir. In weiter Ferne von mir konnte ich das Dorf meines Volkes sehen, und ich holte kräftig aus, denn Heimweh hatte mich ergriffen. Dann erblickte ich mein eigenes Tipi, und in seinem Innern sah ich meine Mutter und meinen Vater sich über einen kranken Knaben beugen, der ich selber war. Sowie ich in das Tipi eintrat, sagte jemand: ‚Der Junge kommt wieder zu sich; es wäre gut, ihm Wasser zu geben.'
> Dann richtete ich mich auf; ich war traurig, weil meine Mutter und mein Vater nicht zu wissen schienen, dass ich so weit weg gewesen. Sie sagten mir, ich sei zwölf Tage krank gewesen, wie tot dagelegen, und Wirbelwind-Jäger, Stehenden Bärs Onkel, der nämlich, der Medizinmann war, habe mich wieder zum Leben gebracht. Ich wusste, dass die Großväter in dem flammenden Regenbogen-Tipi mich geheilt hatten; jedoch scheute ich mich sehr, das zu sagen.[43]

Die Vision von Schwarzer Hirsch steht – wenn wir sie unvoreingenommen, das heißt frei von christlicher Überheblichkeit betrachten – den in der Bibel aufgezeichneten Visionen in nichts nach, weder in Bezug auf Großartigkeit der Bilder noch auf deren Sinngehalt.

Zeitbedingtheit von Sinn

Wenn wir bei Gestaltungen des Unbewussten von Sinngehalt reden, geht es immer um einen *Sinn ad hoc:* das Unbewusste gibt dem Ich durch diese Gestaltungen Hinweise und Aufträge, die sich auf eine *gegebene* Situation beziehen, auf die des Individuums oder auf die der Gruppe. Der psychische Prozess fließt in der Zeit dahin, und die Lenkung des Ich durch die Führungsinstanz besteht aus lauter Wirkimpulsen, die aus der Beurteilung der *aktuellen* Situation sowohl des Ich wie auch der Umwelt hervorgehen (vgl. Informationsfluss-Schema Abb. Nr. 4). So waren z. B. die Visionen des Moses und der Propheten, des Paulus und des Petrus Antrieb und Hilfe für Entscheidungen, die in *jener* Zeit gefällt und für Taten, die in *jener* Zeit getan werden mussten.

Berufungsvisionen

Am Beginn einer visionären Laufbahn steht in der Regel eine „Berufungs"- oder „Bekehrungs"-Vision. Mit überwältigendem Eindruck lässt dabei die Führungsinstanz das Ich erleben, dass es nicht alleiniger Herr seiner Entscheidungen ist, sondern dass ein Größeres über ihm steht: eine Macht, die unbedingten Gehorsam verlangen und auch erzwingen kann. Gerade wegen des unvermittelten Gewahrwerdens dieser Tatsache, die ja von dem zu Hybris neigenden Ich immer wieder vergessen wird, ist der Visionär nach dem Gesicht ein völlig anderer, als er vorher war. Er wird durch dieses Erleben zu einem echten homo religiosus. Erst wenn am Ich diese Einstellungskorrektur geschehen ist, erfolgen die eigentlichen Hinweise und Befehle.

Abhängigkeit der inneren Bilder vom Kulturmilieu

Überblickt man Berichte von Visionären verschiedener Kulturbereiche, stellt man fest, dass der Bilderkanon des kollektiven Bewusstseins, das heißt des Vorstellungsmilieus, in dem der Visionär heranwuchs, die Symbolwahl der bildschöpferischen Instanz beeinflusst. Schwarzer Hirsch schaute – als Vertreter der indianischen Bewusstseinsform – heilige Richtungen und den heiligen Berg der Mitte; er sah Pferde, Adler und eine sechsfache Vatergottheit und empfing eine heilige Pfeife. Die Visionäre des christlichen Bereichs schauten Himmel und Hölle, Engel und Teufel, ferner Maria, die bekannten Heiligen und Jesus oder die Trinität. Ein Wiradjuri-Zauberer (Australien) wiederum berichtet, er sei auf einer Jenseitsreise Bajame (dem höchsten Wesen) begegnet. Dieser habe ausgesehen wie ein sehr großer, alter Mann mit einem langen Bart, sei mit untergeschlagenen Beinen dagesessen (da diese Primitiven ja keinen Thron kennen!), und von seinen Ohren seien zwei riesige Quarzkristalle ausgegangen, die bis zum Himmel über ihm hinaufgereicht hätten. (Australische „Zauberer" benützen Quarzkristalle, um „fernliegende Dinge" darin zu sehen, das heißt, sie verwendeten diese so wie parapsychisch Begabte unserer Zeit Kaffeesatz, Konstellationen von Planeten, Kristallkugeln usw. als Projektionsträger für die aus dem Innern strömenden Bilder benützen.) Es seien auch viele von den Söhnen Bajames dort gewesen und viele aus Bajames „Volk", das aus Vierfüsslern und Vögeln bestand.[44]

Meiner Analysandin schließlich „erschienen" in ihren Visionen unter anderem Gestalten jenes Kulturbereichs, mit dem sie sich bei ihrer beruflichen Arbeit befasst.

Die Führungsinstanz offenbart eben dem von der christlichen Tradition geprägten Ich, dem Ich eines Sioux, eines Wiradjuri und eines Menschen unserer Zeit sich selbst und ihre „Ratschlüsse“ jeweils in *der* Sprache, die das betreffende Ich verstehen kann.

Wie sehr der Bilderkanon des Bewusstseins die Symbolwahl des unbewussten Führungssystems beeinflusst, sehen wir besonders deutlich bei jenen „Schulen“, in welchen systematisch auf „Jenseitsreisen“ hin trainiert wird: zum Beispiel bei den Schamanen der zirkumpolaren Völker und bei den jüdischen Merkabah-Mystikern.

Der Schamanenschüler lernt während der Initiationszeit von seinem Meister, wie die jenseitige Welt aussieht. Wenn er dann selber die Fähigkeit erlangt hat, sich durch Trommeln und Tanzen in Trance (den visionären Bewusstheitszustand) zu versetzen, dann sieht er bei seiner „Jenseitsreise“ – sofern er ein *weißer* Schamane ist, das heißt einer, der in die *obere* Welt „hinaufsteigt“ – die zentrale Weltachse des sibirischen mythischen Kosmos: jene Weltachse, um die die Böden der übereinanderliegenden Himmel ausgespannt „sind“ wie das Dach eines Zirkuszelts um den Mast; und er findet auch die Löcher zwischen Weltachse und Himmelsboden, durch die er von einem Himmel in den andern hinauf und hinuntersteigen kann. Er trifft auch die Wesen der sibirischen Metaphysik. Individuell verschieden und auf die jeweilige Situation bezogen ist aber das, was diese ihm mitteilen.

Die Merkabah-Mystiker des 3.-6. Jahrhunderts n.Ch. knüpften an die Vision des Ezechiel vom Thronwagen Jahwes an. Der Thronwagen wurde von dieser Schule zu einem kosmischen Palast weiterentwickelt: zu einem Palast mit vielen Gemächern, die je von einem Wächter bewacht wurden, einem Wächter, der den „Reisenden“ nur dann eintreten ließ, wenn er das richtige Losungswort kannte. Auch diese Losungswörter wurden erlernt. Um sich in den visionären Zustand zu versetzen, hockten die Merkabah-Schüler auf dem Boden, hielten den Kopf zwischen die Knie und rezitierten stundenlang monotonen Singsang. Wenn ihnen durch diese Praktik der „Abflug“ gelang, fanden sie den jenseitigen Palast so, wie sie ihn erlernt hatten, drangen von Gemach zu Gemach vor, und die „stärksten“ unter ihnen gelangten bis zu jenem mit Schriftzeichen bedecktem Vorhang, hinter dem sich – nach ihrer Schultradition – das Unschaubare befand. Das individuelle, auf *ihr* Leben und *ihre* Situation bezogene Erleben bestand wiederum in dem, was ihnen auf diesem allgemeinen, durch ihre Tradition gegebenen „Reiseweg“ offenbart wurde.[45]

Variation und Selektion
Der Einfluss des bewussten Bilderkanons auf die Symbolwahl des Unbewussten ist jedoch nur die eine Seite des Geschehens. Auf der andern Seite ist zu beachten, dass das Unbewusste die Bilder *variiert.* Immer wieder enthalten Träume und Visionen auch Bilder und Bildabläufe, die vom überlieferten Kanon abweichen.

Diese Variation der Bilder hat für die Höherentwicklung des Bewusstseins eine ähnliche Bedeutung wie die Variation des Genoms für die Evolution der tierischen Arten. Ob innerhalb einer biologischen Population eine Variante (Mutante) sich durchsetzt, hängt von der Umgebung (im weitesten Sinn) ab. Man bezeichnet diesen Auswahlprozess durch die Umgebung bekanntlich als Selektion.

Was bei der Evolution der lebendigen Formen die Umgebung bewirkt, bewirkt bei der Evolution des Bewusstseins das für die Gruppe gültige *Weltbild.* Ist dieses *gefestigt* und allgemein befriedigend, werden die Varianten, die in den Gestaltungen des Unbewussten vorkommen, an den überlieferten Kanon *assimiliert.* Bei Visionären, die ja in archaischen Gesellschaften für das Weltbild tonangebend sind, findet dieser Assimilationsprozess während des oft jahrelangen Intervalls statt, das zwischen dem Erlebnis und dem Zeitpunkt liegt, in dem dieses der Gruppe mitgeteilt wird. So schaute Ignatius von Loyola während seiner Initiationszeit in Manresa – in einem visuellen Eindruck – mehrmals eine schön verzierte Schlange. Erst nach längerer Zeit „erkannte" er, dass dies der Teufel „war", indem er das ausgefallene Bild an die zum christlichen Kanon gehörende Figur des Teufels assimilierte.[46] Niklaus von Flüe schaute in einer Vision ein „schreckliches Angesicht", das so furchterregend war, dass er zu Boden fiel und am ganzen Leib zitterte. Dieses Bild, das mit dem damaligen christlichen Gottesbild wenig Gemeinsames hatte, assimilierte er in frommer Meditation an das christliche Dogma und erklärte dann, er habe die heilige Dreifaltigkeit gesehen.[47] – Die frühchristliche Märtyrin Perpetua sah in mehreren „Gesichten" Figuren und Motive, die gar nichts spezifisch Christliches an sich hatten, verstand sie jedoch – als überzeugte Katechumene – ganz im christlichen Sinn.[48]

Bei den christlichen Mystikern des Abendlandes vollzog sich der Assimilationsprozess gewöhnlich unter Leitung des Seelenführers. Dass einer, der in Zeiten eines starken orthodoxie bewahrenden Apparates die ausgefallenen Bilder nicht zu assimilieren vermochte, unter Umständen ein tragisches Schicksal erlitt, kann in der christlichen Ketzergeschichte nachgelesen werden.

In Zeiten jedoch, wo das *Weltbild brüchig* wird, wo Gegensatzspannungen vorhanden sind, die im Sinne der Tradition nicht mehr gelöst werden können, werden die von der Norm abweichenden Bilder nicht mehr assimiliert. Im Gegenteil: sie werden – wenn sie „gute" Varianten sind – in *der* Gestalt, in der sie geschaut werden, als „erlösendes Symbol" aufgenommen und bilden dann den Impuls für eine Höherentwicklung des Bewusstseins: auf archaischer Stufe entweder in Form einer Reformbewegung innerhalb einer bestehenden Religion oder dann – wie im Falle des Christentums und des Islams – als neuartige, eigenständige Religion.

Die Fähigkeit, sich zu inkarnieren

Nach der Wirkungsmächtigkeit und Offenbarung haben wir jetzt noch eine dritte und letzte Fähigkeit zu besprechen, die der archaische Mensch den metaphysischen Wesen zuschrieb: die Fähigkeit zur Inkarnation. Wohin wir auch bei archaisch apperzipierenden Völkern blicken: überall und zu allen Zeiten galt es bei ihnen als unbezweifelte Tatsache, dass göttliche Wesen – wenigstens „einst in grauer Vorzeit" – sich inkarnierten, d. h. in „Fleischesgestalt" (caro, Genitiv carnis = Fleisch) auf dieser Erde herumgewandelt seien.

Die fleischliche Gestalt, in der sie auftraten, konnte die eines Tieres oder die eines Menschen sein. Der Glaube an die Inkarnation im Tier gehört im Allgemeinen einer niedrigen Bewusstheitsstufe an. Dass er im Mittelmeerraum bis an die historische Zeit heranreichte, sehen wir daran, dass noch die frühen Griechen glaubten, ihr Hochgott Zeus habe die Gestalt eines Stieres angenommen, um sich der Dame Europa zu nähern, und auch Dionysos sei zeitweise als Stier aufgetreten.

Uns interessiert indessen mehr die Inkarnation in menschliche Gestalt, wofür es unzählige Beispiele gibt. So gehörte zur eleusinischen Religion, die bis in die christliche Zeit hinein lebendig war, der Glaube, die große Göttin Demeter habe sich einst im Palast des Keleos der Königin Metaneira als Amme verdingt. So glaubten (und glauben?) die Juden und Christen, ihr Gott sei einst in Menschengestalt, begleitet von zwei zu Menschen inkarnierten Engeln, bei Abraham eingekehrt, sei von diesem bewirtet und dann ein Stück des Weges begleitet worden, wobei Abraham mit Gott über die Bedingungen verhandelte, unter denen dieser die Städte Sodom und Gomorrha verschonen würde.

Dass die Germanen glaubten, Odin habe den Recken Sigurd um Aufnahme ins Schiffgebeten und ihm dann während der Weiterfahrt die guten Vorzeichen für den Kampf offenbart, haben wir schon gesehen. Im

Snorri-Bericht, der wichtigsten Quelle des Wodanglaubens vernehmen wir ferner, Odin sei nach dem Nordland gekommen und habe – als sogenannter Kulturheros – die Menschen alle Künste und Fertigkeiten gelehrt.[49] Die Dänen schließlich erzählten sich, ihr König Hrolf Kraki sei einst nach seiner Landung in Schweden bei einem Bauern namens Hrani eingekehrt und von diesem während drei Nächten auf harte Proben gestellt worden, was ihm dann beim Kampf gegen König Adil zugute kam. Bei der Rückkehr von diesem Kampf sei König Hrolf wiederum bei Hrani eingekehrt, habe aber Schild, Schwert und Brünne, die der Bauer ihm schenken wollte, hochmütig zurückgewiesen. Erst als er mit seinen Mannen weiterzog, sei ihm in den Sinn gekommen, dass der Bauer einäugig war, und dass also wohl Odin sie aufgenommen habe (Emmaus-Motiv). Sie seien zurückgeritten, aber Gehöft und Bauer seien verschwunden gewesen.[50]

In den eben erwähnten Geschichten treten die metaphysischen Wesen in ausgewachsener Gestalt auf *direktem* Wege vom Jenseits herkommend unter den Menschen auf und wechseln ebenso direkt wieder in die andere Welt hinüber.

Indirekt hingegen ist die Inkarnation in jenen Mythen, welche das Motiv der Jungfrau-Geburt verwenden. Als Beispiel einer niedrigen Form der Inkarnation Gottes durch Jungfrau-Geburt sei eine „heilige" Geschichte aus dem Sioux glauben erwähnt: die Mandan-Sioux glaubten an ein göttliches Wesen namens Einsamer Mann. Dieses hatte – nach ihrer Überlieferung – zusammen mit dem Hochgott Erster Schöpfer aus dem Urschlamm diese Erde geformt. Eines Tages empfand Einsamer Mann den Wunsch, unter Menschen zu leben. Da ließ er sich als Maiskorn von einer Jungfrau verzehren. Diese ward dadurch schwanger und brachte Einsamen Mann als göttliches Kind zur Welt.[51]

Auch im christlichen Mythos geht die Menschwerdung Gottes auf indirekte Weise vor sich. Aber im Unterschied zum Mythos der Mandan, der sich an das Bild „Samenkorn-Erde" anlehnt, wird hier die Zeugung durch das Bild des hieros gamos – der heiligen Hochzeit – dargestellt: der Heilige Geist befruchtet Maria, und diese gebiert dann Christus als göttliches Kind. Die trinitarische Gottesvorstellung erlaubt es hier, das Bild des hieros gamos zu gebrauchen, ohne dadurch Schwierigkeiten mit dem Monotheismus zu bekommen.

Reinkarnation von weiterlebenden Toten

Nicht nur von autochthon metaphysischen Wesen nahm der archaische Mensch an, sie könnten sich inkarnieren. Diese Fähigkeit wurde auch den

„weiterlebenden Toten“ zugeschrieben. So schreibt Grönbech von den vorchristlichen Germanen: „Wenn ein neuer Mensch in die Familie trat (geboren wurde), sagten die Nordländer ausdrücklich: „unser Verwandter ist wiedergeboren, der und der ist zurückgekommen“, und sie bekräftigten ihre Annahme, indem sie dem Jungen den alten Namen gaben.“[52]

Aufgrund dieser Vorstellung konnte es vorkommen, dass ein Mann sein früheres Grab besuchte: das Grab, in dem er seit seinem letzten Erdenleben „gewohnt“ hatte. Dies wird z. B. von Olaf dem Heiligen (um 995-1030) berichtet, von jenem König, der in Norwegen das Christentum eingeführt hat. Dieser „Heilige“ galt als Reinkarnation seines Vorfahren Olaf Geirstadaalf. Als er einmal nach Geirstad kam und am Grabhügel seines Ahnen vorbei ritt, sollen ihn seine Leute gefragt haben, ob es wahr sei, dass er einst hier begraben wurde. Da habe er geantwortet: „Hier bin ich gewesen und hier ging ich hinein“.[53]

Dass der Glaube an die Reinkarnation in archaischen Kulturen weitverbreitet war, und dass z. B. die indische Vorstellung einer Seelenwanderung, welche auch tierische Inkarnationen durchschritt, eine Variante dieses Musters ist, muss wohl nicht eigens hervorgehoben werden.

Die Assimilation des Mythos

Die Kontinuität des biologischen Differenzierungsprozesses wird gesichert durch die Erbsubstanz. Die Kontinuität der Bewusstseinsevolution hingegen wird gewährleistet durch die Tradition. Weil das bewusste Lebewesen sprechen kann, ist es fähig, seine Bewusstseinsinhalte aus sich herauszustellen (zu exteriorisieren). Es legt sie gleichsam in ein der Gruppe gehörendes Depot. Die Äußerungen bleiben deponiert im Gedächtnis von Gruppengliedern, und – von einer relativ hohen Bewusstheitsstufe an – im geschriebenen oder auf andere Weise gespeicherten Wort sowie in den übrigen kulturellen Gestaltungen. Wir können die Gesamtheit der kulturellen Äußerungen – unter diesem Gesichtspunkt – als Traditionsdepot bezeichnen.

Aus diesem Depot werden die späteren Generationen während ihrer Lernphase gespiesen, und jede von ihnen bereichert es während ihrer schöpferischen Zeit. Dass der Inhalt des Traditionsdepots sich Hand in Hand mit der Evolution des Bewusstseins wandelt, ist eine Frage, die uns hier nicht berührt. Hier geht es darum festzuhalten, dass der Menschheit durch die Fähigkeit, Tradition zu schaffen, aus der Tradition zu lernen und an der Tradition weiterzubauen, neben der biologischen Dimension immer mehr auch eine *geschichtliche Dimension* erwuchs, dass deshalb der Mensch nicht nur ein biologisches sondern ebenso sehr ein geschichtliches Wesen ist.

Weil die Menschheit sich in Gruppen entwickelte – in Stämmen, Völkern und Völkergemeinschaften – entstanden verschiedenartige, gegeneinander relativ abgedichtete Traditionsströme. Analog zur Aufzweigung des Lebendigen in verschiedene Arten verzweigte sich so, wie erwähnt, die Tradition – und mit ihr das Menschheitsbewusstsein – in verschiedenartige kollektive Vorstellungswelten (Varianten).

Nun unterscheiden sich die Traditionsströme weniger durch die Art und Weise, wie die zivilisatorischen Fertigkeiten ausgeübt wurden (z. B. die Jagd und der Fischfang, der Ackerbau und das Handwerk); es waren vielmehr die je verschiedenen Mythen, die bewirkten, dass die Welten der archaischen Ethnien so verschiedenartig waren. Das Unbewusste veranschaulicht eben die arttypische Struktur des Menschen (die für die menschliche Art typischen inneren Gesetzmäßigkeiten und Verhaltensmuster) dem Bewusstsein durch verschiedenartige Bilder und Bildabläufe. Weil nun der archaische Mensch diese konkretistisch auffasste, sind während der archaischen Entwicklungsphase so verschiedenartige „Welten“ entstanden.

Wir wollen aber wie gesagt nicht auf die Variantenbildung bei der Bewusstseinsevolution eingehen sondern vielmehr betrachten, auf welche Weise das Bewusstsein sich in die Höhe entwickelte und der Mensch sich aus dem festen Eingefügtsein in seine arttypische Umwelt herausgelöst hat.

Dass dem Mythos dabei eine entscheidende Bedeutung zukam, haben wir schon erwähnt. Obwohl wir nicht übersehen wollen, dass der Mythos dem einzelnen Menschen als Richtschnur für ein „gottgefälliges“ Leben diente und ihm auch eine Antwort auf die Frage nach dem Sinn des Lebens gab, interessiert uns vor allem die Tatsache, dass er gleichzeitig der Nährboden für die Entwicklung des Gruppenbewusstseins war: dass die Gruppe ihm gleichsam die für die Entfaltung des Bewusstseins nötigen Nährstoffe entnehmen konnte. Diese Nährstoffe – die Inhalte der Mythen – assimilierte das Ich während der archaischen Zeit auf zweierlei Weise: einerseits durch Reflexion, anderseits dadurch, dass es sie im Ritus „beging“.

Assimilation durch Reflexion (Theologie)

Die meisten Mythen, die uns vorliegen, wurden von Ethnografen durch Befragen von Informanten gesammelt. Dieses Sammelgut ist oft recht fragmentarisch. Umfang, Schwerpunkte und Auswahl sind weitgehend durch die Interessenrichtung dessen, der die Befragung durchführte, bestimmt. Dazu kommt, dass lange nicht jeder Informant in alle Mythen seiner Gesellschaft eingeweiht war, und außerdem, dass die Eingeweihten in der Regel ihr Wissen nicht preisgeben durften. Ein getreueres Bild darüber, in welcher Gestalt der Mythos innerhalb der Tradition eines Ethnos weitergereicht und insbesondere auch, wie das betreffende Ethnos die Berichte der „Seher" denkerisch verarbeitete, geben uns die Heiligen Bücher.

Religiöse, ätiologische und historische Elemente eines gewachsenen Mythos
Den Kern eines heiligen Buches bilden – als eigentliche „Geheimnisse des Glaubens" – die zu einer Einheit verschmolzenen „Schauungen" der Visionäre. Durch diese bestimmt und in diese eingebaut sind ferner Erklärungen des Naturgeschehens sowie Fragmente geschichtlicher Überlieferung. Ein heiliges Buch enthält somit neben den religiösen immer auch ätiologische und historische Elemente.

Nehmen wir z. B. das Popol Vuh, das heilige Buch der Quiches, jenes Maya-Volkes, das sich im mexikanischen Hochland entfaltet hatte und im 10. Jahrhundert unserer Zeitrechnung nach Guatemala emigrierte. Dieses Buch enthält als Kern die allen Maya sowie den von den Maya beeinflussten Völkern gemeinsame Erzählung vom Sonnengott, der in die Unterwelt hinabstieg, dort den freiwilligen Opfertod erlitt, wiederauferstand und sich dann in den Himmel erhob, von wo aus er seitdem „diese" Welt regiert.

In dieses Geschehen eingebettet sind Antworten auf die Frage, wie die Welt entstanden sei, warum gewisse Tiere so und so außehen, sich so und so verhalten, wie der Mensch geschaffen worden sei, wie er sein Wissen um die Jagdmethoden und den Ackerbau empfangen habe usw. Der Sonnengott wurde dabei zum Weltenschöpfer und zum Kulturheros, der während seines Erdendaseins die Natur veränderte und die Menschen die „Künste" lehrte. In diesem Zusammenhang taucht eine Anzahl ätiologischer Details auf: z. B. dass die Eulen deshalb krumme Schnäbel haben, weil sie den Garten des Unterweltgottes nicht gut bewachten, und dieser ihnen zur Strafe die Schnäbel verbog; ferner dass die Maus deshalb einen nackten Schwanz hat, weil der Kulturheros sie wegen der Störung seines Rodungswerkes über das Feuer hielt, und dass die Kröte deshalb eine so eigenartige Hockstellung einnimmt, weil der

Kulturheros ihr einen Tritt in den Hintern gab, um ihr die Botschaft zu entlocken, mit der sie nicht herausrücken wollte usw.

Neben diesen ätiologischen Elementen, die schon von einer denkerischen Verarbeitung des visionären Kerns Kunde geben, sind in das Popol Vuh auch historische Überlieferungen eingebaut. In den Erzählungen von den mehrmaligen Versuchen des Schöpfergottes, den „wahren" Menschen (den Maya) herzustellen sowie im Bericht von der Verdammung der Unterweltsbräuche kann man die verschiedenen Entwicklungsstadien der mesoamerikanischen Indianer vom Wildbeutertum über die frühe Agrarstufe mit Menschenopfern und Anthropophagie bis zur Ablösung derselben durch Tieropfer und zur Entfaltung der eigentlichen Maya-Zivilisation erkennen.[54]

Theologie = Reflexion über das religiöse Element eines Mythos

Wenn wir in der Folge von der Assimilation des Mythos sprechen, wollen wir das ätiologische und das historische Element desselben, die beide auch Ausdruck des Bemühens um Bewusstwerdung sind, ausklammem und uns auf die denkerische Verarbeitung des religiösen Kerns – des „Offenbarungsgutes" im eigentlichen Sinn – beschränken. Wir tun dies deshalb, weil es während der archaischen Phase vor allem die Reflexion über *die jenseitige* Welt war, die die Evolution des Bewusstseins vorantrieb.

Alles Nachdenken über das Geschehen in der jenseitigen Welt – über das So-Sein der jenseitigen Wesen, über deren Taten sowie über deren Verkehr mit den Menschen – können wir als theologisches Denken bezeichnen. Gleichgültig ob es sich um vorwissenschaftliche oder wissenschaftliche Theologie handelt, ist für das theologische Denken typisch, dass es die Aussagen des Mythos konkretistisch versteht und dass es annimmt, der Mensch habe die Inhalte des Mythos durch Offenbarung jenseitiger Wesen empfangen.

Während die früher erwähnten spirituellen Schulen existenzielle Haltung voraussetzen, geht Theologie aus objektivierender Einstellung hervor. Spirituelle Schulung verlangt ein Training des Körpers und des Geistes, dessen Ziel es ist, den „Willen Gottes" zu vernehmen und zu erfüllen. Theologie hingegen erstrebt ein Wissen um das *So-Sein* der jenseitigen Wesen und der Beziehung zwischen diesen und den Menschen.

Der Theologe ist in der Regel kein Seher. Er denkt über etwas nach, das *andere* innerlich wahrgenommen haben. Wer nämlich ein „Gotteserlebnis" gehabt hat, ist ein Ergriffener, oft auch ein Verkünder, selten jedoch ein Denker; falls er vor dem Erlebnis ein Denker gewesen ist, erscheint ihm nach der Erschütterung, die visionäres Erleben mit sich bringt, alles Denken wie das Dreschen von Stroh.

Drei Beispiele vorwissenschaftlicher Theologie

Ein Beispiel theologischer Reflexion auf niedriger Bewusstseinsstufe finden wir bei den Sioux. James R. Walker, ein Arzt, der sich in die „Glaubensgeheimnisse" der Teton-Dakota einweihen ließ, berichtet uns darüber.

Wie erwähnt wurde in der Religion der Sioux das Göttliche als Vielzahl der Wakan-Wesen und gleichzeitig als der Große Eine – als Wakan-Tanka – erlebt. Die Sioux Theologen scheint nun vor allem das Problem der gleichzeitigen Vielheit und Einheit „im Wesen Gottes" beschäftigt zu haben. Dieses versuchten sie in eine dogmatische Formel zu bringen. Dazu bot sich ihnen – als archetypisches, d. h. als allgemein-menschliches Muster – die Vierzahl an. Die Vielheit der Wakan-Wesen verdichtete sich für sie in 4 respektive 8 (2x4) oder 16 (4x4) „große" Wakan-Wesen. Als Illustration hiezu sei ein Ausschnitt aus einem Gespräch Walkers mit dem Schamanen Finger angeführt:

> „Es gibt acht große Wakan, nicht wahr?"
> „Nein, es gibt nur einen."
> „Aber du hast doch acht genannt, und nun sagst du, es gäbe nur einen. Wie soll ich das verstehen?"[55]
> „Freilich habe ich acht genannt; es sind vier: die Sonne, der Himmel, der Felsen, die Erde. Dies sind die großen Wakan."
> „Du hast aber noch vier andere genannt: Mond, Wind, Donnervogel und Weib..."
> „Ja, aber diese vier sind eben dieselben wie die ersten vier Wakan... Diese acht sind nur Eines."
> Und Finger fügt noch hinzu: „Die Schamanen wissen, wie dies ist, doch das Volk weiß es nicht. Das ist verborgen."

Auch die Maya-Theologen beschäftigte das Problem der Vielheit und der Einheit „im Wesen Gottes". Nach der Maya-Dogmatik ist Gott (die Sonne), wenn er am Himmel steht, *ein* Gott in vier Personen und wenn er zur Unterwelt hinabsteigt *ein* Gott in sieben Personen. Die große denkerische Leistung der Maya-Theologen war jedoch nicht die Spekulation über die Vielheit und die Einheit Gottes, sondern die Erarbeitung des Kalenders. Es ist nun interessant, dass diese Schöpfung nicht dem Interesse an der Naturerklärung entsprang, sondern der Auseinandersetzung mit dem Mythos. Die Himmelsbeobachtung hatte nämlich zum Ziel, die „richtigen" Zeiten für den Vollzug der Riten, d. h. für die Dramatisierung eines Mythos zu bestimmen; denn je nachdem, an welcher Stelle des Himmels der „Herr" (die Sonne) sich befand, spielten sich nach Auffassung der Maya bestimmte Szenen ihres Mythos ab.

Ein sehr schönes Beispiel vorwissenschaftlicher Theologie ist schließlich die Theologie der altägyptischen Hochkultur. Jene Theologen interessierte vor allem die Person des Schöpfergottes sowie die Art und Weise, wie dieser die Welt geschaffen hat. Weil die Ägypter die Schrift kannten, können wir anhand der datierbaren Dokumente verfolgen, wie sich durch die theologische Spekulation die Gottesvorstellung und die Vorstellung vom Schöpfungsprozess entwickelte. Auf die Stationen dieses Weges werden wir eingehen, wenn wir die Vergeistigung der Gottesvorstellung während der archaischen Phase betrachten. Dort werden wir auch sehen, inwiefern die Reflexion über den Mythos die Evolution des Bewusstseins forderte: dass sie zu einer immer klareren Unterscheidung zwischen Materie und Geist führte, und dass dabei vor allem eine differenzierte Auffassung des Geistigen – ein differenzierter *Geistbegriff* entstand.

Assimilation durch „Begehen" im Ritus

Die Assimilation des Mythos durch Reflexion vollzog sich bei archaischen Völkern im elitären Kreis der Theologen. Es war, wie der Schamane Finger zu Dr. Walker sagte: „Die Schamanen wissen, wie dies ist, doch das Volk weiß es nicht. Das ist verborgen." Hätte nun aber nicht auch das „gewöhnliche" Volk den Mythos assimiliert, dann wäre die Evolution des Bewusstseins kaum möglich gewesen. Das Volk aber assimilierte den Mythos weniger durch Reflexion als vielmehr dadurch, dass es ihn im Ritus „beging".

Ist die Theologie Ausdruck der objektivierenden Einstellung, so liegt dem Ritus ebenso wie der Spiritualität eine ausgesprochen existenzielle Haltung zugrunde. Der früharchaische Mensch war ja, wie immer wieder zu betonen ist, in überwiegendem Maße existenziell eingestellt. Er reflektierte nur wenig über seine Beziehung zu den „Jenseitigen" sondern lebte diese im Sinne der Religiositas.

Riten sind Gestaltungen des Unbewussten

Die Riten wurden nicht erfunden und in bewusster Absicht vollzogen. Solange das Ich noch schwach war, gleichsam noch nicht auf eigenen Füssen stehen und gehen konnte, benötigte es eine Art Geh-Hilfe. Diese gab ihm die unbewusste Führungsinstanz in Form des rituellen Handlungsmusters und durch den inneren Zwang zum rituellen Tun. Bis zur Bewusstseinsmutation *musste* der Mensch, als ob er unter einem inneren Zwange stünde, immer und immer wieder „seinen" Ritus vollziehen. Durch dieses Tun wuchs das Ich zu immer größerer Reife und Festigkeit heran, bis es so viel Selbstständigkeit erreicht hatte, dass es heute, nach dem Vollzug der Mutation, den Ritus entbehren kann.

Die Riten sind somit, wie die Mythen, Gestaltungen des unbewussten Geistes. Währenddem aber in den Mythen kognitive Muster veranschaulicht werden, können die Riten als unbewusste Verhaltensmuster aufgefasst werden. Der Ritus ist gleichsam der angewandte Mythos. Er ist ein Tun, bei dem der Mythos, der in der betreffenden Gruppe lebendig ist, dramatisiert wird. Dabei wird das mythische Geschehen von ausgewählten Repräsentanten der Gruppe wie ein Schauspiel aufgeführt und zwar auf genau vorgeschriebene Weise und mit genau vorgeschriebenen Worten.

Der Ritus ist ein Kultdrama

Der Ritus kann somit als Drama aufgefasst werden, und die Betrachtung unter diesem Blickwinkel ist sehr hilfreich für das Verständnis des rituellen Tuns. Wir müssen aber dabei alle Vorstellungen beiseite schieben, die wir mit einem Bühnendrama assoziieren, denn der Ritus ist ein Kultdrama. Das Bühnendrama ging später aus diesem hervor im Zuge jenes allgemeinen Säkularisierungsprozesses, bei dem eine vom religiösen Leben losgelöste profane Kultur entstand.

Was seit der griechischen Zeit auf Bühnen und neuerdings auch auf Drehplätzen gespielt wird, ist auf einen Zuschauer ausgerichtet: auf einen Betrachter, der sich von dem dramatisierten Geschehen zu unterscheiden vermag, weil sein Bewusstsein eine gewisse Entwicklungshöhe erreicht hat. Auch wenn der Zuschauer sich – beim Absinken des Bewusstheits-Niveaus – mit dem Dargestellten oder mit einem Darsteller identifiziert, muss er sich doch in Stunden der Besinnung eingestehen, dass ihm *fremdes* Leben und Schicksal vorgespielt wurde. Der Teilnehmer am Kultdrama hingegen war mehr als nur Zuschauer, er war in das kultische Geschehen hineingezogen. Er hatte aufgrund des Partizipationserlebens an diesem Anteil, d. h. der Ritus bewirkte etwas, das für ihn lebenswichtig war. Wohl mochte die rituelle Aufführung des Mythos, namentlich in späterer Zeit, eine „erbauende" Wirkung auf ihn haben, doch war die Erbauung gleichsam eine Zugabe.

Durch rituelles Tun wurde „Heil" geschaffen
Nach archaischer Vorstellung schuf das Kultdrama „Heil". Der früharchaische Mensch kannte aber – wegen seines geringen Abstraktionsvermögens – kein allgemeines Heil sondern nur spezielle „Heile". So glaubte er durch je verschiedene Riten bewirken zu können, dass die Welt weiterbestehe, dass das Leben weitergehe, dass Jagd und Fischfang Erfolg haben, dass die Saat gedeihe, dass seine kriegerischen Unternehmungen gelängen usw.

Für das Eintreffen der gewünschten Wirkung schien es dem archaischen Menschen unabdingbare Voraussetzung zu sein, dass der Ritus bis ins letzte Detail auf die von der Tradition vorgeschriebene Weise vollzogen wurde: dass der Offiziant nicht die kleinste Handlung unterließ und auch den Text in der überlieferten Weise hersagte. Das Bemühen, die liturgische Form unversehrt zu bewahren und dadurch die Heilswirkung des Ritus zu erhalten, war wohl der hauptsächlichste Grund dafür, dass sich ein eigentlicher Priesterstand herausgebildet hat.

Zeichenhafte Darstellungsform
Beim profanen Drama wird ein Zuschauer belehrt. Vor ihm wird eine Handlung entfaltet, die er vor der Aufführung nicht kannte und nicht zu kennen braucht. Das mythische Geschehen hingegen, das im Ritus dramatisiert wurde, war dem archaischen Menschen im Voraus bekannt. Er war ja ein Initiierter und der Initiation in die Ritengemeinschaft ging eine Belehrung über den Mythos der Gruppe voraus. Die rituelle Aufführung orientierte ihn somit nicht über etwas wie ein Schauspiel, sie ließ in ihm vielmehr ein Geschehen lebendig werden, mit dem er vorher schon bis in die Einzelheiten vertraut war. Dieses Geschehen fand sogar, nach seiner Auffassung, in dem Moment, da es aufgeführt wurde, tatsächlich statt. Die Tatsache, dass der archaische Mensch das dramatisierte Geschehen zum Voraus kannte, wirkte sich auf die Darstellungsweise aus. Währenddem das profane Schauspiel, selbst bei extremer Stilisierung, immer irgendwie naturalistisch bleiben und die Handlung Szene für Szene vor dem Zuschauer entwickeln muss, damit dieser versteht was gespielt wird, ist das kultische Drama in Wort und Gestik chiffreartig. Der Ritus gibt nur Andeutungen, die dem Außenstehenden unverständlich sind, vom Eingeweihten jedoch unmittelbar verstanden werden. In diesem Sinne sind beim kultischen Drama auch Szenerie und Requisiten zeichenhaft.

Blot-Ritus der Germanen als Beispiel

Könnten wir zum Beispiel einem Blot[56] beiwohnen, jenem hochheiligen Ritus, den die germanische Sippe in heidnischer Zeit feierte, sähen wir einen Offizianten mit einem Stab über der Opferziege eigenartige Bewegungen vollführen, wir sähen ihn einen goldenen Ring ins Opferblut tauchen, das gekochte Herz des Tieres essen, einen Hammer über dem Fell und den Knochen herum schwingen, ein wenig Erde anhäufeln und den Ziegenschädel in verschiedene Stellungen bringen. Wir stünden wohl verständnislos vor diesem Tun.

Unsere Vorfahren erlebten jedoch beim Blot die Überwindung der Jöten (der destruktiven Mächte) und die Erschaffung der Welt. Der Offiziant „war" in ihren Augen Thor, der mächtige Gott, der „wie einst" sich von Loki hatte überreden lassen, ohne seinen Hammer nach Utgard hinabzusteigen, um den Jöten Geirröd zu besuchen. Wenn das Opfertier umsank, dann „hatte" Thor mit dem Stab, den die weise Grid ihm mitgab, den aggressiven Jötentöchtern das Rückgrat gebrochen. Wenn der Priester-Thor das Ziegenherz aus dem siedenden Wasser zog und damit die „richtigen" Bewegungen vollführte, tötete er nach Ansicht der Germanen Geirröd selber, indem er den glühenden Bolzen, mit dem der Jöte ihn zu treffen suchte, auffing und auf diesen zurück schleuderte. Wenn der Priester-Thor nach dem Opfermahl den Hammer über Fell und Knochen schwang, ließ er „wie einst" das verspiesene Tier wieder lebendig werden. Durch das Eintauchen des goldenen Rings führte er allen Dingen, insbesondere allen Menschen, die am Blot teilnahmen, Hamingja (Heil) zu, erfüllte er sie „mit Leben und Gnade"

Wie ein Ritus entstand, und auf welche Weise bei der rituellen Dramatisierung das „jenseitige Geschehen" chiffriert wurde, zeigt uns der Lebensbericht des Oglala-Sioux Schwarzer Hirsch. Dieser ließ, als er erwachsen geworden war und sein Volk wegen der Verfolgung durch die Weißen sich in einer existenziellen Krise befand, das Geschehen, das die Großen Väter ihm während seines Gesichts gezeigt hatten, darstellen. In seinem Bericht beschreibt er bis in die Einzelheiten, wie er den Ritus inszenierte.

Der Priester, ein wirkungsmächtiges Wesen

Während das Bühnendrama von Schauspielern aufgeführt wird – von Menschen, die fremde Personen mimen, aber dabei doch Herr und Frau X.Y. bleiben – wird das Kultdrama vom Priester vollzogen. Dieser „ist" in den Augen des archaischen Menschen – wenigstens dann, wenn er die rituelle Handlung vornimmt – mehr als ein gewöhnlicher Mensch. Er

„wird“ – je nach Kulturkreis durch Bemalung, durch Überstülpen einer Maske, durch rituelle Ausstattung mit den Kultgeräten oder durch Weihe – ein anderer, als er vorher war. An vielen Orten „wird“ er sogar der, den er darstellt. Als dieser „andere“ ist er nicht mehr nur Darsteller sondern Bewirker. Der archaische Mensch stellte sich vor, durch den Vollzug der rituellen Handlungen und durch das Aussprechen der rituellen Worte bewirke der Priester dass das, was nach dem Wortlaut des Mythos „einst“ geschah, hier und jetzt ebenso tatsächlich wieder geschehe.

Die Tatsächlichkeit des Geschehens ist wörtlich aufzufassen. Beim Blot *wurden* – nach Ansicht der Blotenden – die Jöten überwunden und die Welt *wurde* dabei neu geschaffen. Wenn das Opfertier zerschnitten und das Fleisch auf die Kessel verteilt wurde, *wurde* der Ur-Jöte Ymir von den Göttern getötet. Indem der Priester nun ein wenig Erde anhäufelte, *schuf* er die Erde, indem er mit dem Ziegenschädel hantierte, *schuf* er den Himmel, und indem er den Eschenzweig in die Erde steckte, *ließ* er die Weltesche Yggdrasil – die Weltachse des germanischen Kosmos – emporwachsen.

Um zu verstehen, was unsere heidnischen Vorfahren beim Blot – und unsere christlichen Vorfahren bei der Messe – erlebten, müssen wir eben *unsere* Erfahrung der Wirklichkeit mit der primitiven Erfahrung vertauschen: mit der Erfahrung eines Menschen, der mehr die „darunter liegende Wirklichkeit“ erblickte als jene Gestalt, die sich den Sinnen darbot. Wir müssen sie auch vertauschen mit der Erfahrung eines Menschen, der im Teil noch das Ganze zu sehen vermochte, denn die Handvoll Erde „war“ für den Blotenden seine Erde in ihrer ganzen Weite und Breite, das Wasser in den Kesseln „war“ alle Gewässer der Erde, und der Eschenzweig, den der Priester in die Erde steckte, „war“ die Weltesche Yggdrasil, die mit ihrem Gezweig die ganze Erde überschattete.

Kommen wir auf die Wirkungsmächtigkeit des Priesters zurück. Obwohl es nach theologischer Theorie letztlich die Götter waren, die das durch den Ritus intendierte Geschehen bewirkten, schrieb der archaische Mensch doch gleichzeitig dem Priester (dem Offizianten oder Zelebranten) Wirkungsmächtigkeit zu. Er schrieb sie ihm deshalb zu, weil dieser für den archaischen Menschen mehr war als ein gewöhnlicher Mensch. Man könnte sagen, er habe für ihn die Gottheit repräsentiert. Er repräsentierte aber die Gottheit nicht in dem Sinn wie nach unserem Staatsrecht ein Abgeordneter seine Wähler repräsentiert. Nach archaischer Auffassung – wenigstens nach früharchaischer – „war“ der Priester irgendwie die Gottheit. Wir stoßen dabei auf ein weiteres Denkmuster, das für den archaischen Menschen charakteristisch ist. Dieses beruht nicht nur auf

Ununterschiedenheit, sondern zielt gerade darauf ab, den Menschen aus der Ununterschiedenheit heraus zu lösen. Wie diese sogenannte mystische Identität beziehungsweise metaphysische Partizipation zu verstehen ist, soll später besprochen werden, wenn wir noch andere Manifestationen derselben kennen gelernt haben.

Reinigungszeremonien sollen den Priester von Hybris bewahren
Damit der Priester vor der Hybris bewahrt werde, die eine *völlige* Identifikation mit den metaphysischen Wesen bedeutet hätte, musste er sich vor dem Vollzug des Ritus „reinigen". Auf der niedrigen Bewusstseinsstufe, auf der die Sioux noch stehen, wird die Reinigung auch äußerlich vollzogen. Der Siouxpriester begibt sich zu diesem Zweck in die Schwitzhütte[57], ein aus Ruten errichtetes niedriges Zelt, in dem durch Übergießen heißer Steine Dampf erzeugt wird. Wir vernehmen aber von indianischen Informanten – am überzeugendsten wohl von Schwarzer Hirsch – dass sie den Aufenthalt in der Schwitzhütte auch als *innere* Reinigung verstehen. Die Maya, die evolutionsmäßig höher stehen als die Sioux, legen vor dem Vollzug der Riten – ebenso wie die katholischen Priester zu Beginn der Messe – sogar ein eigentliches Sünden-Bekenntnis ab. Die Chortispriester z. B. sprechen die Formel: „O Herr, 0 Gott, ich nähere mich Dir, um Dir zu sagen, dass ich gesündigt habe, dass ich Dich beleidigt habe, und ich bitte Dich, mir zu vergeben, denn Du kennst meine geheimsten Gedanken, und Dich kann ich nicht betrügen. Ich komme, um Dir zu sagen, dass ich meine Sünden aus tiefstem Herzen bereue [... sie werden dann einzeln aufgeführt] und dass ich nicht mehr sündigen will."[58]

Zweierlei Arten des Bewirkens im Ritus
Ein ausgewachsener Ritus mit festgefügter, in einer langen Entwicklung ausgereifter Liturgie ist ein vielschichtiges Gebilde. In ihm finden sich neben dem Bewirken durch metaphysische Wesen auch Elemente des einfachen, auf menschlichem Tun allein beruhenden Bewirkens „durch Vormachen". Als Beispiel diene die schon erwähnte Raucherzeugung bei den Regen-Riten der Chortis.[59] Wenn die Priester bei diesen Zeremonien Zigarren rauchen, führen sie eine Szene ihres Mythos auf, denn im Popol Vuh steht geschrieben, der Sonnengott habe während seiner beiden Aufenthalte in der Unterwelt, durch die er die Fruchtbarkeit der Erde bewirkte, je eine Nacht lang Zigarren rauchen müssen. Nun wird aber bei den Regenzeremonien im Tempel von den Priestern auch reichlich Räucherharz verbrannt. Weil der Rauch den Wolken gleicht, wird so die

Wolkenbildung „vorgemacht“ und durch Vormachen bewirkt; und wenn dann auf den Feldern das gerodete Gehölz und Gestrüpp verbrannt wird (Brandrodungsagrikultur) und Rauch über der ganzen Gegend liegt, verstehen sie dies ebenfalls als „Vormachen“ der Wolkenbildung.

Präsentische Auffassung der Zeit

Die Auffassung der Zeit, die uns im rituellen Tun entgegentritt, ist von der unsrigen radikal verschieden. Für den archaischen Menschen war die Zeit – wenn er nicht gerade mit Verrichtungen des Alltags beschäftigt war – nicht linear fortschreitend, sondern präsentisch: er nahm an, die Taten, die die Götter nach der Erzählung des Mythos „einst“ vollbrachten, geschähen, wenn er sie im Ritus nachvollziehe, „jetzt“. Dazu kommt, dass jeder Ritus zur „richtigen“ Zeit vollzogen werden musste. Weil in der Regel der *gesamte* Mythos im Verlauf eines Jahres dramatisiert wurde, bildete sich jener Ritenplan heraus, der in spätarchaischer Zeit, als man die Ritengemeinschaft „Kirche“ nannte, als Kirchenjahr bezeichnet wurde. So dramatisierten denn die Maya – und dramatisieren die Chortis heute noch – im Verlauf eines Jahres, auf einzelne Riten verteilt, das gesamte mythische Geschehen, das im Popol Vuh aufgezeichnet ist. Jahr für Jahr wird dieses Geschehen nachvollzogen, sodass die gleichen mythischen Ereignisse in regelmäßigem Abstand immer wieder „stattfinden“. Dies gibt dem Zeiterleben der archaischen Völker außer dem im eigentlichen Sinne präsentischen noch einen eigenartig kreisenden Charakter, der sich völlig von unserem heutigen Erleben einer vorwärts schreitenden Zeit unterscheidet.

Weltschöpfungsriten und zivilisatorische Riten

Die Riten des früharchaischen Menschen waren in erster Linie Weltschöpfungsriten und zivilisatorische Riten. In dem Maße, wie die Evolution des Bewusstseins voranschritt rückten diese in den Hintergrund zu Gunsten von Riten, die Seelenheil bewirkten.

Dass der frühe Mensch die Welt immer wieder neu erschaffen musste, obwohl er sah, dass sie noch bestand, hängt damit zusammen, dass für ihn die Dinge der Außenwelt nicht in dem Maße fest waren wie für uns. Er glaubte ja, sie könnten sich jederzeit auf unvorhersehbare Weise verändern. Ich habe schon darauf hingewiesen, dass dies deshalb der Fall war, weil ihm die Dinge als Projektionsträger für die innerseelischen „Mächte“ dienten. Da diese, bei niedriger Bewusstheit, das noch schwache Ich immer wieder zu verschlucken drohten, hatte die Welt für den frühen

Menschen – aufs Ganze gesehen – die Tendenz, immer wieder ins Chaos zurück zu sinken. Dieser Tendenz suchte er durch die Weltschöpfungsriten entgegen zu wirken. Hinter den Weltschöpfungsriten steht das gleiche Bemühen wie hinter der Banngeste, der wir im „Betruf der Älpler begegneten. Die Weltschöpfungsriten unterscheiden sich jedoch von der einfachen Banngeste dadurch, dass in ihnen wie bei jedem echten Ritus ein „jenseitiges Geschehen" dramatisiert wird, beziehungsweise „stattfindet".

Zivilisatorische Riten musste der früharchaische Mensch deshalb vollziehen, weil er die natürlichen Ursache-Wirkungsketten noch nicht kannte und auch keinen Einblick in das biologische Geschehen hatte. So führte er denn jedes Jahr, bevor er an die Tätigkeiten des Ackerbaues heranging – an die Rodung, die Aussaat, an das Jäten und die Ernte – jene Szenen des Mythos auf, in denen erzählt wird, wie „einst" der Kulturheros diese Taten vollbrachte. Es war der unerschütterliche Glaube des frühen Menschen, das Roden, Säen und Jäten allein führe nicht zum Ziel und der Regen komme nicht von selbst. Der Vollzug des Ritus war für ihn unabdingbare Voraussetzung dafür, dass die gewünschten Ereignisse tatsächlich eintrafen; ja, die Ereignisse *geschahen* für ihn tatsächlich in dem Moment, in dem der Ritus vollzogen wurde

Wilhelm Grönbech, der große Kenner des heidnischen Germanentums, beschreibt dies recht schön: „Und von diesem bestimmten Ursprung (dem Ritus) aus wird die Zeit, d. h. das folgende ganze oder halbe Jahr, dahin fluten, geschwängert von der Macht und den Geschehnissen der Blotstunden. Es ist also auch buchstäblich wahr, dass die wirklichen Taten in der Blothalle getan werden, sodass die Schlachten und die Ernten der äußeren Welt nur die äußere Vollführung der Handlungen sind, die zur Festzeit geschaffen wurden. Sie sind die Entfaltung ritueller Handlungen. Das Feld wird wirklich gepflügt, wenn der Priester oder Häuptling seine Pflugschar in den Boden schiebt und die Ochsen etwa drei kultische Furchen ziehen lässt und dazu die gebührenden Formeln spricht, oder die Sage vom ersten Pflüger hersagt, oder was nun das Zeremoniell sonst vorschreiben mochte. Die Schlacht wird im Kriegstanz oder in dem Gelübde, das mit einem Horn voll Bier (heiliger Trank) hinunter gespült wird, wirklich ausgefochten und gewonnen, und das übrige wird als eine Selbstverständlichkeit folgen[...]"[60]

Ich habe am Anfang dieses Kapitels darauf hingewiesen, dass das rituelle Tun als unbewusstes Verhaltensmuster aufgefasst werden kann: als eine Art Gehhilfe für das noch schwach entwickelte Ich. In diesem Sinn können insbesondere die zivilisatorischen Riten verstanden werden.

Neben der religiösen Funktion, die sie sicher auch hatten, ermöglichten sie es den frühen Menschen, die zivilisatorischen Tätigkeiten überhaupt auszuführen. Wir Heutigen können über einen relativ großen Betrag an seelischer Energie frei verfügen. Wir können gleichsam nach der Agenda leben, können uns entschließen dieses oder jenes zu tun und die betreffende Aufgabe dann sofort in Angriff nehmen. Der Primitive hingegen musste sich zu allen nicht durch Instinktmuster geleiteten Unternehmungen vorerst umständlich in Stimmung bringen und nach vollbrachter Tat wiederum von dieser Stimmung befreien, um für etwas anderes verfügbar zu sein. Dazu dienten nun die zivilisatorischen Riten, die ja häufig mit Tanzen verbunden waren. Durch sie mobilisierte der Primitive einerseits jenen Betrag an psychischer Energie, den er brauchte, anderseits leitete er diese Energie jeweils – durch den je verschiedenen Bildgehalt der Riten – in die „richtige" Richtung.

Riten, die den „neuen" (bewussten) Menschen bewirken
Mit zunehmender Festigkeit des Ich rückten die Weltschöpfungsriten und die zivilisatorischen Riten in den Hintergrund, und an ihre Stelle traten Riten, die *Seelenheil* bewirkten. Diese hatten zum Ziel, einen „neuen Menschen" zu schaffen: einen geistigen („pneumatischen" = bewussten) im Gegensatz zum nur biologischen („fleischlichen" = unbewussten). Bei diesen innerpsychischen Riten wurden die für das bewusste Lebewesen typischen (Jung: archetypischen) Situationen und Entscheidungsmuster in der für die jeweilige Bewusstheitsstufe „richtigen" Art eingeübt.

Eine solche typisch menschliche Befindlichkeit ist z. B. das Getriebensein zu ständiger Transformation des Weltbildes. Bewusstwerdung bedeutet ja nicht nur Gewinn an Unterscheidungsvermögen und an Freiheit, sondern gleichzeitig Verlust des problemlosen und bequemen Eingefügtseins in den Regelkreis Lebewesen-Umwelt. Durch sie wurde der Mensch aus dem Paradies der Unbewusstheit vertrieben. Aber nicht nur einen einmaligen Verlust des paradiesischen Daseins brachte die Bewusstwerdung mit sich. Der Bewusstwerdungstrieb zwingt das Ich-System zu *ständiger* Transformation. Dies hat zur Folge, dass der Mensch sich nie in der mühsam errichteten Ordnung eines Weltbildes zur Ruhe setzten kann. Immer wieder muss er seine Zelte abbrechen, um weiter zu ziehen: weiter zu höherer Bewusstheit.

Dieser „archetypische" Sachverhalt wurde von der unbewussten bildschöpferischen Instanz z. B. durch das Mythologem vom Auszug aus dem „Land der Knechtschaft" und dem Aufbruch ins „gelobte Land" veranschaulicht ein Mythologem, das bekanntlich im jüdischen Mythos (einem historisierten, d. h. auf ein „historisches" Ereignis projizierten Mythos) Gestalt annahm und Jahr für Jahr im Passah-Ritus „begangen" wurde.

Das Mythologem von Leiden, Tod und Auferstehung

Ein anderes Mythologem, das den gleichen Sachverhalt veranschaulicht, ist das von Leiden, Tod und Auferstehung. In dieser Sprachfigur wird der Akzent auf die Tatsache gelegt, dass der Gewinn eines neuen Weltbildes den Untergang des alten, überholten voraussetzt, und dass die Loslösung vom alten nicht ohne Leiden vor sich geht.

Ihre bekannteste kollektive Ausprägung fand diese Sprachfigur des Unbewussten vor 2000 Jahren im christlichen (einem wie gesagt ebenfalls historisierten, auf die Person des Rabbi Jesus projizierten) Mythos. Individuelle Ausprägungen dieses Mythologems können wir heute noch direkt beobachten, und zwar dort, wo alle überlieferten Mythen ihren Ursprung haben: in der inneren Wahrnehmung des einzelnen Menschen. Jeder Analytiker, der Menschen über Lebenskrisen hinweg begleitete, weiß aus Erfahrung, dass Träume vom Tod und Begräbnis dann auftreten, wenn eine Lebenseinstellung zu eng und unfruchtbar geworden ist, sodass sie die weitere Entfaltung des Ich behindert. Gelegentlich macht sich in solchen Lagen sogar ein Drang zum Suizid bemerkbar. Dieser, sowie die Todesträume weichen, und es treten Symbole neuen Lebens auf, sobald jeweils der „alte Mensch" mit seinen infantilen oder sonstigen überholten Vorstellungen und Ansprüchen „umgebracht" wird, beziehungswiese „gestorben" ist.

Tod- und Auferstehungsriten, die die Schöpfung des „neuen" Menschen bewirken sollten, finden wir in einfacher Ausprägung schon bei nordamerikanischen Indianern: z. B. im Ritus der Medizinhütte und in dem der Kieselgesellschaft

Mideritus der Ojibwä-Algonkin

Der Ritus der Medizinhütte[61] war bei den Ojibwä, einem zentral-algonkinischen Stamm am oberen See entstanden. Man glaubte dort, der Kulturheros Mänäbusch habe ihn vom Himmel herab zu den Menschen gebracht. Der Ritus hatte sich vorerst über das gesamte algonkinische Gebiet ausgebreitet und war dann auch von den östlichen Sioux übernommen worden. Die zentrale Handlung des Ritus bestand darin, dass die Mitglieder sich gegenseitig mit ihrem „heiligen Gegenstand", der zweiklappigen Muschel,

„schossen“: der Zelebrant richtete dabei den Medizinbeutel – das „heilige“ Bündel, in dem sich die Muschel (das Muschelwesen) „befand“ – auf den Gläubigen und „bewirkte“ dadurch, dass dieser „tot“ hinfiel und dann nach einiger Zeit zu einem „neuen Leben“ erwachte.

Kieselritus der Omaha-Sioux
Als der Mideritus zu den Omaha-Sioux kam, verdrängte er das eingesessene, von der Kieselgesellschaft betreute Tod- und Auferstehungsritual. Dieses hatte im „Einschießen“ des Kiesels bestanden und ebenfalls „bewirkt“, dass der Beschossene „tot“ hinfiel und dann zu „neuem Leben“ erwachte.[62] Der Kiesel, der „heilige Gegenstand“ der Kieselbruderschaft „war“ jener Urfelsen, von dem der Mythos erzählte, das Brüllen des Wapiti respektive des Büffels habe ihn zu Beginn der Weltschöpfung inmitten des Urmeeres freigelegt.[63] Als „mystischer Leib“ des Kieselwesens war er für die Omaha ein schöpferisches Prinzip und vermochte neues (höheres, pneumatischeres) Leben zu schenken, jedoch erst, nachdem er das „alte“ ausgelöscht hatte.

Mide- und Kieselritus waren einfacher als die einer bedeutend höheren Bewusstseinsstufe entsprechende Karfreitags- und Osterliturgie der Christen. Sie hatten aber – mit Blick auf die Bewusstseinsevolution betrachtet – die gleiche Funktion wie diese.

Pubertäts-Initiationen
Das Tod-und Auferstehungsmythologem wird auch in vielen Pubertätsinitiationen „begangen“. Die alte Einstellung, die hier sterben muss, ist die kindliche: jene Einstellung des Ich, die noch erwartet, dass seine Ansprüche vollumfänglich von anderen Menschen, insbesondere von den Eltern befriedigt werden. Weil die Mannbarkeit, zu der der Initiand „auferstehen“ muss, darin besteht, nun selber für sich und die andern zu sorgen, ist bei den Pubertäts-Initiationen die Willensschulung meistens stark ausgeprägt. Während der Vorbereitungszeit müssen die Initianden lernen, gegen Schlaf, gegen die Angst vor dem Alleinsein sowie gegen Hunger und Durst anzukämpfen, und sie müssen beweisen, dass sie im Stande sind, Schmerzen klaglos zu ertragen.

Schamanen-Initiation
Ein Beispiel *verinnerlichter* Initiation auf niedriger Entwicklungsstufe ist die Initiation beim zirkumpolaren Schamanismus. Diese ist für uns deshalb von besonderem Interesse, weil dabei das Mythologem von Leiden,

Tod und Auferstehung mit seltener Deutlichkeit hervortritt, und vom einzelnen unter starkem persönlichem Engagement nachvollzogen wurde.

Die Hauptaufgabe der Schamanen bei den zentral- und ostasiatischen Völkern bestand darin, die Seelen der Verstorbenen ins Jenseits zu geleiten und die entlaufenen Seelen der Lebenden wieder einzufangen. Diese Schamanen waren Psychotherapeuten und Psychosomatiker auf der Stufe archaischer Apperzeption.

Auf jeden Fall musste der Schamane sich im Jenseits auskennen und er musste sich auch in einen Zustand versetzen können, in dem er (imaginäre) „Reisen" in die „jenseitige" Welt unternehmen konnte: er musste sich in eine Trance versetzen können, jedoch in eine vom Ich noch kontrollierte Trance. Dies setzte eine jahrelange Schulung unter der Leitung eines erfahrenen Schamanen voraus. Da aber in der Psychotherapie nur dann Wirkung erzielt wird, wenn der Psychotherapeut selber eine „rundlaufende" Persönlichkeit ist, bestand die Schamanen-Schulung nicht nur im Erlernen der mythischen Kosmologie und der Ekstasetechnik: sie setzte zudem eine Auseinandersetzung des Ich"s mit den Mächten des Unbewussten – vor allem mit den eigenen Komplexen – voraus: einen Prozess, bei dem höhere individuelle Bewusstheit erreicht wird.

Bei dieser „Unterweltsfahrt" erlebte der werdende Schamane, der während dieser Zeit oft tagelang wie tot dalag, (d. h. sich in einem visionären Zustand befand) einen inneren Bildablauf, der einem stereotypen Schema folgte und das Tod- und Auferstehungsmythologem in seltener Deutlichkeit ausdrückt: er geriet ins Jenseits und wurde dort von Geistern zerstückelt. Das Fleisch wurde mit eisernen Haken von seinen Knochen gerissen, und die Knochen wurden dann in einem Kessel gekocht. Dann wurde sein Skelett wieder zusammen gefügt, mit neuem Fleisch umkleidet, und dem neuen Fleisch wurde neues Blut eingegossen. Dann erwachte der Schamane als neuer, psychisch gewandelter Mensch. Während der visionären Fahrt durch das Jenseits, die im Einzelnen, trotz gleichbleibenden Musters, sehr verschieden verlief, gewann der Schamanenschüler auch „Hilfsgeister", die er später bei seinen Heilungen einspannte, fand seinen persönlichen „Schutzgeist" und empfing zudem allerhand „Belehrung".[64]

Tod- und Auferstehungsriten bei Agrarvölkern

Obwohl das Mythologem von Tod und Auferstehung für innerseelische Riten typisch ist, kommt es doch auch bei zivilisatorischen Riten vor. Frühe Agrarvölker sahen oft im „Sterben" des Saatkorns, aus dem dann, als neues Leben, die Frucht hervorging, das Sterben und wieder Lebendigwerden eines Gottes. In jenen Fällen war aber schon der Mythos, in dem sich. das Mythologem von Tod und Auferstehung ausformte, auf das Pflanzenleben ausgerichtet. Im Popol Vuh z. B. wird erzählt, in dem Moment, als die Unterweltgötter (Camé) den Kopf des Sonnengottes auf einen Pfahl steckten, sei aus diesem ein Früchte tragender Baum entstanden. Sogar die Tatsache, dass im Ursprungsgebiet der Maya (im pazifischen Bereich des heutigen Guatemala) *zwei* Ernten eingebracht werden können, trägt der Maya-Mythos Rechnung: der Sonnengott stirbt zweimal; das erste Mal als Siebenjäger (Ahpu), das zweite Mal als dessen göttlicher Sohn (als Hunahpu).

Die geistige Gemeinschaft (Riten-Gemeinschaft)

Das Begehen des Mythos im Ritus war Sache der Gruppe. Es gab zwar Individualriten, durch die der einzelne Mensch sich dem „jenseitigen" Bereich annäherte. Die großen Riten hingegen wurden im Gruppenverband vollzogen. Dadurch entstanden Gemeinschaften, die man – im Gegensatz zu biologischen Gruppenbildungen wie Familien, Sippen und Stämmen – als *geistige* Gemeinschaften bezeichnen kann.

Diese geistigen Gemeinschaften waren für die Entwicklung des Bewusstseins außerordentlich wichtig. Sie können geradezu als Organe betrachtet werden, deren Funktion darin bestand, das Ich Schritt um Schritt aus dem Eingefügtsein in die Umwelt herauszulösen.

Ich habe schon darauf hingewiesen, dass der Mythos die Entwicklung des Bewusstseins förderte, und wir haben auch gesehen, dass die Assimilation des Mythos auf früher Stufe vor allem durch die Begehung desselben im Ritus geschah. In vollem Umfang können wir diesen Vorgang jedoch erst dann erfassen, wenn wir die Gemeinschaften betrachten, die Hand in Hand mit dem Ritenvollzug zustande kamen und die dann ihrerseits die Kontinuität des rituellen Tuns über Generationen hinweg gewährleisteten.

Unterschied zwischen biologischen und geistigen Gemeinschaften
Biologisch betrachtet ist der Mensch eine Art „Rudelwesen". Der auf Blutsverwandtschaft allein beruhende Sippenverband, an dem der frühe Mensch noch gleichsam physisch partizipierte, stand – von der Evolution her gesehen – noch auf der gleichen Ebene wie jene sozialen Gefüge, die wir schon im Tierreich antreffen. Diese Feststellung darf uns nicht dazu verleiten, uns diese Gefüge als einfache Gebilde vorzustellen. Die

Verhaltensforscher haben gerade in neuester Zeit nachgewiesen, wie außerordentlich differenziert das soziale Leben höherer Tiere ist. Was die Primatologen gar über das soziale Verhalten von Menschenaffen berichten, ist geradezu verblüffend. Wir finden da nicht nur Führungssysteme und Rangordnungen, sondern auch Rollendifferenzierung, Kooperation und Hilfeleistung; ferner Tradition, soziale Intrige sowie die Fähigkeit, ein nicht opportunes Verhalten zu unterdrücken.

Vor diesem komplex strukturierten Hintergrund unbewussten Verhaltens, der, wie die Humanethologen gegenwärtig nachzuweisen bemüht sind, auch in uns weiterlebt, und der das Funktionieren menschlicher Gruppen gewährleistet, müssen wir die geistigen Gemeinschaften betrachten. Dann erst können wir das Neue, die Instinktsphäre Übersteigende und die Bewusstwerdung Vorantreibende, das diesen innewohnt, erfassen. Es war nämlich für die Entstehung von Kultur und Bewusstheit unabdingbare Voraussetzung, dass der biologische Verband durch eine typisch menschliche Gesellschaftsbildung überlagert wurde.

Biologische und geistige Gemeinschaft sind schon von ihren Ansätzen her vollkommen verschieden. Ist die Blutsgemeinschaft gegeben durch die *Abstammung von einem leiblichen Ahn her,* so wird die geistige Gemeinschaft begründet durch das *Bezogensein auf einen geistigen Ahn hin.* Die Zugehörigkeit zur Blutsgemeinschaft ist primär – durch die Geburt – vorhanden. In die geistige Gemeinschaft hingegen wird der Mensch eine gewisse Zeit nach der Geburt durch einen sekundären Akt – durch einen Initiationsritus – aufgenommen.

Siedlungsform als Ausdruck primitiver geistiger Gemeinschaften

Die geistige Gemeinschaft als Ritengemeinschaft ist, ebenso wie das rituelle Tun, typisch für die archaische Phase der Bewusstseinsentwicklung. Jene archaischen geistigen Gemeinschaften, die noch in unsere Zeit hinein ragen, werden Kirchen (= geistliche Gemeinschaften) genannt. In diese sind aber schon viele Elemente staatlicher Organisation eingegangen: Elemente eines Gebildes, das sich ebenso wie die „Gesellschaft“, in späteren Stadien der Bewusstseinsevolution aus den archaischen geistigen Gemeinschaften heraus differenziert hat. Die „staatlichen“ Strukturen überlagern den archaischen Kern der Kirchen sogar so stark, dass dieser oft kaum mehr zu erkennen ist.

Wollen wir die typischen Merkmale der Ritengemeinschaft erfassen, was für die Identitätsfindung der Kirchen heute sehr wichtig ist, müssen wir wiederum auf jene frühen Formen zurückgreifen, die wir bei den

Primitiven vorfinden. Dabei stösst man aber auf die Schwierigkeit, dass wir über diese keine schriftlichen Organisationstatute – keine ekklesiologischen Traktate – besitzen. Wir sind somit weitgehend auf Beobachtungen angewiesen. Nun ist eine der aufschlussreichsten sichtbaren Äußerungen der geistigen Gemeinschaftsstruktur primitiver Völker die Art und Weise, wie diese ihre Siedlungen anlegten, sodass wir aus der Siedlungsform Rückschlüsse auf deren geistige Struktur ziehen können. In dieser Hinsicht sind die nordamerikanischen Indianer geradezu ideal, denn bei ihnen konnte eine Siedlungsform beobachtet werden, in der sich die geistige Struktur des Stammes mit allen Einzelheiten ausdrückt. Es ist dies der Tipiring der halbsedentarischen Siouxstämme.

Beispiel: der Tipiring der halbsedentarischen Sioux
Im Hinblick auf unsere Fragestellung kann es als besonderer Glücksfall gewertet werden, dass wir ausgerechnet von zwei Siouxstämmen, die ihre Tipis im großen Ring aufstellten – von den Omaha und Osage – zusätzlich zu den Beobachtungen Außerstehender noch eine Fülle von Äußerungen indianischer Informanten besitzen. Diese geben uns vor allem deshalb einen besonders guten Einblick in das „kirchliche“ Denken und Fühlen der Indianer, weil sie vorwiegend aus dem Munde von „alten Männern“, das heißt von indianischen „Theologen“ stammen.

Zu der Zeit, da die Weißen die Sioux zu Gesicht bekamen, hatten sich die ehemaligen Jäger-Sammler-Völker in sesshafte und halbsesshafte Stämme, sowie in sekundäre Jägernomaden ausdifferenziert. Die halbsesshaften Stämme waren sogenannte Jagd-Feld-Bauern. Diese wohnten zwar während der Anbaumonate in unregelmäßig angelegten Hüttendörfern und zogen während des Winters mit ihren Tipi (Zelten) familienweise in den Wäldern umher um zu jagen. Im Sommer jedoch, nach dem Hacken des Maises, begab sich jeweils der Stamm in geschlossener Formation auf Büffeljagd.

Diese war, wie alle Gemeinschaftsunternehmungen der Indianer, eine sakrale Angelegenheit und stand unter der Leitung eines Priesters, des sogenannten Wathon. Wenn nun der Stamm während der sommerlichen Büffeljagd ein Lager aufschlug, mussten die Tipi in einer genau festgelegten Ordnung aufgestellt werden: das gesamte Lager bildete einen „heiligen“ Ring. Die Tipi waren aber auf dem Lagerring nicht einzeln, wie Perlen auf einer Schnur, aufgereiht. Sie formierten sich vorerst gruppenweise zu „Dörfern“. Jedes „Dorf“ war in vier Viertel (Quartiere) unterteilt und jedes Viertel wiederum in vier Sektionen. Erst durch die kreisförmige Anordnung der „Dörfer“ entstand der „heilige“ Tipiring, der sogenannte

Huthuga oder Hoega, dessen Struktur der „kirchlichen“ Struktur des Stammes entsprach. Für's erste war er durch eine unsichtbare Ost-West-Achse in zwei Hälften geteilt. Diese Zweiteilung bestimmte in ganz besonderer Weise das Leben des Stammes – das religiöse wie das profane – bis in alle Einzelheiten.[65]

Tipiring als Abbildung des „jenseitigen“ Welthauses

Die Bewohner der einen Hälfte des Tipirings nannten sich Erdleute, die der andern Himmelsleute. Diese Benennung lenkt unseren Blick auf das formende Prinzip, aus dem die Aufstellung der Zelte hervorging. In der reich gegliederten Lagerordnung drückte sich die mythische Kosmologie der Sioux aus. Der Tipiring „war“ in den Augen der Sioux das „Welthaus“, genauer gesagt das Welthaus in seiner „jenseitigen“ Dimension. Dabei wurde der Seitenriss – da man ja nicht in der Luft wohnen konnte – in die Horizontale umgeklappt und über den Grundriss gelegt. So „war“ denn der große Zeltring einerseits der Boden des „Welthauses“, d. h. die kreisrunde Erdscheibe, außerhalb welcher der „große Abgrund“ gähnte; anderseits „war“ seine links von der Ost-West-Achse gelegene Hälfte die Erde und die rechts von dieser Achse gelegene Hälfte der Himmel. Diese Doppelbedeutung des Rings störte natürlich den archaischen Menschen mit seinem qualitativen Raumerleben und seinem kaum entwickelten Sinn für entweder-oder-Denken nicht.

In der Quadrierung der Dörfer erkennen wir – durch ihre Verdoppelung bis Verdreifachung besonders betont – die vier „heiligen“ Windrichtungen (das Ordnungsschema der Erdscheibe), sowie die Quaternität Wakan-Tankas.

Innerhalb des Tipiringes hatte jedes Dorf seinen festen, nicht auswechselbaren Platz. Fragen wir nach dem ordnenden Prinzip, das jedem Dorf seinen Platz zuwies, stoßen wir auf ein *zeitliches* Muster: auf das indianische Kirchenjahr. Jedes Dorf betreute nämlich einen Ritus, und in der zeitlichen Abfolge, in der die religiösen Feste des Stammes gefeiert wurden, waren die „Dörfer“ angeordnet.

Wir wollen nicht weiter auf Einzelheiten des Tipirings eingehen, denn dieser interessiert uns ja nur insofern, als sich in ihm die Struktur des Stammes als geistige Gemeinschaft manifestiert. Nicht modellartig, um es anschauen zu können, wollten ja die Sioux-Stämme das „jenseitige Welthaus“ nachbauen. Sie mussten vielmehr, – einem inneren Drange folgend – ihre Zelte so aufstellen, weil nach ihrem Selbstverständnis der

Stamm selber – als geistige Gemeinschaft – das „jenseitige" Welthaus d. h. die Gesamtheit aller Wakan-Wesen „war".

Blutsverwandtschaft und Verwandtschaft „im" geistigen Ahn.

Um zu verstehen, inwiefern der Einzelne den Stamm als Welthaus erlebte, müssen wir die „Dörfer" näher betrachten, respektive die Menschen, die während der sommerlichen Büffeljagd sich zu „Dörfern" zusammenfanden. Während der sesshaften Phase wohnten sie nämlich nicht beieinander. Es ist die Beweglichkeit der nomadisierenden Lebensweise, welche die – latent immer vorhandene – geistig religiöse Struktur des Stammes sichtbar in Erscheinung treten ließ.

Die Omaha und Osage verwenden je verschiedene Ausdrücke für „Dorf": Tongwongthong und Wegatsche. Diese zwei Wörter haben etymologisch unterschiedliche Bedeutung, und diese beiden Bedeutungen weisen uns auf zwei komplementäre Aspekte hin, unter denen wir die Dorfgemeinschaft betrachten müssen, um zu verstehen, in welch wörtlichem und tatsächlichem Sinne – nach archaischem Verständnis – der Stamm die Gesamtheit der Wakan-Wesen beziehungsweise Wakan-Tanka *„war"*.

Tongwongthong (Omaha) heißt: Wohnort der Verwandten.[66] Tatsächlich bezeichneten sich alle Familien, die während der Kommunaljagd in einem „Dorf" oder in einer Unterabteilung eines „Dorfes" beisammen wohnten, als Verwandte. In der Art und Weise nun, wie sie miteinander „verwandt" waren, zeigt sich das konstituierende Element der archaischen geistigen Gemeinschaft. Die Bewohner eines „Dorfes" waren nämlich nicht alle blutsverwandt. Ihr Verwandtsein beruhte auf der Partizipation am gleichen geistigen „Ahn". In den „Dörfern" des Tipirings begegnen wir somit den „Totem-Gemeinschaften" der Ethnologen, von denen Werner Müller sagt, sie ließen sich „ganz passend einer Sekte vergleichen, die derselbe Glaube und Gottesdienst verbindet." [66] An Stelle von „Totem-Gemeinschaft" werden in der ethnologischen Literatur auch die Ausdrücke Clan und Gens verwendet.

Der geistige „Ahn" einer Totem-Gemeinschaft war jeweils eine Naturerscheinung, z. B. der Wapitihirsch, die Muschel, der Adler. der Donner usw. Als „Ahn" wurde jedoch nicht *die* Seite der Naturerscheinung betrachtet. die das körperliche Auge wahrnahm, sondern deren „andere", die „eigentlich wirkliche" Seite. Und diese konnte man sich, entsprechend der Doppeltheit archaischen Welterlebens wie gesagt als wahrnehmende denkende und wollende Person vorstellen

Die Mitglieder eines Clans „waren" somit „im Totemwesen" verwandt. Sie verstanden sich als Brüder und Schwestern „im Wapitiwesen", „im Muschelwesen", „im Donnerwesen" usw. Die Indianer vermengten die geistige Verwandtschaft keineswegs mit der Blutsverwandtschaft. Im Gegenteil, in Sachen Blutsverwandtschaft waren sie sehr bewusst, und wie die meisten primitiven Sprachen besitzen auch die indianischen zahlreiche spezifische Ausdrücke zur Bezeichnung von Blutsverwandtschaft bis in feine Verzweigungen hinaus

Physische und metaphysische Partizipation

Das Verwandtsein „im Totemwesen" setzt Partizipations-Erleben voraus. Es ist dies jedoch eine andere Art von Partizipation als jene unter Blutsverwandten. Kann jene als physische Partizipation bezeichnet werden, könnten wir die Partizipation am geistigen Ahn eine metaphysische nennen.

Die physische Partizipation war etwas, das der Mensch von der tierischen Stufe her „mitbrachte". Die metaphysische Partizipation hingegen stellte er her, um sich aus der physischen Partizipation herauszulösen und an Bewusstheit zu gewinnen. Dass dieses Bemühen, das ja im rituellen Tun sich äußerte, nicht bewusster Überlegung entsprang sondern mehr ein unbewusstes Gedrängtsein war, wurde schon erwähnt, ebenso die Tatsache, dass das Ich – gegen seinen Willen – vom Unbewussten her zu immer höherer Bewusstwerdung gedrängt wird.

Die Gotteskindschaft-Mythen

Über die Art und Weise, wie die Sioux sich das Zustandekommen der „Verwandtschaft im geistigen Ahn" vorstellten, geben ihre sogenannten Wigies Auskunft, jene Menschwerdungs-Mythen, welche, wie wir sahen, zur Einleitung der Stammesrituale von den Vertretern der Clans rezitiert wurden. In diesen Mythen wird erzählt, „im Anfang" hätten die Urahnen eine schattenhafte, körperlose Existenz in der Sternenwelt geführt. Von dort seien sie dann, immer noch körperlos, auf die Erde herunter gekommen und hätten Ausschau gehalten nach einem Stoff, aus dem sie sich einen Körper machen konnten. Da habe sich z. B. den Urahnen des Clans „Weiße Waschasche" (des dritten „Dorfes" auf dem „Erdbogen" im Tipiring der Osage) die Süsswassermuschel angeboten mit den Worten:

„Wenn die Kleinen (= körperlosen Menschen) aus mir ihren Körper machen, werden sie immer ein hohes Alter erreichen. Betrachte die Runzeln auf meiner Schale, die ich gemacht habe als ein Mittel, hohes

Alter zu erreichen. Falls die Kleinen aus mir ihren Körper machen, werden sie leben, bis sie die Zeichen hohen Alters auf ihrer Haut erblicken." (Signatur-Denken!)[67]

Die Weißen Waschasche glaubten nun, ihre Urahnen hätten dieses Angebot angenommen und sich aus der Muschel ihren Körper gemacht. Aus diesem Grunde seien sie „in ihr" verwandt. Fragen wir nicht danach, wie die Sioux sich vorstellten, auf welche Weise ihre körperlosen Urahnen aus Muschel, Schilfrohr, Zeder oder Morgenstern ihre Körper machten, denn der früharchaische Mensch mit seiner existenziellen Einstellung fragte kaum nach dem Wie. Es handelt sich ja dabei auch gar nicht um einen durch Ursache-Wirkungs-Ketten zu erhellenden physischen Vorgang. Die Wigies sind Gestaltungen des Unbewussten und veranschaulichen wie alle Genesis-Mythen die Entstehung und Entwicklung des Bewusstseins. Die körperlose Existenz im Reich der Sterne bedeutet den unbewussten beziehungsweise unbewussteren Zustand, und mit dem Einkleiden in den Naturstoff wird der Gewinn an Unterscheidungsfähigkeit dargestellt.

Diese Interpretation des Mythos ist jedoch nur für uns Heutige wahr. Für die Weißen Waschasche, die ihr Inneres noch außen erlebten und den Mythos noch wörtlich verstanden, war es „absolute Wahrheit", dass die Muschel (das Muschelwesen) ihnen den Körperstoff gegeben hatte, und dass sie deshalb – irgendwie – auch Muschel waren.

Innerhalb der Genesis-Mythen gehören die Wigies zur Klasse der Mythen von der Gotteskindschaft. Sie veranschaulichen den gleichen Sachverhalt wie die Vater-Sohn-Mythen: das Hervorwachsen des Bewusstseins aus dem Unbewussten. Sie benützen auch den gleichen sprachlichen Ausdruck wie jene: die Zeugung respektive Begründung ohne Weibliches. Sie sind jedoch auf den Prozess der Gemeinschaftsbildung, d. h. auf die Entstehung eines Gruppenbewusstseins zugeschnitten und bilden deshalb eine gesonderte Klasse von Mythen.

Jede geistige Gemeinschaft begründet die Gotteskindschaft ihrer Mitglieder auf ihre Weise. Am oberen Ende der zu uns führenden Entwicklungslinie tat dies z. B. die jüdische Gemeinschaft durch den Mythos vom Bund Jahwes mit den Vätern, die christliche durch denjenigen von der erlösenden Wirkung des – auf die Hinrichtung Jesu projizierten – „freiwilligen Opfertodes" Christi.

Die Sioux als Brüder und Schwestern „in" Wakan-Tanka

Betrachten wir nun noch den andern Aspekt der Dorfgemeinschaft jenen Aspekt, auf den uns das Wort Wegatsche, der Osage-Ausdruck für Dorf, hinweist. Wegatsche bedeutet etymologisch „Teil, den man braucht, um das Ganze zu machen".[68] Erst dann nämlich, wenn wir unseren Blick auf dieses Ganze richten, können wir verstehen, inwiefern die Stammesgemeinschaft nach indianischem Verständnis das Welthaus respektive Wakan-Tanka „war".

Die Siouxreligion war wie gesagt eine Naturreligion, d. h. für den Sioux hatte noch jede Naturerscheinung ihre Wakan-Dimension und konnte als personales Wesen aufgefasst werden, sodass das Sioux-Pantheon auf der einen Seite eine fast unübersehbare Menge von Göttern, d. h. von potentiellen Totemwesen umfasste. Da aber auch im Wakan-Bereich das Ganzheitsmuster sich über die Vielheit projizierte, erlebte der Sioux das Göttliche wie erwähnt auch als den großen Einen: als den Hochgott Wakan-Tanka.

Wie sich der einzelne Clan irgendwie identisch fühlte mit jenem Wakan-Wesen, das ihm den „Körperstoff gab", so „war" die Stammesgemeinschaft – als geistige Gemeinschaft – irgendwie identisch mit Wakan-Tanka. „Waren" die Glieder eines einzelnen Clans Brüder und Schwestern „in" ihrem Totemwesen, so „waren" sie zusammen mit allen anderen Stammesmitgliedern gleichzeitig auch Brüder und Schwestern „in" Wakan-Tanka. Sie „waren" dies genauso, wie die Glieder der christlichen Glaubensgemeinschaft Brüder und Schwestern „in Christo sind".

Die heiligen Gegenstände

Die Partizipation am geistigen Ahn wird vermittelt und gefördert durch heilige Gegenstände. Es sind dies materielle Gebilde, in denen nach Auffassung der Gläubigen ein metaphysisches Wesen anwesend ist, beziehungsweise die selber irgendwie metaphysische Wesen „sind". Die heiligen Gegenstände sind integrierender Bestandteil jeder archaischen geistigen Gemeinschaft.

Bei den Sioux, die eben erst der nomadisierenden Lebensweise entwachsen waren, und zum Teil noch nomadisierten, finden wir die heiligen Gegenstände in Form der sogenannten heiligen Bündel, die bequem mitgetragen werden konnten. Die Gebilde, welche die Gottheit enthielten beziehungsweise „waren „, wurden dabei in Binsenmatten verpackt. Diese Binsenmatten „waren" ihrerseits das Welthaus, was in ihrer Form und Bemalung zum Ausdruck kam.

Von den heiligen Bündeln der Sioux interessieren uns hier nur die der Totemgemeinschaften, die sogenannten Waschoigathe. Das Osage-Wort Waschoigathe bedeutet etymologisch „Gegenstände, aus denen sie ihren

Körper machen".[69] In den Augen der Mitglieder einer Totemgemeinschaft „war" das Waschoigathe jenes Wesen, aus dem einst die Vorfahren bei ihrer Herabkunft vom Himmel ihren Körper gemacht hatten.

So bewahrten denn die Weißen Waschasche – um bei unserem Beispiel zu bleiben – als heiligen Gegenstand eine Muschel auf. Hatte der Ahn in seiner „sichtbaren Erscheinung" ein nicht mehr handhabbares Format, z. B. bei den Clans Rote Zeder oder Schwarzer Felsen, dann genügte als Waschoigathe – da der Primitive ja im Teil das Ganze zu sehen vermochte – ein Partikel desselben. Unfassbare Totems wie Sonne, Mond, Morgenstern oder Donner und Hagel wurden zeichenhaft dargestellt Wenn die Vertreter aller Clans sich zum Vollzug der Stammesriten versammelten, brachte wie gesagt jeder sein heiliges Bündel mit. Wenn auf diese Weise „alle heiligen Wesen des Weltalls" versammelt waren, „waren" sie Wakan-Tanka, der große Eine.

Bei den Maya, die sesshafte Agrarvölker waren, hatten die heiligen Gegenstände ihren festen Standort in den Tempeln. Auf den dortigen Altären residierte der große Sonnengott als Gott 5 – als der Eine Gott in vier Personen – in zwei sichtbaren Gestalten: einerseits als kosmisches Diagramm, bestehend aus fünf runden, faustgroßen Steinen, welche alljährlich bei den Neujahrsriten konsekriert wurden, anderseits als gleichschenkliges Kreuz, dessen vier Enden – wie die Ecksteine des Diagramms – die vier göttlichen Personen der Weltecken „waren", und dessen Mittelpunkt – wie der Mittelstein des Diagramms – der Große Gott in seiner Einheit „war".[70]

Die Tatsache, dass die heiligen Gegenstände göttliche Verehrung genossen, gab christlichen Beobachtern – insbesondere Missionaren – oft Anlass zu abfälligen Bemerkungen über den Götzendienst der „armen Heiden". Weil die Missionare selber noch im archaischen Weltbild lebten, vermochten sie eben nicht zu erkennen, dass das Apperzeptionsschema, das bei den Sioux zur Verehrung der Waschoigathe und bei den Maya zur Verehrung der Kreuzidole und kosmischen Diagramme führte, auch in ihrer eigenen Ritengemeinschaft wirksam war: dass es sich hier in der Verehrung manifestierte, die man der Hostie als dem „allerheiligsten Leib Christi" erwies, insbesondere dann, wenn diese in der Monstranz zur Anbetung ausgesetzt war.

„Mystische" Identität

Wir sind davon ausgegangen, dass die geistige Gemeinschaft durch das Bezogensein auf einen geistigen Ahn hin begründet wird, und dass es dadurch zu einem Partizipationserleben höherer Art kommt, das wir als metaphysische Partizipation bezeichnen können. Das metaphysische Partizipationserleben manifestiert sich unter anderem in der Vorstellung, die Gemeinschaft der Gläubigen und die heiligen Gegenstände seien irgendwie identisch mit der Gottheit. Ich sage irgendwie, denn dass der archaische Mensch sich diese Identität nicht als völlige vorstellt, geht daraus hervor, dass die Gläubigen die Gottheit auch als Gegenüber – als personales Du – ansprechen. Wir wollen nun versuchen, dieses „Irgendwie" noch näher zu bestimmen.

Von primitiven Informanten können wir darüber nicht viel erfahren, auch dann nicht, wenn sie zur geistigen Elite der Theologen gehören. Nun kommt uns aber die Tatsache zu Hilfe, dass auch das Denken der wissenschaftlichen Theologie noch vom archaischen Apperzeptionsschema gesteuert wird, und dass deshalb in deren begrifflichen Unterscheidungen Strukturen archaischen Welterlebens zu Tage treten, die auf niedriger Stufe wohl wirkten, jedoch nicht verbalisiert werden konnten. Besonders günstig wirkt sich bei dem zur Diskussion stehenden Problem noch der Umstand aus, dass in der Spätantike und namentlich im Mittelalter eine eigentliche Rearchaisierung stattfand. Durch dieses Absinken des Bewusstseinsniveaus wurde das schon teilweise gelockerte metaphysische Partizipationserleben wieder intensiviert. So fasste denn der mittelalterliche Mensch sowohl die Kirche – die Gemeinschaft der an Christus Glaubenden – als auch die Abendmahlsspeise in ganz wörtlichem Sinne als Leib Christi auf. Auf die Theologie wirkte sich dies in dem Sinne aus, dass diese besondere Mühe auf die Sakramentslehre verwendete. Diese ist es denn auch, die uns die archaische Vorstellung vom Identisch- und doch nicht Identischsein von Irdischem und Überirdischem erhellt.

Die Theologie lehrte (und lehrt), an einem Sakrament sei zu unterscheiden zwischen dem sichtbaren Zeichen (Signum) und der im Zeichen verborgenen Sache (Res); als „sichtbares Zeichen" sei zwar die Kirche eine Gruppe von Menschen und die Abendmahlspeise ein Stücklein Brot und ein Quäntchen Wein. In diesen Zeichen verborgen sei jedoch als „Sache" d. h. als eigentlich wirkliche Wirklichkeit, Christus in seiner ganzen Größe und Wirkungsmächtigkeit.[71]

Um dies zu erläutern, entwickelten die scholastischen Theologen die sogenannte Drei-Leib-Theorie, nach der zu unterscheiden ist zwischen

1. dem Leib Christi, der „einst" von der Jungfrau geboren wurde, in den Himmel aufstieg und sich „jetzt" in verklärtem Zustande im Himmel befindet.

2. dem Leib Christi, der als Abendmahlspeise im Eucharistieritus täglich neu geschaffen wird, und

3. dem Leib Christi, den die Kirche als geistige Gemeinschaft der an Christus Glaubenden bildet.[72]

Diese Unterscheidung bezeichne jedoch, so betonen die Theologen, nicht drei Leiber, sondern lediglich drei Seinsweisen (modi) des *einen* Leibes Christi.

Nun begnügten sich aber die Scholastiker, da sie ja schon weitgehend objektivierend eingestellt waren, nicht mit der Feststellung, *dass* Leib Nummer zwei als „Sache" in den „sichtbaren Zeichen" Brot und Wein, und Leib Nummer drei als „Sache" in dem „sichtbaren Zeichen" Kirche vorhanden sei. Sie reflektierten auch eingehend über das Problem, *auf welche Weise* der Leib Christi sich in den sichtbaren Gestalten befinde. Erklären konnten sie diesen Sachverhalt natürlich nicht, da ja der Projektionsvorgang, auf dem der Sakramentenglaube beruht, auf archaischer Bewusstheitsstufe noch nicht durchschaut werden konnte. Das Ergebnis ihres Nachdenkens bestand lediglich in der Feststellung, Christus sei in den „sichtbaren Zeichen" auf geheimnisvolle Weise (mystice) verborgen.[73]

Wenn dies auch keine Erklärung war, so ergab es doch einen handlichen Terminus: Kirche und Abendmahlsspeise wurden je als mystischer Leib Christi bezeichnet, und dieser mystische Leib wurde von dem „im Himmel befindlichen" verklärten Leib Christi unterschieden.

Diese durch die Drei-Leib- und Sakramententheorie erhellte Terminologie hilft uns nun – wenn wir wieder auf die Sioux zurückblenden – die so schwer verständliche Identität vom Clan, Waschoigathe und Totemwesen respektive von Stammesgemeinschaft und Wakan-Tanka ein wenig klarer zu sehen. Wenn ich oben sagte, die Stammesgemeinschaft sei in den Augen der Sioux im wörtlichen und tatsächlichen Sinne das Welthaus respektive Wakan-Tanka gewesen, so können wir dies nun präzisieren, indem wir sagen, der Sioux habe die geistige Gemeinschaft und die Gesamtheit der Waschoigathe als mystischen Leib Wakan-Tankas aufgefasst, und diesen – wenn auch unbewusst – von dem „im Jenseits befindlichen" verklärten Leib Wakan-Tankas unterschieden. Analoges gilt für andere geistige Gemeinschaften sowie für deren heilige Gegenstände, die in der ethnologischen Literatur oft als Fetische, Idole usw. bezeichnet werden.

Aufnahme-Riten

Wir haben festgehalten, das Bezogensein eines Individuums auf einen geistigen Ahn hin beziehungsweise die mystische Identität eines Individuums mit dem geistigen Ahn sei – im Gegensatz zur Abstammung vom leiblichen Ahn – nicht primär gegeben, sondern werde jeweils durch einen sekundären Akt hergestellt.

Hergestellt wird sie durch einen Ritus, d. h. durch akausale Bewirkung. Die Aufnahme eines Menschen in die geistige Gemeinschaft ist somit etwas anderes als die Aufnahme in eine heutige gesellschaftliche Institution, denn nach archaischem Verständnis wird durch den Vollzug des Aufnahmeritus eine wesensmäßige Veränderung des Menschen bewirkt.

In den Augen der Sioux z. B. wurde das Neugeborene erst durch das Ritual der Namensgebung, das acht Tage nach der Geburt begangen wurde, zu einem Menschen. Dass das Neugeborene auch bei den Germanen vor der Namengebung nicht im vollen Sinne als Mensch galt, zeigt sich darin, dass es bis zu diesem Zeitpunkt ausgesetzt werden konnte. Nach katholischer Lehre kann ein Kind, das vor dem Empfang der Taufe stirbt, nicht in den Himmel gelangen. Erst das Taufritual pflanzt in ihm die „heilig machende Gnade“ ein, macht es zu einem Glied des „mystischen Leibes Christi“ und erschließt ihm damit. den Himmel.

Die so geschaffene metaphysische Partizipation eines Individuums an einem jenseitigen Wesen wird dann im Laufe des Lebens immer wieder erneuert und intensiviert. Eine besonders intensive Beziehung wurde geschaffen durch das heilige Mahl. Dieses konnte – wie z. B. bei den Maya – eine in den Ritus eingebaute Mahlzeit sein, die *zusammen* mit den Göttern eingenommen wurde.[74] Eine noch intensivere Partizipation schuf das heilige Mahl dann, wenn dabei der „mystische Leib“ der Gottheit selber von den Gläubigen verzehrt wurde, wie bei der christlichen Kommunion.

Bewusstheitsfördernde Funktion der „mystischen“ Identität

Betrachten wir nun noch die bewusstheitsfördernde Funktion, die der „mystischen“ Identität zwischen Mensch und Gott zukam. Wir können diese wohl am ehesten erkennen, wenn wir die Tatsache beachten, dass sozusagen alle Hochgötter männlich sind. So bunt und mannigfaltig nämlich das Pantheon einer Kulturgemeinschaft auch sein mag, die „höchsten Wesen“ stellt man sich, wie die Religionsforschung ergab, meistens als männliche Wesen vor.

Dies darf nicht als Zeichen einer Geringschätzung der Frau aufgefasst werden, denn die Gottesbilder sind Gestaltungen des Unbewussten und somit ist deren Geschlecht sprachlicher Ausdruck, durch den ein unanschaulicher Sachverhalt veranschaulicht wird. Was das Geschlecht der „göttlichen Wesen“ im Vokabular der bildschöpferischen Instanz bedeutet, sahen wir schon bei den Mutter-Sohn-Mythen: will die bildschöpferische Instanz dem Ich die aus dem unbewussten Bereich auf dieses einwirkende Dynamis unter dem Aspekt des naturhaften Urgrundes darstellen, aus dem das Ich hervorging und von dem das Ich weiterhin abhängt, dann verwendet sie – sofern sie als Veranschaulichungsmittel die menschliche Person wählt – die Gestalt einer Frau: der großen chtonischen Mutter.

Will die bildschöpferische Instanz jedoch jene aus dem Unbewussten wirkende Strebung darstellen, welche die Höherentwicklung des Ich fördert, und mit welcher das Ich in Kontakt bleiben muss, wenn es sich entwickeln will, dann benützt sie eine männliche Gestalt: das Bild des göttlichen Vaters, eventuell – in späteren Stadien der Bewusstseinsevolution – das Symbol des göttlichen Vaters mit einem ihm wesensgleichen göttlichen Sohn.

Die Herstellung der mystischen Identität mit der Gottheit hatte somit *den* Sinn, das Ich an diese „Welt des Männlichen“ anzuschließen: an jenes Streben, welches das Ich zu höherer Bewusstheit, zu ethischem Handeln im Gegensatz zum nur instinktgeleiteten Verhalten, zur Vermehrung von Wille und Wissen, sowie zur kulturellen Kreativität antreibt, und dadurch Schritt für Schritt aus dem Eingebettetsein in den Regelkreis Lebewesen-Umwelt heraushebt. Mit anderen Worten: durch Herstellung der mystischen Identität mit der Gottheit wurde das Ich an die – nach archaischer Weise außen erlebte – orthogenetische Tendenz, welche C. G. Jung *principium individuationis* nannte, angeschlossen, sodass ihm von dorther Weisung, Wissen und Kraft zur Höherentwicklung zufließen konnte.

Archaische Auffassung von Raum und Zeit

Das Welterleben, das im rituellen Tun und im Selbstverständnis der archaischen Gemeinschaft sich äußert, erscheint uns fremd und ist für uns kaum mehr einfühlbar. Dies beruht vor allem darauf, dass der archaische Mensch die Verknüpfung von Ursache und Wirkung sowie den Raum und die Zeit ganz anders auffasste als wir. Wie er sich das, was wir Kausalität nennen, vorstellte, haben wir schon besprochen. Betrachten wir nun noch sein Verständnis von Raum und Zeit. Wenn wir dieses mit dem heutigen vergleichen, verstehen wir unter „heutigem“ nicht die Vorstellung der theoretischen Physik vom einheitlichen Raum-Zeit-

Kontinuum sondern unsere *alltägliche* Auffassung, für die Raum und Zeit noch zweierlei sind.

Heutige Auffassung des Raumes ist quantitativ

Für uns ist der Raum in erster Linie eine Größe. Ob wir nun annehmen, er sei eine Leere, in der die Dinge enthalten sind oder ob wir zur (richtigeren) Ansicht neigen, er entstehe erst durch die Dinge: wir erleben ihn als etwas Ausgedehntes, als etwas, das Länge, Breite und Höhe hat.

Die Orte und Richtungen innerhalb des Raumes sind für uns an sich indifferent. Sie dienen uns lediglich dazu, uns zu orientieren. Als gedachtes Grundgerüst für die Orientierung benützen wir ein dreidimensionales Koordinatensystem. Beim spontanen Erleben tragen auch wir den Nullpunkt dieses Orientierungssystems in uns selber, da erlebt sich jeder in gewissem Sinne als Mittelpunkt der Welt. Der Durchschnittsmensch von heute ist aber ohne weiteres fähig, den Mittelpunkt des Bezugssystems außerhalb seiner selbst zu denken, an einem beliebigen Punkt der Erde, je nach dem Raumausschnitt, den er gerade betrachtet.

Archaisches Raumerleben war vorwiegend qualitativ

Für den archaischen Menschen hatte der Raum nicht in erster Linie Ausdehnung und Dreidimensionalität sondern Qualität. Dies soll natürlich nicht heißen, er habe nicht gewusst, was oben und unten, vorn und hinten, links und rechts sei. Es besteht kein Zweifel, dass er sich im Raum genau so sicher wie die Tiere und mindestens ebenso sicher wie wir bewegte und orientierte. Unzweifelhaft verstand er z. B. sehr gut, Entfernung und Lage einer Beute abzuschätzen, sowie die richtige Richtung zu finden, um ein entferntes Ziel zu erreichen. Aber das Verhalten im Raum und die Apperzeption des Raumes sind zweierlei.

Die *Orte* hatten für den archaischen Menschen nicht in erster Linie eine Lage, waren nicht Punkte, die man vermessen oder auf der Karte bestimmen konnte; sie hatten für ihn *Bedeutung*. Dabei ist zu bedenken, dass der geographische Gesichtskreis des Menschen mindestens bis zum Zeitalter der Entdeckungen relativ klein war. Innerhalb der ihm bekannten Welt waren jeweils auffallende Berge, Quellen und Wasserfälle, in der Ebene aufragende Felsblöcke, Höhlen und Klüfte Stellen, an denen das „Jenseits" ins „Diesseits" einbrach oder durchschimmerte. Sie waren „heilige" Orte, Orte der Theophanie, d. h. Orte, an denen sich ihm „seine" metaphysischen Wesen offenbarten und an denen er mit jenen Wesen in Kontakt treten konnte.

So war z. B. der Harney Peak für die Oglala-Sioux „Weltberg der Mitte“; eine verwitterte Felsbildung in der Prärie von Wisconsin war für die Dakota und Odjibwä der Ort Wakondas, der Sinai für die Juden der Ort, an dem Jahwe dem Moses das Gesetz übergeben hatte, und der Olymp für die homerischen Griechen der Berg, auf dem Zeus thronte.

Auch die *Richtungen* dienten nicht in erster Linie oder nicht nur der Orientierung. Im Bereich der Sioux waren die Himmelsrichtungen „heilige“ Richtungen. Sie waren die Ursprungsorte der heiligen Windwesen: der Wesen des Ostens, des Südens, des Westens und des Nordens, die in den meisten Riten der Sioux mehrmals begrüßt und angefleht wurden.

Bei den südamerikanischen Hochreligionen waren die Richtungen, die zu gewissen Punkten am Horizont hinführten deshalb „heilig“, weil ein Sternbildwesen, mit dem sich diese Leute verbunden fühlten, an einem bestimmten Tag des Jahres dort die Erde „berührte“. Dieser Tag wurde zum Fest dieses Wesens im Kirchenjahr.

Statischer Charakter des heutigen Raumerlebens

Unser Raumerleben ist statisch, das des archaischen Menschen war dynamistisch. Zwar fasst auch die moderne Physik den Raum als etwas Dynamisches auf: als das vierdimensionale raumzeitliche Kontinuum; doch handelt es sich dabei erstens um eine Theorie des Weltraumes, d. h. eines Raumes, der dem Verständnis des archaischen Menschen überhaupt nicht zugänglich war; zweitens geht es dabei um etwas Gedachtes, nicht mehr Erlebbares.

Für unser *Erleben* ist der Raum statisch und zwar deshalb, weil die Dinge, die den Raum bilden, für uns auf verlässliche Weise fest und beständig sind. Wenn wir auch sehen, dass die Wolken sich dauernd verändern, so wissen wir doch auf Grund der empirischen Erforschung der Natur, dass sie aus Wassertröpfchen bestehen, und dass die „Körner“, die sich zu den Tröpfchen zusammenschließen recht beständige Moleküle sind. Obwohl wir heute wissen, dass selbst die dichtesten Stoffe, die wir auf unserem Planeten vorfinden, zum größten Teil aus „leerem Raum“ bestehen, wissen wir ebenso sicher, dass die Abstände zwischen den „Elementarteilchen“ fest, d. h. durch die Naturgesetze bestimmt sind und „notwendigerweise“ eingehalten werden.

Dynamistischer Charakter des archaischen Raumerlebens

Für den archaischen Menschen schienen zwar Berge und Täler, Felsen, Bäume und Gräser nach der alltäglichen Erfahrung auch fest zu sein. Aber im Gegensatz zu uns konnte er dieser Festigkeit nicht trauen. Er war nie sicher, ob es den Dingen nicht plötzlich einfalle, sich auf unvorhergesehene und grundsätzlich unberechenbare Weise zu verändern. So wird denn in Mythen, in Sagen und Märchen, die ja vom archaischen Menschen als Berichte über tatsächliches Geschehen aufgefasst wurden, immer wieder von einem Verhalten der Dinge erzählt, das den heute bekannten Naturgesetzen widerspricht. Man hört da, dass Menschen sich in Tiere verwandelten, dass Tiere anfingen menschliche Sprache zu sprechen, dass der Stab, den einer in der Hand hielt, zu einer lebenden Schlange wurde, dass die Erde sich unversehens öffnete, ein Dorf oder eine Alp verschlang und sich wieder schloss, oder dass die Sonne stehen blieb.

Außerdem „wussten" die meisten früharchaischen Völker um die dauernd vorhandene Neigung der sichtbaren Welt, wieder in den chaotischen Zustand, aus dem sie hervorgegangen war, zurück zu sinken. Aus diesem Grunde mussten sie ja in ihren Erneuerungsriten die Welt immer wieder neu schaffen. Sie sahen zwar, dass die Welt noch vorhanden war, aber sie mussten die Riten begehen, um der Neigung der Welt zum Rückfall ins Chaos zuvor zu kommen.

Der archaische Mensch traute der Festigkeit der sichtbaren Welt deshalb nicht, weil er die sinnlich wahrnehmbare „Seite" der Dinge nur als „Schatten" auffasste: als schwachen Abglanz einer „dahinter" liegenden Wirklichkeit, die für ihn die eigentlich wirkliche und wirkende Wirklichkeit war. Statt „dahinter" könnten wir ebenso gut sagen „darüber" oder „darunter". Mit keiner dieser Bezeichnungen würden wir das Richtige treffen. Bekanntlich verwendeten die archaischen Völker dafür ja auch keine räumlichen Ausdrücke, sondern qualitative Bezeichnungen wie wakan, mana, orenda, sacer, die die Bedeutung von „heilig" hatten.

Wir treffen damit wieder auf jene zusätzliche „Dimension", die eben keine räumliche Dimension ist, und die wir nur deshalb als Dimension bezeichnen müssen, weil wir in unserer Sprache, die ein durch *unsere* Kategorien von Raum und Zeit bestimmtes Welterleben formuliert, keinen besseren Ausdruck dafür besitzen.

Der dynamistische Charakter des archaischen Raumerlebens hängt eng zusammen mit dem, was ich schon bei der Beschreibung des Partizipationserlebens erwähnte: der frühe Mensch fühlte sich nicht so sehr inmitten von Dingen lebend, als inmitten eines Wirkungsfeldes von Kräften. Diese Kräfte waren jedoch nicht „unsere" quantifizierbaren und handhabbaren physikalischen Kräfte, sondern „metaphysische Mächte", d. h. Wesen, von denen er sich vorstellte, sie seien mit Bewusstsein ausgestattet und können durch blosses Wollen jede Veränderung in „dieser“ Welt bewirken. Er erlebte eben seine innere Struktur außen, und wenn er in der Außenwelt „Mächte“ erlebte, erlebte er den Transformationsaspekt seines unbewussten psychischen Bereichs: den psychischen Prozess, der auf das Bewusstsein einwirkt. Mit der Vorstellung, das Geschehen im Diesseits werde von jenseitigen Wesen akausal bewirkt, hängt auch die archaische Apperzeption der Zeit zusammen.

Heutiges Zeiterleben: ein unumkehrbares Kontinuum

Wir erleben die Zeit als eindimensionales, unumkehrbar in derselben Richtung dahin fließendes Kontinuum: als Linie, die von der Vergangenheit herkommt und in die Zukunft hinein strebt. Der erfahrungsmäßige Nullpunkt der Zeitlinie liegt bei spontanem Erleben in der Gegenwart. Von hier aus blicken wir zurück in die Vergangenheit und voraus in die Zukunft. Dank der Geschichtswissenschaften, der Evolutionsforschung und der Bemühungen der Astrophysik reicht die Zeitlinie, die wir überblicken, Milliarden von Jahren weit in die Vergangenheit zurück. Und wenn wir auch in Bezug auf die Zukunft neuerdings vorsichtiger geworden sind, so steht uns doch nichts im Wege, die Zeitlinie mit Hilfe von Berechnungen, die auf dem Wissen um die Konstanz der Naturgesetze beruhen, bis weit in die Zukunft hinein zu verlängern.

Ereignisse können wir *datieren,* indem wir deren Lage auf der Zeitlinie bestimmen. Wie beim Raum so können wir auch bei der Zeit in Gedanken den Nullpunkt, von dem aus wir die Zeitabstände messen, an einer beliebigen Stelle der Zeitlinie fixieren.

Die lineare Auffassung der Zeit ergab sich aus der konsequenten Anwendung des Kausalitätsprinzips auf die sinnlich wahrnehmbaren Phänomene. Aufgrund der empirischen Erforschung der Natur wissen wir heute, dass zwischen den Gliedern einer Ursache-Wirkungs-Kette immer ein messbares Zeitintervall liegt, auch wenn dieses noch so klein ist, und nicht mehr vorgestellt sondern nur mehr gedacht werden kann. Der archaische Mensch sah zwar auch, dass z. B. zwischen dem Biss einer Schlange und dem Tod des Opfers Zeit verstrich. Aber dieses Zeitintervall interessierte ihn nicht, weil er ja annahm, der Tod des Opfers sei einzig und allein abhängig vom Willen des wirkungsmächtigen Wesens, und im Augenblick des Entschlusses dieses Wesens sei er auch vollendete Tatsache.

Aber nicht nur die Natur- sondern auch die Kulturwissenschaften waren am Zustandekommen der linearen Apperzeption der Zeit beteiligt. Geschichte in unserem Sinn kannte der archaische Mensch noch nicht.

Zwar bahnte sich ein Geschichtsbewusstsein schon bei den alttestamentlichen Juden an, und dies war vielleicht deren bedeutendster Beitrag zur Evolution des Bewusstseins. Auch die Griechen trugen – ungefähr gleichzeitig und wahrscheinlich unabhängig von den Juden – ihren Teil zur Entfaltung eines Geschichtsbewusstseins bei. Expressis verbis wurde das Erleben der Zeit als Geschichtlichkeit jedoch erst an der Wende vom 17. zum 18. Jahrhundert durch Vico (1668-1744) formuliert.

Für den früharchaischen Menschen war die Zeit präsentisch

Für den früharchaischen Menschen war die Zeit wie gesagt nicht linear sondern präsentisch. Im Vergleich mit unserem ausgedehnten Zeiterleben kann das seine als unausgedehnt bezeichnet werden.

Der archaische Mensch dachte eben die Zeit nicht, er nahm sie einfach wahr, und die Wahrnehmung haftet am Augenblick. Was nicht gerade den Alltag betraf, d. h. der weite Bereich der mythischen Vorstellungen, war für ihn auf eine uns schwer vorstellbare Weise ewige Gegenwart.

Wir begegneten dem präsentischen Zeiterleben ja schon beim Ritus. Wir sahen, dass dem rituellen Tun die Annahme zugrunde lag, dass das, was „einst" in grauer Vorzeit geschah, jetzt „wieder" geschehe. Die Ausdrücke „einst" und „wieder" bezeichnen jedoch in diesem Zusammenhang nicht das, was der archaische Mensch erlebte. Für ihn geschah es einfach „jetzt". Wie die Vorstellung von der Allgegenwart der unsichtbaren Wesen zum archaischen Raumerleben gehört, so gehört die Vorstellung von der Ewigkeit dieser Wesen und von der ewigen Präsenz dessen, was sie tun, zum archaischen Zeiterleben. Dies drückte sich – da ja Sprechen und Denken beziehungsweise Erleben zusammenhängen – auch in der Sprache aus. Die Linguisten stießen erst vor kurzem auf die bisher kaum beachtete Tatsache, dass bei archaischen Sprachen die Tempora schwach ausgebildet sind. Mac Cone wies z. B. darauf hin, dass es in der Grammatik des Dakota keine Vergangenheitsform gibt[75] und B. L. Whorf schreibt über das Hopi: „Nach langer und sorgfältiger Analyse ist man zu der Feststellung gekommen, dass die Hopi-Sprache keine Wörter, grammatische Formen, Konstruktionen oder Ausdrücke enthält, die sich direkt auf das beziehen, was wir Zeit nennen. Sie beziehen sich auch weder auf Vergangenheit, Gegenwart oder Zukunft, noch auf Dauer oder Bleibe [...] Kurz – die Hopi-Sprache enthält weder ausdrücklich noch unausdrücklich eine Bezugnahme auf Zeit."[76]

Das eben Gesagte will natürlich nicht heißen, ein archaischer Mensch habe kein Gefühl für Zeitintervalle gehabt. Die archaischen

Sprachen besaßen genügend Mittel, das „Vorher" und „Nachher" sowie die bekannten Zeitstrecken auszudrücken. Wir finden hier die gleiche Gespaltenheit zwischen Verhalten im Alltag und „theoretischen" Vorstellungen, wie bei Raum und Kausalität. Ebenso wie der archaische Mensch trotz seiner andersartigen Apperzeption sich im Raume bewegte wie wir und sich bei seinen alltäglichen Verrichtungen an die Naturgesetze hielt, (Eisengewinnung bei den Pangwa!) sah er auch, dass zwischen gestern und heute ein Zeitintervall liegt, und er wusste auch anzugeben, wann z. B. eine Hungersnot oder ein feindlicher Überfall stattgefunden hatten.

Ausdruck der präsentischen Zeitauffassung ist auch jene Einteilung des Jahres, die wir unter dem Namen Kirchenjahr schon kennen lernten. Wie die auffälligen Orte des Raumes für den archaischen Menschen in erster Linie eine Qualität besaßen, eine Qualität, die bestimmt war durch die Jenseitsvorstellungen, so besaßen auch die auffälligen Zeitpunkte des Jahres – z. B. die Sonnenwenden und die Äquinoktien – religiöse Qualität. Wie an den „heiligen" Orten gewisse jenseitige Wesen besonders nahe „waren", so auch zu den „heiligen" Zeiten. In der Regel hatte jeder heilige Ort „seine" heilige Zeit, d. h. die überirdischen Wesen „waren" zu gewissen Zeiten an gewissen Orten den Menschen besonders nahe.

So war es denn wie erwähnt nicht das Interesse am So-Sein des Kosmos, sondern das Bemühen, die „richtige" Zeit für die religiösen Feste zu bestimmen, das bei archaischen Völkern die Entwicklung der Himmelskunde förderte. Die Bestimmung und Bewahrung des „heiligen" Kalenders war eine sakrale Angelegenheit und lag nicht nur bei den Maya, sondern auch bei den übrigen Hochkulturen Amerikas, sowie bei denen von Mesopotamien und China in den Händen der Priesterschaft.

Weil die mythischen Ereignisse Jahr für Jahr in gleichbleibender Reihenfolge im Ritus begangen wurden, hatte die Zeit für den archaischen Menschen wie erwähnt nicht nur einen präsentischen sondern auch einen eigenartig kreisenden Charakter. Natürlich schritt sie auch für ihn irgendwie fort, aber in erster Linie kreiste sie mit dem scheinbaren Kreislauf der Sternbilder, und jeder Umlauf bot Gelegenheit, in immer gleichbleibendem Rhythmus die ewig präsenten mythischen Ereignisse rituell zu begehen.

2. Bewusstseinsevolution während der archaischen Phase

Der Übergang vom unbewussten zum bewussten Lebewesen

Die Entstehung des Bewusstseins war ein ebenso großer Schritt in der Evolution der raum-zeitlichen Systeme, wie es einst die Entstehung des Lebens gewesen war. Wie gesagt brauchte es von dem Moment an, da die ersten Lebewesen entstanden waren, mehr als drei Milliarden Jahre, bis das unbewusste System jene Komplexität erreicht hatte, die nötig war, dass aus ihm das Bewusstsein hervorgehen konnte.

Nun dürfen wir uns den Übergang vom unbewussten zum bewussten Lebewesen nicht zu unvermittelt vorstellen. Verhaltensforscher weisen mit Nachdruck darauf hin, dass bei höheren Säugern schon so etwas wie *Vorstufen* der Bewusstheit erkennbar sind. Sie schließen darauf aus der Beobachtung, dass mit höheren Säugern schon eine gewisse Ich-Du-Beziehung möglich ist, ebenso aus dem Nachweis, dass Säugetiere träumen. Obwohl es sich bei letzterem um etwas viel Einfacheres handeln muss als bei jenem hochdifferenzierten Träumen, durch das später, nach dem Durchbruch zur Bewusstheit, das Ich korrigiert und gelenkt wird, darf aus der Tatsache des Träumens wohl geschlossen werden, dass auch die unbewussten Säuger ihre Innerlichkeit schon irgendwie wahrnehmen.

Die Beobachtung dieser Vorstufen von Bewusstheit deckt sich mit der Erkenntnis der deskriptiven Evolutionsforschung, dass jeder biologischen Makro-Mutation – z. B. der von den Amphibien zu den Reptilien und von den Reptilien zu den Vögeln und Säugern – eine Periode vorausging, während welcher mehrere divergierende Entwicklungslinien einer Stammgruppe auf das zu erreichende Neue hin vorstießen. Teilhard de Chardin bezeichnete – in einem Abschnitt seines Werkes, in dem er nicht als Theologe, sondern als Paläontologe dachte, dieses Phänomen treffend als Tasten. So können wir denn in den erwähnten Fakten ein Tasten auf Bewusstheit hin sehen.

Am ausgeprägtesten war dieses Tasten auf Bewusstheit hin, wie zu erwarten ist, bei jener Säuger-Gruppe, innerhalb welcher schließlich der Durchbruch zur Bewusstheit stattfand: innerhalb der Primaten. Bei ihnen machte sich seit dem Oligozän eine evolutionäre Unruhe bemerkbar. Diese führte vorerst – vor zirka 35 Millionen Jahren – zur Aufspaltung in die Oreopithecoidea und in die Hominoidea. Die Hominoiden differenzierten sich dann im Verlauf von weiteren zirka 22 Millionen Jahren in mindestens neun verschiedene Äste. Aus einem derselben – aus den vor zirka 13 Millionen Jahren sich herausbildenden Hominiden – ging dann schließlich, nach zahlreichen weiteren blind endenden Tastversuchen, Homo sapiens hervor.[1]

Erste Zeichen von Bewusstheit

Bemerkenswert ist nun, dass bei einer Linie der den Hominiden nahe verwandten Pongiden – bei den Schimpansen – nicht nur Vorstufen von Bewusstheit, sondern sogar Funken echter Bewusstheit nachgewiesen werden konnten. Als man nämlich Schimpansen in Narkose einen Farbfleck an der Stirn anbrachte und sie nach dem Erwachen vor einen Spiegel treten ließ, griffen sie nicht wie niedrigere Augentiere nach dem „Artgenossen im Spiegel", um den Fremdkörper zu entfernen, sondern nach sich selbst. Es schien ihnen die Einsicht aufzudämmern: „der dort (im Spiegel) bin ich." Und eben diese Einsicht ist das Kennzeichen der Bewusstheit.[2]

Dieser Versuch ist nicht nur deshalb wichtig, weil er das zeitweise Aufleuchten von Bewusstheitsfunken bei heutigen normalerweise unbewussten Lebewesen nachweist. Im Zusammenhang mit unserem Thema liegt seine Bedeutung vor allem darin, dass wir daraus entnehmen können, wie wir uns in etwa die frühesten Stadien menschlicher Bewusstheit vorzustellen haben: jenes Stadium fast völliger Partizipation, das in den erwähnten Mythen von der Kreisschlange, von den in Kohabitation aufeinander liegenden Ureltern und vom Urmeer veranschaulicht wird.

Erhellend in diesem Zusammenhang ist die Beobachtung, wie bei der Ontogenese Bewusstsein entsteht. Der Mensch kommt ja als unbewusstes Lebewesen zur Welt. Jean Piaget hat nun in zahllosen Experimenten nachgewiesen. wie aus diesem unbewussten Zustand Schritt für Schritt das Bewusstsein sich entwickelt. Piaget spricht zwar nicht von Bewusstsein. Da er die Existenz des Unbewussten außer acht lässt, benötigt er diesen Ausdruck nicht. Aber er zeigt, dass am Anfang der Entwicklung keine Subjekt-Objekt-Beziehung (keine Unterscheidungsfähigkeit zwischen Ich und Nicht-Ich) besteht, und dass diese dann, über verschiedene typische Stadien hinweg, immer deutlicher hervortritt.

Bei dieser Gelegenheit sei bemerkt, dass durch die Arbeiten von Piaget die Erkenntniskritik (Epistemiologie), die lange Zeit noch das letzte Reservat der Schulphilosophie gewesen war, endgültig der philosophischen Spekulation entzogen und auf den Boden der Empirie gestellt worden ist.

Langdauernde Anfangsphase

Als der Mensch nach Millionen von Jahren in jene Epoche eintrat, die wir als Vorgeschichte bezeichnen, war aus den sporadisch aufflackernden Ich-Funken schon ein festgefügtes und beständiges Ich-System herangewachsen. Ein solches müssen wir nämlich – auf Grund der Spuren, die sie hinterlassen haben –, schon für die zur Neandertalerrasse gehörenden Bärenjäger der letzten Zwischeneiszeit (vor 180-120 Tausend Jahren) annehmen.[3] Und von dort bis zu den ältesten Ethnien, die wir in lebendigem Zustand beobachten und befragen konnten, hat gewiss noch einmal eine beträchtliche Höherentwicklung des Bewusstseins stattgefunden. Darauf können wir z. B. aus der Tatsache schließen, dass diese wie gesagt schon hoch-differenzierte Sprachsysteme besitzen.

So müssten wir denn eigentlich die Ausdrücke primitiv, beziehungsweise früharchaisch in Anführungszeichen setzen, denn wir benennen damit relativ späte Stadien der Gesamtentwicklung des Bewusstseins. Anderseits hat aber seit der Erfindung des Ackerbaus und der Viehzucht eine Akzeleration der Entwicklung eingesetzt, und *diese* fassen wir ins Auge, wenn wir von der Bewusstseinsevolution während der archaischen Phase sprechen. Innerhalb dieses Entwicklungsabschnitts haben dann die Ausdrücke früh- und spätarchaisch – wenn cum grano salis verstanden – wiederum ihre Berechtigung.

An dieser Stelle sei noch darauf hingewiesen, dass wir uns für die Eruierung verschiedener Entwicklungszustände des archaischen Welterlebens das sogenannte horizontale historische Gefälle zunutze machen können. Für die europäische Geschichte hat der Historiker Albert Mirgeler darauf hingewiesen, dass jene Staaten, die später zur abendländischen Gemeinschaft hinzukamen, in ihrer Entwicklung ein bis mehrere Jahrhunderte hinter dem Entwicklungszustand der Kernlande (Frankreich und Rheinland) nachhinkten. Analoges gilt – ebenfalls cum grano salis verstanden – für die globale Verteilung der Ethnien. Je weiter weg ein Volk von den Kerngebieten der Bewusstseinsevolution – von den Kulturzentren in Mesoamerika, im vorderen Orient, in Europa und Ostasien – liegt oder lag, desto urtümlicher war die Entwicklungsstufe, auf der es sich befand.

Verschiedene Aspekte der Höherentwicklung

Wir haben Bewusstheit definiert als die Fähigkeit des Ich, sich vom Nicht-Ich zu unterscheiden. Wir haben gesehen, dass dadurch die Einsicht in die Verschiedenheit von Subjekt und Objekt zustande kam. Wir haben auch festgehalten, dass der Grad dieses Unterscheidungsvermögens das Kriterium ist, mittels dessen wir die Evolutionshöhe einer Bewusstseinsform bestimmen können.

Nun kann die Unterscheidung zwischen Ich und Nicht-Ich unter verschiedenen Aspekten ins Auge gefasst werden. So können wir z. B. den Blick mehr auf das Subjekt richten und auf dessen Fähigkeit zur Reflexion achten, wobei Reflexion nicht im Sinne von „nachdenken" zu verstehen ist, sondern im Sinne des grammatikalisch reflexiven Sich-seiner-selbst-bewusst-Werdens. Das erste Aufflackern dieses Vermögens sehen wir bei den Versuchen mit Schimpansen, denen man eine Marke an den Pelz heftete. Diese Entwicklungslinie führte zu dem ausgeprägten Individualitätsgefühl des heutigen Menschen: zur Einsicht in die Einzigartigkeit jedes Individuums.

Wir können unseren Blick aber auch mehr auf die objektive, nicht zum Ich gehörende Wirklichkeit richten und die Entwicklung verfolgen, die das Ich nahm, um diese immer klarer und differenzierter zu erfassen. Dieser Aspekt ist für das Verständnis der Bewusstseinsmutation ergiebiger, und wir wollen deshalb im Folgenden die Bewusstseinsentwicklung nur unter diesem Gesichtspunkt betrachten.

Diastole und Systole

Blicken wir von der heutigen Ebene der Bewusstheit auf die früheren Stadien zurück, erscheint uns die bisherige Höherentwicklung unter dem letztgenannten Aspekt wie eine Aufeinanderfolge von Diastole und Systole. Bei der Diastole entstand vorerst aus einem wenig differenzierten unistischen Weltverständnis im Verlauf von mehreren Jahrtausenden ein dualistisches, bei dem schließlich zwischen einem materiellen Diesseits und einem rein geistigen Jenseits unterschieden wurde. Bei der darauf folgenden Systole vollzog sich – beziehungsweise vollzieht sich vor unseren Augen – wiederum ein Umschlag dieses dualistischen Weltbildes in ein unistisches, allerdings in ein unistisches höherer Ordnung, in dem man nicht mehr von Materie und Geist sondern von einem materiellen und einem geistigen *Aspekt* der an sich einheitlichen Wirklichkeit spricht.

Diese einheitliche Schau wurde möglich durch die Entdeckung des Unbewussten sowie jenes inneren Informationsstromes, der vom unbewussten Führungszentrum zum Ich fließt. Sie gehört somit schon zum Vollzug der Bewusstseinsmutation. In dem dualistischen Weltbild, das uns die archaische Phase hinterließ, und das während der positivistischen Phase wohl modifiziert, im Wesentlichen jedoch beibehalten wurde, verstand man Materie und Geist als gesonderte Wesenheiten, die wohl vorübergehend miteinander in Verbindung treten – z. B. als Körper und Seele –, die sich aber auch wieder trennen und je für sich existieren konnten. Der Dualismus von Materie und Geist war das Ergebnis einer langen Entwicklung. In seinem sukzessiven Heranwachsen bestand die Bewusstseinsevolution während der archaischen Phase, sofern wir sie unter dem erwähnten Aspekt betrachten.

Auseinanderrücken von Diesseits und Jenseits (Diastole)

Ausgangspunkt: unistisches Weltbild

Ausgangspunkt der archaischen Evolutionsphase war wie gesagt ein wenig differenziertes unistisches Weltbild, in dem noch kaum zwischen materiellem und geistigem Sein unterschieden wurde. Wir können jenes Weltbild in reinem Zustand nicht mehr fassen, denn wie gesagt hatten die ältesten Ethnien, die wir kennen, schon eine lange Entwicklung hinter sich. Wenn wir jedoch vom Endergebnis der archaischen Phase ausgehen vom zweistöckigen Weltbild des Mittelalters mit seiner klaren Trennung von Natur und Übernatur beziehungsweise von materieller und geistiger Welt – und wenn wir dann die Entwicklung rückwärts verfolgen, sehen wir, dass diese Trennung immer undeutlicher wird.

Erstens rücken Diesseits und Jenseits immer näher zusammen. So hörten wir z. B. von den prähistorischen Germanen, dass Utgard während der Nacht bis ans Gehöft heranreichte, und wir sahen ferner, dass für den Sioux noch jedes sichtbare Ding in seiner „jenseitigen" Dimension erlebt werden konnte. Bei den Chortis sehen wir es daran, dass diese bei ihren Frühjahrsriten noch eine Schlucht am Rande ihres Gemeindegebietes aufsuchen und glauben, sich am Eingang zur Unterwelt – zum Reich der Camé – zu befinden.[4]

Zweitens aber – und das ist für unsere Untersuchung wichtiger – war für den früharchaischen Menschen der *qualitative* Unterschied zwischen Diesseits und Jenseits weniger groß als für den Menschen des Mittelalters. Beide Bereiche hatten für ihn sozusagen die gleiche Konsistenz. Dies können wir z. B. an Hand seiner Begräbnissitten erkennen.

Körperlichkeit der weiterlebenden Toten

Während nämlich auf „animistischer" Stufe Teilbestattung und Verbrennung aufkamen, war auf der dieser vorausgehenden sogenannten „Urkulturstufe“ (Wilh. Schmidt) die Ganzbestattung üblich. Teilbestattung beruht auf der Vorstellung, ein bestimmter Körperteil sei Sitz der Seele, und Verbrennung wurde geübt, um die Seele vom beschwerlichen Leibe zu trennen. Bei der Ganzbestattung der „Urkulturstufe“ wurde – im Unterschied zur *späteren* Ganzbestattung, z. B. im christlichen Bereich – dem „Hinübergegangenen“ der Leib, da er ihn weiterhin nötig hatte, intakt gelassen, und es wurden ihm zudem brauchbare Waffen, Hausgerät und Schmuckstücke ins Grab mitgegeben. Da man sich vorstellte, er lebe „drüben“ in voller Körperlichkeit weiter, sollte er dort diese Dinge bei sich haben und über sie verfügen können. Diese frühe Erlebensschicht treffen wir auch bei den schon erwähnten Pangwa am Njassa-See an. Hans Stirnimann stellte fest, dass diese annehmen, ihre Vorfahren lebten unmittelbar unter den Äckern – gleichsam im Kellergeschoss – in voller Körperlichkeit weiter.[5]

Körperlichkeit der autochthon metaphysischen Wesen
Nicht nur die weiterlebenden Toten, auch die autochthon metaphysischen Wesen stellte man sich auf niedriger Bewusstheitsstufe derb körperlich vor. Dies ergab sich aus der Erforschung der bis vor kurzem noch auf der niedrigsten Zivilisationsstufe lebenden Ethnien: der Australier, Andamanesen, Feuerländer, Buschmänner usw. So schilderten Australier z. B. dem Ethnologen Howitt ihren Hochgott als riesenhaften Mann (männliches Geschlecht des höchsten Wesens), der über den Wolken wohne, gütig sei und niemandem etwas zu Leide tue. Aber auch bei Ackerbauern finden wir oft noch die Vorstellung, das höchste Wesen sei körperhaft. So schreibt z. B. der Missionar und Ethnologe J. Spieth über die Ewe in Togo (Afrika): „Die *Gestalt* Gottes (des Hochgottes Mawu. Ob.) ist wie die Gestalt der Menschen. Er liebt nur weiße Farbe: Weiß ist die Speise, die er isst, weiß das Kleid, das er anzieht, und weiß der Stoff, den er um den Kopf bindet.“[5a] Der Ethnologe Wilhelm Schmidt, der sich vor allem um die Gottesvorstellungen der Primitiven interessierte, schreibt nun, Feuerländer, Australier usw. hätten das höchste Wesen *gar nicht als Geist betrachtet,* sie hätten seine Geistnatur nicht geleugnet, aber auch nicht bejaht: sie hätten eben die metaphysische Frage noch gar nicht gestellt. Gott sei für sie einfach ein Wesen, ein wirkliches Wesen, das aussehe wie ein Mensch, und das man nur deshalb normalerweise nicht sehen könne, weil es „weit weg“ im Himmel wohne.[6]

Wenn Schmidt sagt, diese Menschen hätten „die metaphysische Frage noch nicht gestellt“, können wir dem hinzufügen, dass sie sich diese Frage noch gar nicht stellen *konnten,* weil ihr Bewusstsein die Reife, die zu dieser Unterscheidung nötig gewesen wäre, noch gar nicht erlangt hatte.

Direktes Hin- und Herpendeln zwischen Diesseits und Jenseits

Für die derb körperliche Auffassung des Jenseits und der Jenseitigen spricht auch die früharchaische Auffassung, Menschen, Tiere und Gegenstände könnten unvermittelt verschwinden und ebenso unvermittelt wieder auftauchen. „Heiterhellen Tages" schreibt Renner über das Erleben der Älpler „kann irgendwo auf der breiten Heerstraße ein ganzes Sennten Vieh vor den Treibern verschwinden. Sie wundern sich kaum darüber, – tun nicht dergleichen,... und siehe: bei der nächsten Wegbiegung sind die Tiere auf einmal wieder da!... Blühende Alpen werden über Nacht zu Gletschern; Hütten, sogar Dörfer versinken, und wenn du dich fragst und dich in deinem Erstaunen zu laut frugst, wo alle Herrlichkeit hinkam, wird dir einer aus der Tiefe Antwort geben. Dort weilen ihrer viele und wirken irgendwie weiter."[7]

Der gleichen Erlebensschicht gehört die erwähnte Geschichte von Hrolf Kraki an, der zu dem Ort zurückritt, an dem er übernachtet hatte und weder Odin noch dessen Haus mehr fand.

Ebenso wie ein sicht- und tastbares Ding urplötzlich ins Jenseits verschwinden und dort – in nächster Nähe – körperlich weiter bestehen konnte, so konnte für dieses Erleben auch ein Wesen ebenso unvermittelt aus dem Jenseits auftauchen, ohne dass dieses Auftauchen besonderes Erstaunen hervorgerufen hätte. Diese Tatsache wirft ein neues Licht auf einige jener Erzählungen, die wir oben als Beispiele für Inkarnation aufzählten: so konnte Odin, der sonst in Asgard lebte, plötzlich auf einem Felskap stehen und Sigurd um Aufnahme ins Schiff bitten, oder der gleiche Odin konnte als Wandersmann auf dem Hof Oegwaldsness einkehren und dem König Olaf Tryggwissohn, der dort zu Gast weilte, bis spät in die Nacht Geschichten aus längst vergangener Zeit erzählen und dann spurlos verschwinden.[8] Ebenso unvermittelt konnte „Gott", der sonst im Himmel weilte, zusammen mit zwei Begleitern bei Abraham einkehren, als dieser bei den Terebinthen Mambres am Eingang seines Zeltes saß. Der biblische Text erweckt nicht den Eindruck, Abraham sei darüber sonderlich erstaunt gewesen.

Jetzt können wir erkennen, dass diese Berichte noch keine echten Inkarnationsvorgänge schildern: dass es sich dabei nicht um die Fleischwerdung respektive Materialisierung von Wesen handelt, die „drüben" in rein geistigem Zustande leben, sondern um ein blasses „Herüber-“ und „Hinüber-“wechseln ohne Veränderung der Körperlichkeit.

Physischer und metaphysischer Zweig der Bewusstseinsevolution

Es gilt jetzt den Weg zu betrachten, der von diesem unistischen Welterleben zu jenem ausgesprochen dualistischen Weltverständnis der spätarchaischen Phase mit extremer Polarität zwischen einem körperlichphysischen Diesseits und einem geistig-metaphysischen Jenseits führt: einem Weltbild, in dem z. B. die Inkarnation eines göttlichen Wesens als etwas Außerordentliches erscheinen musste, auch wenn sie, auf Grund der archaischen Apperzeption, ohne weiteres für möglich galt.

Ausgangspunkt: ein mittlerer Zustand der Körperlichkeit

Es ist nun nicht so, dass das Ich von einer stabilen Körperlichkeit ausging, und dann langsam *neben* dieser die Vorstellung des Geistigen entwickelte, indem es sich „die metaphysische Frage stellte“. Der Ausgangspunkt war vielmehr, wie wir sahen, ein mittlerer Zustand, wobei man sich einerseits die jenseitigen Wesen nahezu körperlich vorstellte, andererseits aber überzeugt war, dass die den Sinnen sich darbietende Festigkeit und Beständigkeit der Dinge trügerisch sei.

Von diesem mittleren Zustand ging dann die Entwicklung des Weltbildes in zwei Richtungen vor sich: einerseits wurden die sichtbaren Dinge immer mehr im Sinne unseres heutigen naturwissenschaftlichen Verständnisses fest, anderseits wurde die unsichtbare Welt immer mehr zu Geist. Wir können die beiden Richtungen, in denen die Entwicklung sich während der archaischen Phase vollzog, als physischen und metaphysischen Zweig der Bewusstseinsevolution bezeichnen.

Physischer Zweig der Bewusstseinsentwicklung

Die Bewusstseinsevolution auf der physischen Linie kann skizziert werden durch die Stichworte: Handhabung des Feuers, Erlernen von Viehzucht und Ackerbau, von Töpferei, Weberei und Metallgewinnung; Erfindung des Schiffes und des Rades, sowie der indirekten Techniken: der Schraube, des Flaschenzugs, der Vermessung usw. Zur physischen Entwicklungslinie gehört auch das allmähliche Erwachen eines historischen Bewusstseins.

Bei diesem Prozess wurde die sichtbare Welt immer klarer erfasst, und man bekam die Gesetze des Naturgeschehens – wenn auch nicht theoretisch, so doch praktisch – immer mehr in den Griff. Die mythische Vorstellung vom sichtbaren Kosmos wurde dabei mehr und mehr zurückgedrängt und durch eine auf verarbeiteter Sinneswahrnehmung beruhende Kenntnis ersetzt.

Dadurch breitete sich *neben* der archaischen Auffassung von Raum und Zeit immer mehr auch eine der heutigen ähnliche aus. In dem Maße, wie diese an Umfang zunahm, ging der Gültigkeitsbereich des archaischen Raum- und Zeiterlebens – wenigstens innerhalb des „Diesseits" und im profanen Alltag – zurück. Die Grenze zwischen beiden Auffassungen war jedoch nicht fest. In Zeiten der Not und des Unglücks sowie in Zeiten religiöser Begeisterung konnte auch bei hochentwickeltem Bewusstsein die archaische Apperzeption wieder unvermittelt überhandnehmen.

Überhaupt erreichte die Evolution auf der physischen Linie in archaischer Zeit recht bald ihren Plafond. Es war wohl vor allem das zum archaischen Schema gehörende Mächte-Denken, das diese Entwicklung blockierte.

Metaphysischer Zweig der Bewusstseinsentwicklung

Die weitaus größere Entwicklungsleistung vollbrachte der archaische Mensch auf dem metaphysischen Zweig: bei der Auseinandersetzung mit den nach außen projizierten Bildern des inneren Wahrnehmungsstromes. Im Ringen um das Verständnis dessen, was man für jenseitige Welt und jenseitige Wesen hielt, differenzierten sich die ordnenden Funktionen des Bewusstseins: das Denken und das Bewerten. Bei diesem Bemühen wurden wichtige Unterscheidungen gewonnen und die sprachlichen Ausdrucksmittel für diese Unterscheidungen erarbeitet. Dabei stieg die Bewusstheit in aller Stille Stufe um Stufe empor. Im Verlauf dieses Prozesses entwickelte der Mensch auch ein neues Selbstverständnis: er erlebte sich immer mehr im dualistischen Sinne als ein Wesen, das aus Körper und Seele besteht.

Entfaltung des archaischen Geistbegriffs durch Entmaterialisierung des „Jenseits"

Der Ertrag der Bewusstseinsevolution auf dem metaphysischen Zweig – der evolutionäre Gewinn der archaischen Phase – war ein differenzierter Geistbegriff, dem gegenüber der Begriff von der Materie geradezu rudimentär blieb. Interessant ist nun die Art und Weise, wie der archaische Geistbegriff gewonnen wurde. Er entstand nämlich dadurch, dass man die Vorstellung von der jenseitigen Welt mehr und mehr entmaterialisierte. Wir werden später sehen, dass dieses Vorgehen seine Beschränktheit in sich trug, dass gegen Ende des Mittelalters die Entwicklung des Geistbegriffs sich asymptotisch einem Grenzwert näherte – dem Begriff des „reingeistigen Wesens" – und dass diese Grenze nicht überschritten werden konnte, so lange man am archaischen Aperzeptionsschema festhielt.

Es wird sich dann auch zeigen, dass es für die Überwindung der archaischen Apperzeption vorerst nötig war, den zurückgebliebenen Begriff der Materie nachzuentwickeln: eine Leistung, die während des ersten Schrittes der Mutation, d. h. während der positivistischen Übergangsphase erbracht wurde. Durch die Nachentwicklung des Begriffs der Materie. die Hand in Hand ging mit der Entmythologisierung von Natur und Geschichte, wurde dann jener schon erwähnte archimedische Punkt geschaffen, von dem aus zu Beginn unseres Jahrhunderts die metaphysische Welt „hereingeklappt" und der Dualismus von Materie und Geist überwunden werden konnte (Systole).

Weil der Entwicklung auf dem physischen Zweig während der archaischen Phase – im Hinblick auf die Bewusstseinsmutation – so geringe Bedeutung zukam, gilt unser Interesse für den Rest der Untersuchung über das archaische Weltbild ganz der Evolution auf dem metaphysischen Zweig. Wir wollen nun der Reihe nach betrachten, wie die Vorstellung von der jenseitigen Welt, von der Seele und von den jenseitigen Wesen entmaterialisiert wurde. Dabei kann es sich natürlich nur um eine in ganz groben Umrissen gezeichnete Skizze dieses langwierigen Vorganges handeln.

Bewusstseins-Spitze einer Population als Indikator

Als Indikator für die Entwicklungshöhe einer Population gilt nur deren Bewusstseins-Spitze. Die breite Masse befindet sich in der Regel auf niedrigerem Niveau. Der Wiradjuri-Zauberer und der Sioux-Schamane gehörten ebenso wie der griechische Philosoph und der mittelalterliche Theologe unter ihrem Volk jeweils zur geistigen Elite. In ihnen verkörperte sich die Spitze der bis zum jeweiligen Zeitpunkt erreichten Bewusstheit. Allein diese Spitze ist für die Erforschung der Bewusstseinsevolution maßgebend. Für sie galt zu jeder Zeit das, was der Schamane Finger zu Doktor Walker sagte: „Wir Schamanen wissen, wie das ist, aber das Volk weiß es nicht. Das ist verborgen."

Der Tatsache, dass im Querschnitt einer Bevölkerung immer *alle* bis dahin durchschrittenen Stadien der Bewusstheit vertreten sind, ist es z. B. zu verdanken, dass Renner noch in den Dreißigerjahren unseres Jahrhunderts anhand von Äußerungen seiner Patienten die Erlebensweise der „Urkulturstufe" studieren konnte.

Aber auch in der Seele eines Vertreters der Bewusstseinsspitze liegen alle früheren Arten des Erlebens noch bereit und können durch gewisse Umstände – namentlich durch intensive innere Erlebnisse – wieder aktiviert werden. In dieser Hinsicht ist das Ich einer Glühbirne vergleichbar, welcher ein gleitender Widerstand vorgeschaltet ist. Unter bestimmten Umständen kann das sonst noch so hell strahlende Bewusstseinslicht wie die Beleuchtung eines Theaters sich zu einem schwachen Glimmen vermindern. Dann treten jeweils alte, von der Evolution längst überholte Schemata des Denkens in Aktion.

Bewusstseins-Evolution auf dem metaphysischen Zweig

Vergeistigung der Jenseits-Vorstellung

Die *jenseitige Welt* stellten sich die Australier noch als ein Land mit saftigen Wiesen, mit einem wasserreichen Fluss und vielen Tieren vor. Dieses Land Bajames unterschied sich von der kargen australischen Landschaft nur durch seine Üppigkeit, nicht aber durch seine Konsistenz.

Über die Jenseitsvorstellung der Ngadju Dajak in Süd-Borneo berichtet H. Schärer auf Grund eigener Feldforschung: „Mahatala (ihr Hochgott, Ob) wohnt auf dem Urberg in der Oberwelt, die sich über der von den Menschen bewohnten Welt erhebt. Man gelangt, außerhalb des Dorfes in sie aufsteigend, durch 42 Wolkenlagen, die ihre eigenen Namen besitzen, zu ihrem Eingang, der von einem breiten Fluss gebildet wird. Die Oberwelt ist das getreue Abbild dieser Welt, nur ist dort alles reicher und schöner. An den vielen Flüssen und Seen wohnen die Sangiang, die Nachkommen der zwei von den drei Brüdern des ersten Menschenpaares.“[9]

Ein Konsistenzunterschied bestand hingegen zwischen Midgard und Utgard der Germanen. Midgard schien vor allem deshalb geheuer zu sein, weil die Dinge darin fest und zuverlässig waren. Das Ungeheure an Utgard bestand gerade darin, dass man sich dort auf nichts verlassen konnte: „Nichts sei, was es zu sein scheine. Alles sei Blendwerk und Sinnestäuschung. Dinge, die tot scheinen, werden durch Berührung lebendig.... Der Ast wird zu einer Schlange, wenn man ihn ergreift, und wie eine Schlange tötet er durch seinen Biss.... Die Ströme, die der Wanderer durchqueren muss, seien anderer Art als die Gewässer in Midgard; denn wenn er in sie hineingehe, schwellen sie um ihn und seien wie lebendige, hasserfüllte Wesen.“[10]

Noch weniger körperhaft war das Jenseits bei den Sioux. Vom Oglala-Häuptling Tolles Pferd hören wir: „Er war (während eines Gesichts) auf seinem Pferd in jener Welt, und das Pferd und er auf ihm und die Bäume und das Gras und die Steine und alle Dinge *waren aus Geist gemacht.* und nichts war hart, und alles schien zu fließen."[11]

Anderseits sehen wir aus dem Lebensbericht von Schwarzer Hirsch, dem diese Geschichte entnommen ist, wie körperhaft und fest den späten Sioux *die* Welt erschien, in der sie ihren Alltag verbrachten.

Des Unterschieds zwischen „Diesseits" und „Jenseits" wurde man sich aber nicht nur in dem Sinne mehr und mehr bewusst, dass man „diese" Welt materieller und fester auffasste als die „andere". Die Andersartigkeit des „Jenseits" drängte sich dem Bewusstsein auch dadurch auf, dass man es sich strahlender vorstellte als das „Diesseits": mit intensiverem Licht, intensiveren Farben und intensiveren Geruchs- und Geschmacks-Eindrücken. Wenn Schwarzer Hirsch von seiner eigenen Vision sprach, betonte er vor allem die Intensität der dort empfangenen „Sinnes"-Wahrnehmungen. Er sagte mehrmals, „diese" Welt erscheine ihm im Vergleich zu dem, was er „dort drüben" gesehen habe, blass wie ein Schatten

Diesem sensualistischen Typus von Jenseits-Auffassung begegnen wir auch im Christentum. Die frühchristliche Literatur kennt neben dem „eigentlichen" Himmel noch eine himmlische Stadt (das himmlische Jerusalem) und einen himmlischen Garten (das himmlische Paradies). In der „Offenbarung des Petrus" – einer apokryphen Apokalypse etwa aus der 1. Hälfte des zweiten Jahrhunderts – wird der himmlische Paradiesgarten wie folgt beschrieben: „Und der Herr zeigt mir einen unermesslich großen Raum außerhalb (!) unserer Welt, über und über strahlend im Licht, und die Luft dort von Sonnenstrahlen durchleuchtet und das Land selbst mit unverwelklichen Blüten übersät. erfüllt von Wohlgerüchen und von Pflanzen, die prächtig blühten, die immer grünen und gepriesene Früchte tragen. In solcher Fülle stand die Blüte, dass ihr Duft sogar bis zu uns dort hinübergetragen wurde. Die Bewohner dieses Ortes waren mit dem Gewande der Lichtengel bekleidet, und ihr Gewand war ebenso schön wie ihr Land. Engel mischten sich dort in ihre Scharen. Alle, die dort wohnten, trugen die gleiche Glorie, und mit Einer Stimme lobten sie den Herrn, frohlockend an diesem Ort."[12]

Den sensualistischen Typus der Jenseitsvorstellungen finden wir immer dann, wenn Visionäre ihre „Gesichte" beschreiben. Dort hingegen, wo solche Erlebnisse *reflektiert* werden, – besonders von solchen, welche das Erlebnis nicht selber hatten – tritt die Entmaterialisierung und damit der Geist-Charakter des Jenseits in den Vordergrund. Besonders deutlich sehen wir diesen „geistigen" Typus der Jenseits-Vorstellung am oberen Ende der archaischen Entwicklungs-Skala: bei den mittelalterlichen

Theologen. Für sie war das Jenseits ein nahezu abstrakter Raum ohne beschreibbare Struktur und ohne irgendwelche Dinge: ein Raum, der nur mehr gedacht aber nicht mehr vorgestellt werden konnte. Aber auch diese Abstraktheit war nur eine relative, denn wie erwähnt, setzte das archaische Apperzeptionsschema der Entwicklung der Geist-Vorstellung „durch Entmaterialisierung" eine unübersteigbare Schranke, und es war gerade das Anstoßen der orthogenetischen Tendenz an dieser Schranke, das schließlich die Bewusstseins-Mutation erzwang.

Vergeistigung der Seelen-Vorstellung

Wenden wir uns nun den Vorstellungen von der Seele zu. Spätestens mit dem Aufkommen von „Totemismus" und „Animismus" scheint der Glaube erwacht zu sein, im Körper sei noch eine *zweite* Wesenheit vorhanden: etwas irgendwie Flüchtiges, schwer Fassbares, etwas Wandelbares und Wirksames. Dieses Zweite wollen wir hier mit dem uns geläufigen Ausdruck „Seele" benennen. Dabei müssen wir aber zwei Dinge im Auge behalten:

Anfänglich „hatte" jedes Ding eine Seele

Erstens war für das Erleben der „Primärkultur" Seele kein ausschließlicher Besitz des Menschen. Damals „hatte" *noch jedes Ding* – das belebte wie das unbelebte – eine Seele. Diese Seele stellte man sich immer als etwas Arttypisches vor. Der Berg „hatte" eine andere Seele als die Zeder und der Wolf „hatte" eine andere Seele als der Mensch. Edward Tylor, der Begründer der Animismus-Theorie war der Ansicht, dieser Glaube an die Beseeltheit eines jeden Dinges sei das Charakteristikum jener Kulturen, welche er als animistische bezeichnete. Indessen schrieben auch die sogenannten totemistischen Völker jedem Ding eine Seele zu. In den animistischen Kulturen war lediglich die Vorstellung vom Schicksal der Seele nach dem Tode reicher entwickelt.

Der Primitive „hatte" mehrere Seelen

In den folgenden Betrachtungen wollen wir uns auf die Seele des *Menschen* beschränken. Dabei müssen wir aber zweitens beachten, dass der Primitive überzeugt war, *mehrere* Seelen zu besitzen. So sprachen die Germanen vom Megin, vom Fjör, Hugr, Modr und Aldr eines Mannes, sowie von dessen Hamingja und Fylgia.[13] Unter jedem dieser Worte verstand der Germane so etwas wie einen Seelenteil oder eine Teilseele. Die Teilseelen konnten dem Primitiven einzeln „abhanden kommen" (Seelenverlust), und es wurden zahlreiche Techniken entwickelt, um sie wieder „einzufangen“ (archaische Form der Psychotherapie. Wir würden diese Teilseelen heute als Aspekte, als Funktionen oder Zustände des psychischen Systems bezeichnen. Es ist gut, bei den folgenden Betrachtungen diese Differenziertheit der primitiven Seelenvorstellung im Auge zu behalten, damit wir nicht einer unzulässigen Simplifizierung verfallen.

Weil wir aber die *Evolution* der Seelenvorstellung verfolgen wollen, müssen wir jeweils zu erfassen versuchen, wie die Menschen sich das Seelische *gesamthaft* vorstellten.

Körperlichkeit der Seele bei den Germanen

Als Beispiel für eine niedrige Bewusstseinsstufe wollen wir die Seelenvorstellung der frühen Germanen betrachten. Wilhelm Grönbech schrieb, diese hätten angenommen, im Körper sitze ein kleiner *Wicht*, der ihn belebt und bewegt, lenkt und leitet und ab und zu in Ungeduld über sein schwerfälliges Medium sich nackt in die Welt begibt und die Dinge auf eigene Faust in Ordnung bringt.“[14]

In Hinblick auf unser Problem ist es nun interessant zu hören, dass die frei herumschwärmende Seele für den Germanen *„ihren Körper in sich trägt“* (obwohl sie auch einen Körper zurücklässt!) „Die Fylgia eines Mannes – so wird die Seele in diesem Zustand bei den Isländern genannt – kann sowohl mit ihren Waffen schlagen, als auch mit ihren Armen pressen, dass einem der Atem vergeht.“[15]

Sie kann aber bei diesen Auseinandersetzungen auch verwundet werden, und wenn sie dann wieder in den Körper zurückkehrt, werden auch an diesem die Spuren des Kampfes erkennbar. „Es wird von zwei isländischen Bauern erzählt, dass sie sich eines Nachts zwischen ihren Höfen in Tiergestalt (die Fylgia kann auch jede Gestalt annehmen!) trafen und den Streit des Tages ausfochten; als sie am Morgen erwachten, lagen sie beide mit zerschlagenen Gliedern und sannen über die Begebenheiten der Nacht nach.“[16]

Vom fränkischen König Guntram wurde erzählt, er habe sich einmal auf der Jagd neben einem Bach zum Schlafe niedergelegt. Da habe derjenige, der den Kopf des Königs im Schoße hielt, beobachtet, dass eine kleine Schlange aus des Königs Mund herauskam und am Wasser hin und her kroch, bis er das Schwert über den Bach legte. Da sei sie darüber ans andere Ufer gekrochen und in ein kleines Loch auf der Bergseite hineingeschlüpft und kurz darauf auf dem gleichen Wege zurückgekommen. Als der König erwachte, habe er gesagt, er sei über eine eiserne Brücke über einen Fluss gegangen und in einen Berg hinein, wo er große Schätze von Gold gefunden habe.[17]

„Körperseele“ und „Freiseele“

Wie die Indianer Nordamerikas sich die Seele vorstellten, hat Ake Hultkrantz in einer grundlegenden und umfassenden Arbeit dargelegt. Hier treffen wir die Seele schon in einer geistigeren Gestalt an. Nach Hultkrantz ist bei allen Indianern Nordamerikas ein Seelen-Dualismus nachzuweisen: die große Zahl von Ausdrücken, mit denen dort das Seelische benannt wird, lassen sich entweder dem Begriff „Körperseele“ oder „Freiseele“ zuordnen.[18]

Von der „Körperseele“ nahm man an, sie wohne im Körper, so lange dieser lebt und schwinde mit dem Tode dahin. Sie entspricht in etwa der „Lebenskraft“ unserer vitalistischen Biologen.

Die „Freiseele“ konnte sich vom Körper lösen wie die Fylgia der Germanen, aber sie war doch schon viel geistiger als jene; sie glich eher der „unsterblichen Seele“ der christlichen Theologie. Die Indianer glaubten, die „Freiseele“ schlüpfe in den menschlichen Körper bei dessen Geburt und bewohne ihn während des „irdischen Lebens“. Beim Tode löse sie sich vom Körper und begebe sich ins Jenseits. Doktor Walker erführ bei seiner Ausbildung zum Schamanen, die „Nagi“ (so nannten die Oglala die Freiseele) müsse nach dem Tode vor dem himmlischen Richter Skan erscheinen, und wenn sie dessen Urteilsspruch empfangen habe, fliege sie über die Milchstraße in die Geisterwelt; dort nehme sie fortan jenen Platz ein, der ihr zukomme.[19]

Analoge Vorstellungen von der Seele wies der Ethnologe Hans Fischer bei den Völkern Ozeaniens anhand eines sehr umfangreichen Materials und einer ebenso tiefgehenden Analyse nach.

Weiter-Entwicklung der „Freiseele“

Auch die *Ägypter* glaubten an eine „Freiseele“, die nach dem Tode den Körper verlässt, im Totenland vor ein Gericht treten muss und dann in den Himmel hinauf steigt. Aber sie entwickelten diesen Begriff ein gutes Stück weiter.

Die ägyptische Geistesgeschichte ist für uns in zweierlei Hinsicht interessant. Erstens wurde durch die theologische Spekulation zur Zeit des Alten Reiches eine Reihe von grundlegenden Unterscheidungen erarbeitet, die später ins Weltbild der Griechen, der Juden und auch der Christen eingegangen sind. Zweitens waren die Ägypter ein Schrift-Volk, das eine

Unmenge datierbarer Dokumente hinterließ. Diese Tatsache ermöglicht es uns, den Gang der Entwicklung zu beobachten. So können wir in Ägypten Schritt für Schritt verfolgen, wie die Vorstellungen von der Seele, vom Jenseits und von den Göttern sich vergeistigten.

Der schöpferische Beitrag der Ägypter zur Vorstellung von der Freiseele bestand in der Einführung des Begriffspaares von Ba und Ka. Diese Begriffe sind aufeinander bezogen und bedingen sich gegenseitig.

Unter dem *Ka* verstanden die Ägypter eine Substanz oder Kraft, die den Geschöpfen von Gott verliehen wurde. Anfänglich stellten sie sich den Ka als phallische Zeugungskraft Gottes vor. Später, als die Logoslehre entstand, fassten sie den Ka als schöpferisches und die Geschöpfe befruchtendes „Wort Gottes" auf: als Äußerung des göttlichen Denkens. Dieser Ausfluss des göttlichen Geistes wurde nicht als einmaliges Ereignis betrachtet sondern als fortdauernder Prozess.[20]

Unter dem *Ba* verstanden die Ägypter so etwas wie ein Gefäß, das sich im Geschöpf befand und dazu geschaffen war, den göttlichen Ka aufzunehmen. Der Ba war nicht identisch mit dem Körper und auch nicht an diesen gebunden. Man stellte sich vor, der Ba des Menschen könne nach dem Tode im Totenland (= in den Grabkammern) weiter existieren, dort vor das Totengericht treten und dann in den Himmel hinaufsteigen.[21] Er entsprach somit ungefähr der Freiseele der Indianer und Ozeanier. Aber im Gegensatz zu jener war der Ba allein unvollständig. Er war seinem Wesen nach dazu bestimmt, den göttlichen Ka aufzunehmen. Er hatte nur einen Sinn als potentieller Träger von Ka. Deshalb wurde der Ba-Begriff vom Ägyptologen J. Spiegel als Relationsbegriff bezeichnet.[22] Dadurch, dass der Ba mit göttlichem Ka beladen wurde, wuchsen ihm gleichsam Flügel für den Himmelsflug. Das Begriffspaar von Ba und Ka wurde später bestimmend für die christliche Seelenlehre. Bekanntlich hatten weder Juden noch Griechen eine differenzierte Vorstellung von der Seele entwickelt. Wenn wir bedenken, dass die christliche Theologie ihre erste Blütezeit in Alexandrien erlebte, wird verständlich, wie sie die von den Ägyptern geschaffene Unterscheidung aufnehmen konnte.

Die christliche Theologie fasste die „unsterbliche Seele" als „Gefäß für die göttliche Gnade" auf. Wie der ägyptische Ka, so bedurfte auch die christliche Gnade eines Gefäßes, das sie aufnahm. Anderseits verfehlte die christliche Seele ebenso wie der Ba ihre Bestimmung, wenn sie sich nicht der göttlichen Gnade öffnete: nur wenn sie die „heiligmachende" Gnade empfing, konnte die Seele – nach christlicher Auffassung – in den Himmel gelangen.

Schon die Ägypter waren der Meinung, der Mensch müsse durch sittliches Verhalten das Seine dazu beitragen, damit sein Ba mit Ka angefüllt werde; anderseits waren sie auch überzeugt, dass es doch schließlich Gott anheimgestellt sei, ob und wie reich er den Menschen mit Ka beschenken wolle. Auch diese Überlegung über die *wechselseitige* Beziehung von Gott und Mensch ging in die christliche Gnadenlehre ein, wurde verfeinert und führte zu dem Begriffspaar von „geschaffener" und „ungeschaffener" Gnade. Durch den Terminus „geschaffene Gnade" (gratia creata) wurde die Einsicht ausgedrückt, dass schon das Sichaufraffen des Menschen zu sittlichem Tun eines Gnadenaktes bedarf".

Der Vorstellung einer Freiseele, die nach dem Tode des Körpers als selbstständiges Wesen ins Jenseits entschwebt, wurde die Grundlage entzogen, als mit der Bewusstseinsmutation die metaphysische Wirklichkeit „in den Menschen hineingeklappt" wurde. Die reifste Frucht hingegen, die beim Vergeistigungsprozess der Seelenvorstellung entstand – der Gnadenbegriff –, überstand die Bewusstseinsmutation.

Lassen wir es bei diesen wenigen Beispielen und Hinweisen bewenden. Es geht ja nicht darum, die vielen einzelnen Schritte der Bewusstseinsevolution während der archaischen Phase zu beschreiben. Wir wollen wie gesagt nur den *Trend* der Entwicklung zu erfassen versuchen, damit wir verstehen können, weshalb es zur Mutation des Bewusstseins – genauer gesagt zur Veränderung der Apperzeption des innerlich Wahrgenommenen – kam.

Vergeistigung der Gottesvorstellung

Die Vergeistigung der Gottesvorstellung wird uns etwas länger beschäftigen, denn anhand dieses Prozesses können wir am deutlichsten erkennen, welchen Beitrag der archaische Mensch an die Evolution des Bewusstseins geleistet hat. Aber auch bei diesem Abschnitt handelt es sich nur um eine Skizze, und zudem beschränken wir uns auf die Entwicklung rund ums Mittelmeer seit Beginn der Hochkulturen.

Wir haben gesehen, dass nach Meinung urtümlicher Ethnien die göttlichen Wesen ebenso – oder doch nahezu so – körperlich waren wie der Mensch, und dass auch für die heidnischen Germanen gegen Ende des 1. Jahrtausends n. Chr. Odin noch ein beträchtliches Maß an Körperlichkeit besaß.

Eine vergeistigtere Form der Gottesvorstellung fanden wir vielleicht bei den Sioux. Nach den Aussagen von Black Elk z. B. war Wakan-Tanka eine Person, die „aus Geist besteht", wobei natürlich, wie bei allen Aussagen urtümlicher Menschen, schwer zu sagen ist, wie stofflich er sich diese Geist-Person noch vorstellte.

Vom Totem-Wesen zum transzendenten Gott

Eine teilweise vergeistigte Gottesvorstellung dieser Art war m. E. in Oberägypten zur Zeit der Reichsgründung noch lebendig. Die Standarten, die bis in die späteste Zeit bei feierlichen Anlässen den Pharao umgaben – es waren auf Stangen aufgesteckte Figuren von Geiern, Schlangen, Seth-Tieren, Krokodilen usw. sowie von Pflanzen – diese Standarten waren wahrscheinlich Überbleibsel aus totemistischer Zeit.

Sie hatten wohl ursprünglich eine ähnliche Funktion wie die Waschoigathe bei den Sioux. Horus, der falkenartige Hochgott Oberägyptens, dessen ausgebreitete Flügel der Himmel, und dessen Augen Sonne und Mond „waren“, scheint so etwas wie Wakan Tanka der Sioux gewesen zu sein. Er war aber nicht so friedlich wie jener. Er war ein Kampfgott, der im Krieg stand gegen Seth, den Gott der Wüste, d. h. des Chaos.[23] Einen andersartigen Gott hatten die Agrarvölker des Deltas. Diese verehrten in prädynastischer Zeit einen alljährlich sterbenden und wiederauferstehenden Gott, den sie „den Großen“ nannten. Sie stellten sich vor, „der Große“ ertrinke jeweils im anschwellenden Nil und befruchte vor seinem Tod die göttliche Gemahlin. Diese bringe ihn dann, wenn die Flut sank und die neue Saat hervorsprosste – in diesem Fall als Mutter – wieder zur Weft.[24]

Nachdem die Reiche Ober- und Unterägyptens unter einem einzigen Herrscher vereint waren, versuchte man, auch deren unter sich verschiedene Gottesbilder zu vereinen. Dieses Bemühen löste einen schöpferischen Prozess aus, durch den die Gottesvorstellung – in mehreren Etappen – beträchtlich vergeistigt wurde.

Die Entwicklung knüpfte – nach J. Spiegel – an den ewig sich verjüngenden Bauerngott Unterägyptens an. Dieser wurde ursprünglich in den verschiedenen Gauen unter je verschiedenen tierischen Erscheinungsformen verehrt: als Stier-, als Krokodil- und als Wasservogelwesen. Die göttliche Muttergattin verehrte man unter den Gestalten der Kuh, des Nilpferdes und der Schlange, wobei die Verehrung natürlich deren „jenseitiger Dimension“ galt.

Die Bewohner von Heliopolis bildeten eine Ausnahme. Sie erlebten den „Großen“ als Sonnenwesen (Re). Die Mutter-Gattin war für sie das Himmelswesen Nut. In ihrer mythischen Kosmologie „war“ nämlich der Himmel eine Frau, die, auf Fuß- und Fingerspitzen gestützt, sich über die männlich gedachte Erde wölbte. In dieses kosmologische Bild fügten die Heliopolitaner den Mythos vom ewig sich verjüngenden Gott ein, indem sie dachten, Nut nehme am Abend das sterbende Sonnenwesen in ihren Mund auf, werde dadurch befruchtet und bringe es am andern Morgen auf dem natürlichen Geburtsweg wieder zur Welt.[25]

Diese heliopolitanische Variante unterschied sich bezüglich Bewusstseinshöhe nicht von den übrigen unterägyptischen Ausformungen des Mythos vom periodisch sterbenden und wiederauferstehenden Gott. Aber die Tatsache, dass der „Große" hier als uranisches und nicht als chthonisches Wesen verehrt wurde, bildete den Ansatzpunkt für dessen Vergeistigung; „Geist" wird ja in der Sprache des Unbewussten oft mit „oben" ausgedrückt.

Die Vergeistigung des Sonnenwesens konnte beginnen, als mit der dritten Dynastie *Heliopolis* den politischen Vorrang gewann. In einem ersten Entwicklungsschritt wurde die Vorstellung einer endlosen Kette von Selbstzeugungen abgelöst durch die Vorstellung, Gott habe die Welt ein einziges Mal erschaffen. Den Schöpfergott nannten die Theologen von Heliopolis" Wesen des Alls" (Atum). Sie waren aber noch nicht fähig, sich diesen Schöpfer losgelöst von einer sichtbaren Erscheinung zu denken. Weil sie in der Sonne (Re) bisher schon die „sichtbare Seite" des Göttlichen erlebt hatten, wurde diese auch Träger der neuen Gottesvorstellung. Sie wurde zu Re-Atum: Zur Sonne, die das Wesen des Alls „ist".[26]

Gegen Ende der dritten Dynastie wurde die Gottesvorstellung in der mittelägyptischen Stadt Hermopolis weiter entwickelt. Man dachte dort vor allem über das Chaos nach und kam dazu, dessen Wesen mit den negativen Ausdrücken „Trägheit, Veneinung, Endlosigkeit und Lichtlosigkeit" zu umschreiben. Aus diesem Denken heraus wurde auch für das Göttliche ein negativer Ausdruck verwendet: Gott hieß bei ihnen Amun, d. h. der Verborgene. – Der Schöpfungsvorgang wurde auch hier noch als Emanation der Welt aus Gott aufgefasst. Auch Amun war somit wie vorher Atum, ein immanenter Gott. Aber indem in Hermopolis der Schöpfer als der Verborgene bezeichnet wurde, bahnte sich eine Distanzierung von Gott und Welt an.[27]

Diese Distanzierung konnte vollzogen werden, als die vierte Dynastie auf den Thron kam. Ihr Begründer Snofru war aus dem mittel-ägyptischen Fürstentum Hermopolis hervorgegangen. Er schlug seinen Sitz in Memphis auf. Sein Staatsdogma stellte eine schöpferische Synthese zwischen der hermopolitanischen und der immer noch einflussreichen heliopolitanischen Theologie dar. Sie wurde uns überliefert in der berühmten Schabaka-Inschrift, dem sogenannten Denkmal memphitischer Theologie.

In Memphis wurde Gott erstmals als transzendentes Wesen aufgefasst, und seiner Schöpfung als der „ganz Andere“ gegenübergestellt. Man gab ihm die Namen „Ptah der sehr Große“ und „Ptah auf dem großen Thron“. Er galt wegen seiner Transzendenz als der „alleinige Gott“. Atum, der zu Beginn der dritten Dynastie noch als Schöpfer gegolten hatte, wurde jetzt als geschaffenes Wesen betrachtet. Er und die übrigen „Götter“ waren im System von Memphis streng genommen keine Götter mehr sondern Zwischenwesen nach Art der Engel und Erzengel im jüdisch-christlichen System.[28]

Aus der Schabaka-Inschrift geht deutlich hervor, welche Mühe es den Theologen von Memphis bereitete, ihre hochgeistige Auffassung von Gott zu formulieren. Die Entwicklung der Sprache hatte mit der des Denkens nicht Schritt gehalten. Die Transzendenz des Ptah wurde noch mittels der unbeholfenen mythologischen Sprache dadurch hervorgehoben, dass man zwischen ihn und Atum das Chaos einschob: man sagte, Atum, das „Wesen des Alls“, sei aus dem Chaos hervorgegangen, aus jenem Chaos, über das man ja, wie die hermopolitanische Theologie festgestellt hatte, nur mit negativen Ausdrücken etwas aussagen konnte. Jenseits dieses mit „irdischen Worten“ nicht mehr beschreibbaren Chaos dachte man sich den geheimnisvollen, noch viel weniger beschreibbaren „Ptah auf dem großen Thron“.

Von der Schöpfung durch Samenerguss zur Schöpfung durch das Wort

Es war ein gewaltiger Entwicklungsschritt vom sich selbst zeugenden Stier der Delta-Bauern bis zum transzendenten, völlig unanschaulichen Schöpfergott von Memphis. Ein ebenso großer Schritt vollzog sich Hand in Hand damit an der *Vorstellung vom Schöpfungsakt.*

Als in Heliopolis erstmals von einer einmaligen Schöpfung die Rede war, erzählte man sich, Atum habe zuerst Luft und Wasser (Schu und Tefnut) geschaffen. Uns interessiert nun weniger die weitere Abfolge der Schöpfungsakte als die Art und Weise, wie man sich Atums Schaffen vorstellte. Da steht in einem Pyramidentext: „Atum, der zum Selbstbefriediger geworden ist in Helipolis. Er nahm seinen Phallus in seine Faust, um damit Lust zu erregen. Ein Geschwisterpaar ward erzeugt, Schu und Tefnut.“[29]

Auf diese ursprüngliche grobe Vorstellung vom Schöpfungsakt als Samenerguss weist auch die Etymologie des Wortes Ka hin: des Wortes für die von Gott ausgehende Kraft, die in späterer Zeit im Sinne von Logos und Gnade aufgefasst wurde. Das Wort Ka wurde nämlich – mit dem Deutezeichen „Phallus" versehen – auch später noch für „Stier" verwendet, und die weibliche Form Ka.t bezeichnete den weiblichen Geschlechtsteil.[30]

In einem späteren Pyramidentext wird der erste Akt im heliopolitanischen Schöpfungsmythos schon etwas verfeinert dargestellt. Es heißt dort: „Du (Atum) hauchtest Luft aus als Schu und spiest Feuchtigkeit aus als Tefnut."31 Um anzudeuten, dass man sich mit diesem Bilde vom grob physischen Verständnis des Schöpfungsaktes distanzieren wollte, wurde beigefügt: „Du legtest Deine Arme von hinten um sie mit dem Ka, damit dein Ka in ihnen sei."[31]

Darin zeigt sich schon der Gedanke, dass der Ka als etwas Geistiges zu verstehen sei, das durch eine rituelle Geste übertragen werden könne. Diese vergeistigte Auffassung des Ka ist dann in die Schrift eingegangen: die Ka-Hieroglyphe besteht aus zwei ausgestreckten Armen. Diese Stellung der Arme wurde im ägyptischen Ritus zur Geste des Weihens: so wie man im christlichen Weihe-Ritus (z. B. bei der Priester- und Bischofsweihe) die göttliche Kraft durch Handauflegung „überträgt", so „übertrug" man sie im ägyptischen durch Umarmung von hinten.

In der Schule von Memphis wurde die Vorstellung vom Schöpfungsakt noch weiter vergeistigt. Man stellte sich dort vor, „Ptah der sehr Große" habe die Welt erschaffen, indem er *befehlende Worte* aussprach. Um sich vom Bilde der Schöpfung durch Ausspeien und Aushauchen zu distanzieren, wurde in der Schabaka-Inschrift ausdrücklich betont, der göttliche Mund, der die Worte aussprach, sei lediglich Vollzugsorgan gewesen. Ursprungsort der schöpferischen Worte sei das Herz: jenes Organ, das man damals für den Sitz der Denkfunktion hielt.[32]

J. Spiegel weist daraufhin, dass die memphitischen Theologen in ihrer „Lehre von Herz und Zunge" schon eine eigentliche *Logos-Lehre* entwickelt haben: jene Lehre, die später in ihrer hellenistischen Modifikation zu einem Grund-Baustein des christlichen Lehrgebäudes wurde.

Wertvolle Vorarbeit hatten hiefür die Theologen von Hermopolis geleistet. Wir sahen ja schon, dass sie über das Chaos spekulierten. Hand in Hand damit unterzogen sie auch den (von Oberägypten her kommenden) Begriff der Ordnung einer gedanklichen Klärung: Ordnung werde vom Schöpfer geschaffen durch Verleihung von Qualitäten, d. h. durch Festsetzung von differenzierten Wesensbeschaffenheiten. Infolgedessen verleihe Gott nicht einen homogenen Ka sondern eine Vielzahl spezifischer Kas.[33]

Dem fügten die Theologen von Memphis mit ihrer „Lehre von Herz und Zunge“ hinzu, die spezifischen Kas seien Worte, und diese Worte seien als Formulierungen des Göttlichen *Denkens* zu verstehen: Der Kosmos sei logisch geordnet. Das war etwas Neues. „Vom „Wort Got*tes*““, schreibt Spiegel, „wird anderwärts in altorientalischen Texten vielfach in einem viel allgemeineren Sinn gesprochen. Es erscheint dort oft einfach als eine Emanationsform der göttlichen Kraft [...] Erst in der Lehre von Memphis wird das „Wort Gottes“ mit voller Bewusstheit als formulierter Gedanke definiert und damit die Tätigkeit des Schöpfers dem Vorgang der Begriffsbildung im menschlichen Denkvermögen gleichgesetzt.“[34]

Erscheinen des „wesensgleichen Sohnes“

Mit der Lehre, Gott sei transzendent, und der Schöpfungsakt sei eine denkerische Leistung Gottes, hatten die Ägypter eine hohe Stufe der Bewusstheit – unter archaischen Vorzeichen – erreicht. Aber ihre Gottesvorstellung war dabei in eine Gefahrenzone geraten.

Die Religionsgeschichte lehrt nämlich, dass ein Gott, der allzu weit in himmlische Sphären entschwebt, in Gefahr gerät, zum „inaktiven Gott“ (Deus otiosus) zu werden. Der Religionswissenschaftler Mircea Eliade führt eine Reihe von Göttern an, denen dieses Schicksal beschieden war. Ihre Namen wurden zwar noch erinnert, aber jüngere und anschaulichere Götter schoben sich zwischen sie und die Menschen. An diese richteten sich nunmehr Kult und Gebet.[35] Durch solche Götter-Ablösungen wurde jeweils der Vergeistigungsprozess unterbrochen, und die Bewusstseinsevolution musste auf einer niedrigeren Stufe von neuem ansetzen.

Weil der transzendente Gott von Memphis so fern und unanschaulich war, konnte das Volk ihn nicht mehr als Offenbarer ad hoc für das richtige Verhalten und als Helfer in den Nöten des Alltags erleben. Diese Schwierigkeit war auch durch theologische Argumentation nicht zu überwinden, denn die Lehre von Memphis implizierte einen Deismus: Gott hatte nach ihr die Welt wohl geschaffen, musste sie aber fortan ihrem Schicksal überlassen, weil er wesensmäßig so völlig anders als seine Schöpfung war.

Es zeugt von der geistigen Kraft der ägyptischen Theologen des alten Reichs, dass sie diese Schwierigkeit durch einen Schritt nach vom respektive nach „oben“ zu meistern vermochten. Ihre Reflexion war anscheinend so intensiv und hartnäckig, dass ihnen das *Symbol der Sohnschaft* „einfiel“. Es formte sich ihnen die Vorstellung aus, Gott habe aus sich heraus einen Sohn gezeugt. Dieser Sohn sei einerseits eine „Gestalt Gottes“, die von den Menschen *wahrgenommen* werden könne, anderseits aber sei er mit dem transzendenten Gott *wesensgleich.* Weil der Sohn sichtbare Gestalt „hatte", konnte er als menschennaher Gott erlebt werden. Weil er aber mit dem Vater wesensgleich „war", konnte er trotz seiner Menschennähe weiterhin für transzendent gelten, und die erreichte Entwicklungshöhe der Gottesvorstellung konnte beibehalten werden.[36]

Das Symbol des wesensgleichen Gottessohnes ist eine entwicklungsgeschichtlich hohe Ausformung des Mythologems vom göttlichen Vater, der aus sich selbst, ohne Weibliches, einen Sohn zeugt. Nicht die *Entstehung* des Bewusstseins wird durch diese Sprachfigur veranschaulicht sondern die Tatsache, dass innerhalb der außerbewussten orthogenetischen Tendenz eine Strebung wirksam ist, welche die Orthogenese des Bewusstseins fördert: eine Tendenz, deren Wirken vom Ich in den Gestaltungen des Unbewussten wahrgenommen werden kann.

Die Aussage, der Sohn sei dem Vater wesensgleich, schließt ein zeitliches Nacheinander aus. Der Sohn wird als *präexistent* aufgefasst, d. h. die „Selbstoffenbarung Gottes im Sohn" erfolgte „vor aller Zeit". In unserer heutigen Sprache ausgedrückt heißt dies, die auf Bewusstwerdung und Ichbildung hinwirkende Tendenz innerhalb des unbewussten Orthogenesestrebens wirke schon *vor* dem Zustandekommen bewusster Vorstellungen. (Zeit-Erleben ist ja eine Eigenschaft des Bewusstseins.) Mit der differenzierten Lehre von der Sohnschaft leisteten die Ägypter einen weiteren Beitrag zur Bewusstseinsentwicklung auf dem metaphysischen Zweig: einen Beitrag, der auf dem Umweg über die griechische und jüdische Entwicklungslinie später zum zweiten Grundstein der christlichen Lehre werden sollte. Aber der Weg dorthin war noch weit.

Der „Sohn" war für die Ägypter noch nicht zum Menschen geworden. Sie vermochten ihn erst in einem Gestirn-Wesen zu erkennen. Es war die Sonne, die sie für die „Manifestation Gottes im Sohn" hielten. So formte sich denn während der fünften Dynastie eine eigentliche Sonnenreligion aus. Man darf aber in dieser Sonnenreligion keinen Rückfall auf eine niedrigere Bewusstheitsstufe sehen. Die Sonnenreligion der Ägypter steht evolutionsmäßig weit über jenem Sonnenglauben, den wir z. B. im indianischen Bereich vorfinden. Die ägyptischen Theologen hielten nach wie vor an der Transzendenz Gottes fest, und die Sonne (das Sonnen-Wesen) war für sie als wesensgleiche „sohnhafte" Manifestation des transzendenten Gottes „wahre Sonne und wahrer (transzendenter) Gott zugleich", ebenso wie später, bei noch höherer Bewusstheit, der „Gottmensch" Jesus Christus für die Konzilsväter „wahrer Gott *und* wahrer Mensch" war.

Die geistige Kraft der Ägypter hatte sich mit der Sonnen-Theologie erschöpft. In kleinem Kreise wurde das Erreichte zwar schlecht und recht bewahrt, in den breiten Schichten des Volkes jedoch nahm seit dem Ende der fünften Dynastie ein früharchaisches „Zauberdenken" überhand. Es ist der gleiche Vorgang, den wir später – in abgeschwächter Form – auch im Christentum nach der schöpferischen Phase der Väterzeit beobachten können

Sonderzug der griechischen Philosophie

Nach den Ägyptern waren es vor allem die Griechen, die einen großen Beitrag zur Vergeistigung des Gottesbildes leisteten. Die griechische Philosophie nahm ihren Anfang um 600 v. Chr. Zu jener Zeit hatten die Hellenen sich eben von einer Katastrophe größten Ausmaßes erholt. Um das Jahr 1000 hatte nämlich der Einbruch der Dorier die feudale Gesellschaftsordnung der Achaier, die in den homerischen Epen geschildert wird, über den Haufen geworfen. Zusammen mit dieser Gesellschaftsordnung, die unter anderem auch ein sakrales Königtum kannte, wurde ein geschlossenes früharchaisches Weltbild samt seinen Werten und Riten zerstört. Das griechische Existenzgefühl war im tiefsten erschüttert.

Als dann nach einigen Jahrhunderten der Krise neues Leben auf den Ruinen zu blühen begann, war der Grieche zu einem Menschen von völlig neuer Geistesart geworden. Dies manifestierte sich äußerlich in der Gründung von Kolonien, innerlich in einem neuartigen Denken. Neuartig war, dass es nicht mehr an die Göttermythen anknüpfte sondern an „die Dinge, die wir vorfinden" (ta onta), d. h. an das sinnlich Wahrnehmbare. Jene griechischen Denker lehnten *bewusst* die Göttermythen als Quelle der Erkenntnis ab. Zu jener Zeit erhielt das Wort Mythos, das bis dahin so viel wie (wahre) Erzählung bedeutet hatte, die Bedeutung des Fabulösen und Unverbürgten:[37] jene negative Bedeutung, die dann von der christlichen Theologie in der apologetischen Argumentation gegen das Heidentum übernommen wurde, und die heute vielen Theologen den Nachvollzug der Bewusstseinsmutation so sehr erschwert.

Zwischen Homer und den Vorsokratikern vollzog sich ein ähnlicher Richtungswechsel des Interesses vom „Jenseits" zum „Diesseits" wie zwischen dem Mittelalter und der Neuzeit. Während jedoch letzterer schließlich zur Überwindung der archaischen Bewusstheit führte, war das Bemühen der Griechen nur ein vergeblicher Anlauf dazu. Inwiefern es ein Anlauf zur Mutation des Bewusstseins war, werden wir später sehen. Hier müssen wir der Frage nachgehen, inwiefern es zur Vergeistigung des Gottesbildes beitrug.

Man bezeichnet die Vorsokratiker meistens als Naturphilosophen, weil Aristoteles sie „Physikoi" (= Physiker) genannt hat, und weil man gewöhnlich „Physis" mit „Natur" übersetzt. Um zu erkennen, inwiefern die griechische Philosophie etwas zur Vergeistigung des Gottesbildes beitrug, müssen wir uns aber vor Augen halten, dass die Griechen unter „Physis" etwas anderes verstanden als wir unter „Natur". „Physis" kommt von „phynai", d. h. wachsen, hervorgehen. Das Wort „Physis" ist – nach Werner Jäger – eine der seit dem späten Epos aufkommenden Abstraktbildungen auf -sis; und bezeichnet den *Akt* des Wachsens und Hervorgehens sowie auch den *Ursprung,* aus dem etwas hervorwächst.[38] Wenn somit die Vorsokratiker nach der „Physis tõn ontõn" suchten, suchten sie nach dem Ursprung oder Urgrund alles sinnlich Wahrnehmbaren: nach dem, was im Mittelalter die Scholastiker „Prima causa" (erste Ursache) nannten.

Thales von Milet, der erste der Vorsokratiker, hielt das Wasser für den Ursprung aller Dinge. Was für Thales das Wasser war, war für Anaximenes die Luft. Er erklärte sich damit vor allem die Entstehung des Lebendigen. Für Anaximander, den abstraktesten der drei Milesier, war das Grenzenlose (to apeiron) der Ursprung aller Dinge. Das Grenzenlose *hatte* nach Anaximander keinen Anfang: im Gegensatz zu den „Dingen, die wir vorfinden" *war* es selber Anfang. Es umfasste alles und steuerte alles.

Anaximander kam zum Schluss, das Apeiron sei das Göttliche: Es sei das, was diejenigen, die von Mythen ausgingen, Gott nannten. Die „Naturphilosophie" des Anaximander war also – wie der größere Teil der griechischen Philosophie – im Grunde genommen das, was die abendländische Tradition als natürliche Theologie bezeichnet. Sie führte denn auch, wie alle natürliche Theologie, zum *Gottes-Begriff („das* Göttliche") und nicht zu einem persönlichen Gott als ansprechbarem Du wie die vom Mythos ausgehende „Offenbarungs"-Theologie.

Für die Vergeistigung der Gottesvorstellung bildete somit die Abwendung vom Mythos und die Hinwendung zum sinnlich Wahrnehmbaren eine Chance. Und diese Chance konnte genutzt werden, da gerade zu jener Zeit sich eine Entwicklung der griechischen Sprache vollzog. Gerade damals wurde nämlich durch die Einführung des bestimmten Artikels die Möglichkeit erschlossen, abstrakte Ausdrücke in Hülle und Fülle zu bilden; und durch die „Erfindung" der Copula (des Wörtchens „ist" zur Verbindung von Subjekts- und Prädikatsnomen) wurde die Grundlage für das Formulieren logischer Zusammenhänge geschaffen.[39] Dieser Entwicklungsschritt der griechischen Sprache war für die Bewusstseinsevolution außerordentlich bedeutsam. Nun besaßen die Denker ein machtvolles

Instrument zur Formulierung des Gedachten, und – da Sprache und Denken sich gegenseitig beeinflussen – forderte die größere Ausdrucksmöglichkeit der Sprache wohl auch das Denken.

Sehen wir nun, wie die Arbeit der Philosophen weiter ging. Die Schule von Elea in Unteritalien nannte jenes Sein, das keinen Anfang hat, aus dem alles hervorging, das alles ordnet und lenkt, *Nus* (Vernunft). Nus und die damit zusammenhängenden Ausdrücke noein (erkennen, denken) und Noema (Erkenntnis) waren fortan die Kernbegriffe Vorsokratischer Philosophie.[40] Die einzelnen Philosophen unterschieden sich lediglich darin, *wie* sie sich dieses geistige Prinzip vorstellten. Bei allen aber stand der Nus *nicht über* dem Kosmos: der Kosmos selber erkannte und dachte; der Geist war noch in den Dingen, er war noch ein immanenter Geist.[41] Seit Heraklit (um 500 v. Chr.) wurde als Synonym für Nus auch der Ausdruck „Logos" verwendet. Wegen seines reichen Bedeutungsgehalts war dieser Ausdruck besonders gut zur Benennung des geistigen Prinzips geeignet. – Von Haus aus hieß Logos „Wort" im Sinne des gesprochenen Wortes. Daneben bedeutete Logos für die Griechen immer auch die mit dem Wort benannte Sache sowie das Vermögen, Worte zu formulieren, also Denkvermögen. Weil es für die Griechen wie gesagt der Kosmos war, der dachte, wurde Logos auch zum Namen für *Weltordnung* (im Sinne von Angeordnetsein der Dinge) sowie für *Weltgesetz* (im Sinne von Rechtsnorm, die von den Menschen und auch von den Dingen (!) bejaht werden musste). Ferner hieß Logos auch „denkende Instanz im Kosmos".[42]

Als dann später, um den Beginn des zweiten Jahrhunderts n. Chr., der Autor des Johannesevangeliums den werdenden christlichen Mythos mit griechischem Gedankengut verband, und als kurz danach die Kirchenväter darangingen, diese Synthese im wesentlichen zu vollenden, wurde „Logos" zum gebräuchlichen Namen für den „Sohn" der Trinität.

Archaische Züge der griechischen Philosophie

Bevor wir betrachten, *wie* dies vor sich ging, müssen wir uns noch über Folgendes Rechenschaft geben: wir werden im letzten Teil dieses Buches sehen, dass *bei uns* die Erforschung der sinnlich wahrnehmbaren Welt zu einem Geist-Begriff führte, der den konkretistisch aufgefassten „Gott der Offenbarung" in sich absorbierte. Warum nun geschah es, dass der Geist-Begriff der Griechen, der ja ebenfalls durch Reflexion über die sinnlich erfahrbare Welt gewonnen worden war, vom „Gott der Offenbarung" absorbiert wurde? Der Grund dafür war vor allem die Tatsache, dass die Griechen keine eigentliche Naturwissenschaft geschaffen hatten. Dies beruhte wohl einerseits darauf, dass ihr Interesse – im Unterschied zu dem des Abendländers der Neuzeit – von Anfang an dem Ganzen und nicht der einzelnen Erscheinung galt. Anderseits spielte wohl mit, dass bei ihnen die Herauslösung aus der Partizipation noch nicht so weit gediehen war, dass von einer Subjekt-Objekt-Beziehung im heutigen Sinn gesprochen werden könnte. Zum mindesten für die Vorsokratiker war nämlich das menschliche Denken weitgehend ein passiver Vorgang: wie gesagt glaubten sie noch, der Kosmos selber erkenne und denke. Infolgedessen bestand für sie die geistige Tätigkeit des Menschen – eines unabgelösten Teils des Kosmos – darin, dass der Mensch am kosmischen Erkennen und Denken *teilnahm* (partizipierte).

Die Unabgelöstheit zeigt sich auch in der Tatsache, dass der philosophische Begriff des Ich (ego) als einer um sich selbst wissenden Instanz erstmals bei Plotin (205-270 *n. Chr.) auftaucht,*[43] und bekanntlich verstreicht von da an, wo ein Inhalt philosophisch formuliert ist, noch geraume Zeit, bis dieser ins allgemeine Bewusstsein integriert werden kann.

Wenn *wir* heute sagen, Informationsverarbeitung finde in jedem „Korn" der raumzeitlichen Wirklichkeit statt – es gebe somit keine Materie ohne Geist –, dann ist dies ein bewusster *Schluss,* zu dem wir auf Grund der naturwissenschaftlichen Analyse gekommen sind. Wenn hingegen die *Griechen* sagten, der Kosmos erkenne und denke, dann beruhte dieses Urteil auf einer (unbewussten) *Projektion.* Beim Nachdenken über die „Natur der Dinge" geschah ihnen, was immer geschieht, wenn der Mensch sich um ein Objekt bemüht, zu dessen Bewältigung ihm die Erkenntnismittel fehlen: die Struktur der Psyche projizierte sich den Griechen über ihre Köpfe hinweg in den Kosmos hinaus. Indem sie glaubten, den im Kosmos wesenden Geist zu finden, schauten sie ihren eigenen unbewussten Geist.

Wir sahen schon, dass auf diese Weise auch die mythischen Kosmologien und die Schöpfungsmythen zustande kamen. Vermeintliche Aussagen über etwas außerhalb des Menschen Befindliches, die im Grunde genommen Aussagen über die nach außen projizierte psychische Struktur des Menschen sind, kommen durch archaische Apperzeption zustande. Weil nun die griechische Philosophie, trotz ihrer betonten Distanzierung von den Göttermythen, sich doch auch unter archaischen Vorzeichen vollzog, ist es nicht verwunderlich, dass der von ihr erarbeitete Geist-Begriff von der Theologie absorbiert werden konnte, sobald er auf eine junge, lebenskräftige Glaubensbewegung stieß.

Griechische Philosophie nähert sich der Theologie

Die Synthese zwischen griechischer Philosophie und christlichem Glauben, aus der dann das historische Christentum – und durch dieses die abendländische Kultur – hervorging, begann am Ende des ersten Jahrhunderts unserer Zeitrechnung. Ihr ging jedoch eine Vorbereitungsphase voraus: während vier Jahrhunderten fand eine Annäherung von Philosophie und Religion statt. Dies war nötig, da diese zwei Gebilde, obwohl beide auf archaischer Apperzeption beruhten, doch recht verschiedenartig waren. Das Milieu, das die Annäherung ermöglichte, war der geistige Raum des Hellenismus.

Die griechische Philosophie hatte zu der Zeit, als Alexander der Große diesen Raum erschloss, in Plato, Aristoteles und Zeno ihren Höhepunkt erreicht. Die Philosophen, die nachher kamen, waren – mit Ausnahme von Plotin, dem Begründer des Neuplatonismus – nur mehr Epigonen. Der Abstieg der eigenständigen Philosophie hing damit zusammen, dass Sokrates, der Vater der klassischen Philosophie, dem Denken eine ganz neue Richtung gab: eine Richtung, die zur Religion hin führte. Die Vorsokratiker hatten, indem sie sich zu erkennen bemühten, was die sinnliche erfahrbare Welt „im innersten zusammenhält", eine ausgesprochen objektivierende Haltung eingenommen. Im Gegensatz zu ihnen betonte nun Sokrates, die Grundhaltung des Philosophen solle eine *existenzielle* sein: das Ziel philosophischen Strebens bestehe nicht in erster Linie darin, das Sosein des Kosmos sondern die Norm für das sittliche Tun zu erkennen. Wie wir sahen, bedeutete Logos schon vor Sokrates neben Weltordnung auch Weltgesetz im Sinne von Welt-Norm. Indem aber Sokrates diesen sittlichen Aspekt des Logos in die Mitte des Blickfeldes rückte, führte er eine entscheidende Wende im griechischen Denken herbei.[44]

Im Zuge der nun einsetzenden Annäherung der Philosophie an Religion wurde Logos schon bei den Stoikern zu einem eigentlichen Gottesnamen. Die Stoiker fassten den Logos als göttliche *Kraft* auf, aus der alles hervorging und die alles durchwirkt (Logos spermatikos). Diese dynamische Auffassung des Logos war neu und hängt wohl damit zusammen, dass Zeno, der Gründer der Stoa, ein Semit war.

Während aber der Gott der Stoa ein immanenter Gott blieb, entwickelten die Platoniker den Begriff eines transzendenten Gottes. Aus den gleichen Überlegungen wie einst die Theologen von Memphis postulierten sie nun *Mittler* zwischen diesem transzendenten Gott und den Menschen: den Demiurgen, dem sie die Schöpfung zuschrieben und den Nus, dem die Aufgabe zukam, den Menschen die „Ratschlüsse" des transzendenten

Gottes zu offenbaren.[45] Diese beiden Mittler gingen dann, unter dem einen Namen Logos, in die christliche Theologie ein.

Dass die Platoniker – im Gegensatz zu den Vorsokratikern – nun doch wieder auf die Offenbarung und damit auf den Mythos zurückkamen beruhte darauf, dass bei ihnen eine *erkenntniskritische Besinnung* stattgefunden hatte. Diese Erkenntniskritik – wohl die erste, die auf unserem Evolutionszweig stattfand und auch die letzte echte vor Kant – setzte im ersten Jahrhundert vor Christus ein. Sie führte zur Einsicht. dass es dem Menschen nicht möglich sei, aus eigenen Kräften etwas Gültiges über Gott auszusagen: zu einem Wissen über Gott und vor allem über den Willen Gottes gelange der Mensch nur durch Offenbarung. Dies kam einer Bankrotterklärung philosophischen Bemühens gleich.[46]

Die praktische Konsequenz der Einsicht in das Unvermögen menschlichen Erkennens war, dass immer mehr Philosophen sich auf die Suche begaben nach Religionen, die Offenbarung anzubieten hatten. Die einen glaubten Offenbarung bei den Dichtern, vor allem bei Homer, zu finden, andere bei der von Gedanken Zarathustras ausgehenden sogenannten gnostischen „Religion“, ferner beim Judentum und bei der eben aus dem Judentum hervor wachsenden christlichen Bewegung. All diesen Richtungen wandten sich griechische Denker zu.[47]

Dieses Suchen nach etwas Neuem, Weiterführendem erscheint uns heute wie ein Tasten der orthogenetischen Tendenz: als evolutionäres Tasten nach einem Loch in jener Barriere, welche gebildet wurde durch das antike Opfer-, Orakel- und Zeremonienwesen sowie durch all die Zauberkulte. Von der Verbreitung und Intensität dieses Tastens vermögen wir uns heute infolge der verkürzten kirchlichen Geschichtsschreibung kaum mehr eine Vorstellung zu machen.

Aus der griechischen Philosophie waren schließlich jene großen und einfachen Ideen von einem geistigen und transzendenten Gott mit seinen Mittlern, von Tugend und Unsterblichkeit hervorgegangen, die nun nach einem Lebensträger suchten: nach einem adäquaten *Mythos,* der in einem der nun erlangten Bewusstheit entsprechenden *Ritus* begangen werden konnte, und damit den Keim zu einer evolutionsmäßig höheren geistigen Gemeinschaft in sich trug. Als solcher bot sich *Glaube und Kult der Gemeinde-Christen* an. Als das griechische Denken sich mit ihm vereinigte, fand der Durchbruch „nach oben“ statt.

Der christliche Mythos und seine Vorstufen

Das junge Christentum war in erster Linie eine Lebenshaltung oder ein Lebensweg: ein „Weg der Seele zu Gott". Dies dürfte auch das sein, was vom Christentum überleben wird, wenn es die Bewusstseinsmutation nachvollzogen hat. Nicht die christliche Lebenshaltung soll aber hier besprochen werden, denn es geht uns in diesem Kapitel um die zunehmende Vergeistigung der Gottesvorstellung, und diese vollzog sich am christlichen *Mythos:* am schon erwähnten Mythos von dem durch ungeschlechtliche Zeugung aus dem Vater hervorgegangenen göttlichen Sohn, der sich inkarnierte, den Menschen während seines Erdenlebens ein neues Sittengesetz und einen Ritus schenkte, der freiwillig den Opfertod erlitt um die Menschen von ihren Sünden zu erlösen; der während seiner Grabesruhe in die Vorhölle hinabstieg um den dort wartenden Seelen Erlösung zu bringen; der wieder auferstand, nach einer kurzen Weile in den Himmel zurückkehrte, jetzt dort zur Rechten des Vaters sitzt und Gericht über die Seelen abhält; und der schließlich am Ende der Zeiten wiederkommen wird, um die an ihn Glaubenden zu sich zu nehmen.

Dieser christliche Mythos fiel jedoch nicht als fertiges Gebilde vom Himmel. Schon im vorchristlichen Judentum hatten sich Wandlungen vollzogen, welche die Entstehung des neuen Mythos vorbereiteten, und diese gilt es noch zu betrachten. Sie geschahen nicht in Jerusalem sondern in Alexandrien, jener geistigen Metropole der hellenistischen Welt, die von Alexander um 321/2 gegründet wurde und rasch zur Blüte gelangte. Der Kirchenhistoriker Heinrich Kraft schreibt: „Wenn nun in Alexandrien die verschiedenen Religionen und Philosophien sich in gesteigerter Bereitschaft befanden, sich auseinanderzusetzen, voneinander zu lernen und aufeinander einzuwirken, so blühten hier nicht nur der Synkretismus, sondern auch die Maßnahmen, die der Selbstbehauptung dienen konnten, Mission und Apolegetik. Auch dabei machte sich die enge Berührung von Philosophie und Religion geltend. Sie führte nicht nur dazu, dass die philosophischen Schulen sich als Religionen verstanden, sondern sie wies auch die Religionen darauf, sich selbst nach den Erkenntnissen der religiösen Philosophie zu verstehen. Bevor dieser Vorgang sich am Christentum verwirklichte, spielte er sich im Judentum ab. – Davon haben wir aus zwei Gründen ausführlicher zu berichten; einerseits darum, weil es sich hierbei um ein Beispiel für die spätere Entwicklung im Christentum handelt, anderseits aber, und das ist wichtiger, weil die Ergebnisse der Berührung zwischen Judentum und Philosophie vom Christentum übernommen und weiterentwickelt werden, sodass es sich eigentlich nur um zwei Phasen desselben Vorgangs handelt."[48]

In Alexandrien entstand die griechische Übersetzung des Alten Testaments. Dieses griechische AT ist dann die Bibel der Christen geworden. Die Juden erklärten es später für ketzerisch, hauptsächlich wegen den sogenannten Büchern der Weisheit, in denen der Versuch gemacht wurde, auf Fragen und Begriffe der griechischen Philosophie einzugehen. Die hebräische Weisheitsliteratur hatte zwar eine lange Vorgeschichte, bei der orientalische – besonders ägyptische – Weisheitslehren befruchtend wirkten. War aber hebräische Weisheit bis dahin so etwas wie „Lebensklugheit unter den Augen Gottes" gewesen, so verselbstständigte sie sich im Buch des Jesus Sirach, das ein Enkel des Verfassers 132 v. Chr. in Alexandrien ins Griechische übersetzte, zur *selbstständigen Gestalt.*

„Das hermeneutische Problem, das der Verfasser (oder möglicherweise der „Übersetzer") zu lösen hat, besteht in folgendem: Das Alte Testament redet häufig in anthropomorphen Ausdrücken von Gott. Es scheint damit einen so primitiven Gottesbegriff zu vertreten, dass man von hier aus sich unmöglich auf ein Religionsgespräch, etwa mit griechischen Philosophen, einlassen kann. Denn bei den Philosophen Alexandriens herrscht längst die Vorstellung von der Transzendenz Gottes; darum waren sie überzeugt davon, dass der Mensch ohne Offenbarung nicht zur Gotteserkenntnis kommen könne, und darum kreiste ihr Fragen um das Problem, wie dann überhaupt ein Handeln dieses fernen, transzendenten Gottes an der Welt gedacht und vorgestellt werden können. Wie sollte ein Jude auf eine so subtile Frage von seinem anthropomorphen Gottesbild her Antwort wissen? – Die Weisheit des Sirach gibt eine Antwort. Sie sagt, dass von Gott Kräfte ausgehen und sich als selbstständige Wesen konstituieren, und diese Wesen (nach dem griechischen Ausdruck „Hypostasen") vermitteln zwischen der Ferne Gottes und der Welt; sie verrichten die göttlichen Werke der Schöpfung, der Erhaltung, der Offenbarung. Die erste und wichtigste der Hypostasen wird vom Sirach gelehrt; es ist die göttliche Weisheit."[49]

Noch weiter fortgeschritten als beim Sirachiden war die Verselbstständigung der Weisheit im Buch „Weisheit Salomos". Den entscheidenden Schritt der Annäherung an die Griechen aber machte dann *Philo,* ein jüdischer Denker, der ungefähr ein Menschenalter vor Jesus in Alexandrien geboren wurde. Er übernahm den Logos-Begriff mit seiner ganzen von den Griechen erarbeiteten Bedeutungsschwere und personifizierte ihn. *Bei Philo wurde der Logos zu Gottes erstgeborenem Sohn.*[50] Damit war jener Punkt erreicht, an dem dann die christlichen Autoren mit ihrer Lehre *über* Jesus (Christologie) anknüpften: zuerst der Verfasser des Johannes-Evangeliums, dann die griechischen Kirchenväter. Damit ist nicht gesagt, sie hätten an Philo direkt angeknüpft, aber die Vorstellung war formuliert und „stand im Raum" und wirkte weiter in jenem engen, überblickbaren Raum.

Wir waren bei der Feststellung verblieben, dass infolge der Erkenntniskritik des mittleren Platonismus immer mehr griechisch Gebildete sich auf die Suche nach Offenbarung begaben. Diese Bewegung erreichte einen ersten Höhepunkt am Anfang des zweiten Jahrhunderts: gerade in dem Moment, als die christlichen Gemeinden ihre Missionstätigkeit unter den Heiden intensivierten.

Die christliche Bewegung hatte im ersten Jahrhundert ihr Selbstverständnis gefunden. Einerseits hatte sie sich vorn Judentum, namentlich von dessen Forderung nach „Gesetzeserfüllung", abgesetzt (vgl. Paulus!), anderseits hatte sie sich eine Vorstellung darüber gebildet, wer jener Rabbi Jesus „in Wirklichkeit" gewesen sei. Das Selbstverständnis der christlichen Gemeinden war in den Evangelien formuliert worden. Die Autoren dieser Schriften hatten die Botschaft *des* Jesus und die Botschaft *über* Jesus (den nach dem Tode Jesu entstandenen christlichen Mythos) zu einer Einheit verschmolzen. Seit dieser Verschmelzung stand der Christus-Mythos als historisierter Mythos respektive als mythisiertes geschichtliches Ereignis da.

Markus hatte aus den Bruchstücken der Überlieferung ein Leben Jesu komponiert, und die übrigen Evangelisten hatten diesen biographischen Entwurf in den Grundzügen übernommen und – jeder auf seine Weise – erweitert.[51] Vom Christus-Mythos hat – wie die redaktionsgeschichtliche Forschung in jüngster Zeit nachwies – jeder der vier Autoren seine eigene Version in die Lebensgeschiche Jesu hinein verwoben. Alle vier aber glaubten, Jesus sei der Sohn Gottes gewesen, und er sei identisch mit dem Messias, dessen Erscheinen die Propheten angekündigt hatten. Die Evangelisten nahmen damit die jüdischen „Offenbarungs"-Schriften für das Christentum in Anspruch und deuteten sie – recht willkürlich – auf Jesus hin aus.

Zusätzlich zu dieser Verankerung des Christus-Mythos in der jüdischen Tradition machte der Verfasser des Johannes-Evangeliums noch einen Brückenschlag in anderer Richtung: indem er erklärte, Jesus sei identisch mit dem Logos, schuf er die Verbindung zwischen christlichem Mythos und griechischer Philosophie bzw. hellenistischer Gnosis.[52] Dass der Jude Philo schon ein Jahrhundert zuvor ihm hiezu Vorarbeit geleistet hatte, indem er dem Jahwe den personifizierten Logos als erstgeborenen Sohn zuwies, haben wir gesehen. Es war aber eine für die Zukunft des Christentums entscheidende Tat, dass „Johannes" verkündete, dieser präexistente, sohnhafte Logos habe in Jesus von Nazareth menschliche Gestalt angenommen. Die Durchschlagskraft diese Theologems wurde dadurch erhöht, dass es ausgerechnet von jenem Evangelisten vertreten wurde, der in der Historisierung des Christus-Mythos am weitesten gegangen war, indem er seine christologische Vorstellung dem Jesus selber in den Mund legte.

Die Gemeinde-Christen hatten somit, als sie sich an die Griechen wandten, als „Glaubenswahrheit" einen zwar noch rudimentären aber doch in seinen Grundzügen abgerundeten, historisierten Mythos anzubieten: einen jungen, lebenskräftigen Mythos, der zwei heterogene Gebilde wie jüdischen Glauben und griechische Philosophie auf höherer Ebene vereinte, und der somit – unter dem Blickwinkel der Bewusstseinsevolution betrachtet – für die damalige Zeit das erlösende Symbol war. Außerdem besaßen sie einen einfachen, vergeistigten, hoch über das antike Opfer- und Zeremonialwesen erhabenen Ritus, in dem der Christus-Mythos „begangen" und damit „in Leben umgesetzt" werden konnte: das eucharistische Mahl.

Verarbeitung des christlichen Mythos durch die Kirchenväter

Von den griechischen Gebildeten, die auf ihrer Suche nach Offenbarung den christlichen Glauben gefunden und angenommen hatten, verwendete nun eine kleine Gruppe ihren ganzen Eifer darauf, der heidnischen Welt zu beweisen, dass das Christentum echte göttliche Offenbarung und damit höchste „Philosophie" sei, und dass es deshalb hoch über allen anderen Religionen jener Zeit stehe.[53] Als Rüstzeug zur Bewältigung dieser Aufgabe brachten sie die ausgefeilte Terminologie und Argumentationsweise mit, welche die griechischen Philosophen im Streit gegen andere Philosophen-Schulen und im Kampf gegen die Verwilderung der Volksreligion erarbeitet hatten. Dazu gehörte unter anderem die abschätzende Bedeutung des Ausdrucks „Mythos", die ich früher erwähnte.

Die Männer, die diese Arbeit leisteten und deshalb unter der Bezeichnung „griechische Apologeten" in die Kirchengeschichte eingingen, waren: Quadratus, Aristides, Ariston von Pella, Justin der Märtyrer, Tatian, Athenagoras, Melito von Sardes und Theophilos von Antiochien. Die unmittelbare Wirkung ihres apologetischen Bemühens war, dass das

Christentum, trotz seines archaisierenden Charakters (Mythos und Ritus) für die damaligen Gebildeten akzeptabel wurde.

Außer dieser im eigentlichen Sinn apologetischen Arbeit leisteten die frühen Kirchenväter dem Christentum noch andere für dessen innere Entwicklung wichtige Dienste. Indem sie eine „wissenschaftliche", auf die platonische Erkenntniskritik abgestützte Offenbarungslehre schufen und „bewiesen", dass die christliche Botschaft *die* „geoffenbarte Wahrheit" sei, betonierten sie jenes erkenntnistheoretische Fundament, auf dem dann die gesamte theologische Spekulation aufbaute.

Indem sich die Apologeten ferner bemühten, den christlichen Mythos in ein platonisch-spekulatives System einzuordnen, begründeten sie die christliche Dogmatik. Von den vielen Themen, respektive von den vielen Aspekten des christlichen Mythos, die später von den Dogmatikern noch bearbeitet werden sollten, interessierten sich die griechischen Apologeten vor allem für die Lehre vom Logos als dem Schöpfungsmittler und Offenbarer.[54] Unter der stillschweigenden Voraussetzung, dass der Logos mit Jesus Christus identisch sei, waren sie bestrebt, den „Sohn"-Aspekt des Logos herauszuarbeiten: ihn einerseits gegen den göttlichen „Vater" abzugrenzen und als ein von diesem *verschiedenes* personhaftes Wesen hinzustellen, anderseits aber zu betonen, dass er trotz dieser Verschiedenheit mit dem transzendenten Gott *wesensgleich* sei.

Mit dieser denkerischen Bearbeitung des Mythos leiteten sie einen dialektischen Prozess ein, aus dem schließlich die für das Abendland gültige dogmatische Formulierung der trinitarischen Gottesvorstellung hervorging. Es war aber ein dornenvoller Weg mit verschiedenen Etappen.

Zuerst stand während längerer Zeit die Frage nach dem Verhältnis des Sohnes zum Vater im Vordergrund. Die Wesensgleichheit blieb nicht unbestritten. Große Theologen wie Tertullian und Origenes vertraten die Ansicht, der Sohn sei dem Vater untergeordnet. Zu Beginn des vierten Jahrhunderts ging der Presbyter Arius noch weiter und lehrte, Christus sei vom Vater aus dem Nichts erschaffen worden und habe erst auf Grund seiner sittlichen Bewährung den Sohn-Rang empfangen. Als diese sogenannte adoptianische Christologie sogar eine große Anhängerschaft fand, berief Kaiser Konstantin 325 das erste allgemeine Konzil nach Nicäa ein. Dieses entschied, der Sohn sei „vor aller Ewigkeit" vom Vater gezeugt, nicht geschaffen worden (pneumatische Christologie), und sei gleichen Wesens wie der Vater (homousios).

In den folgenden Jahrzehnten kam dann die Stellung des Heiligen Geistes ins Gespräch. 381 wurde durch das allgemeine Konzil von Konstantinopel erklärt, auch der Heilige Geist sei dem Vater wesensgleich.

Damit war das Trinitäts-Dogma (-Symbol) fürs Erste formuliert. In der für die Sprache des Unbewussten typischen paradoxen Ausdrucksweise sagte es aus, es gebe drei wesensgleiche göttliche Personen, doch seien diese zusammen nur *ein* Gott.

Ungelöst blieb noch die Frage der sogenannten innertrinitarischen Ökonomie, d. h. der Beziehung der drei Personen zueinander. Dass der Sohn vom Vater ausgehe, war zwar unbestritten. Ob aber der Heilige Geist vom Vater allein ausgehe oder vom Vater und vom Sohne *zugleich* (auch ein Paradox!), an dieser Frage schieden sich die Geister – und sogar die Kirchen. Der Osten beharrte auf der Ansicht, der Geist gehe nur aus dem Vater hervor, während der Westen der komplexeren – und bewusstheitsfördernden – Formulierung zuneigte. Dass sie sich nicht einigen konnten, trug mit dazu bei, dass sich die Ostkirche von der westlichen trennte. Die westliche Kirche traf erst nach zweihundert Jahren eine dogmatische Entscheidung in dieser Sache. 589, kurz vor der islamischen Sturmflut erklärten die Konzilsväter in Toledo, der Hauptstadt des Westgotenreichs, der Heilige Geist sei aus dem Vater *und* dem Sohn (ex patre *filioque)* hervorgegangen. Damit war die komplexeste und somit auch geistigste Gottes-Vorstellung formuliert. Das wesentlich neue Element, das als Motor für die weitere Entwicklung des Bewusstseins wirkte, war das unscheinbare Wort „filioque". In ihm lag der Keim für die spätere Erkenntnis der *wechselseitigen* Beziehung zwischen dem unbewussten und dem bewussten psychischen System.

Die westliche trinitarische Formel war die evolutionsmäßig am höchsten stehende Blüte auf dem metaphysischen Entwicklungszweig. Generation um Generation von Theologen reflektierten fortan über diesen gelungensten bildhaften Ausdruck für jenen unanschaulichen Sachverhalt, der seit eh und je – in Form der immer geistiger werdenden Gottesbilder – zur Bewusstwerdung drängte. Immer mehr wurde dadurch der Sinngehalt der trinitarischen Formel ans Bewusstsein assimiliert, bis er schließlich, zu Beginn unseres Jahrhunderts, auch in begrifflicher Sprache ausgedrückt und empirisch verifiziert werden konnte.

Beenden wir damit unseren Ausblick auf die Vergeistigung des Gottesbildes und kehren wir noch einmal zur Vorstellung von der Inkarnation zurück.

Inkarnations-Vorstellung wird Symbol und Psychomotor
Wie wir sahen, war das Auftreten metaphysischer Wesen „in Fleischesgestalt“ für den archaischen Menschen aller Zeiten und Kulturen etwas Selbstverständliches, und zwar einfach deshalb, weil diese Vorstellung dem archaischen Denksystem entsprach.

Obwohl der christliche Mythos in archaischer Zeit entstand, und bis in die jüngste Zeit archaisch-konkretistisch apperzipiert wurde, galt dessen Aussage, Gott habe sich in Jesus inkarniert, als etwas ganz Außerordentliches; die christliche Theologie lehrte durch all die Jahrhunderte und lehrt sogar noch heute, die Menschwerdung Gottes in Jesus sei das zentrale Ereignis der Menschheitsgeschichte, und die ganze vorchristliche Geschichte der „Menschheit“ sei nur Vorbereitung auf dieses Ereignis gewesen.

Dass der Aussage, Gott habe in Jesus menschliche Gestalt angenommen, während so langer Zeit eine derartige Bedeutung beigemessen werden konnte, zeigt, dass der Inkarnationsvorgang (hier handelt es sich um einen echten *Vorgang)* im christlichen Mythos als ein *Symbol* zu verstehen ist, d. h. als eine Sprachfigur, mittels welcher die unbewusste Führungsinstanz einen wichtigen Inhalt zur Bewusstwerdung bringen wollte.

Das christliche Inkarnations-Symbol hat – wie jedes Symbol – viele Aspekte. Wir wollen es jedoch hier, im Rahmen unseres Themas, nur mit Blick auf seine bewusstheitsfordernde Wirkung betrachten. Dieser Aspekt erschließt sich uns dann, wenn wir es in die Reihe der Vater-Sohn-Symbole stellen, denn der christliche Mythos besagt ja nicht einfach Gott sei Mensch geworden, sondern der göttliche Vater habe seinen Sohn zu den Menschen gesandt.

Wir müssen folglich am christlichen Inkarnations-Mythologem zwei Elemente auseinander halten: erstens dass nun – im Unterschied zum Jahwe-Glauben – ein Vater-Sohn-Symbol auftaucht, zweitens, dass der Vater diesen Sohn Mensch werden lässt, und zwar „aus Liebe“, damit er die Menschen „erlöse“.

Wir haben gesehen, dass schon im alten Ägypten ein Vater-Sohn-Symbol auftauchte, und dass auf diese Weise die eben gewonnene Idee eines transzendenten Gottes vor der Verdrängung durch ein menschennäheres, jedoch entwicklungsmäßig niedrigeres Gottesbild bewahrt werden konnte. Wir stellten fest, dass damals die Formulierung des Vater-Sohn-Symbols einen gewaltigen Fortschritt der Bewusstheit gegenüber der vorangehenden Zeit anzeigte.

Die Ägypter stellten sich den göttlichen Sohn als Sonnen-Wesen vor. Wenn nun im christlichen Vater-Sohn-Symbol, (das sich später zum Vater-Sohn-Geist-Symbol entfaltete), der „Sohn" nicht mehr als kosmisches Wesen sondern als Mensch vorgestellt wurde, dann drückt sich darin die Tatsache aus. dass noch einmal ein bedeutender Evolutionsschritt stattgefunden hatte: dass jener unanschauliche Sachverhalt, der durch immer differenziertere Gottesbilder der Bewusstwerdung immer näher gerückt wurde, nun unmittelbar an der Schwelle des Bewusstseins angelangt war.

Das *Inkarnations-Mythologem* zeigt nun vorwegnehmend an, (und *bewirkt),* dass dieser Inhalt die Bewusstseinsschwelle nicht nur erreichte, sondern auch überschritt; dass es dem Ich fortan möglich sein sollte, den bisher nur in der Projektion (in Form von konkretistisch aufgefassten metaphysischen Gottes-Gestalten) erlebten Sachverhalt als etwas Innerpsychisches zu verstehen: so viel Unterscheidungsfähigkeit zu erlangen, dass es die Führungsinstanz als etwas aus dem eigenen Innern Wirkendes erleben konnte, und zwar ohne dass diese für das Ich an Numinosität (an absoluter Überlegenheit) auch nur das Geringste einbüßte.

Wenn wir auf diese Weise den semantischen Gehalt des Inkarnationsmythologems in unsere heutige Begriffssprache übersetzen, müssen wir uns vor Augen halten, was die Ausdrücke „Gott" und „Mensch" in der Sprache des Unbewussten (des Mythos) bedeuten. „Gott" (im Sinne von „sich offenbarenden Gott", nicht aber im Sinne von „Schöpfergott") veranschaulicht die intrapsychische, dem Ich nicht direkt zugängliche Führungsinstanz. Der Ausdruck „Mensch" hingegen steht für die Ich-Persönlichkeit. Statt „Führungsinstanz" können wir auch „orthogenetische Tendenz" sagen. Wenn der Mythos aus der „einen" göttlichen Gestalt noch den wesensgleichen Sohn hervorgehen lässt, soll mit diesem Bild jene orthogenetische Strebung innerhalb der allgemeinen orthogenetischen Tendenz hervorgehoben werden, welche die Orthogenese des Ich bewirkt.

Das christliche Inkarnations-Mythologem bedeutet somit – begrifflich ausgedrückt –, das Ich könne nun erstmals im Verlauf der Evolution jene Wirk-Impulse, welche es zur Entfaltung bringen, die es aber auch in Schranken halten, als etwas aus dem unbewussten psychischen Bereich Kommendes verstehen.

Symbole drücken jeweils einen Sinn aus, der erst nach langem Bemühen verstanden (= ans Ich assimiliert) werden kann. Sie sind aber nicht nur Sphinxe, die ein zu lösendes Rätsel enthalten; sie sind in der eigentlichen Bedeutung des Wortes Psychomotoren: sie entfalten eine Dynamik, welche die Entwicklung des Bewusstseins aufwärts treibt. So können wir denn das christliche Mythologem von der Menschwerdung des Gottessohnes nicht nur als Voranzeige der Bewusstseinsmutation betrachten, sondern gleichsam als Triebladung, welche das Ich über den Bereich der archaischen Apperzeption hinausträgt.

Allerdings ist zu bemerken, dass in dem Moment, da ein Symbol seine evolutionsfördernde Funktion erfüllt hat, auch dessen Triebladung verpufft ist. Aus diesem Grund vermögen die christlichen Mythologeme heute die Gemüter kaum mehr zu erschüttern. So dürfte denn fortan innerhalb des Christentums die Botschaft *über* Jesus (der christliche Mythos) in den Hintergrund treten, und es dürfte die Botschaft *des* Jesus – die von ihm gelehrte und nach Aussage der Evangelien von ihm beispielhaft vorgelebte religiöse Haltung – wieder aktueller werden.

Ergebnis der archaischen Evolutionsphase: ein dualistisches Weltbild

Durch die über Jahrtausende sich hinziehende Evolution unter der Dominanz des archaischen Apperzeptionsschemas war aus der unistischen Weltsicht des frühen Menschen eine ausgesprochen dualistische entstanden. Dieser spätarchaische Dualismus war nicht wie der der positivistischen Zeit ein Dualismus von Materie und Geist beziehungsweise von Leib und Seele sondern in erster Linie ein Dualismus vom Diesseits und Jenseits beziehungsweise von Natur und Übernatur, Irdischem und Überirdischem, Physischem und Metaphysischem. Zustande gekommen war er, wie eben beschrieben, vor allem durch die Evolution auf dem metaphysischen Zweig, obwohl auch auf dem physischen Zweig die Entwicklung – wenn auch in bescheidenem Ausmaß – kontinuierlich vorangeschritten war.

Auseinandergerückt waren Diesseits und Jenseits erstens *im räumlichen Sinn.* So befand sich denn für den spätarchaischen Menschen, der schon ein relativ weites Gebiet „dieser" Welt überblickte, bereiste und beherrschte, das Jenseits nicht mehr in unmittelbarer Nähe sondern weit weg „über dem Sternenzelt".

Aber auch *im qualitativen Sinn* waren die beiden Welten auseinandergerückt. Das „Diesseits" war aufs Ganze gesehen weitgehend fest und beständig geworden, sodass man es nicht mehr nötig fand, es alljährlich durch Riten zu erneuern und vor dem Rückfall ins Chaos zu bewahren; und das „Jenseits" war zu einer *geistigen* Welt geworden: zu einer Welt, die von immateriellen, „rein geistigen" Wesen bevölkert war.

Damit wären wir eigentlich so weit, dass wir den Strukturwandel von der archaischen zur heutigen Bewusstheit betrachten könnten: jenen Strukturwandel, der zu einem Hereinklappen der metaphysischen Wirklichkeit und damit wiederum zu einer unistischen Weltsicht führte. Indessen scheint es mir angezeigt, dass wir uns vorerst noch über die archaischen Züge des mittelalterlichen Weltbildes Rechenschaft geben.

Obwohl nämlich die Absetzbewegung vom archaischen Weltverständnis, die über Humanismus und Aufklärung bis zum weltanschaulichen Positivismus des neunzehnten Jahrhunderts konsequent voranschritt, erstmals in der italienischen Renaissance manifest geworden ist, hat sie sich doch schon während des Mittelalters angebahnt. Jene vorbereitende Entwicklung vollzog sich zwar untergründig, ohne dass die, welche daran arbeiteten, wussten, auf welches Ziel hin sie wirkten. Bei der heutigen Auseinandersetzung mit jenen Überresten archaischer Bewusstheit, die auf uns gekommen sind, wird nun von den Vertretern der Kirche und der Theologie mit Vorliebe auf das Vorwärtsweisende, das im Mittelalter gedacht wurde, hingewiesen, wobei gleichzeitig das Archaische im Denken jener Zeit übergangen oder verdrängt wird. Deshalb müssen wir vorerst unsere Aufmerksamkeit den *archaischen* Zügen des Mittelalters und der mittelalterlichen Wissenschaft zuwenden. Auf die zukunftsträchtige geistige Strömung in der scholastischen Theologie werden wir später eingehen, wenn wir den Ablauf der Bewusstseinsmutation besprechen.

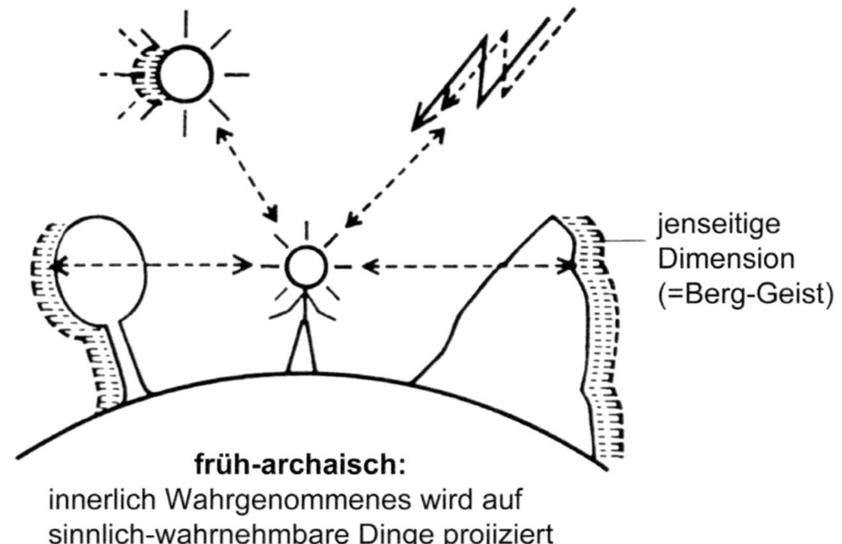

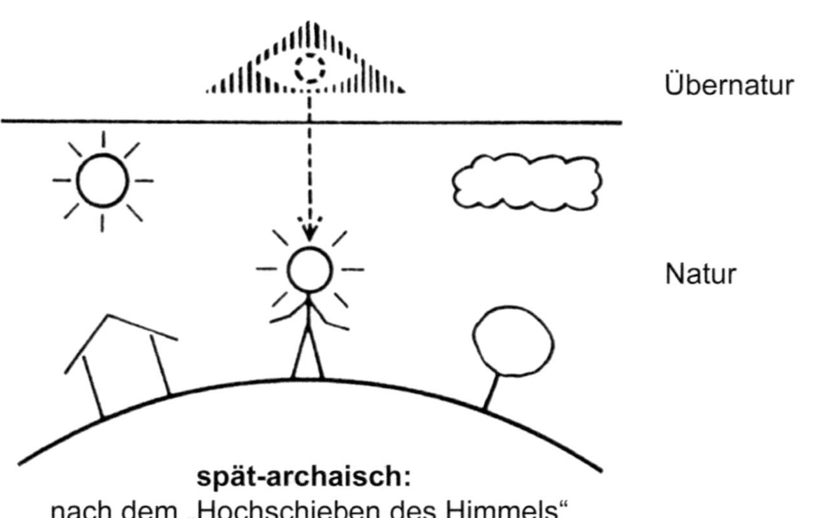

Abb. 1: Archaisches Welt- und Selbstverständnis © Willy Obrist

Das archaische Weltbild des Mittelalters

Zweistöckiges Weltbild

Dass das Weltbild des Mittelalters im spätarchaischen Sinn dualistisch war, lässt sich deutlich an der kirchlichen Malerei erkennen. Säuberlich von der „irdischen" Welt getrennt tritt uns dort die „überirdische" entgegen: die überirdische mit ihren drei Räumen, dem Himmel, dem Fegefeuer und der Hölle. Der Himmel befindet sich in diesen Bildern immer oben, zum mindesten über den Wolken. Aus diesem Grunde kann jenes Weltbild als zweistöckiges bezeichnet werden. Dass sich aber die mythische Kosmologie in die dreidimensionale Raumauffassung nicht richtig einordnen lässt, sieht man an der Unsicherheit bezüglich Ortung von Hölle und Fegefeuer. Hierzu werden alle möglichen Versuche unternommen, wovon vielleicht Dantes dichterische Schilderung die originellste ist.

Rearchaisierung des Bewusstseins trotz Übernahme von Errungenschaften der Antike

Ich habe schon erwähnt, dass im Mittelalter eine Rearchaisierung des Bewusstseins stattgefunden hat. Dies war deshalb der Fall, weil die Völker, auf die nach dem Untergang des römischen Reiches der geschichtliche Schwerpunkt sich verlagerte – die Kelten und Germanen –, im Unterschied zu den Völkern rund ums Mittelmeer bis dahin auf einer sehr niedrigen Bewusstseinsstufe gelebt hatten, und nun erstmals daran gingen, eine Hochkultur zu schaffen.

Sie schufen diese Kultur aber nicht völlig aus sich heraus, denn sie hatten ja von der Antike eine hochentwickelte und hochgeistige Religion sowie eine hochdifferenzierte staatliche Struktur übernommen: eine Religion, die durch die Synthese von christlichem Mythos und griechischer (vorwiegend platonischer) Philosophie zustande gekommen, und eine staatliche Struktur, die aus dem schon weitgehend profanen römischen Rechtsdenken hervorgegangen war.

Interessant ist nun, dass die staatliche Struktur der Römer nicht von den Herrschern „dieser" sondern von den Vertretern beziehungsweise „Beauftragten" der „jenseitigen" Welt übernommen wurde. Dank dieser Übernahme war schon während der Niedergangszeit des römischen Kaiserreichs aus der anfänglich lockeren Ritengemeinschaft des Gemeindechristentums eine nicht nur religiös sondern auch weltlich funktionstüchtige Kirche entstanden: jene westliche Kirche, die ihren Hauptsitz in Rom beibehielt, von dort aus die Christianisierung des Gebietes nördlich

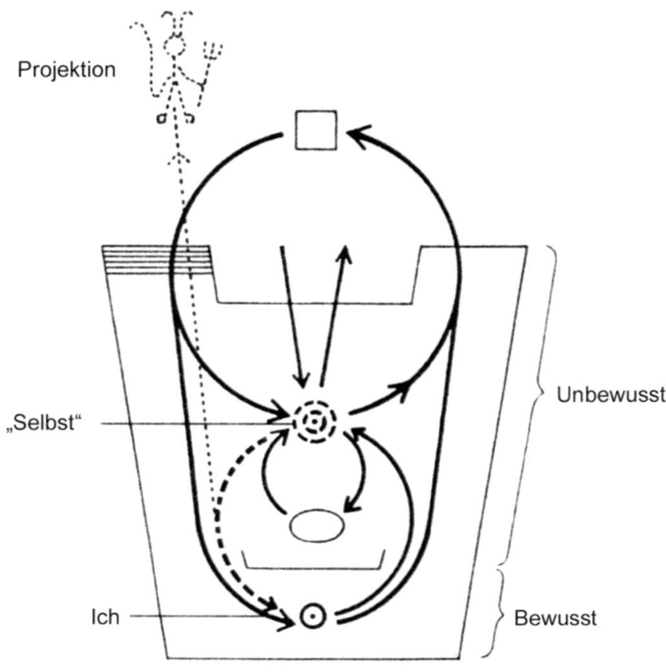

Abb. 2: Der Vorgang der Projektion. Bilder des inneren Wahrnehmungsstromes werden unbewusst nach außen proiziert und als konkrete Wesen aufgefasst © Willy Obrist

der Alpen leitete und die so entstandenen Lokalkirchen – allem Streben nach Selbstständigkeit zum Trotz – lenkte.[55]

Herrschertum von Gottesgnaden

Dass die Herrschaften „dieser“ Welt – um die einmal gewählte Terminologie beizubehalten – sich aus dem Rechtsdenken *der jungen* Völker heraus entwickelten, und sich Schritt um Schritt von der Bevormundung durch die Kirche emanzipierten, sei hier nur nebenbei erwähnt. Was wir hier festhalten wollen, ist lediglich die Tatsache, dass auch dem damaligen Selbstverständnis der „irdischen“ Herrschaften ein archaisches Denkmuster zu Grunde lag.

Die mittelalterlichen Herrscher verstanden sich nämlich als Herrscher von Gottesgnaden. So brutal auch die Kämpfe sein mochten, die sie an die Macht brachten, so „fromm“ waren sie doch bestrebt, ihre Legitimität auf einen Auftrag Gottes zurückzuführen. Dem Vorbild Karls des Großen folgend setzten auch die späteren römischen Kaiser deutscher Nation jeweils alles daran, die Krone aus den Händen des Papstes – des „Stellvertreters Christi auf Erden" – entgegen zu nehmen. Die Krönung war ein echtes Ritual, bei dem der Papst als Offiziant gemäß archaischer Vorstellung „bewirkte", dass der Kaiser zu einem „Menschen höherer Ordnung" wurde. Analoges gilt für die Weihe der Könige.[56] Überbleibsel dieses Denkmusters finden wir sogar noch in unserer Zeit, z. B. in England, wo ja die Krönung, die eigentliche Inthronisation des Königs, durch das geistliche Oberhaupt der anglikanischen Kirche in einem rituellen Akt vollzogen wird.

Die Kirche eine archaische Ritengemeinschaft
Das andere politische Gebilde, das die abendländische Völkergemeinschaft des Mittelalters formte und trug, die Kirche, war und blieb trotz des römisch-rechtlichen Überbaus in ihrem Kern eine echte archaische Ritengemeinschaft. Ihr zentraler Ritus war die Messe, bei der der Priester durch das Aussprechen vorgeschriebener Worte „bewirkte", dass Brot und Wein zum Leib und Blut Christi, des geistigen Ahns dieser Gemeinschaft „wurden". Dass die Kirche sich selbst und die konsekrierte Abendmahlsspeise – entsprechend dem archaischen Denkschema – als „mystischen Leib" Christi verstand, haben wir schon gesehen. In welch wörtlichem Sinn man im Mittelalter die Abendmahlsspeise als Leib Gottes auffasste, geht aus den sogenannten Abendmahlsstreiten hervor. Diese wurden ja nicht erst während der Reformation – der ersten Absetzbewegung vom archaischen Weltbild – sondern schon während des Mittelalters mit großer Heftigkeit geführt. Charakteristisch für das Weltverständnis des mittelalterlichen Menschen war nun, dass bei diesen Auseinandersetzungen jeweils die konkretistischere Auffassung siegte
Konkretistische Auffassung der Abendmahlsspeise
In der alten Kirche hatte sich noch keine feste, allgemein anerkannte Lehre darüber ausgebildet, auf welche Weise Christus in den Gestalten von Brot und Wein anwesend sei. Einerseits hatten Autoritäten wie Tertullian und Augustinus eine vergeistigte Auffassung ausgesprochen, doch hatte anderseits schon zur Zeit der Väter die Annahme, Brot und Wein seien im wörtlichen Sinne Leib und Blut Christi, Vertreter gefunden.[57]

So übernahm denn das Mittelalter eine gewisse Zwiespältigkeit der Tradition. Als zur karolingischen Zeit im Kreis der Theologen das Interesse an der Art und Weise der Anwesenheit Christi in der Eucharistie erwachte, war es deshalb möglich, dass zwei sich widersprechende Lehren formuliert werden konnten, ohne dass eine Synode (eine Orthodoxie schaffende Institution) eingriff. Im Jahre 831 schrieb Paschasius Radbertus, bei der Konsekration verwandeln sich Brot und Wein *substantiell* (= ihrem Wesen nach) in jenen Leib, welcher einst der von der Jungfrau geborene und Mensch gewordene Christus gewesen sei. – Im Jahre 851 hingegen schrieb Ratramnus, die in den sichtbaren Zeichen Brot und Wein verborgene Wirklichkeit sei das Wort Gottes (= ?), welches die Seele nähre und belebe. Aber auch für Ratramnus stand die reale Präsenz Christi im Sakrament außer Zweifel.[58]

Die karolingische Renaissance war eine höfische Angelegenheit und die Diskussion um die Partizipationsweise spielte sich in einem kleinen Kreise von Gelehrten ab. Weil keine Synode den Streit entschied, blieb die Entwicklung den Zeitströmungen überlassen. Es scheint mir nun für die Bewusstseinsstufe des mittelalterlichen Menschen sehr aufschlussreich zu sein, dass die öffentliche Meinung des Volkes wie der Gelehrten der plump konkretistischen Wandlungsvorstellung des Paschasius den Vorzug gab.

So vertrat z. B. Gerbert von Reims (ca. 945-1003) der spätere Papst Sylvester II., entschieden den konkretistischen Standpunkt des Paschasius. Der letzte Teil seines Traktates „de corpore et sanguine domini" („Über Leib und Blut des Herrn") ist zudem die erste bekannt gewordene ausführliche Erörterung der Frage nach der Verdauung der Abendmahlsspeise: einer Frage, welche die Theologen in der folgenden Zeit noch viel beschäftigen sollte, und die ein weiterer Hinweis auf den früharchaischen Charakter des mittelalterlichen Denkens ist. Gerbert war der Meinung, der genossene Leib Christi falle im Körper nicht der Verdauung anheim wie die gewöhnlichen Speisen, sondern werde aufbewahrt als Stoff für den späteren Auferstehungsleib.[59]

So brach denn auch ein allgemeiner Sturm der Entrüstung los, als Berengar von Tours (gest. 1088) eine vergeistigtere Auffassung der Eucharistie vorschlug. Berengar war wohl der erste, der mit der Anwendung der aristotelischen Logik auf das Glaubensgut – mit einer Denkweise, aus der die Scholastik hervorging – ernst machte. Infolgedessen nahm er Anstoß an der Idee der Transsubstantiation eines Dinges bei gleichbleibenden Attributen. Er fand, Brot und Wein können nicht in ihrer Substanz (= Wesen) transformiert werden und weiterhin wie Brot und Wein aussehen. Auch könne der zur Zeit im Himmel weilende Leib Christi nicht in dem Sinne teilbar sein, dass er im eigentlichen Sinne im Brot und Wein gegenwärtig sei und verzehrt werden könne.

Auch Berengar glaubte an die akausale Wirksamkeit des rituellen Tuns und bestritt nicht, dass Brot und Wein durch die Konsekration zu etwas anderem würden, nämlich zu Leib und Blut Christi. Aber er vertrat die Meinung, es könne nicht von etwas anderem die Rede sein als von einer „geistigen" (= ?) Präsenz Christi. Die Verwandlung sei nicht substantiell sondern virtuell. Berengars Auffassung ruhte somit ebenfalls auf dem archaischen Denkschema, sie war nur subtiler archaisch als die des Paschasius und des Gerbert.

Aber auch dies wurde von den Zeitgenossen nicht vertragen. Berengar stand in seinem Kampf gegen die allgemeine Entrüstung, die über ihn hereinbrach, ganz allein da. Zwanzig Jahre lang hielt er Stand. Erst als ihm die Ostersynode von 1079 drohte, ihn zu bannen und der Wut des Pöbels preiszugeben, widerrief er, entgegen seiner Überzeugung.[60]

Das Priestertum

Ebenso typisch archaisch wie die Vorstellung vom mystischen Leib Christi war die Vorstellung vom Priestertum. Wir haben ja gesehen, dass der Priester integrierendes Element einer geistlichen Gemeinschaft ist, und dass der archaische Mensch dem Priester die Fähigkeit zu akausalem Bewirken zuschrieb. Die Wirkungsmächtigkeit des christlichen Priesters bestand – und besteht – bekanntlich nicht nur darin, Brot und Wein in den Leib Gottes zu verwandeln. Er besitzt nach Ansicht der Gläubigen und nach theologischer Lehre auch die Macht, den Menschen von seinen Sünden zu befreien und ihm dadurch den Zugang zum Himmelreich zu öffnen; ferner die Macht, Teufel auszutreiben sowie alle möglichen Weihungen und Segnungen (ebenfalls akausale Bewirkungen) vorzunehmen.

Die Befähigung zu akausalem Bewirken empfängt der Priester durch einen ebenfalls akausalen Bewirkungsakt: durch den Weiheritus. Dieser wird von einem Bischof vorgenommen, der die Befähigung dazu seinerseits durch den Ritus der Bischofsweihe empfangen hat. Die historische Forschung zeigte zwar, dass der Ritus der Bischofsweihe erst nach dem Sieg der Amtspriesterschaft über die Charismatiker sukzessive aufgekommen war.[61] Die unkritische Überlieferung hingegen nahm an, er sei von Christus selber gestiftet worden. Diese sogenannte Theorie der apostolischen Sukzession wurde dann von theologischen Dogmatikern aus dem Lukas-Evangelium „bewiesen" und zwar aus jenen Schriftstellen, in denen Lukas – wie die redaktionsgeschichtliche Forschung erwiesen hat – seine persönliche beziehungsweise die in seinem Kreis vorherrschende Theorie über Wesen und Ursprung der christlichen Ritengemeinschaft dargelegt hatte.[62]

Die weiterlebenden Toten
Wenn wir nun nach weiteren Zügen archaischer Bewusstheit im Welterleben des mittelalterlichen Menschen Ausschau halten, stoßen wir auf die Vorstellung vom Weiterleben der Toten im „Jenseits". Dabei wurde ebenso wie bei früharchaischen Völkern zwischen „gewöhnlichen" und „wachsenden" Toten unterschieden.

Die Beziehung zu den „gewöhnlichen" Toten war geprägt durch die Lehre von den drei jenseitigen Reichen: dem Himmel, der Hölle und dem Fegefeuer. Da man nie wissen konnte, ob ein Verstorbener noch im Fegefeuer „schmachtete", wurde für ihn – ebenfalls auf Grund archaischer Apperzeption – gebetet, wurden Messen gelesen und Ablässe gesammelt.

Die Heiligen als „wachsende" Tote
Besonders ausgeprägt, ja geradezu überbordend, war die Verehrung der „wachsenden" Toten: jener Toten, die nach archaischer Auffassung im Jenseits eine Erhöhung erfahren und selber wirkungsmächtige Wesen werden, sodass sie von dort her in das Geschehen „hienieden" eingreifen können. Erst wenn wir unseren Blick auf die Heiligenlegenden und auf die Heiligenverehrung richten, vermögen wir die Denk- und Erlebensweise des mittelalterlichen Menschen richtig zu erfassen. Mochte man im esoterischen Kreise der gelehrten Theologen noch so tiefsinnig über die großen christlichen Mythologeme der Trinität, der Inkarnation, der Erlösung usw. nachdenken: Das Denken des „gemeinen Mannes" – auch des „gemeinen" Klerikers – war erfüllt von den Legenden, die sich um die Heiligen rankten.

Ebenso wie im ersten Jahrhundert die Hauptzüge des christlichen Mythos (die „großen christlichen Wahrheiten") sich als mythisierte Geschichte ausformten, entstanden auch schon damals die ersten kleinmythologischen Erzählungen, die sich um historische Personen rankten (Legenden). Einige davon gingen sogar noch in die Evangelien ein, z. B. die Wundererzählungen und die Geburtsgeschichte.

Durch die Bildung des Kanons und der Orthodoxie bewahrenden Institution gelang es dann der Amtskirche, die systematische Entfaltung und Verarbeitung des *großen* Mythos in der Hand zu behalten. Außerhalb dieses Kanals aber konnte die Kleinmythologie ungehindert weiterwachsen. Und sie wuchs so üppig, dass wir schon im vierten Jahrhundert nebst vielen einzelnen apokryphen (nicht in den Kanon aufgenommenen) Geschichten und Acten eine Zusammenfassung des Legendenguts vorfinden: die Kirchen-"Geschichte" des Eusebius, in der die Grundzüge der Legende um Christus, Pilatus, die Apostel und das Kreuz bereits gegeben sind.

Als das Christentum dann auf die Germanen überging – auf Völker, die wie erwähnt, die „hellenistische Aufklärung" nicht durchgemacht hatten, und somit der inneren Wahrnehmung noch nahe standen – begann die christliche Kleinmythologie in ungeahntem Maße zu wuchern. Was von heidnischer Mythologie noch vorhanden war, wurde dabei ins Christliche umgefärbt. Die Gestalten, um die der Stoff sich rankte, waren vor allem die Heiligen.[63]

Als im dreizehnten Jahrhundert die Bettelorden aufkamen und zwischen dem Volk und dem Theologenstand (den damaligen Gebildeten) eine Annäherung stattfand, bemühten sich zahlreiche Theologen, den vielfältigen Legendenstoff zu sammeln, zu straffen und im Überblick darzustellen. Das berühmteste Werk, das aus diesem Bemühen hervorging, ist die Legenda aurea des Jacobus de Voragine. Dieses Buch, das im Jahrzehnt zwischen 1263 und 1273 entstand, war das am meisten abgeschriebene, übersetzte und gelesene Buch des Mittelalters. Es war um vieles bekannter als die Bibel. Aus ihm schöpften die Prediger und Seelenführer sowie die Künstler, welche die belehrenden Bilderzyklen für die Kirchen schufen.[64]

Das Werk des Jacobus de Voragine war deshalb so bedeutsam für die geistige Welt des mittelalterlichen Menschen, weil in ihm das mythologische Chaos nicht nur gestrafft und souverän zusammengefasst, sondern zudem nach dem Ordnungsmuster des Kirchenjahres – jenem typisch archaischen Muster – in eine ausgewogene Form gebracht wurde. Jeder Tag des Jahres besaß nun „seinen" Legendenschatz: Jahr für Jahr wiederkehrend – nach archaischer Weise kreisend – konnten nun die zu dem (oder den) Tagesheiligen gehörenden, für wahr gehaltenen legendären Ereignisse erzählt und betrachtet, sowie in Andachten und rituellen Gebräuchen „begangen" werden.

Die Legenda aurea, die in ihrer kunstvollen und schlichten Form heute noch durchaus genießbar ist, gibt uns wohl den besten und unmittelbarsten Einblick in das Welterleben des mittelalterlichen Menschen. Da wechseln die Heiligen von der „jenseitigen" Welt in die „diesseitige" herüber und verschwinden ebenso unvermittelt wieder ins „Jenseits", und wirken wundertätig, d. h. akausal nach Art metaphysischer Wesen; da tritt

– als Gegenspieler der Heiligen – der Teufel in allen möglichen Verkleidungen auf und wirkt ebenso akausal, zieht aber – der göttlichen Ordnung gemäß, – den Kürzeren, sobald ein Heiliger eingreift.

Das Wunder

Für den mittelalterlichen Menschen war der Heilige vor allem ein Wundertäter, zu dem er betete, damit dieser ihm „von drüben her" in den Nöten des Lebens helfe. Nach theologischer Auffassung wirkte der Heilige zwar durch die Kraft Gottes; in den Augen des einfachen Menschen aber wirkte er aus eigener Kraft: war er im wörtlichen Sinne ein wirkungsmächtiges metaphysisches Wesen.

Das Wunder war eben für den mittelalterlichen Menschen – für den ungelehrten wie für den gelehrten – noch etwas Selbstverständliches. Niemand zweifelte an seiner Möglichkeit, weil damals die archaische Apperzeption dessen, was den sichtbaren Veränderungen zugrunde liegt, für weite Bereiche der Wirklichkeit noch vorherrschte. Obwohl das „Diesseits" damals so fest geworden war, dass man es nicht mehr alljährlich im Ritus erneuern und in seinem Fortbestand sichern musste, konnte doch nach damaliger Auffassung das „Jenseits" allerorts und jederzeit in Form des Wunders in dieses einbrechen.

Die Reliquienverehrung

In engem Zusammenhang mit der Heiligenverehrung und dem Wunderglauben stand der Reliquienkult. Wir wollen auf seine mannigfaltigen Erscheinungen, die eine wahre Fundgrube für Beispiele archaischer Mentalität wären, hier nicht eingehen, sondern nur auf *ein* früharchaisches Verhaltensmuster hinweisen, das in ihm sich manifestierte.

Aus der gründlichen, auf die Quellen zurückgreifenden Untersuchung des Jesuitenpaters Stefan Beißel über die Reliquienverehrung geht hervor, dass der Mensch des Mittelalters glaubte, dort, wo eine Reliquie sich befinde, sei der Heilige selber anwesend.[65] Deshalb bestand an jenen Orten auch die größte Wundererwartung. Weil die Reliquien meistens nur Partikel waren, „war" der Heilige jeweils an *vielen* Orten zugleich anwesend; dies zu denken bereitete dem archaischen Menschen keine Schwierigkeit, da die Vorstellung der Multipräsenz metaphysischer Wesen ja zur archaischen Mentalität gehört, und der archaische Mensch zudem noch im Teil das Ganze zu sehen vermochte.

Nun hat der Ethnologe Wilhelm Schmidt darauf hingewiesen, dass gerade bei den kulturhistorisch ältesten Völkern die Sitte herrscht, Schädel und Unterkiefer von verstorbenen Angehörigen mit sich herumzutragen. Er wies nach, dass dies nicht nur dem Andenken an die Verstorbenen dient, sondern dass jene früharchaischen Menschen glauben, der Tote sei in diesen Knochen anwesend und wirke als Schutzgeist und Helfer bei ihren Unternehmungen. Bei jenen Papua in Neu Guinea, die noch nicht vom Akkulturationsprozess erfasst sind, ist diese Verwendung von Ahnen-Schädeln heute noch in Gebrauch.[66] Wir können in diesen ethnologischen Parallelen zur Vorstellung, der Heilige sei in den Reliquien anwesend, einen Hinweis dafür sehen, wie sehr das Welterleben des mittelalterlichen Menschen demjenigen der früharchaischen Stufe noch nahe stand.

Der mittelalterliche Mensch stand innerlich dem Menschen der Steinzeit näher als uns

Überblicken wir zum Schluss noch einmal die archaische Evolutionsphase und achten dabei weniger auf die bunte Vielfalt der einzelnen Erscheinungsformen als auf deren gemeinsame Züge, dann sehen wir, dass das archaische Welt- und Selbstverständnis etwas völlig anderes war als das heutige, sei dieses nun noch positivistisch oder habe es schon die erkenntnistheorischen Konsequenzen verarbeitet, die sich aus der Entdeckung des Unbewussten ergeben.

Halten wir diese Tatsache fest und bedenken wir außerdem, dass der mittelalterliche Mensch bis hinauf in die Bewusstseinsspitze noch durch und durch archaisch – in vielen Bereichen sogar noch früharchaisch – apperzipierte, dann können wir – cum grano Salis – die Aussage wagen, er sei – obwohl er uns *zeitlich* so nahe steht – *innerlich* dem Menschen der Steinzeit viel näher gestanden als uns.

Die Theologie als archaischer Wissenschafts-Typ

Wir haben die *archaischen* Züge des Mittelalters herausgearbeitet, weil das Mittelalter gleichsam zwei Gesichter hat: weil damals untergründig auch vieles sich anbahnte, was im Rückblick als Vorbereitung der Bewusstseins-Mutation zu verstehen ist, und weil dieses Vorwärtsweisende oft in der geschichtlichen Darstellung das archaische Gesicht des mittelalterlichen Geisteslebens überdeckt.

Wenn wir jetzt an dieser Stelle noch ein Kapitel über die Theologie einschalten, und dabei das *archaische* Gesicht dieser Wissenschaft hervorheben, geschieht dies aus dem gleichen Grund. Das Anliegen dieses Buches ist ja nicht nur eine akademische, bloß das Sachwissen bereichernde Darstellung der Bewusstseins-Mutation. Es geht auch darum, eine Antwort auf die viele Menschen beschäftigende Frage zu finden, ob es heute möglich sei, eine existenzielle (= religiöse) Einstellung zu leben, ohne dem als überholt empfundenen christlichen *Weltbild* verhaftet zu sein.

Wie eingangs dargelegt bin ich der Überzeugung, dass durch die Entdeckung des Unbewussten ein Welt-und Selbstverständnis zustande kam, das – nach der areligiösen positivistischen Übergangsphase – die gesuchte Form von Religiosität ermöglicht. Anderseits bin ich aber auch der Meinung, dieses neue Selbst- und Weltverständnis sei durch die Entdeckung des Unbewussten erst *möglich* geworden, müsse nun aber noch durch Zusammenarbeit vieler wissenschaftlicher Disziplinen *entfaltet* werden.

Nun stehen aber wie gesagt dieser interdisziplinären Arbeit große Hindernisse im Wege, und zwar deshalb, weil man sich zu wenig darüber im Klaren ist, dass heute nebeneinander drei Typen von Wissenschaft bestehen, die im Verlauf der abendländischen Geschichte nacheinander entstanden sind, und deren Denkschemata Ausdruck je verschiedener Stadien der Bewusstseinsevolution sind.

Um die Denkmuster, die dem ältesten der drei Wissenschafts-Typen *zugrunde* liegen, blasszulegen und bewusst zu machen, haben wir zuerst das Selbstverständnis des archaischen Menschen betrachten müssen. Die theologische Wissenschaft zeigt nämlich heute kaum mehr ihr archaisches Gesicht. An den theologischen Fakultäten überwiegen Disziplinen, die dem positivistischen Wissenschafts-Typ zuzurechnen sind: historische, philologische und soziologische. Alle diese Fächer sind in der Neuzeit dazugekommen und haben sich rund um die Kerndisziplinen angesiedelt, aus denen Theologie im Mittelalter bestand: um Dogmatik, Moral und Exegese.

Vordergründig haben nun die positivistischen Fächer die archaischen überlagert und modifiziert (insbesondere die Exegese). Vom Hintergrund her werden *sie* jedoch – und zwar in den entscheidenden Punkten! – von den archaischen bestimmt. Indem die archaischen Denkschemata sich hinter die „moderne" Fassade der Theologie zurückgezogen haben, sind sie unbewusst geworden. Gerade deshalb aber bilden sie – wie unbewusste Widerstände in der analytischen Therapie – ein kaum zu überwindendes Hindernis beim interdisziplinären Gespräch.

Wir werden später sehen, dass dem archaischen und dem positivistischen Wissenschaftstypus zwei Apperzeptionsschemata zugrunde liegen, die miteinander *unvereinbar* sind, was denn auch um die Jahrhundertwende als sogenanntes Dilemma zwischen Wissen und Glauben manifest wurde.

Diese Unvereinbarkeit führt – namentlich bei akademischen Theologen – oft zu einer Haltung, die dem Analytiker als SchubladenPsychologie bekannt ist. Bei Gesprächen mit anderen Wissenschaftlern ziehen sie meistens die positivistische Schublade heraus und verblüffen oft durch ihr Fachwissen in neuzeitlichen Disziplinen. Wenn jedoch das Gespräch auf „Wahrheiten des Glaubens" kommt, schieben sie die positivistische Schublade hinein, ziehen die archaische heraus, und argumentieren nun mit dem gleichen Anspruch auf zeitgemäße Wissenschaftlichkeit auf Grund archaischer Apperzeption weiter. Die Schubladen-Psychologie funktioniert unbewusst. Sie beruht auf Verdrängung und führt, wie jede Verdrängung, zu einer Verengung des Bewusstseins, die für viele offen daliegende Fakten blind macht.

Anfänge der wissenschaftlichen Theologie

Wir haben Theologie umschrieben als Reflexion über ein konkretistisch verstandenes mythisches Geschehen, von dem angenommen wird, es sei den Menschen von überirdischen Wesen offenbart worden. Wir haben ferner festgehalten, dass vorwissenschaftliche Theologie – wenn auch oft in sehr rudimentärer Form – bei sozusagen allen archaisch apperzipierenden Ethnien vorkommt.

Wenn wir in diesem Abschnitt von Theologie reden, meinen wir deren wissenschaftliche Ausprägung. Diese ist erst im 13. Jahrhundert entstanden und wurde ermöglicht durch die Gründung der Universitäten. Zur Väterzeit waren die Theologen entweder freie Gelehrte, die nach Art griechischer Philosophen oder nach Art unserer Musiklehrer einen Schülerkreis um sich sammelten, oder sie waren Kirchenfunktionäre, z. B. Bischöfe wie Augustinus. Die Kirchenväter hatten noch wenig Neigung zu Systematik. Sie beschränkten sich in der Regel auf Kommentare zum „geschriebenen Wort Gottes" sowie auf Monographien, die sie zur Verteidigung der „rechtmäßigen" Lehre gegenüber Heiden und Häretikern verfassten.[67]

Vom Ausgang der Antike bis zum Ende des l. Jahrtausends wurde die theologische Gelehrsamkeit ganz von den Dom- und Klosterschulen getragen. Diese waren aber kaum produktiv. Was dort geleistet wurde, war nicht viel mehr als das Bemühen, die aus der Antike geretteten Trümmer des Wissens zu erhalten und einigermaßen zu verstehen.[68]

Von der zweiten Hälfte des 11. Jahrhunderts an versuchten dann Theologen durch das Anlegen von Sentenzen-Sammlungen das patristische Material zu sichten, zu vergleichen und geordnet darzustellen. Die bekannteste Sammlung dieser Art, auf die sich viele spätere Systematiker stützten, war die des Petrus Lombardus (gest. 1160).[69]

Auf den Schultern der Sentenzianer entstanden schließlich – ungefähr gleichzeitig mit den Universitäten – die Summen. Diese waren die ersten einigermaßen selbstständigen und umfassenden systematischen theologischen Gedankengebäude.[70] Im Gefolge der Summen wuchs die Theologie dann immer mehr zu einer Wissenschaft im abendländischen Sinne heran, d. h. zu einer Wissenschaft. die einerseits Wissen vermittelt, anderseits aber auch über lange Zeiträume hinweg ihr Forschungsobjekt zielstrebig bearbeitet, indem jede Generation auf dem weiterbaut, was die früheren Generationen zu Tage förderten.

Universitas bedeutete im mittelalterlichen Sprachgebrauch Korporation. So gab es zum Beispiel Bürgerkorporationen (universitates civium). Aus Lehrer-Schüler-Korporationen (universitates magistrorum et scholarum) gingen im 13. Jahrhundert die Universitäten hervor.[71] Sie wurden *damals* weder von der Kirche noch vom Staate gegründet, jedoch von beiden Mächten zusehends mit Privilegien ausgestattet. So blieben sie bis heute eine Art autonomer geistiger Gefilde, obwohl zeitweise die Kirche, zeitweise der Staat ihren Einfluss auf sie auszudehnen versuchte. Mit der Autonomie der Institution „Universität“, deren personelle Träger auswechselbar waren, verselbstständigten sich Lehre und Forschung immer mehr. Die Wissenschaft wurde so später zu einer Art Über-Individuum, welches ein von den einzelnen Vertretern unabhängiges Eigenleben führt.

„Weltliche“ Disziplinen an den mittelalterlichen Universitäten

Im Mittelalter war Wissenschaft gleichbedeutend mit Theologie und einer unter der Vormundschaft der Theologie stehenden Philosophie. Ansätze zu dem, was sich später als Kultur- und Naturwissenschaft ausformen sollte, waren zwar schon damals vorhanden. Diese „weltlichen“ Disziplinen, die man die sieben freien Künste nannte, taugten aber nicht viel. Wohl hatten die Griechen einst das profane Wissen – aufbauend auf den Leistungen der orientalischen Völker – zu beträchtlicher Blüte gebracht. Nach dem durch Sokrates eingeleiteten Umschwung jedoch, in dessen Gefolge Philosophie immer mehr zu Religion wurde, erfolgte ein kontinuierlicher Niedergang des profanen Wissens.

Was davon am Ausgang der Antike, 600 Jahre nach der Blütezeit, noch übrig blieb, war nach dem Religionshistoriker Overbeck „eine leblose, von den Quellen ihres Daseins (d. h. von der Beobachtung) abgeschnittene, daher unkontrollierbare und rettungslos der allmählichen Barbarisierung verfallene Schul- und Bücherweisheit".[72]

Für die eigentliche Wissenschaft des Mittelalters hatten die sieben freien Künste, mit Ausnahme der „Philosophie" kaum Bedeutung. Inwiefern das, was unter der Rubrik „Philosophie" überliefert wurde (die aristotelische Logik), dazu führte, dass die archaische Wissenschaft des Mittelalters ungewollt einen Grundstein für die Bewusstseinsmutation legte, wird später zu zeigen sein.

Zur Bedeutungslosigkeit der übrigen sechs „freien Künste" kommt noch hinzu, dass der mittelalterliche Mensch diese kläglichen Reste des einst blühenden Wissens der Antike aus der Hand der Kirche empfing und dass er damit auch die von der alten Kirche vertretene Einstellung zum profanen Wissen übernahm. Wie die alte Kirche dieses einschätzte, ist in Augustinus" Schrift „de doctrina Christiana" (= über die Bildung des christlichen Gelehrten) niedergelegt. Nach Augustinus ist das beste Wissen jenes, das aus der Heiligen Schrift zu gewinnen ist. Das profane Wissen hat nach ihm einzig und allein zum besseren Schriftverständnis zu dienen, d. h. die „weltlichen" Fächer haben Diener der Theologie zu sein.[73]

In diesem Sinne stellten bald nach Augustinus christliche „Gelehrte" die Überreste des antiken profanen Wissens kompendienartig zusammen. Diese Schriften, bei deren Lektüre sich einem oft die Haare sträuben, wurden und blieben die Schulbücher des jungen Mittelalters. Der Nordafrikaner Marcianus Capella (vor 439) gliederte sein Kompendium in die sieben Rubriken Grammatik, Philosophie, Rhetorik, Geometrie, Arithmetik, Astronomie und Musik, wodurch der Name „sieben freie Künste" entstand. Die anderen wichtigen Schulbuchautoren, Cassiodorus (477-570) und Isidor von Sevilla (gest. 636) übernahmen dann dieses Schema, und so ging es schließlich in den mittelalterlichen Schulbetrieb ein.

Dogmatik, die theologische Kerndisziplin

Die *theologische* Wissenschaft des Mittelalters war noch eine ungetrennte Einheit von Dogmatik, Moral und einer naiven, weil gänzlich ahistorisch eingestellten Exegese. Das Kirchenrecht kann, obwohl es schon im Mittelalter zu hoher Blüte gelangte, hier außer Acht gelassen werden; erstens, weil sich sein Schwerpunkt schon früh nach Italien, dem Ursprungsland des römischen Rechtsdenkens verlagerte, zweitens weil uns die Kirche als Institution im Zusammenhang mit der Bewusstseinsevolution nur am Rande interessiert.

Wollen wir nun das Archaische am theologischen Denken erfassen, dann müssen wir unser Augenmerk auf die Dogmatik konzentrieren, denn sie ist *die* theologische Kerndisziplin; sie bestimmte und bestimmt wie gesagt das Denken in allen anderen theologischen Disziplinen sowie – hintergründig – in den später dazugekommenen historischen, philologischen und soziologischen. Für die theologischen Dogmatiker galt bis heute als indiskutable Tatsache, dass es jenseits der physischen Welt eine metaphysische Welt gebe, dass diese von konkreten metaphysischen Wesen bewohnt sei, und dass das metaphysische Geschehen sich so abgespielt habe, wie es im Glaubensbekenntnis, der prägnanten Zusammenfassung des christlichen Mythos, formuliert ist. Die Dogmatiker gingen davon aus, dass Gott selber all diese Sachverhalte offenbart habe, dass das Geoffenbarte in der Bibel aufgeschrieben sei, und dass die Dogmen nur *das* explicite aussprechen, was im Keime schon im biblischen Text enthalten sei. Sie sahen ihre Aufgabe darin, dieses Lehrgebäude weiter auszubauen, eventuell neue, bisher noch nicht erkannte „übernatürliche Wahrheiten" aus dem biblischen Text herauszuschälen und zu „beweisen".

Sakramentenlehre als schöpferischer Beitrag des Mittelalters zur Theologie

Überblicken wir die Geschichte der Dogmatik und fragen wir uns, welches jeweils der schöpferische Beitrag der verschiedenen Epochen gewesen sei, dann stellen wir fest, dass die hochgeistigen Lehren vom Logos, vom heiligen Geist, von der Menschwerdung Gottes und von der Erlösung schon von den Kirchenvätern entwickelt wurden, und dass auch die bedeutungsschweren Symbole der Trinität und des Gottmenschen schon vor dem Ausgang der Antike ihre endgültige Prägung erhalten haben. An diesen Ergebnissen der patristischen Spekulation haben die Scholastiker nur noch sozusagen mechanische Denkarbeit geleistet, indem sie die aristotelischen Unterscheidungen und Denkregeln auf diese anwandten, sie dabei zergliederten, systematisierten und zu einem Lehrgebäude zusammen fügten.

Die eigentlich *schöpferische* Arbeit der Scholastiker bestand in der Entfaltung der schon erwähnten Sakramentenlehre: in der Reflexion über jenes typisch früharchaische Verhaltensmuster, das im Leben ihrer Zeit – und somit auch in ihrem eigenen Welterleben – einen so „zentralen Sitz" hatte.[74]

Die Sakramententheologie entstand dadurch, dass die Theologen über die vielen priesterlichen Bewirkungen, die nach und nach spontan entstanden waren, reflektierten und diese in ein System zu bringen versuchten.[75] Dabei kam es zur Unterscheidung zwischen den eigentlichen Sakramenten und den Sakramentalien. Als eigentliche Sakramente galten neben der Eucharistie die Taufe, die Firmung, die Beichte, die Ehe, die Krankenölung und die Priesterweihe. Die Theologen lehrten, diese seien von *Christus* selber eingesetzt worden. Bei dieser Rückführung der wichtigsten Riten auf den geistigen Ahn folgten sie einem weitverbreiteten archaischen Denkmuster. So wird z. B. auch im Popol Vuh erzählt, der Sonnengott habe den Maya die Riten gebracht, als er in der Gestalt des Gottessohnes Ahpu auf die Erde herabgestiegen war.

Die „von Christus persönlich gestifteten" Riten bildeten im sakramentalen System der Theologie gleichsam einen inneren Ring, in dessen Zentrum der christliche Hauptritus – die Eucharistie – sich befand. Auf peripheren Ringen lagen dann die Sakramentalien: die von der *Kirche* – „unter Einwirkung des Heiligen Geistes" – geschaffenen Bewirkungen: all die ungezählten Weihungen und Segnungen von Wasser (Weihwasser, das wiederum als Mittel zur Bewirkung diente), von Chrisam, von Altären und Amuletten, von Häusern, Geräten und Waffen usw.

Bei der Systematisierung dessen, was bei all diesen Bewirkungen zustande kam, hatten die Theologen große Mühe. Immer aber wurde – wie wir schon bei der Eucharistie sahen – angenommen, es werde eine *Veränderung* bewirkt: z. B. vom sündhaften in den sündenfreien Zustand (Beichte), vom gewöhnlichen Menschen zum wirkungsmächtigen Wesen (Priesterweihe). Und immer kam, nach mittelalterlicher Vorstellung, die Veränderung durch ein Bewirken zustande: dadurch, dass der „Spender" gewisse vorgeschriebene Hantierungen in der „richtigen" Reihenfolge ausführte und die vorgeschriebene Spendeformel „richtig" hersagte.

Im Gegensatz zu den frühchristlichen Symbolen, die, als bildhafter Ausdruck unanschaulicher Sachverhalte verstanden, auch heute noch ihre Bedeutung haben, ist nun aber die Vorstellung von der sakramentalen Bewirkung und von der Wirkungsmächtigkeit des Priesters gerade *die* Komponente des archaischen Weltverständnisses, die durch die Bewusstseinsmutation endgültig überwunden wurde. Nun wurde aber die von den Scholastikern geschaffene Sakramentenlehre nach dem Ende des Mittelalters am Konzil von Trient (1545-63) für die Gläubigen für verbindlich erklärt.

Wie die Erklärungen anderer Konzilien dienten auch die von Trient der Abwehr von „Irrlehren". Die „Irrlehre", die hier abgewehrt werden sollte, war die der Reformatoren.[76] Diese hatten sich bekanntlich gegen die Vorstellung des akausalen Bewirkens und damit implicite gegen das Weihepriestertum gewendet. Sie hielten nur noch an zwei (oder drei)

Sakramenten fest und fassten diese außerdem nur als mehr oder weniger „symbolische" Zeichen auf. Die Konzilsväter von Trient betonten aber gerade den „heilskausalen" Charakter der Sakramente. Sie erklärten als verbindliche Glaubenslehre, durch die sakramentalen Riten würden geistliche (= metaphysische) Wirklichkeiten bewirkt.[77]

In der Rückschau können wir erkennen, dass sich in der Lehre der Reformatoren schon das Unbehagen in der archaischen Apperzeption bemerkbar machte. Dieser Anlauf blieb jedoch auf halbem Wege stecken, weil die Reformatoren weiterhin an der Grundlage des theologischen Denkens – am archaischen Offenbarungsverständnis – festhielten.

Offenbarungstheorie als Fundament des archaischen Wissenschaftstypus

Wir haben gesehen, dass die Annahme, metaphysische Wesen können sich dem Menschen offenbaren, ein charakteristisches Merkmal archaischer Apperzeption ist, ebenso wie die Annahme, metaphysische Wesen können sich inkarnieren. Der Glaube der frühen Gemeindechristen, Gott habe sich ihnen offenbart, indem er seinen Sohn menschliche Gestalt annehmen ließ, entsprach somit einem zu jener Zeit allgemeingültigen Denkschema. Er ruhte auf einer unbewussten, völlig unbestrittenen Vorverbindung des Denkens, die dem damaligen Stand der Bewusstseinsevolution entsprach.

Die christliche Theologie baute jedoch nicht nur auf dieser unbewussten Annahme auf. Wie erwähnt schufen die frühen Kirchenväter eine eigentliche christliche *Offenbarungstheorie.* Wir sahen, dass die christlichen Apologeten von der griechischen Philosophie herkamen, die zu jener Zeit eben eine erkenntniskritische Phase durchgemacht hatte und – insbesondere durch Posidonius – zum Ergebnis gekommen war, der Mensch könne zu einem Wissen über Gott nicht durch eigenes Denken gelangen, sondern nur durch göttliche Offenbarung.

Von dieser nunmehr auch philosophisch untermauerten Offenbarungsüberzeugung ausgehend waren sie – auf der Suche nach „Offenbarungswahrheit" – auf den christlichen Glauben gestoßen: auf den Glauben, der Logos – in der ganzen Bedeutungsschwere dieses unter den Griechen üblichen Ausdrucks – habe sich im Rabbi Jesus inkarniert. Ich habe schon darauf hingewiesen, dass es sich dabei – religionswissenschaftlich betrachtet – um die Projektion eines Mythos auf eine historische Person, d. h. um die Historisierung des christlichen Mythos handelt. Formuliert worden war die Lehre von der Inkarnation des Logos in Jesus wie erwähnt durch den Verfasser des Johannes-Evangeliums, ungefähr 7 Jahrzehnte nach der Hinrichtung Jesu.

Indem die griechischen Apolegeten nun „bewiesen", dass die in Jesus Christus erfolgte Offenbarung Gottes *die* offenbarte Wahrheit sei, und dass alle anderen und früheren Offenbarungen „nur Mythen" gewesen seien, betonierten sie wie gesagt jenes solide Fundament, auf dem während nahezu zweitausend Jahren alles christlich-theologische Denken aufbaute.

Wie indiskutabel und über jeden Zweifel erhaben dieses Fundament für die christlichen Theologen war, zeigt sich darin, dass die Dogmatiker bis in die jüngste Zeit keinen eigentlichen Offenbarungstraktat geschaffen haben, währenddem sie alle übrigen theologischen Themen ungezählte Male in gesonderten Traktaten abhandelten.

Die traditionelle Dogmatik unterschied zwischen natürlicher und übernatürlicher Offenbarung. Als natürliche Offenbarung galt jenes Wissen über Gott, zu dem der Mensch gelangen kann, wenn er „mit dem Licht seines Verstandes" über das Woher der sichtbaren Welt nachdenkt. Das Wissen über Gott, das durch diese natürliche Offenbarung (die keine Offenbarung im eigentlichen Sinn ist) gewonnen wurde, galt als unvollständiges Wissen, welches noch der Ergänzung durch die übernatürliche Offenbarung bedurfte.

Diese übernatürliche Offenbarung fasste man als Sprechen Gottes zu den Menschen auf. Man gab zu, dass Gott schon in vorchristlicher Zeit zu den Heiden und vor allem auch zu den jüdischen Propheten gesprochen habe. Diese Offenbarung sei aber nur eine vorläufige, zum Teil verzerrte und auf jeden Fall unvollständige gewesen. Die eigentliche und vollständige übernatürliche Offenbarung sei erst durch Jesus, den menschgewordenen „sohnhaften" Logos erfolgt.

Man nahm ferner an, der übernatürliche Offenbarungsvorgang sei mit dem Tode der Apostel zum Abschluss gekommen, und es erfolge keine neue Offenbarung bis zur Wiederkunft Christi am Ende der Zeiten. Das übernatürlich Offenbarte sei in der Bibel festgehalten; aus den biblischen Schriften – und nur aus diesen – könne das gesamte dem Menschen geschenkte Wissen über Gott geschöpft werden. Zuständig für dieses Schöpfen seien die Theologen, allerdings unter der Einschränkung, dass das vom Amtspriestertum gebildete kirchliche Lehramt gegen die Ergebnisse des theologischen „Forschens" nichts einzuwenden habe.

Von den Texten, welche *de facto* als übernatürliche Offenbarung betrachtet und für die dogmatische Beweisführung benützt wurden, war jedoch die Bibel nur ein Teil, und zwar ein verschwindend kleiner, obwohl die offizielle Theorie lehrte, die Bibel enthalte die *gesamte* Offenbarung. Zur Auctoritas – so nannte man im Mittelalter die Offenbarungstexte – zählte die Theologie neben der Bibel auch die Schriften der Kirchenväter, allen voran die des Augustinus; ferner Texte der Liturgie, die Glaubensbekenntnisse und außerdem die kirchlichen Lehrentscheidungen.[78] Dieses außerbiblische Schrifttum wurde als *Überlieferung* bezeichnet.

Dass man die „Überlieferungs"-Texte als vollwertige übernatürliche Offenbarung behandelte, rechtfertigte man, indem man sagte, sie enthalten nur Aussagen, welche „im Keime" schon in der Bibel enthalten seien; und weil – nach kirchlicher Auffassung – der Heilige Geist die Autoren und Überwacher der „Überlieferung" inspiriert habe, sei Gewähr gegeben, dass sie die biblischen Keime in der richtigen Weise entfalteten.

Dieser „fromme Betrug", der von der heutigen Bewusstsheitsebene aus leicht zu durchschauen ist, hatte eine wichtige Funktion: nur durch ihn war eine kontinuierliche Weiterentwicklung des Bewusstseins – unter Aufrechterhaltung des christlichen Weltbildes – möglich. Wie im Verlauf eines individuellen Lebens, so werden ja auch im Leben der Völker zu bestimmten Zeiten bestimmte Probleme aktuell: Probleme, von deren Lösung die Weiterentwicklung des Bewusstseins abhängt. Konstelliert werden diese Probleme letztlich vom Unbewussten her: von der bewusstheitsfördernden Tendenz. Richtig gelöst werden können sie nur dann, wenn das Ich einerseits die früher gewonnenen Einsichten mitberücksichtigt, anderseits aber offen bleibt für Einfälle aus dem Unbewussten, d. h. für neue „Offenbarung".

Die Reformatoren warfen dann bekanntlich die gesamte „Überlieferung" über Bord und anerkannten als Offenbarungstext nur die Bibel (sola scriptura). Dies konnte sich aber auf die Bewusstseinsentwicklung nicht mehr nachteilig auswirken, da seit der Renaissance das einheitliche christliche Weltbild sich ohnehin aufzulösen begann und jene Kräfte, welche die Fackel der Bewusstseinsentwicklung vorantrugen, sich von der Theologie abwandten.

Archaischer Offenbarungsbegriff auch heute noch Grundlage der Theologie

Dass das theologische Denken immer noch auf dem *archaischen* Verständnis des Offenbarungsvorganges ruht, trat besonders deutlich zu Tage, als im ersten Jahrzehnt unseres Jahrhunderts – zur Zeit, als das Unbewusste entdeckt wurde – einige Theologen (z. B. Loisy und Tyrrell) versuchten, die theologischen Gedankengänge den neueren Erkenntnissen anzupassen. Sie wurden vom damaligen Papst Pius X. mit seltener Heftigkeit verdammt und aus der Kirche ausgestoßen. Daraufhin wurden die Priester bis zur Mitte des 20. Jahrhunderts verpflichtet, den sogenannten Antimodernisten-Eid zu schwören. Mit dieser Formel mussten sie sich auf das Bekenntnis verpflichten, die offenbarte Wahrheit komme nicht aus den Tiefen des Unbewussten sondern *„von außerhalb."*[79]

Durch die Verpflichtung zum Antimodernisten-Eid war den katholischen Theologen ein kritisches Nachdenken über die Grundlagen der theologischen Spekulation verleidet worden. Zwar entstand nun im katholischen Raum eine neue dogmatische Disziplin, die den Sachverhalt „Offenbarung" zum Gegenstand hat: die Fundamentaltheologie. Die Tatsache, dass jetzt, fast zweitausend Jahre nach der Begründung der christlichen Theologie erstmals dogmatische Offenbarungstraktate erarbeitet wurden, darf wohl als Zeichen dafür angesehen werden, dass eine gewisse Verunsicherung in Bezug auf die erkenntnistheoretischen Voraussetzungen theologischen Denkens eingetreten war. Zu dieser Verunsicherung hatte nicht nur die erkenntniskritische Bewegung beigetragen, die mit Kant eingesetzt hatte und im empirischen Nachweis des Unbewussten gipfelte, sondern wohl ebenso sehr die Ergebnisse der Naturwissenschaft und der historisch-kritischen Bibelforschung.

Die Fundamentaltheologie war indessen ausgesprochen restaurativ und bewegte sich brav in den Bahnen des archaischen Denkschemas. In umfangreichen Werken wurden mit großer Akribie Stellen aus der Schrift zusammengetragen, mit denen „bewiesen" wurde, wann, wo, mit welchen Worten und durch welche Zeichen sich Gott den Menschen offenbart „hat". Die entscheidende, d. h. die *unserer* Zeit gestellte Frage aber, wie der Ausdruck „Offenbarung" im Lichte der heutigen Bewusstheit zu verstehen sei, wurde sorgsam ausgeklammert, beziehungsweise verdrängt.

So konnte denn das Zweite Vatikanische Konzil in der „Dogmatischen Konstitution über die göttliche Offenbarung" deklarieren: „Das von Gott Geoffenbarte, das in der Heiligen Schrift enthalten ist und vorliegt, ist unter dem Anhauch des Heiligen Geistes aufgezeichnet worden; denn aufgrund apostolischen Glaubens gelten unserer heiligen Mutter, der Kirche, die Bücher des Alten wie des Neuen Testamentes in ihrer Ganzheit mit allen ihren Teilen als heilig und kanonisch, weil sie, unter der Einwirkung des Heiligen Geistes geschrieben, *Gott zum Urheber haben* und als solche der Kirche übergeben sind."[80]

Auch im protestantischen Raum wurde bis heute das archaische Verständnis des Offenbarungsvorgangs nicht überwunden, trotz der vor allem von Protestanten geleisteten historisch-kritischen Bibelforschung. Als retardierendes Moment wirkte sich dort die ausgesprochen archaisierende Bewegung der dialektischen Theologie aus. Ihr Begründer, Karl Barth, wischte die Ergebnisse der Bibelkritik, die er von seiner Ausbildungszeit in Berlin kannte,[81] mit souveräner Geste unter den Tisch und erklärte im Ton eines alttestamentlichen Propheten, durch die „Offenbarung in Christus", dem präexistenten Sohn des transzendenten Gottes, sei das Übernatürliche „senkrecht in die Natur eingebrochen".

Schon *vor* Barth hatte indessen – als unumkehrbarer, „naturhafter" Vorgang – die Mutation des Bewusstseins stattgefunden. Dass im neuen Weltverständnis – im Unterschied zum positivistischen – auch die Annahme eines „Offenbarungsvorgangs" ihren Platz hat, wurde erwähnt. *Wie* dieser Vorgang nach der Veränderung der Apperzeption des innerlich Wahrgenommenen aufgefasst wird, soll im vierten Teil dieses Buches ausführlich dargelegt werden. Hier wollen wir nur festhalten, dass *das zentrale Problem,* vor dem heute die Theologie steht, die Auseinandersetzung mit dieser Veränderung ist.

3. Die positivistisch-rationalistische Übergangsphase

Nachholen der Entwicklung auf dem physischen Zweig

Dadurch, dass während der archaischen Phase immer deutlicher zwischen Diesseits und Jenseits unterschieden wurde, formierte sich das Begriffspaar von Materie und Geist. Dieses war jedoch ein ungleiches Paar, gleichsam ein Zwerg und ein Riese. Die Auffassung des Stofflichen war im Mittelalter noch rudimentär und naiv. Sie lag sogar weit unter jenem Niveau, das die Naturkundigen der Antike erreicht hatten. Die Vorstellung von der geistigen Welt hingegen stand entwicklungsmäßig sehr hoch, war differenziert und klar durchdacht. Die Wissenschaft des Mittelalters hatte fast nur an ihr gearbeitet beziehungsweise weiter gearbeitet.

Die archaische Entwicklung des Geist-Begriffs strebte einem Grenzwert zu

Die Vorstellung vom Geistigen hatte, wie wir sahen, der archaische Mensch entwickelt, indem er das, was er als jenseitige Welt und jenseitige Wesen auffasste, immer mehr seiner Stofflichkeit entkleidete: indem er dessen Körperlichkeit gleichsam verdünnte, bis er sich schließlich das Jenseits als „Raum ohne Wände“ und die Jenseitigen als völlig unstoffliche, „rein geistige“ Wesen dachte.

Kann man sich aber ein existierendes Wesen, das sich uns offenbart, das sich inkarniert, das unsere Gebete hört und unsere Geschicke lenkt, als absolut reines Geistwesen ohne jede Körperlichkeit vorstellen? Man kann zwar *sagen* ein solches Wesen sei rein geistig, aber konsequent zu Ende denken kann man diese Aussage nicht.

Der Prozess der Entkörperlichung metaphysischer Wesen war ein *Annäherungsprozess,* der – wie eine konvergierende Zahlenfolge – einem *Grenzwert* zustrebte. Der Grenzwert des Entkörperlichungsprozesses war das „rein geistige“ Wesen. Nun kann aber bekanntlich eine mathematische Reihe den Grenzwert, dem sie zustrebt, nie erreichen, wenn auch der Abstand ihrer Glieder vom Grenzwert kleiner und kleiner wird. Ebenso konnte die Entkörperlichung der metaphysischen Wesen – die ja nur in der Vorstellung stattfand – nie soweit getrieben werden, dass völlige Körperlosigkeit beziehungsweise reine Geistigkeit erreicht worden wäre. Man mochte sich die Seele, die Engel und auch den dreieinigen Gott schließlich als aus einem unendlich feinen, hauchartigen Stoffe bestehend denken, ganz ohne Stoff ging es nicht.

Das archaische Apperzeptionsschema impliziert eben einen metaphysischen Konkretismus. Ich hob bisher vor allem hervor, dass bei archaischer Apperzeption das innerlich Wahrgenommene so aufgefasst (apperzipiert) wurde, als befände es sich außen. Wir haben gesehen, dass diese Auffassungsweise am Anfang der Bewusstwerdung „richtig" war, weil sie dem ursprünglichen Zustand der völligen Identität mit der Umwelt am ehesten entsprach: jenem Eingefügtsein in den Regelkreis Lebewesen-Umwelt, das sonst für die gesamte Biosphäre gilt.

Nun ist aber dieses Außen-Erleben des innerlich Wahrgenommenen nur die eine Seite der archaischen Apperzeption. Die andere, im Hinblick auf unser Problem ebenso wichtige Seite ist der metaphysische Konkretismus: die Auffassung, es handle sich bei den nach außen projizierten Bildern um konkret-dingliche Wesen. Was außen vorgestellt wird, *kann* eben gar nicht anders als konkret-dinglich vorgestellt werden, auch wenn man es (in der Vorstellung) noch so sehr entmaterialisiert.

Solange eine weitere Entkörperlichung der metaphysischen Wesen noch möglich war, konnte die Bewusstseinsevolution ohne weiteres auf dem archaischen Geleise weiterfahren. Als aber die Annäherung an den Grenzwert des „rein geistigen" Wesens infinitesimal geworden war, drohte die Entwicklung zum Stillstand zu kommen, falls nicht eine neuartige Apperzeptionsweise gefunden wurde.

Das Gesetz von Gegensatzspannung und transzendierender Funktion

Nun stehen wir aber vor der Tatsache. dass der Durchbruch zu einer neuartigen Apperzeption des innerlich Wahrgenommenen und damit zu einer neuartigen Auffassung des Geistigen erst in *unserem* Jahrhundert stattgefunden hat, obwohl die Entwicklung der Geistvorstellung unter archaischen Vorzeichen schon am Ende des Mittelalters an ihrem Plafond angestoßen war. Warum diese Latenzzeit von einem halben Jahrtausend?

C. G. Jung hat entdeckt, dass das seelische Wachstum, d. h. die zunehmende Bewusstwerdung eines Individuums, wie sie im analytischen Prozess gleichsam unter Laborbedingungen beobachtet werden kann, sich nach dem Gesetz von Gegensatzspannung und transzendierender Funktion vollzieht: dass dann, wenn eine Einstellung unhaltbar geworden ist, sich vorerst eine mit dieser völlig unvereinbare Gegenposition ausbildet. Hält nun ein Mensch die dadurch entstehende (schmerzhafte) Spannung lange genug aus, d. h. stellt er sich nicht bequemlichkeitshalber auf den einen Standpunkt und verdrängt den andern, dann wird jede der beiden absoluten Positionen durch einen gegenläufigen (enantiodromischen) Prozess ausgehöhlt (relativiert). Schließlich fällt ihm durch den aus dem Unbewussten kommenden Informationsstrom eine Lösung ein, die die berechtigten Anliegen beider Standpunkte auf höherer Ebene – (= indem es sie transzendiert) – vereint.

Es scheint nun. dass auch die Bewusstseinsentwicklung einer Gruppe sich – mutatis mutandis – nach diesem Gesetz vollzieht. So wäre es auf jeden Fall zu verstehen, dass, nachdem die Entwicklung der Geistvorstellung unter archaischen Vorzeichen am Ende des Mittelalters an einen Plafond anstieß, vorerst im Verlauf eines halben Jahrtausends sich eine Gegensatzspannung herausbildete: eine Spannung, die sich am Ende des 19. Jahrhunderts als Dilemma zwischen Vernunft und Glaube artikulierte; und dass erst dann einzelnen Menschen, die an dieser Spannung litten – weil sie erkannten, dass jeder der gegensätzlichen Standpunkte in gewisser Hinsicht berechtigt war – eine Lösung einfiel, die die Anliegen beider Positionen auf höherer Bewusstseinsebene vereint.

Die Entwicklung auf dem physischen Zweig schuf die notwendige Gegensatzspannung

Die Gegensatzspannung kam dadurch zustande, dass die bis dahin vernachlässigte Entwicklung auf dem physischen Zweig nachgeholt wurde, und zwar unter Anwendung eines neuartigen Apperzeptionsschemas: des positivistischen. Geleistet wurde diese Entwicklung, die eine ausschließlich objektivierende Einstellung voraussetzt, von Wissenschaftlern, allerdings von Wissenschaftlern ganz anderer Art als die des Mittelalters gewesen waren.

So führen denn – um einen Vergleich zu gebrauchen – seit Beginn der Neuzeit zwei wissenschaftliche Züge auf zwei verschiedenen Geleisen dahin. Der archaische Zug rollte mehr oder weniger ungestört auf dem bisherigen, nun durch die Talsohle führenden Geleise weiter. Er nahm zwar nicht viel neue Ladung auf, doch war das, was er früher geladen hatte, durch den kirchlichen Apparat gegen „schädigende" Einflüsse von außen ganz ordentlich abgeschirmt. Die Reformatoren hatten zwar für ihren Bereich allerhand archaischen Ballast abgeladen (z. B. die Heiligenverehrung, das Priestertum und damit den Sakramentalismus), doch vom archaischen Zug vermochten sie nicht abzukoppeln, da wie erwähnt der Begriff der „übernatürlichen" Offenbarung weiterhin die Grundlage ihres Denkens war.

Die orthogenetische Tendenz trieb indessen einen anderen Zug an, einen Zug, der auf ein anderes Geleise abgezweigt war und auf jenem immer schneller und immer steiler bergan fuhr. Die, welche dazu bestimmt waren, die Bewusstseinsentwicklung voranzutreiben, hatten das Interesse an der metaphysischen Welt verloren und sich dem „Diesseits“ zugewandt.

Ansätze zum Neuen im Mittelalter

Wenn wir danach fragen, wann dies geschah, sehen wir uns mit dem Problem der historischen Anfange konfrontiert: mit einem Problem, das jedem Historiker, der den Beginn einer geistigen Strömung zu fassen sucht, Schwierigkeiten bereitet. Es ist eben eine Tatsache, dass eine Strömung nicht in dem Moment beginnt, in dem sie historisch manifest wird. Schon lange vorher bereitet sie sich *unter* der Oberfläche des manifesten Geschehens vor.

Wir können indessen im Mittelalter drei Entwicklungslinien fassen, die als Vorbereitung für das Kommende verstanden werden können. Es sind dies die durch Yvo von Chartres begründete Unterscheidung zwischen geistlichen und weltlichen Angelegenheiten, die Bemühungen der Scholastik um die Logik und das Universalienproblem, und schließlich die Suche nach dem „neuen Menschen“, die in Italien im 12. und 13. Jahrhunderts einsetzte.

Die Unterscheidung des Abtes Yvo von Chartres war eine Unterscheidung ad hoc, hatte aber außerordentlich weittragende Folgen. Anlass dazu war der Streit, der gegen Ende des 2. Jahrhunderts zwischen Papst. Kaiser und Königen um die Investitur (Amtseinsetzung) der Bischöfe ausgebrochen war. Als dieser Streit in eine Sackgasse geführt hatte, schlug Yvo vor, zwischen der geistlichen und der weltlichen Seite des Bischofsamtes zu unterscheiden und die Bischöfe für die geistliche Seite ihres Amtes dem Papst, für die Ausstattung mit weltlichem Gut und politischen Rechten dem Kaiser bzw. den Königen zu unterstellen. Damals, zur Zeit der theokratischen Reichskircheneinheit war die Unterscheidung zwischen geistlichen und weltlichen Angelegenheiten ein völliges Novum.[1] Deshalb führte sie denn auch im Investiturstreit noch zu keiner befriedigenden Lösung. Aber sie war in die Welt gesetzt und wirkte wie alle grundlegenden Unterscheidungen – d. h. Bewusstheitsschritte – weiter. Welch bedeutungsvolle Folgen sie für die Emanzipation staatlicher, gesellschaftlicher und wirtschaftlicher Strukturen sowie der Wissenschaft aus dem Regiment der Kirche hatte, können wir ermessen, wenn wir die Schwierigkeiten betrachten, in denen islamische Staaten, die diese Unterscheidung ja nie getroffen haben, heute stecken.

Wir wollen diese Entwicklungslinie hier nicht weiter verfolgen. Was die scholastische Theologie und Philosophie für die Vorbereitung der neuzeitlichen Wissenschaft getan haben, werden wir in einem der nächsten Abschnitte betrachten.

Das Vorwärtsweisende an Renaissance und Humanismus

Hier wollen wir uns der Suche nach dem „neuen Menschen" zuwenden, einer Bewegung, die in Italien begann, dort später als Renaissance und Humanismus manifest wurde, und als Welle des neuen Geistes – eines Geistes, der vom archaischen sich absetzte – sich über ganz Europa ausbreitete. Der Historiker Konrad Burdach, ein besonderer Kenner dieser Bewegung, sieht deren Ursprung bei Franz von Assisi und Giacomo dai Fiori: bei einer spirituellen Strömung, die sich von der Gelehrsamkeit der Scholastik und von der Machtpolitik der Kirche abwandte, und dem gegenüber das Menschsein postulierte.[2]

Wenn man damals von der Wiedergeburt (rinascita) des neuen Menschen sprach, meinte man den Christenmenschen: die Lebenshaltung der frühen Christen. Als aber dieser geistige Aufbruch dann zu jener Bewegung herangewachsen war, die die Historiker Renaissance und Humanismus nennen, war das Ideal des Christenmenschen schon weitgehend vom Menschenideal der heidnischen Antike abgelöst worden. Italien war ein günstiger Boden für diesen geistigen Aufbruch

Erstens hatte die Scholastik dort nie richtig Fuß gefasst. Sie war in Frankreich erblüht und hatte von dort aus nach England und Deutschland übergegriffen. Als die Universitäten entstanden, lag in Italien die „Wissenschaft" – es waren Ansätze zu Jurisprudenz und Medizin – schon weitgehend in den Händen von Laien

Zweitens stand Italien in Kontakt mit dem benachbarten byzantinischen Reich. Die byzantinische Kultur, die im frühen Mittelalter der abendländischen noch hoch überlegen war, war eine ausgesprochen literarische. Die Schriftsteller der heidnischen Antike, die später für das Abendland so bedeutsam werden sollten, wurden dort in reichem Ausmaß gepflegt, und somit in Italien schon früh bekannt.

Wir dürfen Renaissance und Humanismus – obwohl aus ihnen die moderne Wissenschaft hervorging – nicht primär als wissenschaftliche Bewegung auffassen. Es war vor allem ein neues Lebensgefühl, das damals erwachte. Im Gegensatz zum überirdischen wurde nun die Fülle des *irdischen* Lebens bejaht. Der einzelne begann seinem Stand, der Kirche und der Natur freier gegenüberzutreten. Die bildende Kunst fing an, den menschlichen Körper und das individuelle Gesicht darzustellen. Seit Macchiavelli regte sich die Neigung, den Staat als natürliches, nicht von Gott geschaffenes Gebilde zu betrachten. Man bekam Sinn für die Eigengesetzlichkeit der Politik sowie für die „irdischen" Kräfte, die in der Geschichte wirken. Das archaische Modell der Heilsgeschichte verblasste. Biographie und historische Erzählungen wurden gepflegt, und es gab auch schon Ansätze zu echter Geschichtsschreibung. Handschriften römischer und griechischer Autoren sammelte man nicht nur; man bemühte sich um Reinigung und Erklärung der Texte, woraus die ersten Ansätze zur Philologie entstanden. In Padua wurden die naturkundlichen Schriften des Aristoteles gepflegt, was den Sinn für Empirie und induktives Denken – ebenfalls etwas völlig Neues – erwachen ließ. So sprossten denn zu jener Zeit in Italien die Keime zu dem, was später zu den positivistischen Wissenschaften heranwuchs.

Der Geist der italienischen Renaissance und des Humanismus – nach Burdach zwei Namen für die gleiche Sache[3] – breitete sich vom 15. Jahrhundert an über Deutschland, Frankreich und die Niederlande bis nach England aus. Die Bewegung spaltete sich dabei in zwei unterschiedliche Zweige auf. Aus dem einen wuchs die humanistische Bildungsbewegung heran, aus dem andern die Naturwissenschaften. Der humanistischen Bildungsbewegung ging es weiterhin vor allem um das Menschsein. Mehr und mehr aber sah sie das Menschenideal ausschließlich in der heidnischen Antike verwirklicht. Im griechischen und römischen Schrifttum glaubte sie die vollendete Formulierung des geistigen, sittlichen und ästhetischen Menschseins zu finden. Aus ihr ging das humanistische Gymnasium der Neuzeit hervor, und aus ihr entstanden im 18. und 19. Jahrhundert mit der Gründung neuer, nicht mehr von der Theologie dominierter Universitäten, die Geisteswissenschaften.

Jener andere Entwicklungszweig des mit der Renaissance erwachten neuen Geistes – jener Zweig, aus dem die Naturwissenschaften entstanden – kam vom Beginn des 17. Jahrhunderts an, also mit einiger Verzögerung gegenüber der humanistischen Bildungsbewegung zum Tragen. So richtig entfaltet hat er sich erst im 19. und 20. Jahrhundert, dann aber mit zunehmender Beschleunigung.

„Positivismus" wird hier als Sammelbegriff verstanden

Das geistige Leben während der Neuzeit war außerordentlich vielfaltig und vielgestaltig. Es ist Sache der Historiker, diese Strömungen im Einzelnen zu beschreiben, zu benennen, sowie ihre gegenseitigen Abhängigkeiten und Beeinflussungen darzulegen. *Unser* Ziel ist es, die Evolution des Bewusstseins zu verfolgen. Dies setzt zwar die Kenntnis der Fakten, die die Geistesgeschichtler erarbeitet haben, voraus; es verlangt aber, dass wir *unter* die schillernde Oberfläche der Erscheinungen hinab tauchen und auf das weit ausgreifende Schreiten der Bewusstseins-Orthogenese achten. Tun wir dies, dann sehen wir, dass Renaissance und Humanismus, Sensualismus, Empirismus und Rationalismus, Aufklärung und Materialismus usw. usw. als Ausformungen der einen, langatmigen Absetzbewegung des Bewusstseins vom archaischen Weltverständnis verstanden werden können: als Symptome des ersten Schrittes der Bewusstseins-Mutation. Weil das Entscheidende daran die immer konsequentere Anwendung des positivistischen Apperzeptionsschemas war – der Überzeugung: „Es gibt keine Wahrnehmung außer der, die über die Sinnesorgane geht", – fasse ich hier diese gesamte Entwicklungsphase unter dem Ausdruck „Positivismus" zusammen. Ich verwende diesen Ausdruck somit in einem viel weiteren Sinne, als es bei den Geistesgeschichtlern üblich ist. Zu bemerken ist noch, dass das positivistische Selbst- und Weltverständnis sich langsam – sehr langsam – neben dem weiterhin bestehenden archaischen entfaltete, dass die Vertreter des archaischen dem aufkommenden Neuen in der Regel hartnäckigen Widerstand entgegensetzten, und dass außerdem die werdenden Positivisten lange Zeit selber noch in vielen Punkten Archaiker waren.

Betrachten wir nun, wie die Weltsicht der Übergangsphase heranwuchs, und – vor allem – welches ihre charakteristischen Merkmale waren. Ich schreibe absichtlich „waren"; denn obwohl der (weltanschauliche) Positivismus heute noch vordergründig das allgemeine Bewusstsein beherrscht, wurde er doch beim zweiten Schritt der Mutation relativiert und gehört somit – von der Evolution her gesehen – der Vergangenheit an.

Der methodische Positivismus

Eine neue Art des Sehens

Als die Gelehrten sich für die „sichtbare Welt" zu interessieren begannen, mussten sie erst einmal eine neue Art des Sehens erlernen. Der archaische

Mensch unterschied wie erwähnt zwischen dem Sehen „mit den Augen der Seele“ und dem Sehen „mit den Augen des Leibes“. Unter dem Sehen mit den Augen der Seele verstand er das, was wir heute innere Wahrnehmung nennen.[4]

Da die Theologen – in heutiger Sprache ausgedrückt – über Gestaltungen des Unbewussten reflektierten, war es das Sehen „mit den Augen der Seele“, das ihnen den Zugang zum Objekt ihres Forschens erschloss. Sie mussten zwar nicht selber auf diese Weise sehen können. Was die ersten Christen innerlich wahrgenommen („aus dem Glauben heraus erfahren“) hatten, lag ja in schriftlicher Form vor; ebenfalls in schriftlicher Form lag das vor, was dieser „endgültigen und abgeschlossenen Offenbarung“ während all der späteren Jahrhunderte von Visionären, Mystikern und von den „durch den heiligen Geist erleuchteten“ Konzilsvätern noch als „Überlieferung“ hinzugefügt worden war

Immerhin ist zu bemerken, dass die schöpferischen unter den Theologen nicht nur über vorliegende, als „auctoritas“ geltende Texte reflektierten, sondern auch *eigene* innere Erfahrung in ihre Traktate ein fließen ließen. Ob nun aber als Äußerung anderer übernommen oder selber wahrgenommen, auf jeden Fall war dort, wo es um „übernatürliche“ Dinge ging, das Sehen mit den „Augen der Seele“ durchaus legitim.

Anders hingegen wurde die Sache, als sich die Gelehrten der Natur zuwandten. Nun kam das Sehen mit den „Augen des Leibes“ zum Zug: Nun durften – wenigstens während des ersten Schrittes der Bewusstseinsmutation – bei der wissenschaftlichen Arbeit nur noch jene Fakten als gültig und beweiskräftig angesehen werden. welche sich mittels der *Sinneser*fahrung nachweisen ließen. Diese Haltung wird heute als *methodischer* Positivismus bezeichnet.

Methodischer und weltanschaulicher Positivismus

Die Einsicht, dass die Beschränkung auf das sinnlich Wahrnehmbare Voraussetzung für die Erkenntnis dessen sei, was der mittelalterliche Mensch Natur nannte, dämmerte allerdings nur langsam auf: einerseits deshalb, weil man sich über die je verschiedenen erkenntnistheoretischen Grundlagen der „Wissenschaft vom Jenseits“ und der „Wissenschaften vom Diesseits“ nicht im Klaren war, anderseits deshalb, weil man seit Jahrhunderten gewohnt war, auch dort, wo es um „natürliche“ Sachverhalte ging, der Fantasie einen breiten Spielraum zu gewähren.

Das Bestreben, mit den „Augen des Leibes“ zu sehen, war noch lange nach Beginn der Neuzeit mehr ein dumpfer Drang denn ein bewusstes

Wollen. Im allgemeinen Bewusstsein setzte sich das neue Selbstverständnis des Wissenschaftlers sogar erst im 19. Jahrhundert durch, allerdings dann so gründlich und ausschließend, dass aus dem methodischen Positivismus ein weltanschaulicher wurde: dass man nun glaubte, die Sinneswahrnehmung sei der *alleinige* Zugang zur außerbewussten (objektiven) Wirklichkeit, und was über sinnlich nicht Wahrnehmbares erzählt werde, sei „freie Erfindung" des menschliehen Geistes (= des Ich).

Der methodische Positivismus als „Tugend"

Auch dort, wo man sich schon vor dem 19. Jahrhundert bewusst war, dass der methodische Positivismus zum Arbeitsethos des Forschers gehört, war man nicht ohne weiteres in der Lage, dieser Forderung in allen Teilen *nachzukommen.* Weil die Gewohnheit, Fantasien nach außen zu projizieren und als dingliche Realität anzunehmen, bis dahin so selbstverständlich gewesen war, war der methodische Positivismus lange Zeit eine schwer zu erreichende Tugend, deren Erwerb vom Forscher ein beträchtliches Maßan Askese verlangte.

Es war allerdings eine andere Art von Askese als jene, die die Mystiker übten. Die Mystiker waren bestrebt, Sinnesreize auszuschalten, um durchlässig zu werden für jene Botschaften, die ihnen mit der inneren Wahrnehmung – d. h. mit dem Fantasiestrom – zuflossen. Die Askese jener Forscher hingegen, die sich die Disziplin des methodischen Positivismus aneignen wollten, bestand gerade darin, das unkontrollierte Fantasieren zu unterdrücken, die Aufmerksamkeit ganz auf die gezielte sinnliche Wahrnehmung zu konzentrieren, und die gewonnenen Beobachtungen immer wieder kritisch nachzuprüfen. Der positivistische Wissenschaftler musste außerdem bestrebt sein, die „höhere" Form des Fantasierens – die oft von Philosophen geübte „Spekulation im luftleeren Raum" – zu unterdrücken. Jene „Einfälle" (Fantasien) hingegen, die ihm, angeregt durch seinfragen, vom Unbewussten her zuflossen, musste er durch gezieltes Beobachten empirisch zu verifizieren versuchen.

Methodischer Positivismus in den Kultur-Wissenschaften

Wenn man von Sinneswahrnehmung und Empirie spricht, denkt man im Allgemeinen an die Naturwissenschaft. Nun besteht aber das, was der mittelalterliche Mensch als Natur verstand – und der Übernatur gegenüberstellte – aus zwei Arten von Objekten: einerseits aus dem unbelebten Stoff und den Lebewesen (der Natur im heutigen Sinne), anderseits aus den Äußerungen, Taten und Werken des Menschen, d. h. aus der Kultur.

Aus diesem Grunde spalteten sich ja die „Wissenschaften vom Diesseits" während der positivistischen Phase in Natur- und Kultur- (Geistes-) Wissenschaften auf.

Auch für den Kulturwissenschaftler galt das Ethos des methodischen Positivismus. Auch er hatte sich streng an das sinnlich Wahrnehmbare zu halten. Sein Problem bestand vor allem darin, sich den überlieferten Fakten gegenüber eine *kritische Haltung* anzueignen. Er musste jene naive Traditionsgläubigkeit ablegen, die bis dahin üblich gewesen war. Der spätarchaische Mensch hatte ja sein Wissen über das „diesseitige" Geschehen vergangener Zeiten auch aus Schriften geschöpft. Es war ihm jedoch weniger darum gegangen, herauszufinden, was sich tatsächlich einst zugetragen hatte, als vielmehr darzulegen, inwiefern sich im „irdischen" Geschehen das Wirken der „jenseitigen" Mächte manifestierte. Dass man bei dieser „heilsgeschichtlichen" Einstellung häufig Fantasien (vor allem Träume und Visionen) in die Dokumente hinein verarbeitete – und für tatsächliches Geschehen hielt – wurde schon erwähnt.

Für den Historiker bestand somit der methodische Positivismus. vorerst einmal darin, herauszufinden, auf was für Quellen die alten Autoren sich gestützt hatten und, wenn immer möglich, die ursprünglichen oder wenigstens die ältesten Dokumente aufzuspüren. Aber auch bei diesen musste er sich noch fragen, was daran echte Berichterstattung sei, und wie weit jeweils der Autor seine Fantasie hatte spielen lassen oder überlieferte Fantasien übernommen hatte.

Ins Bewusstsein gerückt wurde diese streng quellenkritische Geschichtsschreibung erst am Ende des 17. Jahrhunderts durch Pierre Bayle, insbesondere durch dessen Hauptwerk „dictionnaire historique et critique" (1695-97). Auf die Tatsache, dass heute – nach dem zweiten Schritt der Bewusstseinsmutation – eine differenziertere Auffassung des methodischen Positivismus sich durchsetzt – eine Auffassung, bei der auch die Wechselwirkung zwischen Betrachter und Betrachtetem in Rechnung gestellt wird –, sei hier nur hingewiesen.

Methodischer Positivismus in der Naturwissenschaft

Überlegen wir nun noch, was für Probleme sich denen stellten, die sich um die Erkenntnis der Natur bemühten. Naturwissenschaftler im eigentlichen Sinn gab es – wenn wir von den Astronomen absehen – wohl erst vom 17. Jahrhundert an. Ihre Vorgänger, die durch Beobachten und Sammeln entscheidende Vorarbeit für die Naturwissenschaft leisteten, sind eher als *Naturkundige* zu bezeichnen. Diese mussten erst einmal lernen die Dinge selber anzuschauen: mussten gegen die Gewohnheit ankämpfen, das Wissen über die Natur aus Büchern zu schöpfen.

Naturkunde war ja schon im Mittelalter gepflegt worden, wenn auch in bescheidenem Ausmaß. Indessen bestand damals – soweit es nicht gerade um Heilpflanzen ging – naturkundliche Tätigkeit vorwiegend darin, dass man *las,* was in den Schulbüchern stand: in jenen Schulbüchern, in denen nach dem Untergang des römischen Reiches die kläglichen Überreste des einst blühenden „profanen" Wissens der Antike zusammengefasst worden waren.[5] Mittelalterliche Autoren hatten diese Bücher dann beim Abschreiben und Überarbeiten noch um allerhand Jägerlatein und Seemannsgarn bereichert. Hatte eine fantastische Geschichte oder Gestalt einmal darin Eingang gefunden, wurde sie nahezu kritiklos von Generation zu Generation weitergegeben. Streitfragen über Dinge der Natur wurden jeweils durch Zitate entschieden, und der Belesenere schwang dabei oben auf.

Das Loskommen von dieser Tradition war ein mühsamer Prozess. Wie mühsam das direkte Beobachten der Natur sich durchsetzte, und wie lange neben den Ergebnissen eigenen Beobachtens noch die überlieferten Irrtümer nachgeschleppt wurden, kann man sehen, wenn man die naturkundlichen Werke durchgeht, die nach Beginn der Neuzeit erschienen, z. B. Edward Wottons „Oe Differcntia Animalium" (1551), Guillaume de Rondelets „De Piscibus Marinis" (1554) oder U1isse Aldrovandis Enzyklopädie (ab 1599). Da wimmelt es noch von Monstren und fantastischen Tiergeschichten. Unkritisch weitergegeben wurde z. B. lange Zeit die Beschreibung des Einhorns, des Flügelpferdes und der Seeungeheuer; ebenso die schon von Plinius vertretene Meinung, der Bär bringe sein Junges als unförmigen Klumpen zur Welt und forme es dann durch Lecken erst zu einem Bären.[6]

Entmythologisierung von Natur und Geschichte

Die Bedeutung, die dem methodischen Positivismus während des ersten Schrittes der Bewusstseinsmutation zukam, kann nicht hoch genug veranschlagt werden. Das Ziel, das durch seine konsequente Anwendung *bewusst* angestrebt wurde, war ein differenziertes Verständnis der sinnlich wahrnehmbaren Wirklichkeit beziehungsweise des Natur- und Kulturgeschehens. Dieses Ziel wurde denn auch in einem Maße erreicht, wie es sich wohl keine frühere Zeit auch nur hätte vorstellen können.

Der methodische Positivismus hatte jedoch – unbeabsichtigt – noch eine andere Auswirkung, die oft zu wenig beachtet wird, deren Bedeutung aber für die Bewusstseinsmutation sehr groß war: die Entmythologisierung von Natur und Geschichte. Der Ausdruck Entmythologisierung ist zwar heute zum Schlagwort geworden und wird in allen möglichen Bedeutungen verwendet. Bei dem, was der methodische Positivismus bewirkte, handelt es sich jedoch um eine Entmythologisierung im eigentlichen Sinne des Wortes. Durch diesen Prozess wurde das während der archaischen Zeit entstandene Gewebe von sinnlich Wahrgenommenem und von nach außen projizierter und konkretistisch aufgefasster innerer Wahrnehmung entflochten. Die Positivisten wussten zwar mit dem abgeschälten Mythischen nichts anzufangen. Sie hielten es für freie Erfindung des Menschengeistes (des Bewusstseins) ohne objektive Grundlage. Aber sie sammelten und katalogisierten es trotzdem mit großem Fleiß. Als dann im 20. Jahrhundert durch die Entdeckung des inneren Wahrnehmungsstromes und der bildschöpferischen Fähigkeit des unbewussten Systems das Mythische rehabilitiert wurde und man darin sinnträchtige bildhafte Aussagen über einen den Sinnen nicht zugänglichen Bereich der außerbewussten Wirklichkeit zu erkennen vermochte, besaß man dank der Sammlertätigkeit der positivistischen Wissenschaften ein reichhaltiges Material, anhand dessen man die Linguistik des unbewussten Systems und vieles andere mehr erforschen konnte.

Vorarbeit der Scholastik für die positivistische Wissenschaft

Das Erlernen des direkten Beobachtens war nur die eine Voraussetzung dafür, dass *Naturwissenschaft* entstand. Beobachtung hatten ja schon die Griechen (und die Römer) gepflegt, und trotzdem waren sie nicht in der Lage gewesen, eine echte Naturwissenschaft zu entwickeln. Erst durch die *Kausalanalyse der Phänomene* wurde Naturkunde zu Naturwissenschaft: erst dadurch, dass man die Natur konsequent – bis hinab zu den „Elementarteilchen" – in ihre Bestandteile zerlegte, und dass man nach den „Gesetzen" suchte, die in ihr wirken, mit anderen Worten: indem man *hinter* die Fassade des blossen Augenscheins vorstieß.

Um diese Aufgabe durchführen zu können, benötigte man ein *intellektuelles Instrumentariu,* das den Griechen noch nicht zur Verfügung gestanden hatte. Erfunden wurde es zwar noch von den griechischen Klassikern, insbesondere von Aristoteles. Auf dessen Anwendung *trainiert* wurde jedoch erst der abendländische Mensch. Das Verdienst, dem abendländischen Menschen die Fähigkeit zur Kausalanalyse der Phänomene beigebracht zu haben – jene Fähigkeit. mit deren Hilfe nicht nur die Natur erforscht, sondern schließlich auch die metaphysische Wirklichkeit „hereingeklappt" wurde – gebührt paradoxerweise der Theologie, und zwar wie schon erwähnt der mittelalterlichen Theologie in ihrer wissenschaftlichen Ausprägung: der Scholastik.

Wenn ich jetzt diese Entwicklungslinie etwas eingehender darstelle, unterbreche ich zwar den Fluss unserer Betrachtung. Ich möchte es aber trotzdem tun, erstens weil ich versprochen habe, auch das Vorwärtsweisende der mittelalterlichen Theologie und Philosophie zu beschreiben, zweitens aber auch deshalb, weil ich – wenigstens an *einem* Beispiel – zeigen möchte, dass das, was wir mit einem Wort der Umgangssprache als *Entwicklungsschritte* bezeichnen, im Grunde genommen langwierige *Transformationsprozesse* sind.

Die Schulung im logischen Denken

Assoziatives und gerichtetes Denken

Lesen wir die Schriften von Scholastikern, fällt uns vor allem deren Rationalität auf: die Prägnanz der Begriffe, die Subtilität des Unterscheidens sowie die Meisterschaft in der Schlussfolgerung, d. h. im gerichteten Denken.

Bis zu der Zeit, als die Theologie zur Wissenschaft wurde, war das Denken auch im Abendland wie bei den primitiven Völkern noch vorwiegend assoziativ und bildhaft. Die Objekte des Denkens – die metaphysischen Gestalten sowie die Beziehung des Menschen zu diesen – wurden assoziierend umkreist. Ein Thema wurde jeweils in der Weise entwickelt, dass man es – mehr meditierend als eigentlich denkend – umkreiste und die Assoziationen, die dabei aus dem „Speicher" aufstiegen, aneinander reihte. Das Reservoir, aus dem im Mittelalter die Assoziationen aufstiegen, enthielt vor allem biblische Szenen, Bilder und Sprüche, ebenso liturgische Texte sowie Aussagen der Kirchenväter. All dies war im Gedächtnis jener Autoren in heute kaum mehr vorstellbarem Ausmaß gespeichert.

Theologie und aristotelische Logik

Erst im 11. Jahrhundert begann man die von Aristoteles entwickelten Regeln der Logik, d. h. des gerichteten Denkens, auf das Glaubensgut anzuwenden, und aus diesem Bemühen ging die scholastische Theologie hervor.[7] Dies war ein markanter Wendepunkt in der Bewusstseinsevolution, denn damals erwachte der abendländische Geist nicht nur nach der sechshundertjährigen, vorwiegend rezeptiven Phase zu eigener Aktivität, sondern rüstete sich wie gesagt mit *dem* Instrumentarium aus, mittels dessen er dann die archaische Apperzeption zu überwinden vermochte.

Während der sechs Jahrhunderte des frühen Mittelalters war die aristotelische Logik – schön verpackt, und ohne dass man von ihr ernsthaften Gebrauch machte – von Generation zu Generation weitergereicht worden. Das Behältnis, in dem man sie verwahrte, war diejenige unter den „sieben freien Künsten", die man als Philosophie bezeichnete. Die Logik bildete den eigentlichen Inhalt der Rubrik „Philosophie", denn zu der Zeit, als die Schulbücher für das Mittelalter abgefasst wurden, war von der antiken Philosophie nur die Logik übrig geblieben.[8]

Der *gedankliche* Gehalt der heidnischen Philosophie war ja schon während der ersten christlichen Jahrhunderte zum größten Teil in die Theologie hinein verarbeitet worden, denn wie erwähnt schufen die Kirchenväter ihre Dogmatik durch eine Synthese zwischen der heidnischen Philosophie und dem christlichen Mythos. Bevorzugt worden waren dabei der Stoizismus und der Platonismus, der Platonismus allerdings in seiner späteren, gewandelten Form. Platos Philosophie hatte sich ja während der hellenistischen Zeit weiterentwickelt. Sie war – als jüdischer Alexandrinismus, als Neupythagoreismus und Neuplatonismus – weitgehend zu einer Art Religion geworden; außerdem standen gewisse Elemente der platonischen Ethik der alten Kirche besonders nahe.[9]

Der von Aristoteles gegründeten peripatetischen Schule stand die Theologie von Anfang an ablehnend gegenüber, und zwar angeblich wegen der Logik und den aus dieser hervorgehenden Bestrebungen. Man sah darin leere, dem Geist der Kirche fremde, von ihrer Wahrheit ablenkende Wort- und Begriffsklaubereien. Noch Augustinus war der Meinung, das Studium, das er an die aristotelischen Kategorien gewandt habe, sei für ihn als Gottesgelehrten verlorene Mühe gewesen.[10] Die Logik war aber zur Zeit des Augustinus noch das Einzige, das man mit dem Namen des Aristoteles in Verbindung brachte. Der gedankliche Gehalt der aristotelischen Philosophie war nämlich weitgehend in den Neuplatonismus hinein assimiliert worden und war über diesen ebenfalls – wenigstens teilweise – in die christliche Theologie eingegangen.[11]

Überlieferungsweg der aristotelischen Logik

So konnte denn, als es im 5. Jahrhundert darum ging, den antiken Wissensstoff in Schulbücher zusammenzufassen, die Logik als weltanschaulich neutrales Gebilde – als inhaltlose Lehre des gerichteten Denkens – unter der Rubrik „Philosophie" ins Schema der „sieben freien Künste" aufgenommen werden. Die Rubrik „Philosophie" war von nun an ein Behältnis, in das hinein sich auch die von anderen Autoren geäufnete Kenntnis der aristotelischen Logik ergießen konnte.

Ein solcher Autor war Boethius. Es kann als besonderer Glücksfall für die abendländische Bewusstseinsentwicklung gewertet werden, dass dieser von Theoderich 525 hingerichtete Gelehrte in jener durchaus unphilosophischen Zeit ein Enthusiast für griechische Philosophie war. Ihm verdankte das Mittelalter den vollständigen Text der wichtigsten logischen Schriften: das „Organon" und die „Isagogä".[12]

Das „Organon" (= Werkzeug) enthielt 6 auf Aristoteles selber zurückgehende Schriften: die Kategorienlehre, die Lehre vom Urteil, die Lehre von den Schlüssen und vom wissenschaftlichen Beweis, die Lehre von der Disputierkunst und von den Trugschlüssen und ihrer Widerlegung. Die „Isagogä" (= Einführung) war ein von Porphyrius, dem Lieblingsschüler Plotins um 300 *nach* Christus verfasster Kommentar zur Kategorienlehre (dem 1. der 6 Bücher des „Organon"). Aus der „Isagogä" stammen z. B. die in der Scholastik so viel besprochenen und heute noch verwendeten Ausdrücke „Genus" (Gattung) und „Spezies" (Art).

Mehr als ein halbes Jahrtausend lang war die Logik als leerer Gedächtniskram an den Dom- und Klosterschulen des frühen Mittelalters *gepaukt* worden.

Scholastik als Exerzierplatz des logischen Denkens

Als dann im 11. Jahrhundert der abendländische Geist zu eigenem Leben erwachte, fingen viele Gelehrte an, die aristotelischen Regeln auf das Glaubensgut *anzuwenden*. Aus dieser Ehe zwischen Logik und Theologie, die unter dem Motto „fides quaerens intellectum" (= Glaube, der verstanden werden will) lief, entstand wie erwähnt der archaische Wissenschafts-Typ, die scholastische Theologie.

Zu was für Konsequenzen die Anwendung der Logik auf das Glaubensgut führen konnte, sahen wir schon bei Berengar von Tours. Aber wir sahen dort auch, welche Waffe die Kirche in ihrem Orthodoxie-Apparat besaß, und wie sie damit allzu konsequente Denker in die Schranken weisen konnte.

Das Lehramt ließ indessen einen erstaunlich weiten Spielraum offen, und innerhalb dieses Spielraums konnte an den neu entstandenen Universitäten mit großem Eifer abstrahiert, unterschieden, definiert, geurteilt und geschlossen werden. Das Disputieren nach den aristotelischen Regeln erblühte zu einer eigentlichen Kunst. Aus den Wettkämpfen im Disputieren ging jeweils der als Sieger hervor, der die Logik am geschicktesten zu handhaben verstand.

So wurden die Theologenschulen zum Exerzierplatz, auf dem der abendländische Geist gedrillt wurde. Indem man hier während einiger Jahrhunderte – am untauglichen Objekt – das gerichtete Denken übte und das assoziative überwand, schuf man *eine* unabdingbare Voraussetzung für die spätere Bewältigung der Außenwelt.

Dialektik als Gefahr für das religiöse Erleben

So wertvoll die Dialektik – so nannte man im Mittelalter die Anwendung der Logik – für die Bewusstseinsevolution war, so abträglich war sie allerdings dem religiösen Leben und Erleben. Dass damals der lebendige Strom der inneren Erfahrung durch die „Misshandlung" des Glaubensgutes mit gerichtetem Denken nicht erstarb, verdanken wir den ungezählten – bekannten und unbekannten – Mystikern und Lehrern der Spiritualität, denen Dialektik ein Greuel war, sowie jenen großen Theologen, die trotz der Dialektik durchlässig genug blieben für die Impulse des Unbewussten.

Das Austragen des Universalienstreits

Die zweite große Vorarbeit für die Bewusstseins-Mutation, die die Scholastiker leisteten, war die Auseinandersetzung um die sogenannten Universalien. Hätten sie damals das Problem um die Seinsweise der Universalien nicht geklärt, wäre es wohl kaum möglich gewesen, dass die Naturwissenschaften sich später in so kurzer Zeit hätten entfalten können. Unter einem Universale verstand der mittelalterliche Mensch das, was wir heute als Allgemeinbegriff bezeichnen. Der Universalienstreit drehte sich um die Frage, in welchem Verhältnis die Allgemeinbegriffe zu den Einzeldingen stünden: ob sie nur im Bewusstseins-"Raum" existieren oder ob ihnen auch außerhalb des Menschen Existenz zukomme.

Bekanntlich wurden die beiden Auffassungen, die sich in Bezug auf dieses Problem im Mittelalter gegenüberstanden, als nominalistische und als realistische bezeichnet. Vereinfachend könnte man sagen, die Nominalisten hätten die Ansicht vertreten, die Universalien existieren nur in unseren Köpfen – sie seien nur Namen (Nomina) – währenddem die Realisten der Meinung waren, die Universalien seien Dinge (Res), die auch unabhängig vom Menschen existieren.

Die primitive Auffassung der Universalien

Um zu verstehen, wie es zu dieser Auseinandersetzung kam, und warum diese während mehrerer Jahrhunderte die Gemüter der Gelehrten so heftig zu bewegen vermochte, müssen wir uns vergegenwärtigen, dass die Vorstellung bei wenig entwickeltem Bewusstsein am *Einzel-Ding* respektive an der *einzelnen* Erscheinung hing. So sind denn urtümliche Sprachen kaum imstande, Abstracta zu bilden. Sie eignen sich hingegen – im Unterschied zu den unsrigen – vorzüglich zur Bildung ungemein farbiger und handgreiflicher Composita. Sie sind, wie Werner Müller anhand der Sioux-Sprachen nachwies, ideale Werkzeuge zur Verlautbarung von Sinneseindrücken. Der Sinneseindruck haftet am Einzelding und am einzelnen Vorgang, und diese können sie oft mit einem einzigen Wort in ihrer singulären Fülle ausdrücken.[13] Im Verlauf der Bewusstseinsevolution löste sich dann der Mensch Schritt um Schritt aus dem Verstricktsein in die konkreten Vorstellungen von den zehntausend ähnlichen und doch verschiedenen respektive verschiedenen und doch ähnlichen Einzeldingen und lernte, die gemeinsamen Merkmale herauszuziehen (zu abstrahieren). Charakteristisch für die primitive Auffassung der Universalien ist nun, dass man sich diese als Geist-Dinge, jedenfalls als etwas unabhängig vom menschlichen Geist Existierendes vorstellte. Als Manifestation eines noch wenig entwickelten Abstraktionsvermögens können wir vielleicht den Totemismus auffassen. In der Vorstellung vom „jenseitigen" Wapiti-, Büffel- und *Zederwesen* äußert sich eventuell auch so etwas wie der Drang, das Gemeinsame an den je verschiedenen zu einer Spezies gehörenden Lebewesen zu erfassen.

Die Griechen vermochten natürlich sehr viel besser zu abstrahieren als die Sioux, da sie eine bedeutend höhere Entwicklungsstufe der Bewusstheit erreicht hatten. Gerade zur Zeit der Vorsokratiker hat ja die griechische Sprache jenen Wandel durchgemacht, der sie befähigte, Abstracta zu bilden. Dass aber diese Abstracta für die Griechen noch nicht etwas *prinzipiell* anderes waren als z. B. die Totem-Wesen für die Sioux, scheint sich mir zu ergeben, wenn wir die Ideen-Lehre Platos – Platos Theorie über die Universalien – betrachten.

Plato stand, wie wir sahen, in der Tradition jener Denker, die vom *sinnlich* Erfahrbaren ausgingen. Von dem Werdenden, niemals sich Gleichbleibenden, das wir mit den Sinnen wahrnehmen, unterschied Plato jenes sich immer gleichbleibende Seiende, das wir durch das Denken (durch Abstraktion) erfassen. Dieses gleichbleibende Seiende bezeichnete er als „Ideen" (Urbilder), und – das ist das Entscheidende – nahm an, diese existierten *unabhängig* von unserem Denken („an sich selbst" als Geist-"Dinge"). Im Alter wurde er sich zwar bewusst, dass zwischen den sinnlich erfahrbaren Dingen und den „Ideen" ein Abgrund (Chorismos) klaffte. Er löste jedoch diese Schwierigkeit auf typisch archaische Weise, indem er erklärte, dieser Abgrund sei dadurch überbrückt, dass das Sinnliche zu den „Ideen" im Verhältnis der Teilhabe (grch. Methexis, lat. Participatio!) stehe.

Der große Schritt des Aristoteles

Mit Aristoteles, der 43 Jahre jünger war als Plato, vollzog sich dann ein ganz beträchtlicher Schritt zu höherer Bewusstheit hin. Aristoteles verlegte nämlich die „jenseitige" Ideenwelt seines Lehrers *in die Natur hinein.* Er begründete seine neuartige Einsicht, indem er sagte, die *Arten* der Lebewesen seien ewig. Seit Darwin wissen wir zwar, dass diese Ansicht nicht ganz richtig war. Aber es bleibt trotzdem das große Verdienst des Aristoteles, die „Ideen" (Universalia) in die „Dinge dieser Welt" hinein verlegt, und dadurch den Begriffs-Realismus überwunden zu haben.

Seit Aristoteles bestand somit – in mittelalterlicher Sprache ausgedrückt – neben der realistischen Auffassung der Universalien noch eine nominalistische. Wäre der griechische Anlauf zur Bewusstseinsmutation nicht ermattet, hätte sich schon damals diese neuere – evolutionsmäßig höhere – Auffassung gegen die ältere – primitivere – durchsetzen müssen.

Das Universalienproblem in Antike und frühem Mittelalter

Die Auseinandersetzung fand aber in Antike nicht mehr statt, und es blieb für mehr als ein Jahrtausend alles beim Alten, ja, es fand sogar damals schon eine Rearchisierung statt. Wie erwähnt hatte schon mit Aristoteles" „geistigem Großvater" – mit Sokrates – jene Abwendung des Interesses von den (sinnlich wahrnehmbaren) *Dingen,* sowie jene Zuwendung zu den (innerlich wahrnehmbaren) *Werten* eingesetzt, in deren Gefolge Philosophie mehr und mehr zur Religion wurde. Nach dem Gesagten wird nun auch verständlich, warum die Kirchenväter dem Plato den Vorzug unter den heidnischen Philosophen gaben. Da er gelehrt hatte, die „Ideen" hätten eine „jenseitige" Existenz, sahen sie in ihm einen Geistesverwandten. Dies umso mehr, als im Zuge der Weiterentwicklung der ursprünglichen Lehre Platos aus den „jenseitigen Ideen" „jenseitige *Personen*" – die sogenannten Hypostasen des transzendenten Gottes – geworden waren.

Ursprünglich hatte es sich zwar beim Realismus des Plato um einen *„physischen"* Realismus gehandelt, da Plato wie seine Vorgänger von den sinnlich wahrnehmbaren Dingen ausgegangen war. Während der Zeit jedoch, da die griechische Philosophie sich in Religion verwandelte, war „unter der Hand" aus dem „physischen" Realismus ein *„meta*physischer" geworden. Als die christlichen Theologen das griechische Gedankengut übernahmen, konnten sie somit ihren „metaphysischen" Realismus, den sie wegen des konkretistischen Verständnisses des christlichen Mythos von zu Hause aus vertraten, noch philosophisch untermauern, ebenso wie sie ihr spontanes archaisches Offenbarungsverständnis mittels der Erkenntnislehre des mittleren Platonismus zur eigentlichen Offenbarungslehre hatten ausbauen können.

Aristoteles wurde somit von den Kirchenvätern nicht nur wegen seiner „Wortklaubereien" abgelehnt sondern im tiefsten Grunde – und zwar mit sicherem Instinkt – deshalb, weil seine Lehre von der Diesseitigkeit der Universalien ihrem metaphysischen Konkretismus hätte gefährlich werden können.

Das Universalienproblem war jedoch aufgezeigt worden und lebte deshalb – wie jede grundlegende Entdeckung – weiter. Im gleichen Behältnis wie die Logik wurde es an die Abendländer weitergereicht. So schrieb denn Boethius: „Plato jedoch nimmt an, dass Gattungen und Arten, und die übrigen Universalien nicht nur gedacht werden, sondern auch von dem Körper abgesondert ihre besondere Existenz haben; Aristoteles dagegen, dass die unkörperlichen und allgemeinen Begriffe gedacht werden, aber ihre Existenz in den sinnlichen Dingen haben. Ihren Streit zu untersuchen halte ich aber (hier) nicht für angemessen (aptum). Denn das ist eine Frage der höheren Philosophie; darum habe ich sorgfältig die Ansicht des Aristoteles dargestellt; nicht dass ich sie billigte (!), aber weil dieses Buch von den Kategorien handelt, deren Verfasser Aristoteles ist."[14]

Die Scholastiker gingen dem Problem auf den Grund, soweit dies damals möglich war

All die Jahrhunderte hindurch, während denen die Logik an den Dom- und Klosterschulen bloß gepaukt wurde, blieb die Frage nach der Seinsweise der Universalien ein akademisches Problem. Zum existenziellen Problem wurde sie in dem Moment, in dem die Theologen anfingen, die aristotelischen Denkregeln auf das Glaubensgut anzuwenden. Dass es für den Glauben (im Sinne von fides, *quae* creditur, d. h. im Sinne von Glauben *an* etwas) von entscheidender Bedeutung war, ob man die Universalien realistisch oder nominalistisch auffasste, merkte man mit einem Schlage, als Roscellin (1056-1120) eine Abhandlung über das Trinitätsdogma schrieb.

Roscellin vertrat einen schroffen, auf die Dauer unhaltbaren Nominalismus.[15] Er war der Ansicht, die Allgemeinbegriffe seien nichts als flatus vocis: leere Worte, an denen nichts weiter Existenz habe, als der Hauch der Stimme, mit der sie ausgesprochen würden. In Wirklichkeit existieren nach ihm keine Gattungen und keine Arten sondern nur Einzeldinge. Als Roscellin mit dieser Auffassung an das Dogma der Trinität heranging, waren die Konsequenzen für die kirchliche Lehre verheerend. „Gott" sei ein Begriff, sagte er, welcher auf die drei Personen der Dreieinigkeit so angewendet werde, wie man den Begriff „Mensch" auf die Vielheit der Menschen anwende. Was wirklich existiere, seien die drei Personen, also eigentlich drei Gottheiten. Die Kirche reagierte denn auch prompt auf diesen Angriff. Roscellin wurde vor die Wahl gestellt, zu widerrufen oder gebannt zu werden, und er zog das Widerrufen vor.

Nach den erschreckenden Ergebnissen der Roscellin"schen Dialektik hätten vielleicht die ohnehin zahlreichen Gegner der aristotelischen Methode in der Kirche die Oberhand gewonnen, wenn nicht Anselm von Canterbury (1033-1109) einen Weg gezeigt hätte, wie man die Dialektik in der Theologie anwenden konnte ohne dadurch das Glaubensgut zu gefährden.

Anselm begegnete dem Roscellin praktisch und theoretisch:[16] Praktisch, indem er vom realistischen Standpunkt aus einen Traktat über die Trinität schrieb, theoretisch indem er lehrte es gebe eine orthodoxe und eine häretische (!) Dialektik. Orthodox sei ein Dialektiker dann, wenn er sich zur realistischen Auffassung der Universalien bekenne, zum Häretiker hingegen werde einer, wenn er dem Nominalismus anhange. Den Begriffs-Realismus begründete Anselm wie folgt: „Sein" komme im höchsten Sinne Gott zu, dann den Ideen oder Urbildern, in welchen alle Dinge schon vor der Schöpfung beschlossen seien. Die Einzeldinge hätten nur deshalb Anteil am Sein, weil sie Anteil (Partizipation!) an diesen Urbildern haben. Aus diesen Voraussetzungen heraus erklärte Anselm, die Universalien „Gattung" und „Art", welche alle darunter fallenden einzelnen Dinge umfassen, hätten ein Dasein *vor* den Einzeldingen (ante rem), weil sie Gedanken Gottes seien (vgl. die ägyptische Lehre von Herz und Zunge!) Und sie hätten außerdem ein Dasein *nach* den Einzeldingen (post rem): im Denken des Menschen, der die in den Einzeldingen konkretisierten Ideen erfasse.

Anselms Argumentation ging von fragwürdigen Prämissen aus. Sie war eine Petitio principii, deren Ziel darin bestand, das Herkömmliche zu verteidigen. Dies war damals wohl richtig, denn die Zeit für das nominalistische Verständnis des Mythos war noch lange nicht gekommen. Erst heute, da wir die Mythen als sprachlichen Ausdruck der unbewussten Führungsinstanz verstehen, können wir gleichartige mythische Gestalten unter einem Sammelbegriff (Universale) – wie z. B. „verschlingende Mutter", „gute Mutter", „Held", „Psychopompos" usw. – zusammenfassen, und wir können nun auch den unanschaulichen Sachverhalt, der durch diese Typen veranschaulicht wird, ergründen, indem wir die gemeinsamen Züge der einzelnen Gestalten herausarbeiten.

Bis zur Entdeckung des Unbewussten aber *musste* die Theologie am konkretistischen Verständnis des Mythos und damit am Begriffs-Realismus festhalten. Auf diese Weise konnte sie den reichen, dem abendländischen Seelenhintergrund entstammenden und daher *unserer* Erlebensweise entsprechenden Schatz innerer Bilder über das auf die „Natur" blickende, entmythologisierende Zeitalter hinweg retten. Außerdem darf nicht übersehen werden, dass der christliche Mythos bis in die neueste Zeit für viele noch ein *lebendiger* Mythos war. Indem die Theologie während der an sich areligiösen positivistischen Zwischenphase am konkretistischen Verständnis desselben fest hielt, konnte sie das Seelenleben einer Vielzahl von Abendländern weiterhin nähren; denn bis zur Entdeckung des Unbewussten waren diese in den für das individuelle Schicksal wichtigen Belangen auf das *archaische* Verständnis des innerlichen Wahrgenommenen angewiesen.

Bedeutung des Nominalismus für die Bewusstseinsmutation

Unsere Aufmerksamkeit muss indessen dem weiteren Schicksal des Nominalismus gelten, denn indem dieser – allen Widerständen zum Trotz – immer klarer herausgearbeitet wurde, und indem die Gelehrten sich darüber klar wurden, für welchen Anwendungsbereich dieser unerlässlich war, legten sie das Fundament für die Entwicklung der Naturkunde zur *Naturwissenschaft*. Obwohl der Nominalismus durch Anselm an die Wand gedrückt wurde, flackerte er unterschwellig weiter, und jene kritischen Geister, die während der Scholastik die Zukunft vorbereiteten, suchten ihn immer präziser zu formulieren, überzeugt davon, dass auch er seine Berechtigung habe.

Abälard (1079-1142), der sich besonders intensiv mit Logik befasste, leistete den Nominalisten indirekte Dienste, indem er den Realismus kritisierte, obwohl er sich selber zwischen den beiden Positionen nicht zu entscheiden vermochte.[17] Der Mann, dem eine Formulierung des nominalistischen Standpunktes gelang, die auch heute noch gültig ist, war Johannes von Salisbury (um 1117-1180), ein Schüler von Abälard. Er sagte, die Universalien seien geistige Begriffe, die in bequemer Weise die gemeinsamen Eigenschaften der konkreten Einzeldinge vereinen. So selbstverständlich diese Definition uns heute erscheint, so bahnbrechend war sie zu jener Zeit. Der Fortschritt gegenüber Roscellin bestand darin, dass die Universalien *in den Dingen verankert wurden.* So waren sie mehr als leere Worte: sie waren eine Aussage über etwas, das in den Dingen steckte, und das vom menschlichen Verstand durch Abstraktion aus der Vielfalt der Erscheinungen herausgeholt werden konnte. Auf der andren Seite wurde durch die Definition des Johannes die Annahme überflüssig, die Universalien seien geistige Gebilde, die unabhängig vom Bewusstsein *und* von den Einzeldingen existieren.

Die Verankerung der Universalien in den Einzeldingen regte einerseits zur *Empirie* an. Wollte man gültige Aussagen über die Außenwelt machen, durfte man nicht einfach vom Allgemeinen zum Besonderen deduzieren und aus den Schriften beweisen, wie die Dinge sich verhielten. Man musste die konkrete Wirklichkeit *beobachten* und das Allgemeine durch *Induktion* aus dem Beobachteten ableiten.

Indem man anderseits von der Vorstellung loskam, die Universalien seien selbstständig existierende Geist-Dinge, die unveränderlich und ewig irgendwo über dem sichtbaren Sein schwebten (ante rem), wurde das Denken wie nie zuvor *beweglich:* nun konnten die Verallgemeinerungen, die man induktiv gewonnen hatte, als *vorläufige* Formulierungen betrachtet werden. Als Denkmodelle verstanden besaßen sie insofern heuristischen Wert, als sie dem gezielten Beobachten den Weg wiesen. Ergaben jedoch neue Beobachtungen, dass ein Denkmodell nicht mehr gültig sei, konnte es wie ein zu klein gewordenes Schneckenhaus verlassen und durch ein passenderes ersetzt werden.

Auf diese Weise verlor das Welterleben seinen statischen Charakter. Das Denken war nicht mehr ein blasses Kreisen um oder eine blasse Annäherung an unveränderliche Wahrheiten. Es wurde zu einem *Vor*wärtsschreiten in immer neue, bisher unbekannte Gefilde. So war die Bahn frei für ein immer klareres und differenzierteres Erfassen der Außenwelt.

Johannes von Salisbury lebte im 12. Jahrhundert. Im 13. erblühte die Scholastik, und die Nominalisten mussten noch schweigen. Im 14. Jahrhundert begann die Scholastik zu verblühen, und ihre Auswüchse, die bekannten Abstrusitäten und Haarspaltereien nahmen überhand. An diesen Verfallszeichen lässt sich erkennen, dass die Bewusstseinsspitze sich anderen Gebieten zuzuwenden begann.

Nun war die Zeit für den Nominalismus gekommen. Duns Scotus (1266-1308) hatte diesem durch scharfe Kritik der scholastischen Beweisführung den Weg geebnet.[18] Duns" Schüler Wilhelm von Occam (1289-1349) bereinigte dann die Fronten und verhalf dem Nominalismus auf breiter Linie zum Durchbruch. Er lehrte, die Logik eigne sich nicht zur Erkenntnis des Übernatürlichen, und es gebe keine philosophischen Beweise für die Wahrheit der Dogmen. Für diese sei die Schrift zuständig sowie das kirchliche Lehramt. Die Logik sei eine Methode zur Verarbeitung der *Sinneswahrnehmung,* und hiefür komme nur der nominalistische Standpunkt infrage.[19]

Das Werden des positivistischen Wissenschafts-Typus

Mit dem Tode von Occam sind wir wiederum an jenem Zeitpunkt angelangt, an dem die orthogenetische Tendenz – im Gewande der italienischen Renaissance – auch äußerlich zum ersten Schritt der Bewusstseins-Mutation ansetzte. Die Übernatur hatte unterdessen aufgehört, die führenden Geister zu faszinieren. Diese wandten sich, wie gesagt, der Natur zu und machten sich daran, die Bewusstseins-Evolution auf dem „physischen" Zweig nachzuholen.

Wir haben gesehen, dass in Italien die Keime zu dem, was später zu Natur- und Geisteswissenschaften werden sollte, herangewachsen waren: ein gewisser Sinn für die „irdischen" Faktoren, die in der Geschichte wirken und für kritische Betrachtung des überlieferten Schrifttums; ferner der Sinn für Empirie und induktives Denken, was Hand in Hand ging mit dem Erwachen der Einsicht, dass der methodische Positivismus unabdingbare Voraussetzung für die Erforschung der Natur und der Kultur war. Eben noch haben wir gesehen, dass die Scholastiker schon vor dem Erwachen des neuen Geistes wichtige Vorarbeit geleistet hatten, indem sie das logische Denken einübten und sich zur Einsicht durchrangen, dass für die Erforschung des sinnlich Wahrnehmbaren die nominalistische Auffassung der Allgemeinbegriffe die richtige sei.

Das war aber erst die Ausgangslage. Es sollte noch lange dauern, bis die Wissenschaftler der Neuzeit jenes Selbstverständnis gefunden hatten, das ihnen die Lösung der Aufgabe, zu der sie sich hingezogen fühlten, ermöglichte. Eine Vorstellung davon, wie mühsam dieses Sichzurechtfinden war, erhalten wir, wenn wir die Äußerungen jener Männer betrachten, die als Pioniere des neuen Geistes in die Geschichte der Philosophie eingegangen sind, z. B. eines Francis Bacon, Rene Descartes oder John Locke. Wir sehen da, dass sie sich mühsam von habituellen Haltungen und archaischen Denkformen zu lösen versuchten und diesen doch teilweise noch verhaftet blieben. Wir sehen auch, wie sie sich ebenso mühsam und tastend darüber Rechenschaft zu geben versuchten, worin die Eigengesetzlichkeit von Natur und Kultur bestehe, und mit welchen Mitteln sie zu erforschen sei.

Worum es dabei in den historischen Wissenschaften ging, wollen wir hier nicht weiter verfolgen. Obwohl diese durch die Entmythologisierung der Überlieferung einen bedeutsamen Beitrag zur neuen Bewusstheit leisteten, trugen sie doch nicht wesentlich zu jener Gegensatzspannung zwischen positivistischem und archaischem Weltbild bei, auf die es uns ankommt. Sie unterhöhlten zwar das mythische Selbstverständnis der Kirchen. Weil aber die christliche Religion sich auf einen historisierten Mythos stützt, vermochte die kritische Geschichtsforschung den Glauben an die Historizität des „Christus-Geschehens" – und damit dessen konkretistisches Verständnis – nicht umzustoßen.

Wenden wir uns deshalb der Naturwissenschaft zu. Diese war es, die schließlich durch die Erforschung der Naturgesetzlichkeit und der Evolution das „Dilemma zwischen Wissenschaft und Glauben" herbeiführte.

Kausalitätsbegriff verdrängt archaisches Mächte-Denken

Um zu verstehen, weshalb es der neuzeitlichen Naturwissenschaft – im Gegensatz zur Naturkunde der Antike – gelang, *hinter* die Fassade des unmittelbaren Sinneseindrucks vorzudringen, die raumzeitlichen Gebilde in ihre Bestandteile zu zerlegen und die Gesetze zu erforschen, denen die „Materie" unterliegt: um dies zu verstehen müssen wir eine weitere geistige Leistung betrachten, die die Pioniere der Neuzeit vollbrachten. Es ist dies die Überwindung des archaischen Mächte-Denkens bzw. die Erarbeitung des Kausalitätsbegriffs der klassischen Physik und Chemie.

Ich habe schon darauf hingewiesen, dass die Bewusstseinsevolution auf dem „physischen" Zweig in archaischer Zeit deshalb nicht recht vorankam, weil man den Grund für die Veränderungen in „dieser Welt" im bewussten Wirken jenseitiger Mächte sah. Ich habe jenes Wirken als akausal bezeichnet, um dessen Verschiedenheit vom neuzeitlichen Kausalitätsbegriff hervorzuheben. Dass die moderne Physik den Ausdruck „akausal" oft in einem ganz anderen Sinne verwendet, wollen wir uns dabei bewusst bleiben. Unsere Sprache hat eben mit der Entwicklung des Bewusstseins nicht Schritt gehalten, und wir müssen uns damit abfinden, dass der Sinngehalt vieler Wörter variiert, je nach dem Kontext, in dem sie stehen.

Der Übergang vom früharchaischen, naiven Mächte-Denken zum neuzeitlichen Begriff der Kausalität war kein unmittelbarer. Im allgemeinen Bewusstsein war zwar naives Mächte-Denken bis weit in die Neuzeit hinein noch lebendig. (Erinnern wir uns nur an den Heiligenkult). In Gestalt des Astrologie-Glaubens reicht es sogar in unsere Zeit hinein. In der *Bewusstseins-Spitze* jedoch – und auf die allein kommt es bei der Erforschung der Bewusstseins-Evolution an – hat schon in der Antike eine Weiterentwicklung eingesetzt: eine Entwicklung, die retrospektiv als Vorbereitung des Übergangs zum Kausalitätsbegriff verstanden werden kann.

Ebenso wie das Jenseits und die jenseitigen Wesen im Verlauf der archaischen Zeit für die Vertreter der Bewusstseins-Spitze immer mehr in örtliche Ferne rückten und sich vergeistigten, rückte das, was nach ihrer Ansicht die Veränderungen in der sichtbaren Welt bewirkte, immer mehr in gleichsam zeitliche Ferne

Die großen Denker befassten sich mehr und mehr mit der „prima causa" (der „ersten Ursache"): mit jenem Sein, das „die Ursache von allem war, jedoch selber keine Ursache hatte". Wie wir sahen, war schon das Denken der ersten Vorsokratiker auf jenen „Urgrund" gerichtet. Ihm galt – vor dem Hintergrund des christlichen Bilderkanons – auch das Denken der großen Philosophen der Scholastik. Sie nannten ihn das „Ens a se": das aus sich seiende Sein.

Die weiterführende, eine neue Etappe der Bewusstseinsevolution ermöglichende Leistung der Wegbereiter der neuzeitlichen Naturwissenschaft – vor allem von Descartes und Hume – bestand nun darin, dass sie das Interesse von jener – noch ganz im Sinne archaischen Mächte-Denkens verstandenen – Erstursache ablenkten, und es hinlenkten auf die" Letztursachen „: auf jene Faktoren, durch die ein beobachtbares Phänomen *unmittelbar* verursacht ist. Dies kam einer kopernikanischen Wende gleich. Treffender ist vielleicht der Vergleich mit der Richtungsänderung eines Ozeandampfers, denn *langsam* nur wuchs in der Folge der Kausalitäts-Begriff der Neuzeit heran: die Vorstellung, dass die Ursachen *notwendigerweise* wirken, und dass somit aus gleichen Ursachen gleiche Wirkungen hervorgehen.

Das neuartige Verständnis der Ursachen war die Voraussetzung für die mehr und mehr sich durchsetzende Anwendung des Experiments, jenes „Zauberstabs" für die Erforschung der Natur, der zum hauptsächlichsten

Instrument der modernen Naturwissenschaft wurde. Die Griechen hatten es, verglichen mit der Neuzeit, nur in äußerst bescheidenem Ausmaß (Pythagoras, Archimedes) angewendet. Während der darauffolgenden Jahrhunderte waren selbst diese geringfügigen Ansätze in Vergessenheit geraten. Der Mann, der dann den entscheidenden Anstoß zur Anwendung des Experiments in der Naturwissenschaft gegeben hat, ist wohl Galileo Galilei.

Wenn wir hier vom Kausalitätsbegriff reden, interessiert uns daran nur jener Aspekt, der für die Praxis wichtig war. Das Problem, ob die Kausalität in der Natur selber begründet sei, oder ob sie erst durch unser Denken in die Natur hineingetragen werde – ein Problem, das die Philosophen während der ganzen Neuzeit beschäftigt hat – interessiert uns in diesem Zusammenhang nicht. Ebenso wenig wollen wir hier auf den Wandel der Auffassung vom „Charakter" der Kausalität eingehen: auf die Tatsache, dass diese z. B. am Anfang, unter dem Einfluss von Descartes, im Sinne der Mechanik verstanden wurde, dass seit Newton eine mehr funktionelle Auffassung aufkam usw.

In Hinblick auf das Nachholen der Entwicklung auf dem „physischen" Zweig kommt es allein darauf an, festzuhalten, dass durch die Hinwendung zu den *unmittelbaren* Ursachen und durch die Vorstellung von deren *notwendigem, immer gleich bleibendem* Wirken es möglich wurde, erstens die Natur in ihre Bestandteile zu zerlegen bis hinab zu den „Elementarteilchen", und zweitens die Gesetzlichkeit des Naturgeschehens in beträchtlichem Ausmaß zu erhellen.

Überwindung der archaischen Auffassung von Raum und Zeit

Vermerken wir noch, dass Hand in Hand mit der Überwindung des Mächtedenkens auch die archaische Auffassung von Raum und Zeit überwunden wurde. An die Stelle des qualitativen Raumerlebens trat immer mehr und in immer weiteren Bereichen das quantitative, an die Stelle des präsentischen und kreisenden Zeiterlebens das linear fortschreitende. Am Zustandekommen des neuartigen Zeiterlebens waren übrigens neben den Naturwissenschaften auch die Kulturwissenschaften maßgeblich beteiligt. Während die Naturforscher die Tatsache ins Bewusstsein rückten, dass zwischen Ursache und Wirkung immer ein wenigstens infinitesimaler Zeitabschnitt liegt, trieben die Historiker die Zeitlinie vorerst ein paar Jahrtausende in die Vergangenheit hinein. Als dann die Evolutionsforschung aufkam, wurde diese Linie noch um mehrere Milliarden Jahre verlängert.

Damit wurde allerdings die Grenze des erlebnismäßig Nachvollziehbaren überschritten. Aber nicht nur bei der Zeit fand das Überschreiten jener mittleren Dimensionen statt, die der menschlichen Erlebnisfähigkeit adäquat sind. Auch in Bezug auf den Raum drang die Forschung in Richtung auf das ganz Große und auf das ganz Kleine hin – in Dimensionen vor, die nur noch gedacht, nicht aber mehr erlebt werden können.

Die Beschränktheit des positivistischen Wissenschafts-Typs

Dass wir das, was die positivistische Wissenschaft zustande gebracht hat, als eine großartige, bewundernswerte Leistung betrachten, sei hier ausdrücklich festgehalten. Es sei vor allem deshalb betont, weil wir nun in Hinblick auf den heute notwendigen Vollzug der Bewusstseins-Mutation – auch auf die Beschränktheit und Einseitigkeit des positivistischen Wissenschafts-Typus, und noch mehr des positivistischen Weltbildes, hinweisen müssen.

Zu den Einseitigkeiten der klassischen Naturwissenschaft gehört beispielsweise die Tatsache, dass sie nicht nur konsequent nach den unmittelbaren Ursachen der beobachteten Phänomene fragte, sondern dass sie – namentlich im Endstadium des Positivismus – *das Kausalprinzip verabsolutierte.* Die Verabsolutierung der Kausalität hat verschiedene Aspekte, und es lohnt sich, diese auseinanderzuhalten. Der eine Aspekt besteht darin, dass man die Kausalität als absolut starr auffasste. Diese Denkrichtung implizierte eine völlige Determiniertheit des Naturgeschehens. Dies führte einerseits zu jenem – von der heutigen Warte aus betrachtet naiven – „mechanistischen“ Verständnis der Lebewesen, das für den späten Positivismus charakteristisch ist; es bereitete aber auch denen, die sich mit der menschlichen Willensfreiheit befassten, unüberwindliche Schwierigkeiten. Dieser Absolutheitsstandpunkt in Bezug auf die Kausalität wurde in unserem Jahrhundert relativiert durch die Erkenntnis der Atomphysiker, dass die Mikrogesetze innerhalb einer gewissen Bandbreite variieren, und dass demzufolge die Makrogesetze – d. h. die Naturgesetze der klassischen Physik – lediglich als statistische „Gesetze“ aufzufassen sind. Auf die Konsequenzen, die diese Einsicht für das Weltbild hatte, werden wir im vierten Teil zurückkommen.

Die Verabsolutierung des Kausalprinzips kann aber auch in dem Sinne verstanden werden, dass man den Blick völlig auf die Verursachtheit des Geschehens fixierte, und jeglichen Gedanken an eine Zielgerichtetheit der Naturvorgänge von sich wies. Auch dieser Absolutheitsstandpunkt wurde beim zweiten Schritt der Bewusstseins-Mutation überwunden. Als nämlich die komplementäre Betrachtungsweise sich durchsetzte, sah man ein, dass die kausale nur *eine* Art der Naturbetrachtung ist, und dass diese im Sinne des komplementären Denkens durch die Finale ergänzt werden muss. Es setzte sich die Einsicht durch, dass vor allem das Funktionieren komplexer Systeme nur dann einigermaßen verstanden werden kann, wenn *neben* dem kausalen auch der finale Aspekt berücksichtigt wird.

Es ist nun interessant zu sehen, dass die Verabsolutierung des Kausalprinzips – d. h. eine, wie sich nachträglich erwies, unrichtige Auffassung der Kausalität – während des ersten Schrittes der Bewusstseins-Mutation „richtig" war, und zwar aus zwei Gründen. Erstens war es nur auf diese Weise möglich, sich von der archaischen Auffassung des Grunds der Veränderung zu befreien. Hätte man damals schon den finalen Aspekt ins Auge gefasst, hätte das immer noch weit verbreitete Mächte-Denken diesen gleichsam als Hintertürchen benützen können, um sich wieder in die Naturwissenschaft einzuschleichen und damit das Bemühen um die Überwindung der archaischen Apperzeption zunichte zu machen. Diese Tatsache erklärt meines Erachtens die affektgeladene Vehemenz, mit der die positivistischen Biologen alle vitalistischen Theorien ablehnten, d. h. alle Theorien, die zur Erklärung der Lebensvorgänge eine selbstständig wirkende Lebenskraft postulierten.

Zweitens war die Verabsolutierung des Kausalprinzips damals „richtig", weil die Aufgabe der Naturwissenschaft während der positivistischen Zeit darin bestand, das vom Mittelalter übernommene Bild der „Mutter Natur" in immer kleinere Facetten zu *zerlegen*. Erst als dieser analytische Prozess bei den „Elementarteilchen" angelangt war, konnte man darangehen, den Blick wiederum auf die Ganzheit bzw. auf die bezüglich ihrer Komplexität hierarchisch angeordneten Ganzheiten zu richten. Zur Erfassung der Ganzheiten, in deren Gefolge die strukturalistische – heute würde man besser sagen: systemische – Betrachtungsweise aufkam – war es hilfreich, auch den finalen Aspekt des Naturgeschehens wieder zu berücksichtigen. Unterdessen hatte aber schon der zweite Schritt der Bewusstseins-Mutation stattgefunden und der Positivismus seine analytische Aufgabe erfüllt. Hätte man, wie die Griechen es taten, den Blick schon zu früh, d. h. bevor die Zerlegung der „Mutter Natur" vollendet war, auf das Ganze gerichtet, wäre vielleicht auch der abendländische Anlauf zur Bewusstseins-Mutation im Sande verlaufen.

Eine andere Einseitigkeit bzw. Beschränktheit der positivistischen Wissenschaft ist systembedingt. Sie ist eine charakteristische Eigenart des positivistischen *Typus* von Wissenschaft. Obwohl nämlich der methodische Positivismus für die Erforschung von Natur und Kultur außerordentlich fruchtbar war, darf nicht übersehen werden, dass gerade die Beschränkung auf das sinnlich Wahrnehmbare den auf diese Voraussetzung eingeschränkten Wissenschaften den Zugang zur *Quelle* der menschlichen Handlungsnormen und Werte, sowie der Sinngebung verschloss.

Diese systembedingte Beschränktheit des positivistischen Wissenschaftstypus ist es in erster Linie, die heute zum Unbehagen vieler Vertreter positivistischer Fachgebiete führt, und sie zum Gespräch mit Repräsentanten jener beiden Wissenschaftstypen veranlasst, die auf Grund ihrer erkenntnistheoretischen Voraussetzungen sich mit den Manifestationen des inneren Wahrnehmungsstromes befassen. Damit kommen wir aber schon zu den weltanschaulichen Implikationen der positivistischen Apperzeption.

Das positivistische Selbst- und Weltverständnis

Der methodische Positivismus weitete sich wie gesagt mit der Zeit zum weltanschaulichen aus. Damit ist nun nicht gemeint, jeder Wissenschaftler aus einem positivistischen Fachgebiet sei Positivist im weltanschaulichen Sinn. Bei interdisziplinären Gesprächen kommt es nämlich häufig vor, dass Natur- wie Kulturwissenschaftler dann, wenn es um Fragen der Ethik der Religion oder Religiosität geht, sagen, hier seien die Theologen zuständig. Solche Leute sind – selbst wenn sie für Arbeiten in ihrem Fachgebiet mit dem Nobelpreis ausgezeichnet wurden – im Grunde ihrer Seele noch Archaiker. Anderseits ist zu bedenken, das bei Weitem nicht alle weltanschaulichen Positivisten Wissenschaftler sind. Im Gegenteil: ein – wenigstens vordergründiger – Positivismus ist heute wahrscheinlich die verbreiteteste Weltsicht. – An dieser Stelle sei noch erwähnt, dass auch viele Tiefenpsychologen sich der Konsequenzen, die sich aus der Entdeckung des Unbewussten für unser Weltbild ergeben, nicht bewusst sind. Gerade in der Schule von C. G. Jung, deren Begründer ja, wie noch zu zeigen sein wird, durch die Entschlüsselung der Sprache des Unbewussten die archaische Apperzeption überwunden hat, ist die Tendenz zur partiellen Regression ins Archaische recht groß.

Wegen dieser Überschichtung und Vermischung der drei – verschiedenen Phasen der Bewusstseinsevolution angehörenden Arten des Selbst- und Weltverstehens im Einzelnen Menschen ist das, was hier über sie ausgesagt wird, *idealtypisch* zu verstehen; d. h. es soll nicht in dem Sinne missverstanden werden, als sei einer heute – in unserer Zeit des Übergangs – *entweder* Archaiker *oder* Positivist *oder* Vertreter der neuen Weltschau.

Rationalismus als notwendige Folge des Positivismus

Zum weltanschaulichen Positivismus gehört wie gesagt die Überzeugung, *nur* das sinnlich Wahrnehmbare sei objektiv wirklich: Es gebe deshalb keine metaphysische Welt und keine metaphysischen Wesen, es gebe aber auch nicht einen unabhängig vom Bewusstsein funktionierenden und dem Bewusstsein nicht direkt zugänglichen Bereich der Psyche. Aus dieser eingeschränkten Weltsicht ergab sich notwendigerweise jene Überschätzung des menschlichen Verstandes, die als Rationalismus in die Geschichte eingegangen ist. Die Ablehnung metaphysischer Wesen implizierte eben auch die Ablehnung göttlicher Offenbarung

Dies führte zwangsläufig zur Überzeugung, der Mensch sei bei der Erkenntnis des Zusammenhangs der Welt auf seinen Verstand (Ratio) allein angewiesen. Hatte es dem archaischen Menschen für selbstverständlich gegolten, dass das „Licht des Verstandes" schwach sei, und dass es der Erleuchtung durch übernatürliche Wesen bedürfe, schien nun dem Positivisten die Ratio ein starkes Licht zu sein: ein Licht, das hell genug schien, um auch die hintersten Winkel der Wirklichkeit auszuleuchten. Unergründliche Geheimnisse gab es für ihn grundsätzlich nicht. Konnte er einen Sachverhalt nicht durchschauen, dann konnte er wenigstens überzeugt sein, dass es der Ratio mit der Zeit gelingen werde, dieses Dunkel aus eigener Kraft zu erhellen. Dies führte nicht nur zu einer Vermehrung des Selbstbewusstseins, sondern aufs Ganze gesehen zu einer Haltung, die die Griechen Hybris nannten, und die man in der Analytischen Psychologie als Inflation (Aufgeblasenheit) des Ich bezeichnet.

Die Überschätzung des Verstandes begann in England, und zwar schon um die Zeit, als John Locke (1632-1704) die Wahrnehmung der außerbewussten (objektiven) Wirklichkeit auf die Sinnesorgane einschränkte. Besonders radikale und auch polemische Züge nahm sie dann während des 18. Jahrhunderts – als „Aufklärung" – in Frankreich an. Im 19. Jahrhundert erfasste sie schließlich die übrige westliche Welt, doch begannen nun auch schon gegenläufige Kräfte sich zu regen: Kräfte, die den zweiten Schritt der Bewusstseins-Mutation vorbereiteten.

Der Rationalismus ergab sich, wie wir sahen, *notwendigerweise* aus der positivistischen Apperzeption. Genau genommen müssten wir daher den ersten Schritt der Bewusstseins-Mutation als positivistisch-rationalistische Phase bezeichnen. Wenn wir sie trotzdem nur positivistische nennen, geschieht dies der Einfachheit halber, und auch deshalb, weil das positivistische Apperzeptionsschema den Rationalismus – als notwendige Konsequenz – schon in sich schließt.

Entwicklungsfördernde und hemmende Funktion des Rationalismus

Die vorübergehende Überschätzung der Ratio stand – ebenso wie die Verabsolutierung der Kausalität – durchaus im Dienste der Bewusstseins-Evolution. Sie beflügelte das Ich bei der Aufgabe, Natur und Geschichte zu erforschen und zu entmythologisieren. Jenen Anteil des aus dem Unbewussten kommenden Informationsstromes, der dem Ich – auf dessen Fragen hin – Vorstellungsmodelle einfallen lässt, die ihm dann als Leitbilder für gezieltes Forschen dienen, konnte der Mensch während der positivistischen Phase ohne weiteres in Empfang nehmen und sich dabei der Illusion hingeben, er hätte seine Inhalte selber ausgedacht. Die Illusion, er habe sie selber ausgedacht, stärkte wie gesagt sein Selbstbewusstsein. Da nun das Ich sich dem sinnlich Wahrnehmbaren gegenüber – im Gegensatz zum innerlich Wahrnehmbaren – aktiv verhalten muss, war die Überschätzung des eigenen Vermögens nur von Vorteil bei der Aufgabe, die das Ich während der positivistischen Phase zu lösen hatte

Nun lässt ja der „befruchtende" Anteil des „Offenbarungsstromes" nicht nur Modellvorstellungen einfallen, er speist auch die Kreativität des Ich, und zwar die kulturell-künstlerische wie die zivilisatorische. Auch diesen kreativitätsfördernden Anteil des „Offenbarungsstromes" konnte der Positivist in sein bewusstes Schaffen einfließen lassen und sich – auf Grund seines Apperzeptionsschemas mit gutem Gewissen – einreden, er habe alles selber erfunden. Dies betrifft weniger die künstlerische Kreativität, bei der man konsequenterweise immer die Möglichkeit von Inspiration in Betracht zog, als vielmehr die zivilisatorische: die Erschaffung einer Technik, die alles übertrifft, was diesbezüglich während der archaischen Phase hervorgebracht wurde. Beim Vorantreiben dieses Werkes war ein überhöhtes Selbstgefühl, für das es keine unüberwindlichen Hindernisse gab – das Homo-faber-Gefühl – ebenfalls von Vorteil.

Heute aber, da man unter den Folgen des Strebens nach unbegrenztem Fortschritt zu leiden beginnt, erweist sich der Rationalismus als größtes Hindernis für eine Neuorientierung, denn er erschwert ganz außerordentlich den Zugang zur inneren Erfahrung. Die Homo-faber-Einstellung, die sich aus der rationalistischen ergibt, steht nämlich in direktem Gegensatz zur Haltung des Geschehen-lassen-Könnens bzw. des Sich-führen-Lassens durch eine dem Ich übergeordnete Macht, d. h. zu jener Haltung, die zum ganzheitlichen, ausgewogenen Menschsein führt.

Das positivistische Weltverständnis war areligiös

Der weltanschauliche Positivismus war seinem Wesen nach areligiös. Wir haben Religiosität umschrieben als eine Haltung, bei der der Mensch in seine bewussten Entscheidungen auch die Intentionen einer ihm überlegenen Macht einbezieht: einer Macht, der gegenüber er sich für sein Tun verantwortlich fühlt, und von der er unter anderem annimmt, sie könne ihn für Fehlentscheidungen bestrafen. Da nun das positivistische Weltverständnis eine solche Macht nicht zuließ, war einem konsequenten Positivisten der Zugang zur religiösen „Dimension" verschlossen.

Kann das archaische Weltverständnis – in allen seinen Varianten – als theozentrisch bezeichnet werden, dann das positivistische als ausgesprochen anthropozentrisch. Anthropozentrisch war es aber nicht in dem Sinn, dass lediglich der Akzent auf den Menschen verlagert worden wäre. In ihm gab es nur noch den auf sich allein gestellten und sich allein verantwortlichen Menschen, genauer gesagt das sich allein verantwortliche Ich. Das Weltverständnis der archaischen Zeit können wir ebenso wie das, welches durch den zweiten Schritt der Mutation zustande kam, als bipolares bezeichnen. In beiden gibt es zwei Instanzen, wobei die eine der andern untergeordnet ist: Mensch und Gott bzw. Ich und „Selbst" (außerbewusste Führungsinstanz). Im Gegensatz dazu war das positivistische unipolar (vgl. Abb. 2, S. 148 und Abb. 3, S. 205). Es war somit, wie wir seit der Entdeckung des unbewussten Systems und der Dynamik zwischen diesem und dem Bewusstsein erkennen können, ein Weltbild, das der menschlichen Natur *nicht* entsprach: ein unvollständiges Weltbild, eines, das gleichsam auf einem Bein stand.

Positivistische Ethik war subjektivistische Ethik

Die wesensmäßige Areligiosität der positivistischen Weltsicht führte zu einer Verwilderung der ethischen Normen sowie zu einer Desorientiertheit in Bezug auf die Werte und auf den Sinn des Lebens.

Der innere Wahrnehmungsstrom führt eben – wie noch zu zeigen sein wird – dem Ich nicht nur erkenntnis- und kreativitätsfördernde Einfälle zu sondern auch Weisungen und Befehle. Im Unterschied zum unbewussten Verhalten der Tiere und auch zu jenem unbewussten Verhalten des Menschen, das die Humanethologen erforschen, ist bewusstes Tun ethisches Tun. Durch die Bewusstwerdung gewann der Mensch eine gewisse Unabhängigkeit vom Zwang der unbewussten Verhaltensmuster: gewann er gleichsam einen Spielraum, innerhalb dessen er (das Ich) sich frei entscheiden kann und muss.

Den Rahmen für diesen Entscheidungsspielraum bilden die ethischen Normen: Normen, die jeweils von einer *Gruppe* von Menschen als verbindlich erachtet werden. Der archaische Mensch glaubte, wie wir sahen, diese seien ihm durch göttliche Wesen offenbart worden, und er werde von göttlichen Wesen – ev. von seinen Ahnen – für deren Einhaltung oder Missachtung belohnt oder bestraft. Heute verstehen wir die Sittengesetze als Gestaltungen des Unbewussten, die auf ähnliche Weise zustande kommen wie der Mythos: als Formulierungen von Weisungen, die zuerst von einzelnen Individuen beim Ringen um aktuelle Probleme innerlich wahrgenommen und geäußert, dann von der Gruppe verarbeitet und überarbeitet werden.

Als man – im Rahmen der Religionswissenschaft – Moralsysteme verschiedener Zeiten und Völker miteinander verglich, konnte man erkennen, dass diese in den Grundzügen übereinstimmen: dass sie als Varianten eines gemeinsamen Musters verstanden werden können, eines Musters von Normen, das für die menschliche Art typisch ist.

Ob nun aber als Offenbarung jenseitiger Wesen oder als Gestaltungen des unbewussten Führungssystems – als Bewusstwerdung des arttypischen Musters in der der jeweiligen Bewusstseinshöhe und Bewusstseinsform entsprechenden Variante – verstanden: in beiden Fällen ist die Ethik in einem *außerhalb* des Bewusstseins gelegenen Bereich verankert. In beiden Fällen handelt es sich um eine *objektiv begründete* Ethik, die der Willkür des Ich entzogen ist.

Während des ersten Schrittes der Bewusstseins-Mutation, als das positivistische Apperzeptionsschema die innere Wahrnehmung ausfiltrierte, wurde mehr und mehr *das Ich für die normgebende Instanz gehalten.* Das positivistische Selbstverständnis ließ somit nur eine subjektive bzw. *subjektivistische* Ethik zu. Da wirkte sich nun die Verselbstständigung und die damit verbundene Aufblähung des Ich, die während der positivistischen Phase stattfand, verheerend aus. Indem das außerbewusste Regulativ wegfiel, war der Willkür und den Egoismen Tür und Tor geöffnet. So bescherte uns denn die positivistische Zeit im Bereich der Ethik – im Gegensatz zum Bereich des Sachwissens – einen Scherbenhaufen und eine unsägliche Ratlosigkeit.

Verkümmerung der Geist-Vorstellung

Aber nicht nur die Ethik verkümmerte, weil das positivistische Apperzeptionsschema den inneren Wahrnehmungsstrom ausfiltrierte, sondern auch die während der archaischen Zeit entwickelte Vorstellung des Geistigen. Wie gezeigt hatte der archaische Mensch diese durch Auseinandersetzung mit den nach außen projizierten, konkretistisch aufgefassten inneren Bildern und Bildabläufen entwickelt. Dabei handelte es sich um die Vorstellung des objektiven, vom Bewusstsein unabhängigen Geistigen. Zu diesem rechnete man in archaischer Zeit, wo man noch nicht so differenziert unterschied wie heute, auch den Menschengeist, d. h. das, was wir Bewusstsein nennen. Der Menschengeist war nach archaischer Vorstellung ein „Vermögen" der Seele, und die Seele fasste man wie gesagt als metaphysisches Wesen auf, das sich nur vorübergehend mit dem Leib verband und nach dessen Zerfall wieder ins Jenseits entschwebte. Da nun das Erforschen der Natur und Kultur unter dem Ethos des methodischen Positivismus die Außenwelt entmythologisierte, d. h. das Nichtvorhandensein metaphysischer Gestalten in der Außenwelt nachwies, wurde im Bereich der Wissenschaft der archaischen Vorstellung des Geistigen die Grundlage entzogen.

Heute können wir erkennen, dass dies für die Höherentwicklung des Bewusstseins nötig war. Die Mutation des Bewusstseins ermöglichte eine neuartige Auffassung des Geistigen, bei der dieses nicht mehr als etwas Metaphysisches sondern als etwas Physisches, d. h. als etwas zur *Natur* Gehörendes verstanden wird. Damit aber diese neuartige Auffassung zustande kommen konnte, musste erst einmal die so festsitzende archaische Vorstellung des Metaphysisch-Geistigen abgebaut werden.

Das positivistische Apperzeptionsschema impliziert zwar nicht eine Negation des Geistigen sondern nur eine solche der *archaischen* Geist-Vorstellung. Der Geist-Aspekt der Natur kann nämlich, wie noch gezeigt werden soll. auch mit positivistischer Apperzeption – d. h. ohne dass die innere Wahrnehmung berücksichtigt wird – erkannt werden. Er trat jedoch während des ersten Schrittes der Mutation deshalb nicht ins Blickfeld, weil wie erwähnt während jener Zeit die Naturwissenschaft ganz darauf ausgerichtet war. die Natur in ihre Bestandteile zu zerlegen. Wir werden sehen, dass erst die synthetische bzw. systemische Betrachtung der raumzeitlichen Gebilde sowie die Betrachtung der biologischen Evolution unter dem Blickwinkel der Orthogenese es möglich machte, den Geist-Aspekt der Natur zu erkennen.

So führte denn die positivistische Übergangsphase vorerst einmal mit innerer Konsequenz zur Überzeugung, das Geistige sei gleichsam ein Ausfluss der Materie, und es werde mit der Zeit möglich sein, alle Vorgänge, die bis dahin als geistige bezeichnet wurden, auf physikalisch-chemische Vorgänge zurückzuführen.

4. Der Durchbruch zu höherer Bewusstheit

Die Entdeckung des Unbewussten

Gegensatzspannung und vereinigendes Symbol

Während der ganzen Zeit, da das positivistische Weltbild heranwuchs, lebte *neben* diesem das archaische – vertreten durch Kirche, Theologie und Volksglaube – unberührt weiter. So standen sich denn am Ende des 19. Jahrhunderts, als die positivistische Wissenschaft voll entfaltet war, zwei festgefügte, miteinander *unvereinbare* Positionen gegenüber. Jetzt bestand – im Unterschied zum ausgehenden Mittelalter – eine echte Gegensatzspannung. Sie artikulierte sich als Dilemma zwischen Vernunft und Glaube bzw. zwischen Wissenschaft und Glaube.

Nun war die Voraussetzung dafür gegeben, dass die transzendierende Funktion des Unbewussten angeregt wurde, und dass diese dem Bewusstsein ein vereinigendes Symbol „einfallen" ließ: eine Denkmöglichkeit, die die Gegensätze auf höherer Ebene vereint. Dies geschah, wie erwähnt, durch den empirischen Nachweis des unbewussten psychischen Systems: durch jene Entdeckung, die im Grunde genommen eine Wiederentdeckung des außerbewussten Geistes war, die aber eine Auffassung des Geistes ermöglichte, die der unterdessen von der Naturwissenschaft erarbeiteten differenzierten Vorstellung von der Materie adäquat ist.

Ansätze zu etwas Neuem im 19. Jahrhundert

Die Entdeckung des Unbewussten brach nicht aus heiterem Himmel herein. Sie war das Ergebnis einer Entwicklung, die untergründig schon zu Beginn des 19. Jahrhunderts eingesetzt hatte. Ebenso wie beim ersten Schritt der Bewusstseins-Mutation können wir auch beim zweiten mehrere voneinander unabhängige Strömungen unterscheiden, die den Boden für das kommende Neue vorbereiteten

Besonders eindrucksvoll – wegen seiner Bildhaftigkeit – ist das, was in der katholischen Kirche geschah. Dort wurden im Verlauf des 19. Jahrhunderts vier Marien-Dogmen vorbereitet: das Dogma der Immaculata Conceptio (der unbefleckten Empfängnis), der Corredemptrix (Miterlöserin), der Mediatrix (Mittlerin aller Gnaden) und der Assumptio (der leiblichen Aufnahme Mariae in den Himmel). Die mythische Frauengestalt, die dabei heranwuchs, war eine andere als die, die in den ersten christlichen

Jahrhunderten entstanden war. War es in der Väterzeit das Symbol der Gottesmutter gewesen, so jetzt das der Sophia.[1]

In der Bildersprache des Unbewussten wird durch die Sophia-Gestalt eine „weibliche" Geisteshaltung veranschaulicht, im Gegensatz zur „männlichen", die durch die Logos-Gestalt (im Sinne des christlichen Logos) symbolisiert wird. Damit sind nicht Geisteshaltungen gemeint, die für Frauen bzw. für Männer charakteristisch sind. Männliches und weibliches Geschlecht von Fantasiegestalten sind in der Sprache des Unbewussten Symbole für unanschauliche Sachverhalte. Männliche Gestalten bedeuten – wenn durch sie eine Haltung des Ich ausgedrückt wird – ein Ausgerichtetsein auf Sachwissen, auf Unterscheiden und Analysieren sowie auf begriffliche Formulierung. Ein „männlich" eingestelltes Ich bewertet das Denken am höchsten und drängt das Fühlen zurück. Es bemüht sich ausschließlich um rationales Erfassen der Wirklichkeit und vernachlässigt das Erlebnis und die existenzielle Einstellung. Mit „männlichem" Geist bzw. mit der christlichen Logos-Gestalt wird somit eine Einstellung symbolisiert, unter der sich – von der Scholastik an – die Entwicklung des abendländischen Geistes vollzogen hat.

Durch die Gestalt der Sophia hingegen wird erstens eine Haltung des Ich verbildlicht, die mehr das Ganze bzw. Ganzheitliche ins Auge fasst. Die dogmatische Formulierung, Maria sei die *Miterlöserin,* bedeutet, dass die ganzheitliche Schau, die angestrebt wird, die analysierende nicht verdrängen soll, sondern Hand in Hand mit dieser zu entfalten sei. Sophia veranschaulicht zweitens das Bezogensein des Ich: das Bezogensein auf Menschen, auf die Natur und – was die Voraussetzung dafür ist – das Bezogensein auf die unbewusste Führungsinstanz. Der Satz, Maria sei die Mittlerin aller Gnaden, präzisiert diesen zweiten Aspekt der Sophia-Gestalt, denn wenn das Ich auf das Unbewusste bezogen ist, kommt der „Gnadenstrom", d. h. der befruchtende und das Ich leitende Anteil des inneren Wahrnehmungsstromes zum Fließen. Einen dritten Aspekt des „weiblichen" Geistes symbolisiert das Dogma von der *leiblichen* Aufnahme Mariens in den Himmel. Es bedeutet eine Höherbewertung der Natur: eine Einstellung, die das Geistige nunmehr auch in der bisher als etwas Niedriges betrachteten Natur zu sehen vermag.

Ich möchte keineswegs sagen, die vier Mariendogmen (von denen nur zwei deklariert wurden) seien *nur* in diesem Sinne zu verstehen. Aber es ist doch eindrücklich, zu sehen, wie im Schoße der katholischen Kirche, dieser vom Mythos lebenden und den Mythos pflegenden archaischen geistigen Gemeinschaft, noch während des rationalistischen 19. Jahrhunderts eine

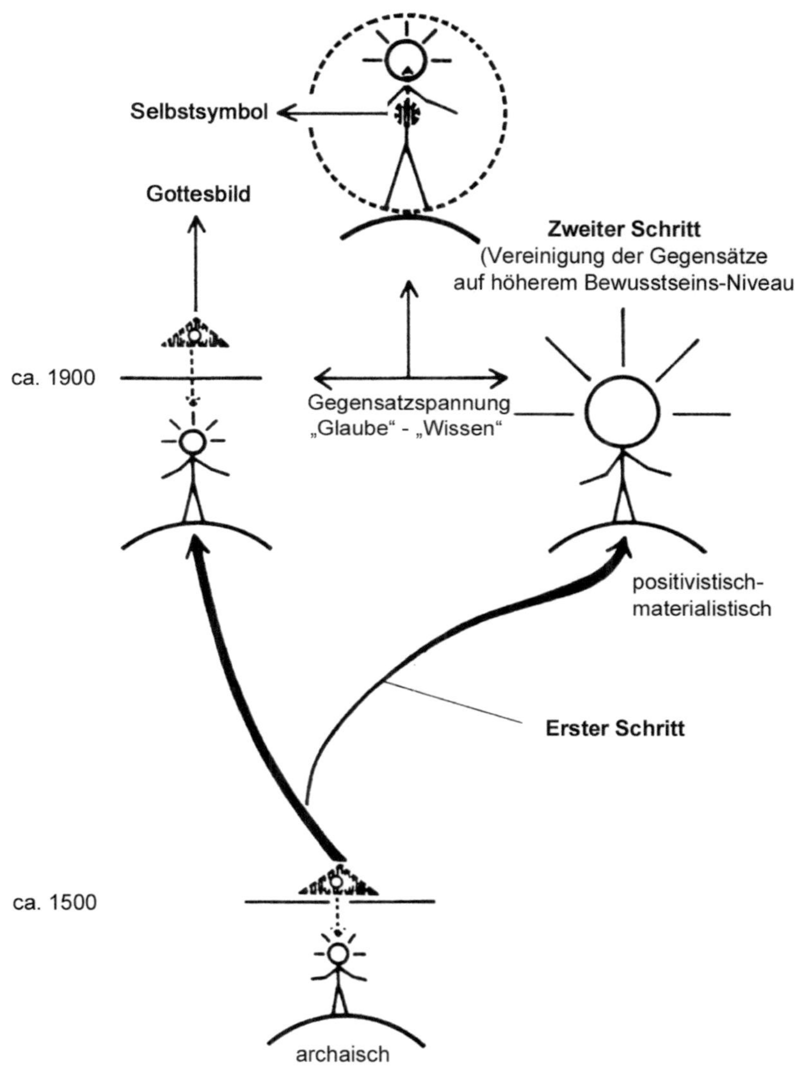

Abb. 3: Die zwei Schritte der Bewusstseinsmutation ©Willy Obrist

mythische Gestalt heranwuchs, die bildhaft jene Einstellungs-Veränderung veranschaulichte, die jetzt, seit dem zweiten Schritt der Mutation mehr und mehr um sich greift, und die nötig ist, um die Einseitigkeiten, zu denen die Übergangszeit geführt hat, wieder auszugleichen. Vielsagend ist aber auch, dass die katholische Kirche nicht mehr fähig war, den Sinn des Symbols zu erfassen und zu verwirklichen, ja dass sie diesen Wink des Unbewussten missverstand und sich einer leibfeindlichen Marienfrömmigkeit hingab.

Eine andere Entwicklungslinie, die als Vorbereitung des zweiten Schrittes der Mutation verstanden werden kann, bahnte sich innerhalb der biologischen Wissenschaft an. Es war dies die Idee der Evolution. Im 19. Jahrhundert trug sie zwar noch beträchtlich dazu bei, die Spannung zwischen Naturwissenschaft und Theologie zu vermehren. Heute jedoch zeigt sich, dass die Evolutionsforschung die Voraussetzung dafür schuf, dass wir nun das Geistige – auf Grund wissenschaftlich erwiesener Fakten – als „Teil" bzw. als Aspekt der Natur zu sehen vermögen. Wie dies gemeint ist, soll später beschrieben werden.

Erwähnen wir noch, was von dem, was im Zwischenfeld zwischen den wissenschaftlichen Blöcken geschah, als Anzeichen des Erwachens von etwas Neuern aufgefasst werden kann: die Romantik mit ihrer Betonung des Gefühls, der Fantasie und der Bezogenheit auf die Natur; das Erwachen des Selbstbewusstseins der Frauen, der Vertreterinnen jenes Geschlechts, dem die „weibliche" Geisteshaltung wohl näher liegt als dem männlichen. Erwähnt sei noch die Philosophie des deutschen Idealismus, die den Geist zwar überschätzte, aber immerhin ein Gegengewicht gegen den aufkommenden Materialismus bildete, und schließlich die erkenntniskritische Bewegung, die durch Kant mächtige Impulse empfangen hatte, und die mehr und mehr die Tatsache ins Bewusstsein hob, dass zwischen Welt und Weltbild zu unterscheiden ist: die die Voraussetzung schuf für die Einsicht, dass „Welt Auffassung sich verändern kann. Vor diesem geistigen Hintergrund und als Endergebnis dieser Entwicklung müssen wir die Entdeckung des Unbewussten betrachten. Die Leistung der Entdecker soll dadurch nicht verkleinert werden, aber es scheint mir doch angemessen, sie gleichsam als Krönung eines säkularen, von vielen vorangetriebenen Prozesses zu sehen.

Wir wollen uns nun vor Augen führen, wie das Unbewusste entdeckt wurde, und wie man sich heute Struktur und Funktion der Psyche vorstellt. Hernach wollen wir überlegen, zu welch neuartiger, evolutionsmäßig höherer Auffassung des Geistigen bzw. der raumzeitlichen Wirklichkeit die Mutation des Bewusstseins führte, und welch neuartige Auffassung von Religiosität sich daraus ergibt.

Der empirische Nachweis des Unbewussten

Die Entdeckung des Unbewussten war nicht die Tat eines einzelnen, und sie geschah auch nicht mit einem Schlag. Sie vollzog sich – nach einer längeren Vorbereitungsphase – gleichsam als geraffte Entwicklung. Wie erwähnt setzte der Positivismus Psyche mit Bewusstsein gleich. Von der Mitte des 19. Jahrhunderts an wurde von Philosophen ein unbewusster Bereich der Psyche postuliert, zuerst von Friedrich Wilhelm Schelling, dann von dem philosophierenden Arzt Carl Gustav Carus und von Eduard v. Hartmann.

Zu jener Zeit begannen sich – namentlich in England und Frankreich – in zunehmendem Maße Ärzte um jene von ihnen beobachteten seelischen *Phänomene* zu interessieren, die aus der Tätigkeit des Bewusstseins allein nicht zu erklären waren.

Um neunzehnhundert herum gelang es dann Sigmund Freud, eine Methode zu entwickeln, mit der er die Existenz eines unbewussten psychischen Bereichs *empirisch* nachweisen und dessen Funktionsweise systematisch erforschen konnte. Die wichtigsten Elemente seiner Methode waren das Assoziieren und die Traumdeutung. Im Zusammenhang mit unserem Thema interessiert uns davon vor allem der Traum. Es ist das historische Verdienst von Freud, nachgewiesen zu haben, erstens, dass die Träume nicht vom Bewusstsein gemacht sondern von diesem als fertige Gebilde empfangen werden, und zweitens, dass sie dem Bewusstsein Information aus einem außerbewussten Bereich zuführen.

Dieser Nachweis war deshalb eine historische Tat von ungeheurer Tragweite, weil durch ihn das positivistische Apperzeptionsschema gesprengt und der Weg für eine weitere Entwicklung des Bewusstseins freigelegt wurde. Hatte der weltanschauliche Positivismus auf der Voraussetzung geruht, dass die Sinneswahrnehmung der einzige Kanal sei, auf dem das Bewusstsein über die außerbewusste (objektive) Wirklichkeit informiert werde, erbrachte Freud den Nachweis, dass dem Bewusstsein noch ein Strom von Information zufließt, der *nicht* über die Sinnesorgane geht, und der zudem das Bewusstsein über einen Bereich der Wirklichkeit informiert, der mit der Sinneswahrnehmung nicht erfasst werden kann.

Es handelt sich dabei um jenen Informationsstrom, den ich bisher als den inneren bezeichnet habe. Der Traum ist nicht die einzige Manifestation des inneren Wahmehmungsstromes, aber er ist – neben der viel selteneren Vision – der für die wissenschaftliche Dokumentation und Analyse handlichste Anteil desselben.

Durch den Nachweis eines nicht über die Sinnesorgane gehenden Wahrnehmungsstromes wurde der dem positivistischen Verständnis von Wissenschaft zu Grunde liegende Empirie-Begriff *erweitert;* dadurch entstand ein neuartiger Typus von empirischer Wissenschaft – ein Wissenschaftstypus, der den archaischen wie auch den positivistischen – allerdings auf je verschiedene Weise – relativierte. Wir werden darauf zurückkommen.

Nachdem Freud nachgewiesen hatte, dass der Traum das Ich über außerbewusste Sachverhalte informiert, stellte sich das Problem, wie die Bildersprache des Traumes zu verstehen sei. Hand in Hand mit der Lösung dieses Problems bildeten sich – analog zu den sich ablösenden Atom-Modellen – nacheinander zwei Modellvorstellungen von der Struktur der Psyche aus.

Theoretische und angewandte Psychologie

Bevor wir auf diese Modelle eingehen, müssen wir uns vor Augen halten, dass – ebenso wie zwischen theoretischer und angewandter Physik – zwischen theoretischer und angewandter Psychologie zu unterscheiden ist. Die Pioniere der Tiefenpsychologie waren nicht „reine" Forscher sondern Ärzte. Sie entdeckten und ergründeten das Unbewusste beim Bemühen um die Heilung ihrer Patienten, und ihre Erkenntnisse hatten vorerst einmal Konsequenzen für die Therapie. Aus diesem Grunde entwickelte sich von Anfang an vor allem der angewandte Zweig der Tiefenpsychologie, und befasst sich der weitaus größte Teil der tiefenpsychologischen Literatur mit therapeutischen Problemen.

Die zahlreichen tiefenpsychologischen Schulen, die in der Folge entstanden, unterscheiden sich vor allem in Bezug auf die Ansicht, mittels welcher Methode ein gestörtes Seelenleben wieder ins Gleichgewicht gebracht werden könne. Dass jede Schule auf Erfolge verweisen kann, beruht übrigens darauf, dass die menschliche Psyche im Grunde genommen ein selbstregulierendes System ist, und dass es bei der Behandlung von Gleichgewichtsstörungen der Seele – „handwerkliches" Können vorausgesetzt – weniger auf die im Einzelfall angewandte Methode ankommt als auf die Persönlichkeit des Therapeuten (= Seelsorgers) und auf das Maß an Zuwendung, das dieser für den Analysanden aufbringt.

Für unsere Untersuchung sind jedoch nicht die Ergebnisse der angewandten sondern der theoretischen Psychologie von Bedeutung: die

Vorstellungen von Struktur und Funktion der Psyche, die auf Grund von Wesensanalyse beobachteter Phänomene – nicht auf Grund von philosophischer Spekulation, wie viele immer noch meinen! – gewonnen wurden. Diese Modellvorstellungen sind im Wesentlichen in zwei Etappen zustande gekommen, deren erste mit dem Namen Freud, deren zweite mit dem Namen Jung verbunden ist.

Modell-Vorstellungen der Psyche

Freud stellte fest, dass er mit seiner Methode des freien Assoziierens Vergessenes und Verdrängtes bewusst machen konnte: Inhalte also, die einst bewusst oder halbbewusst gewesen, dann aber unbewusst geworden waren. Er fasste deshalb den unbewussten Bereich der Psyche als eine Art Behältnis auf (Abb. 4, S. 213), das vor allem unangenehme, weil mit der bewussten Einstellung unverträgliche Inhalte enthält: Gedanken, Gefühle und Wünsche, die sich dort zu sogenannten Komplexen zusammengeballt haben und mannigfaltige Störungen auf das Bewusstsein und den Körper ausüben. Die Träume verstand Freud als Mitteilungen über diese vergessenen und verdrängten Inhalte.

Dieses Modell war bis 1913 gültig: bis zu dem Zeitpunkt, da C. G. Jung eine erweiterte Auffassung des Unbewussten vorschlug. Nachdem Jung einige Zeit mit der Freudschen Methode gearbeitet hatte, fiel ihm auf, dass in den Träumen und Fantasien immer wieder Bilder und Bildabläufe vorkommen, zu denen man vom Analysanden keine Assoziationen erhalten kann. Er schloss daraus, dass diese Bilder Sachverhalte veranschaulichen, die man nicht auf die persönliche Lebensgeschichte des Analysanden zurückführen kann, d. h. dass es sich dabei um Bilder handle, die weder Vergessenes noch Verdrängtes veranschaulichen.

Es fiel ihm ferner auf, dass diese nicht auf die persönliche Lebensgeschichte reduzierbaren Bilder und Bildabläufe auch in den Mythen vorkommen, und zwar in Mythen, die dem Träumer nachweislich unbekannt waren. Jung zog daraus den Schluss, es gebe außer dem von Freud entdeckten Bereich des Unbewussten noch einen viel umfangreicheren Bereich, der jeweils schon vorhanden sei, bevor Bewusstsein entsteht, d. h. bevor Vergessen oder Verdrängen überhaupt möglich ist.

Jung nannte den von Freud entdeckten Bereich der unbewussten Psyche das persönliche – d. h. das im Verlauf eines individuellen Lebens erworbene beziehungsweise zustandegekommene – Unbewusste. Jenen unbewussten Bereich der Psyche hingegen, der schon vor der Entstehung eines individuellen Bewusstseins – z. B. schon zur Zeit der Geburt – vorhanden ist, nannte er das kollektive Unbewusste. Der Ausdruck „kollektiv“ war nicht gerade glücklich gewählt. Er führte bei denen, die Jungs Schriften nicht allzu gründlich lasen oder seine Auffassung sogar nur vom Hörensagen kannten, oft zu der irrigen Auffassung, Jung habe darunter ein Gebilde verstanden, das gleichsam wie ein Äther unseren Erdball umhülle, und an dem jeder Mensch irgendwie partizipiere.

Jung verstand jedoch unter dem kollektiven Unbewussten – in der heute geläufigen Ausdrucksweise formuliert – die für die menschliche Art typische Struktur der Psyche. Er schrieb ihm jene drei Eigenschaften zu, die man heute unter dem Begriff „Struktur“ beziehungsweise „System“ subsumiert: das Streben nach Ganzheit, die Fähigkeit, sich selbst zu regulieren, sowie die Fähigkeit, sich – unter Aufrechterhaltung der Ganzheit – zu transformieren. Das Bewusstsein fasste Jung als Subsystem auf, das – trotz des zu seinem Wesen gehörenden Selbstständigkeitsstrebens in das ihm übergeordnete unbewusste System integriert bleiben muss.

Auf den System-Charakter des „kollektiven“ Unbewussten schloss Jung aus der bei lang dauernden Analysen zu beobachtenden Tatsache, dass das Ich – insbesondere bei Wandlungsprozessen – vom unbewussten Bereich her zielstrebig und souverän geleitet wird. Sprach Jung vom Führungszentrum (technisch ausgedrückt: vom informationsverarbeitenden Zentrum) des gesamten psychischen Systems eines Menschen, verwendete er den Ausdruck „Selbst“: einen Ausdruck, der wegen seiner Vieldeutigkeit ebenfalls oft zu Missverständnissen Anlass gab. Das Jung'sche Vorstellungsmodell der Psyche (Abb. 4, S. 213) wurde bisher durch kein treffenderes abgelöst. Keine Beobachtung, die bisher in der tiefenpsychologischen und in der parapsychologischen Forschung gemacht wurde, ließe sich nicht in dieses Modell einordnen. Die Konzeption Jungs wurde außerdem seither durch die biologische Forschung untermauert. Wir vermögen heute zu erkennen, dass das, was Jung das kollektive Unbewusste nannte, die für den Menschen typische Ausformung jenes Führungssystems ist, das wir – wenn auch in einfacherer 'Ausführung' – bei allen Tieren und Pflanzen antreffen: dass es identisch ist mit dem, was von den Biologen heute als arttypische Struktur bezeichnet wird.

Vom mechanistischen zum systemischen Naturverständnis

Der Ausdruck „das Unbewusste" als Symbol

Dass der Ausdruck „das Unbewusste" als *vereinigendes* Symbol aufgefasst werden kann, haben wir gesehen. Nun müssen wir aber noch festhalten, dass er zu Beginn unseres Jahrhunderts tatsächlich nicht mehr war als ein Symbol, d. h. dass er nicht mehr war als der zur damaligen Zeit bestmögliche Ausdruck für etwas, das man zum größten Teil noch nicht kannte.

Die Beobachtungen, auf die Freud und Jung sich stützten, und auf Grund derer sie in genialer Schau die skizzierten Modelle der unbewusst-bewussten Psyche entwarfen, waren nicht mehr als die Spitze eines Eisberges: die Spitze eines Berges damals noch unbekannter Fakten, welche erst in der Folgezeit – durch die verschiedensten Disziplinen der Naturwissenschaft – ans Licht gehoben wurden. Aus diesem Grunde war es den Pionieren der Tiefenpsychologie noch nicht möglich gewesen, eine wissenschaftliche Theorie des Unbewussten beziehungsweise der Psyche zu entwerfen. Die Möglichkeit dazu beginnt sich erst heute abzuzeichnen.

Das mechanistische Naturverständnis

Die Fakten, auf die sich heute eine Theorie des psychischen Systems stützen kann, konnten erst erarbeitet werden, nachdem sich im Bewusstsein der Naturwissenschaftler eine Wende vollzogen: nachdem man sich vom mechanistisch-deterministischen Naturverständnis, das zu Beginn unseres Jahrhunderts noch dominierte, abgewendet hatte. Als das Unbewusste entdeckt wurde, betrachteten die Biologen – dem allgemeinen Zug der Zeit entsprechend – das Lebewesen noch als eine Art Maschine. Sie sahen es als ein Gebilde an, in dem eine Unmenge fein aufeinander abgestimmter energetischer Prozesse, abläuft: „automatischer" d. h. vollständig determinierter Prozesse, durch die der Organismus einerseits aufgebaut und dauernd umgebaut, anderseits in Betrieb gehalten wird. Jener Zweig der Biologie, der die Funktionen des Lebendigen (Kreislauf, Stoffwechsel, Reizleitung usw.) untersucht, war damals bestrebt, die Lebensvorgänge in der Sprache der klassischen Chemie und Physik zu beschreiben; da Sprache und Denken zusammenhängen, war man wie gesagt zu jener Zeit noch überzeugt, auch die Bewusstseinsvorgänge ließen sich früher oder später auf physikalisch-chemische Vorgänge zurückführen.

So hing denn der Ausdruck „das Unbewusste" anfänglich in der wissenschaftlichen Welt gleichsam in der Luft. Den Tiefenpsychologen stand damals noch keine Sprache zur Verfügung, mittels der sie ihre Einsichten auf eine den damaligen Naturwissenschaftlern verständliche Weise hätten formulieren können. So griffen sie denn – unter ihnen insbesondere C. G. Jung – vielfach auf Ausdrücke zurück, die einer archaisch apperzipierenden Zeit entstammten, was wiederum die Kluft zwischen ihnen und den Naturwissenschaftlern noch vergrößerte.

Die Wende in der Naturwissenschaft

Es ist nun interessant zu sehen, dass innerhalb der naturwissenschaftlichen Disziplinen kurz nach der Entdeckung des Unbewussten – und zwar unabhängig von dieser – sich eine Wende anzubahnen begann: dass dort eine Entwicklung einsetzte, die schließlich dazu führte, jene Fakten zusammenzutragen, durch die der symbolische Ausdruck „das Unbewusste" gleichsam mit Fleisch und Blut erfüllt werden konnte. Hand in Hand damit wurden Denkmodelle sowie Termini entwickelt, die es uns heute ermöglichen, jene Vorstellungen von Struktur und Funktion der Psyche, die den Pionieren der Tiefenpsychologie „eingefallen" waren, in einer Sprache zu beschreiben, die auch den naturwissenschaftlich gebildeten Menschen verständlich ist. Die zerlegende Forschung der ersten Phase der Bewusstseins-Mutation hatte unter anderem zur Einsicht geführt, dass die raum-zeitliche Wirklichkeit *„körnig"* ist: dass beim Evolutionsprozess nicht ein zusammenhängendes Etwas entstand, sondern eine unüberblickbare Menge einzelner Gebilde, von denen jedes durch eine umschließende Oberfläche von jedem andern geschieden ist; dass selbst „Medien", die bisher als Inbegriff des Homogenen gegolten hatten, z. B. das Wasser, die Luft und der Bergkristall, aus lauter „körnigen" Gebilden (Molekülen und Atomen) bestehen.

Die Wende in der Naturwissenschaft, die ich erwähnte, äußerte sich darin, dass man anfing, den Blick wieder vermehrt auf das Ganze zu richten. Man fasste aber nicht gleich die Natur als Ganzes ins Auge, sondern vorerst das Ergebnis, bei dem die zerlegende Forschung angelangt war: die „Körner".

Systemisches Naturverständnis

Bei dieser ganzheitlichen Betrachtung „von unten her" fiel zunächst die Tatsache auf, dass alle „Körner", selbst die niedrigsten gegenwärtig bekannten (die Atome), in sich *„zentriert"* sind: dass sie zwar aus unterschiedlichen Bauelementen bestehen, dass sie aber jeweils zu einem von der Ganzheit her dirigierten System zusammengefügt sind.

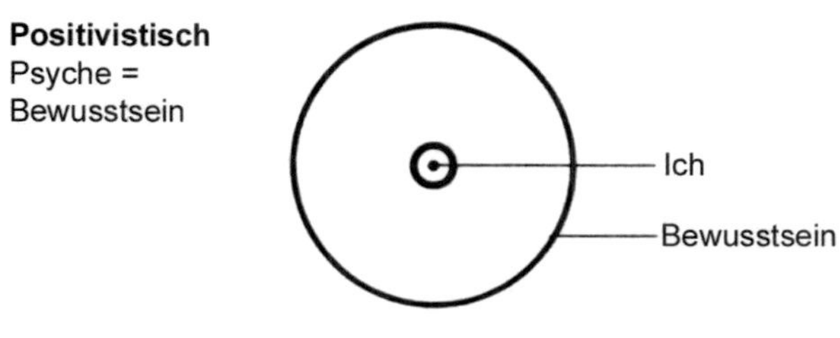

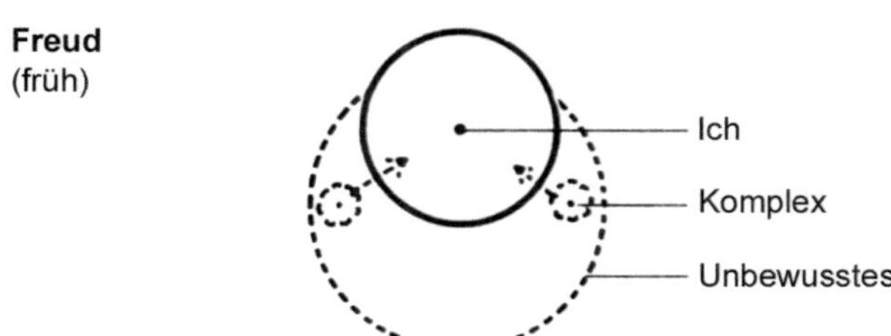

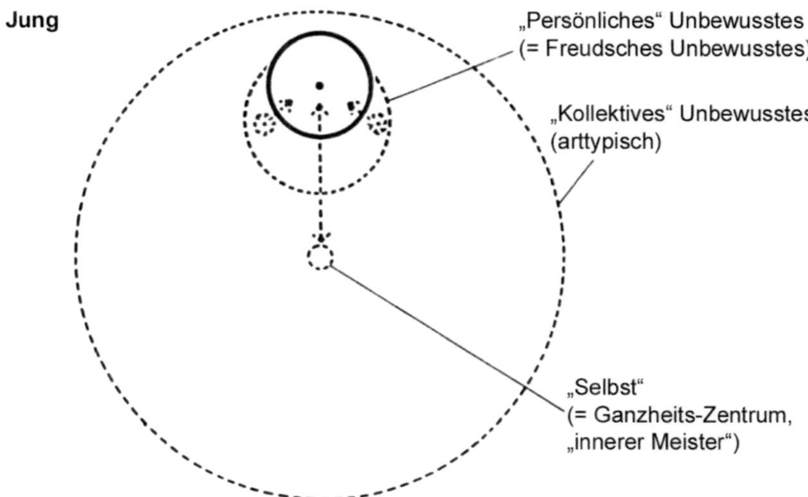

Abb. 4: Modellvorstellungen der Psyche © Willy Obrist

In den Vierziger-Jahren kam man darauf, dass dieses Dirigieren mit Hilfe von *Regelkreisen* geschieht: dass das „Zentrum" Information aufnimmt, verarbeitet und wieder abgibt, und dass die abgegebene Information rückgekoppelt ist. Das Prinzip der Selbstregulation wurde zwar von Technikern entdeckt, und auch die dazu gehörende Informationstheorie wurde mit Blick auf die Technik entwickelt: beim Bemühen, Apparate zu konstruieren, die den Menschen von der Routine des Denkens entlasten. Als aber dann die Biologen diese Entdeckung aufnahmen und darangingen, nach Regelungsvorgängen in den natürlichen „Körnern" zu suchen, waren sie erstaunt, wie universell dieses Prinzip in der lebendigen und sogar in der unbelebten Natur angewendet wird. Man sah, dass alle natürlichen „Körner" wie kybernetische Systeme – auf höherer Stufe sogar wie lernfähige kybernetische Systeme – funktionieren.

Bei den Lebewesen richtete sich das Interesse auch auf die Transformationsprozesse, die sich – unter Aufrechterhaltung der Ganzheit – mit Hilfe der Selbstregulation vollziehen: auf die Wandlungsvorgänge, die von der Eizelle über die Jugend- und Erwachsenenform zur Altersform eines Individuums führen.

Diese neuartige Schau der Natur bezeichne ich hier als systemisch. „System" ist ihr zentraler Ausdruck, ein Ausdruck, der, wie gesagt, die Begriffe Ganzheit, Selbstregulation und Transformation impliziert.

Die Erforschung der „Innerlichkeit"

Im Zuge der neuartigen Blickrichtung entstand in der Biologie neben den traditionellen Disziplinen ein neuer Forschungszweig: die sogenannte Innerlichkeitsforschung. Diese suchte das Tier als erkennendes, sich entscheidendes und handelndes *Subjekt* zu verstehen. Sie ging der Frage nach, was die einzelnen tierischen Arten auf Grund ihrer angeborenen Strukturen aus der reichen Fülle der Umgebung zu erkennen vermögen – d. h. worin deren spezifische Umwelt bestehe – und wie die Tiere auf Grund ihrer angeborenen Verhaltensnormen auf das Erkannte reagieren. Sie verstand die Sinnesorgane als Wahrnehmungssysteme, die das Tier aus eigener Initiative aktiv auf bestimmte Objekte hin zu richten vermag; sie untersuchte ferner, inwiefern das Tier prägbar und lernfähig sei, und wie es sich aktiv an sich verändernde Umweltverhältnisse anpassen könne. Die Innerlichkeitsforscher fanden in Informations- und Systemtheorie sowie in der Kybernetik wertvolle Hilfsmittel zur modellhaften Darstellung dessen, was sie am unbewussten Lebewesen beobachtet hatten.

Die Molekularbiologie – ebenfalls ein neuer Forschungszweig – schien vorerst ganz andere Wege zu gehen, indem sie sich bemühte, Bau und Funktion der subzellulären Strukturen auf molekularer Ebene zu erhellen. Dieses Bemühen wurde gekrönt, als es gelang, die räumliche Struktur einiger Eiweißmoleküle (Proteine) herauszufinden. Dabei erwies es sich, dass die Enzyme (die aktiven Proteine) leistungsfähige Gebilde – eine Art Mini-Organe-sind. Durch diese Entdeckung trat auch hier die Frage nach der Innerlichkeit in den Vordergrund: die Frage, was und vor allem auch wie diese Moleküle erkennen und auf das Erkannte reagieren. Der ganze Problemkreis von Informationsübertragung, Informationsverarbeitung und Rückkoppelung, von Rollenverteilung und Zusammenwirken im Verband wurde nun auch für die molekulare Stufe aktuell. In jenem Zweig der Molekularbiologie. der sich mit der Differenzierung der Zelle befasst, drängte sich sogar die Frage nach der Entscheidungsfähigkeit der Moleküle auf.

Nunmehr Möglichkeit einer tiefenpsychologischen Theorie

Die Entwicklung vom mechanistischen zum systemischen Verständnis der Natur vollzog sich – wenn wir sie mit der Dauer der analytischen Phase vergleichen – gleichsam schubartig. Man kann darin eine gewisse Analogie zu jener Akzeleration der Entwicklung sehen, die bei biologischen „Makro"-Mutationen jeweils dann stattfand, wenn der neuartige Bauplan „gefunden" und der Durchbruch durch die „ökologische Barriere", die die Entwicklung aufgehalten hatte, gelungen war. Es hatte sich nun erwiesen, dass das, was die Tiefenpsychologen mit dem symbolischen Ausdruck „das Unbewusste" bezeichnen, in der raum-zeitlichen Wirklichkeit universell verbreitet ist: dass es schon auf niedrigen Evolutionsstufen vorkommt, dass es im Verlauf der Evolution immer komplexer wurde, und dass es schließlich im Menschen – dem bisherigen Endprodukt der Evolution – seine komplexeste Ausprägung fand. In diesem Sinne untermauerte die naturwissenschaftliche Forschung in den letzten Jahrzehnten das Modell der Psyche, das C. G. Jung in genialer Intuition entworfen hatte. Da bei diesem Forschen Fragen des systemartigen Angeordnetseins sowie Fragen der Informations-Übertragung und -Verarbeitung im Vordergrund standen, war wie gesagt eine Terminologie erarbeitet worden, mit der auch die tiefenpsychologischen Vorstellungen über die Funktion der Psyche auf eine unserer Zeit entsprechende Art beschrieben werden können. Wir wollen im folgenden Abschnitt davon Gebrauch machen.

Die Psyche als System

Erkenntnistheoretische Vorbemerkung

Wenn wir den Versuch unternehmen, das Funktionieren der Psyche zu erfassen, tun wir dies mittels des Bewusstseins. Nun müssen wir uns aber vor Augen halten, dass das Bewusstsein ein Erkenntnisorgan von sehr beschränkter Leistungsfähigkeit ist. Dies zu bedenken ist vor allem deshalb wichtig, weil wir als Kinder des rationalistischen Zeitalters dazu neigen, die Leistungsfähigkeit des Bewusstseins zu überschätzen. Vor allem ist festzuhalten, dass bewusstes Erkennen nicht vollrundes sondern ausschnittweises – nicht panoramisches sondern segmentäres – Erkennen ist. Sobald wir die Wirklichkeit genauer ins Auge fassen, schneiden wir aufgrund der Funktionsweise des Bewusstseins einen bestimmten Bezirk aus dieser heraus. Unser geistiges Gesichtsfeld ist ebenso begrenzt wie das unseres körperlichen Auges oder wie das einer Kamera; und es wird umso enger, je genauer wir hinsehen.

Den Bezirk, den wir jeweils aus der Fülle des Wirklichen herausschneiden, müssen wir zudem noch von verschiedenen Gesichtspunkten aus betrachten, um ihn einigermaßen erfassen zu können. Je nach dem gewählten Gesichtspunkt erkennen wir jeweils einen bestimmten *Aspekt* des Wirklichkeitsausschnittes. Nachträglich können wir dann die Teilaspekte, die wir der Reihe nach gewonnen haben, durch k*omplementäres Denken* zusammenfügen, um so unsere Vorstellung von dem ins Auge gefassten Wirklichkeitsausschnitt abzurunden.

Es ist das gleiche Vorgehen, das wir beim Beschauen einer Plastik anwenden. Wenn wir die Vorstellung, die der Künstler in die Plastik hineingestaltet hat, nachvollziehen wollen, müssen wir zuerst das Kunstwerk umschreiten und von zahlreichen Standorten aus betrachten. Erst dann können wir es bei geschlossenen Augen als vollrundes Gebilde, das es in Wirklichkeit ist, in unserem Vorstellungsraum neu erstehen lassen.

Der Ausdruck Komplementarität ist durch die Mikrophysik bekannt geworden. Niels Bohr hat ihn dort 1925 eingeführt um zu zeigen, dass es sich bei dem Problem, ob das Licht beziehungsweise die elektromagnetische Strahlung aus Wellen oder Korpuskeln „bestehe", um ein Scheinproblem handelt. Bohr sagte, man könne lediglich feststellen, dass gewisse Versuchsanordnungen naturgesetzlich solche Eigenschaften der elektromagnetischen Strahlung hervortreten lassen, welche mit Hilfe des Wellenbegriffs zu beschreiben sind, währenddem anders aufgebaute Versuchsanordnungen diese Strahlung als Garbe dahinfliegender Energie-Stücke erkennen lassen

Der Ausdruck Komplementarität wird somit in der Mikrophysik in einem eingeschränkten Sinn verwendet. Man ist dort zum komplementären Denken gezwungen, erstens weil das Untersuchungsobjekt nicht direkt beobachtet werden kann sondern nur indirekt mittels komplizierter Versuchsanordnungen und zweitens weil man dabei so viel Energie aufwenden muss, dass dadurch das Versuchsobjekt zu einem ganz bestimmten – je nach Versuchsanordnung verschiedenen „Verhalten" gezwungen wird. Das komplementäre Denken hat jedoch heute in einer viel umfassenderen Bedeutung sozusagen in alle Wissensbereiche Eingang gefunden. Die Einsicht, dass man nahezu alle Sachverhalte der objektiven Wirklichkeit auf einmal nur unter einem Teilaspekt erfassen kann, ist geradezu charakteristisch für das heutige Bewusstseinsniveau. Wie eingangs erwähnt, war eben die Entdeckung des Unbewussten gleichzeitig eine Entdeckung des Bewusstseins. Sie brachte vor allem die Einsicht, dass das Bewusstsein ein Erkenntnisorgan ist, das nur segmentär oder punktuell zu erkennen vermag, das aber gleichzeitig die Fähigkeit besitzt, das punktuell Erkannte nachträglich durch komplementäres Denken zusammenzusetzen.

Wenn wir nun darangehen, die Psyche mittels der systemischen Terminologie zu beschreiben, wollen wir uns bewusst bleiben, dass die Psyche ein außerordentlich komplexes, vollrundes Gebilde ist, und dass wir bei dieser Beschreibung nur *einen* Aspekt derselben erfassen. Allerdings handelt es sich dabei um jenen Aspekt, der uns die Möglichkeit gibt zu verstehen, was sich bei der Mutation des Bewusstseins verändert hat: weshalb wir heute die Welt und unsere Befindlichkeit in ihr anders verstehen als der archaische Mensch dies tat und weshalb wir sie umfassender beziehungsweise weniger einseitig verstehen als der Positivist.

Informationsfluss im Lebewesen

Wie schon mehrmals erwähnt. hat sich bei der Mutation des Bewusstseins die Apperzeption des innerlich Wahrgenommenen verändert. Wir müssen uns nun darüber klar zu werden versuchen, was mit der inneren Wahrnehmung gemeint ist. Diese ist einerseits abzugrenzen gegenüber der Sinneswahrnehmung, anderseits gegenüber der außersinnlichen Wahrnehmung, die Gegenstand der parapsychologischen Forschung ist. Dies geschieht am besten dadurch, dass wir uns über den Informationsnuss im Menschen Rechenschaft geben.

Die objektive Wirklichkeit tritt dem Ich wie gesagt unter zwei grundlegend verschiedenen Aspekten entgegen: erstens als Außenwelt, zu der in gewissem Sinne auch unser Körper gehört, zweitens als eigene unbewusste – dem Bewusstsein nicht direkt zugängliche – Innerlichkeit, das sog. Unbewusste. Dass sie ihm in dieser Zweiteilung entgegentritt, hat seinen Grund in der Art und Weise, wie das Bewusstsein – als Subsystem – mit dem unbewussten System verbunden ist

Von Computer-Fachleuten, die sich um Psychologie interessieren, wird das Bewusstsein zwar oft als „Register" aufgefasst. Sie haben dabei wohl seine Fähigkeit im Auge, willkürliche Bewegungen und Aktionen auszulösen, und sich des „Unbewussten" (so wie *sie* es verstehen) als eines Ausführungsorgans zu bedienen. Bei unserer Betrachtung geht es jedoch um das Verständnis jener Vorgänge, die mit den Ausdrücken „ganzheitliches Menschsein", „Selbstwerdungsstreben", „Individuation" usw. benannt werden. Da es nun gerade die grundlegende – dem positivistischen Selbstverständnis diametral entgegengesetzte – Erkenntnis der Tiefenpsychologie ist, dass in all diesen Belangen die Spontaneität letztlich beim Unbewussten liegt, und dass das Bewusstsein sich diesem, wenn auch oft mit Widerstreben, letztlich fügen muss, ziehe ich hier den Ausdruck „Subsystem" vor.

Zuerst Informationsfluss im unbewussten Lebewesen betrachten

Weil das Bewusstsein aus dem Unbewussten entstand und weil das unbewusste System auch im Menschen weiter funktioniert und den Wurzelgrund für alle Bewusstseinstätigkeit bildet, wollen wir uns zuerst den Informationsfluss im unbewussten Lebewesen ansehen. Dabei müssen wir von all den verwickelten anatomisch-physiologischen Konkretisierungen, die wir ja trotz allen Leistungen der biologischen Wissenschaften – einschließlich der interdisziplinär arbeitenden Neurosciences – bei Weitem nicht durchschauen können, absehen und ein *abstraktes* Modell betrachten: ein Modell das nur das heraushebt, was allen Lebewesen gemeinsam ist (vgl. Abb. 5, S. 222).

Das informationsverarbeitende Zentrum

Das Kern-Element eines kybernetischen Systems ist bekanntlich dessen informationsverarbeitendes Zentrum. In diesem wird die einfließende Information mit den gespeicherten *Soll-Werten* verglichen, und auf Grund dieses Vergleichs werden Entscheidungen gefällt und situationsgerechte Wirkimpulse abgegeben. Erst durch die Sollwerte wird ein Nachrichtensystem zu einem *informationsverarbeitenden,* aus dem „hinten" nicht einfach das unverändert wieder herauskommt, was „vorne" hineingegeben wurde, wie z. B. bei einer Telefon- oder Televisionsanlage. Bei den Lebewesen sind die Soll-Werte identisch mit dem, was wir als arttypische Muster bezeichnet haben. Mit den in diesen Mustern formulierten Soll-Werten wird die eingehende Information, die den Ist-Zustand des Systems und der Umgebung anzeigt, verglichen. Die auf Grund dieses Vergleichs gegebenen Wirk-Impulse zielen dann darauf ab, den Soll-Zustand herzustellen, beziehungsweise aufrecht zu erhalten. In diesem Streben nach Aktualisierung und Aufrechterhaltung des arttypischen Musters äußert sich das, was man Ganzheitstendenz beziehungsweise Selbstwerdungsstreben der natürlichen Systeme nennt.

Innerer und äußerer Regelkreis

Der Fluss der Information wurde als äußerer und innerer Regelkreis eingezeichnet. Der äußere Regelkreis schafft die Beziehung zwischen dem Lebewesen und der Umwelt. Die von einem Ding der Außenwelt ausgehenden Signalkombinationen fließen dem erkennenden Zentrum über die Sinnesorgane (schraffiertes Feld links oben) zu. Die Sinnesorgane lassen nur jene Signale einfließen, welche von der betreffenden Art erkannt werden können und schirmen das Individuum gegen alle anderen Reize ab. Sie üben, wie die Apperzeptionsschemata, eine Filterfunktion aus.

Das Zentrum kann auf die eingehende Information mit einem Wirkimpuls reagieren. Bei niedrigen Lebewesen geschieht dieses Reagieren zwanghaft, bei höheren – wegen der Lockerung des Instinkt-Gefüges – in relativer Freiheit. Die Reaktion (der Wirk-Impuls) kann eine Bewegung auslösen (Angriff, Flucht, Zupacken usw.) oder eine „Äußerung", die für ein anderes „Korn" etwas bedeutet (Haltung, Gebärde. Duftabgabe, Farbwechsel, Laut).

Der Wirk-Impuls ist in dem Sinne rückgekoppelt. dass das Zentrum wiederum über den „Merkbogen" erfährt, ob und inwieweit die intendierte Wirkung erzielt wurde. In dieser Weise ist es zu verstehen, wenn ich bei der Beschreibung der Partizipation gesagt habe, das Lebewesen bilde zusammen mit seiner Umwelt ein kybernetisches System. Nun vollzieht sich vermutlich aber nicht die gesamte Wechselwirkung zwischen Lebewesen und Umwelt über die Sinnes-und Wirkorgane. Die parapsychologische Forschung legt nahe, dass unbewusste Systeme – wenigstens solche mit hoher Komplexität – in der Lage sind, auch außersinnlich wahrzunehmen (Paragnosie) und „akausal" – hier in der Bedeutung von

„nicht im Sinne der in Physik und Chemie üblichen Auffassung von Kausalität“ verstanden – zu wirken (Telekinese). Die nicht über die Sinnesorgane verlaufende (außersinnliche) Wahrnehmung vermittelt Nachrichten sowohl über den äußeren wie über den inneren Zustand fremder Systeme, und die sogenannte telekinetische Einwirkung kann sowohl lebendige wie unbelebte Systeme beeinflussen. Wichtig ist die Feststellung, dass die außersinnliche Wahrnehmung dem unbewussten Führungszentrum zufließt und dass die Telekinese von der unbewussten Psyche ausgeht. Aus diesem Grund hat das Ich – das informationsverarbeitende Zentrum des Bewusstseins – weder die Paragnosie noch die Telekinese „im Griff“.

Innerhalb der das „Korn“ abgrenzenden Oberfläche verläuft nun, wie erwähnt, ebenfalls ein Regelkreis. Aus allen Organen und Organsystemen – sogar von jeder Zelle des Körpers – empfängt das unbewusste Führungssystem durch die innersomatischen Rezeptoren Meldung über den gegenwärtigen Zustand. Es vergleicht auch diese mit den arttypischen Sollwerten und gibt entsprechende Impulse ins Innere des Körpers ab: Impulse, die ebenfalls rückgekoppelt sind.

Da die beiden Regelkreise – der äußere und der innere – sich im Führungszentrum „berühren“, kann Information, die aus dem einen Kreis kommt, auch Wirkungen im andern auslösen. Nimmt z. B. das Zentrum über den inneren Regelkreis wahr, dass der Blutzuckerspiegel absinkt, gibt es vorerst einen Impuls zur Mobilisierung der Glykogenreserven, die in Muskulatur und Leber angelegt sind, ab; dann füllt es – über den äußeren Regelkreis – die Reservelager wieder auf, indem es mit Hilfe der Sinnesorgane nach Nahrung sucht und sich diese mit Hilfe seiner Wirkorgane (Bewegungs-, Fang- und Fressapparat) zuführt.

Informationsfluss im Menschen

Diesem seit Jahrmilliarden erprobten, festgefügten unbewussten informationsverarbeitenden System wurde bei der Menschwerdung das Bewusstseins-System beigefügt. Es sei hier noch einmal darauf hingewiesen, dass auch im Menschen der größte Teil der anfallenden Information unbewusst verarbeitet wird, und dass das unbewusste System das bewusste in der Fähigkeit dazu in unvorstellbarem Grade übertrifft. Die Aufgabe des Bewusstseins besteht ja in etwas ganz anderem als in der routinemäßigen Verarbeitung von Information.

Wir wollen uns nun überlegen, wie der Anbau des bewussten Systems ans unbewusste in unserem Modell dargestellt werden kann. Wir stellen uns dabei auf den Standpunkt des Ich und fragen uns, aus welchen Quellen dem Ich Information zufließe, und wir erkennen deren zwei (vgl. Abb. 5, S. 222).

Da ist einmal die Sinneswahrnehmung, die von der Außenwelt herkommt. Obwohl diese zum größten Teil ins unbewusste System hineinfließt und dort verarbeitet wird, fließt doch ein kleiner Anteil davon direkt dem Ich zu: aus dem Gesamtstrom der Sinneswahrnehmung wird gleichsam ein kleines Bächlein fürs Bewusstsein abgezweigt.

Daneben aber fließt zum Ich ein in seinem Wesen völlig anderer Strom von Information. Er kommt vom unbewussten Führungszentrum her und enthält, im Gegensatz zu dem von den Sinnesorganen herkommenden *verarbeitete* Information. Es handelt sich dabei um den schon so oft erwähnten inneren Informationsstrom.

Alles, was das unbewusste Zentrum an Information empfangen kann, ist in diesen hinein verarbeitet: sinnlich Wahrgenommenes aus dem eigenen Körper, sinnlich und eventuell außersinnlich Wahrgenommenes aus der Außenwelt und (das ist für unsere weitere Betrachtung das Entscheidende!) Information über den gegenwärtigen Stand des Bewusstseins, sogar über das, was das Ich „im Sinne hat". Da das unbewusste Zentrum wie gesagt die Gesamtheit des „Systems Mensch" dirigiert, und da das Ich in allen Belangen, die die Ganzheit und Integrität des Menschen betreffen, dem unbewussten Zentrum letztlich untergeordnet ist, enthält dieser innere Wahrnehmungsstrom – wenigstens zum Teil – eigentliche *Wirk-Impulse.* Zwar informiert er zum Teil lediglich das Ich, indem er ihm z. B. neue, bisher unbekannte Inhalte zur Verarbeitung anbietet oder ihm Antworten aufgestellte Fragen zukommen lässt („Einfälle" der Forscher und Erfinder). Anderseits jedoch übermittelt er dem Ich auch Weisungen und Befehle.

Lassen wir vorläufig die vielschichtige Wechselbeziehung zwischen den beiden Führungszentren sowie die paradoxe Situation von Frei- und Unfreisein, die sich daraus für das Ich ergibt, auf sich beruhen. Richten wir unser Augenmerk vorerst auf die Vorstellungen, die die beiden Informationsströme im Bewusstsein hervorrufen.

Zwei Arten von Vorstellungen

Bewusste Welt als vorgestellte Welt

Mit der Bewusstwerdung entstand das, was wir gemeinhin als Welt bezeichnen. Für das, was das unbewusste Lebewesen von seiner Umgebung wahrnimmt, führte Jakob von Uexküll – einer der Väter der Verhaltensforschung – den Ausdruck *Umwelt* ein.[2] Jede tierische Art hat eine für sie

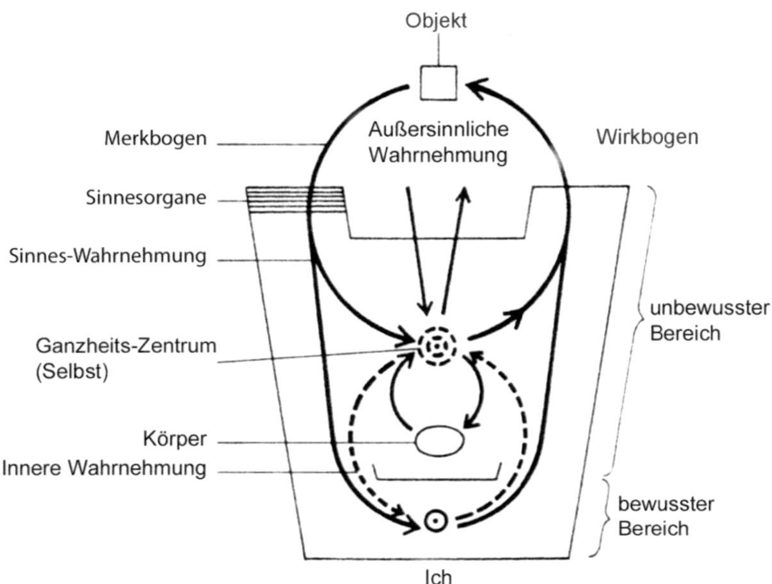

Abb. 5: Der Informationsfluss in der Psyche © Willy Obrist

In Abbildung 4 wurde das informationsverarbeitende Zentrum als Punkt dargestellt, obwohl es in Wirklichkeit über die ganze Hierarchie von Komplexitätsstufen, aus der ein Lebewesen besteht (Molekül-Organelle-Zelle-Organ-Organsystem-Organismus) verteilt ist.

Die Sinneswahrnehmung fließt zum größten Teil direkt in den unbewussten Bereich. Nur ein kleiner Teil davon erreicht das Ich und das Bewusstsein. Es ist das Selbst, das die verschiedenen ihm zufließenden Informationsströme integriert. Es sind dies die verschiedenen Qualitäten (optische, akustische usw.) der ihm von außen zufließenden Sinneswahrnehmung, ferner die Wahrnehmung aus dem eigenen Körper sowie die vom Ich her kommenden Rückmeldungen.

All das wird – im Sinne kybernetischer Informationsverarbeitung – noch verglichen mit den „angeborenen Sollwerten.“ Als Ergebnis dieser Integrationsprozesse sendet das Selbst dann als Wirkimpulse entweder direkt in die Außenwelt oder in den Körper oder – auf dem Kanal der inneren Wahrnehmung – ins Bewusstsein bzw. zum Ich. Je nach Bewusstseinszustand – Wachsein, Schlaf oder sog. außergewöhnlicher Bewusstseinszustand – erreichen diese Botschaften das Ich in Gestalt von Impulsen, Emotionen, Fantasien, Träumen oder von Visionen. Dabei sind sie oft in einer Bildersprache kodiert. Diese zu erforschen ist Aufgabe der Tiefenpsychologie.

typische Umwelt, und es gibt soviele Umwelten, wie es tierische Arten gibt. *Wie* die arttypischen Umwelten für die unbewussten Lebewesen „aussehen" – auch wie die menschenspezifische Umwelt für unser unbewusstes System „aussieht" – können wir nicht sagen. Mit ziemlicher Sicherheit aber kann gesagt werden, dass die vom Ich als etwas Objektives erkannte „Welt" für dieses anders aussieht als die Umwelten für die unbewussten Führungssysteme.

Nun hat uns die Erkenntniskritik der Neuzeit gelehrt, dass es vom Ich erkannte „Welt" nicht – wie man in früherer Zeit annahm – mit der objektiven Wirklichkeit identisch ist. Seit Kant sind wir darauf aufmerksam geworden, dass wir die Außenwelt-Dinge nicht so erkennen können, wie sie „an sich" sind: dass wir zwischen Welt an sich und Welt-"Bild" unterscheiden müssen. – Seitdem wir die Syntax der Sprache des Unbewussten kennen, wissen wir zudem, dass wir auch die unbewusste Innerlichkeit – die „metaphysische Welt" des archaischen Menschen – nicht als das erkennen können, was sie „an sich" ist: dass sie, die „an sich" unanschauliche, dem Ich durch die bildschöpferische Funktion des Unbewussten auf metaphorische Weise veranschaulicht wird. Von der Außen- und von der Innenwelt enthält das Bewusstsein somit nichts als *Vorstellungen*

So bildeten sich denn seit der Entstehung des Menschen – zentriert um menschliche Ichs – undimensionale „Räume" beziehungsweise „Welten" aus: „Welten", die im eigentlichen Sinne des Wortes eingebildet, das heißt aus Vorstellungen gebildet sind.

Die meisten Vorstellungen sind zwar visueller Natur, da wir uns ja als Augen-Wesen vor allem nach optischen Eindrücken orientieren. Aber auch durch auditive, taktile, geschmackliche und olfaktorische Eindrücke, die ins Bewusstsein gelangen, werden Vorstellungen hervorgerufen: Vorstellungen, die nicht visueller Natur sind. Ferner ist zu bemerken, dass der Ausdruck „Vorstellung" nicht nur „Bild von etwas" bedeutet, sondern auch den Vorgang des Vor-sich-Hinstellens impliziert: des Gegenüberstellens eines Bewusstseinsinhaltes, das sich aus der Fähigkeit des Ich ergibt, zwischen Ich und Nicht-Ich zu unterscheiden, und das kontrapunktische Abgestimmtsein zwischen Bedeutungssender und Bedeutungsverwerter, das für das unbewusste Lebewesen charakteristisch ist, zu unterbrechen: aus der Fähigkeit, das Wahrgenommene infrage zu stellen beziehungsweise zu „hinterfragen".

Soviel zur Erläuterung des Ausdrucks „Vorstellung". Was uns an dieser Stelle interessiert, ist die Tatsache, dass die Vorstellungen, die durch die beiden Wahrnehmungsströme im Bewusstsein entstehen, für das Ich *im*

Prinzip gleichartig aussehen, obwohl sie ihm verschiedenartige Nachrichten vermitteln. Es wird somit unsere nächste Aufgabe sein, uns über den unterschiedlichen Abbild-Charakter der beiden Arten von Vorstellung Rechenschaft zu geben. Die Erkenntnis dieses Unterschieds war nämlich der eigentliche Gewinn beim Entwicklungsschritt von der archaischen zur heutigen Bewusstheit.

Sinnesvorstellungen

Betrachten wir vorerst die Sinnesvorstellungen. Dass diese mit den Dingen, die sie abbilden, wenigstens bis zu einem gewissen Grade übereinstimmen, wissen wir aus der täglichen Erfahrung. Auf der Tatsache, dass wir uns auf die Sinneswahrnehmung weitgehend verlassen können, beruht unser Umgang mit der Außenwelt

Ebenso wie das unbewusste Integrationszentrum ist nämlich auch das Ich über die Sinne an die Umwelt rückgekoppelt (vgl. Abb. 5, S. 222). Wenn es etwas sinnlich Wahrgenommenes falsch einschätzt und infolgedessen falsch agiert, wird es dank seiner Rückkoppelung auf den Irrtum hingewiesen und kann ihn korrigieren.

Unbewusste Transformatoren

Obwohl nun das Ich das sinnlich Wahrgenommene nachprüfen (verifizieren) kann und dabei durch die alltägliche Erfahrung die Überzeugung gewinnt. die Dinge seien so, wie es sie wahrnimmt, gehört doch zur heutigen Bewusstheit das Wissen, dass die Übereinstimmung zwischen den sinnlichen Vorstellungen und den „Dingen" nur eine relative ist: dass sich unser bewusstes Erkennen der Außenwelt nur innerhalb jenes Rahmens bewegen kann, den unsere arttypischen Erkenntnisschemata zulassen, und dass jene Außenweltreize, die das Sinnes-Filter passieren, durch unbewusste Transformatoren erst die uns vertraute Gestalt annehmen. Es sei darauf hingewiesen, dass es in der Außenwelt z. B. keine Farben und keine Töne gibt: dass das, was wir als Farben erleben, durch einen bestimmten Frequenz-Bereich aus dem breiten Spektrum der elektromagnetischen Schwingungen ausgelöst wird, und dass es Luftschwingungen einer bestimmten Wellenlänge sind, die die Welt der Töne in uns erklingen lassen.

Weil die Verwandlung der Sinnesreize in bewusstseinsfähige Vorstellungen durch unbewusste Transformatoren – durch Strukturen, die sich im unbewussten Bereich der Psyche befinden – erfolgt, kann das Ich nie genau feststellen, wieweit seine Vorstellungen mit den „Dingen" der Außenwelt, die sie abbilden, übereinstimmen.

Verifizierbarkeit der Sinnes-Vorstellungen
Wohl befinden wir uns, anders als bei jenen Vorstellungen, die durch innere Wahrnehmung zustande kommen, bei den Sinnesvorstellungen in Bezug auf deren Verifizierbarkeit in einer günstigeren Situation. Weil das Ich sich bei der Sinneswahrnehmung aktiv verhalten kann, kann es durch beabsichtigte und gezielte Beobachtung das Wahrgenommene bis zu einem gewissen Grade nachkontrollieren. Wenn wir z. B. einen Gegenstand sehen, können wir seine räumliche Ausdehnung nachmessen, seine Form abtasten, seine Konsistenz prüfen usw. Damit hängt zusammen, dass wir, so lange wir im Bereich der mittleren Dimensionen, für die unsere Sinnesorgane gebaut sind. bleiben, kaum daran zweifeln, dass Vorstellung und Ding miteinander übereinstimmen.

Problem der Mikro- und Makro-Dimension
Erst als die Naturwissenschaft mit ihren Apparaten den Empfangsbereich und das Auflösungsvermögen der Sinnesorgane erweiterte, kam Zweifel an der Übereinstimmung von Ding und Vorstellung auf. Man sah ein, dass, je weiter wir in den makro- und mikrophysikalischen Bereich vordringen, sich das, was wir als „Ding" bezeichnen, von der Vorstellung, die sich spontan in uns bildet, immer weiter entfernt: dass die Kluft zwischen Ding und Vorstellung immer größer wird.

Das „Ding" verliert bei diesem Vordringen über die mittleren Dimensionen hinaus immer mehr seine festen Umrisse und seine Körperlichkeit, also seinen unmittelbar erlebten „dinglichen" Charakter. Der Stern und der Stein z. B. erweisen sich schließlich nur noch als je verschiedene Anordnungen jenes Etwas, das wir Energie nennen.

Trotzdem nun die Außenweltdinge beim Vordringen über die mittleren Dimensionen hinaus ihren dinglichen Charakter („dinglich" in der landläufigen Bedeutung) verloren, wollen wir doch all das, was wir sinnlich wahrnehmen können – sei es mit den natürlichen Sinnen, sei es mit den durch Apparate verlängerten – den Ausdruck „Ding" beibehalten. Die raum-zeitliche Wirklichkeit ist ja „körnig". Sie ist „gekörnt" bis hinab zu jenen kleinsten noch nachweisbaren Energieverdichtungen, aus denen die Elementarteilchen „aufgebaut" sind, und statt „Korn" können wir ebenso gut „Ding" sagen. Energie in irgendeiner Zustandsform lässt sich bei allem sinnlich Wahrnehmbaren nachweisen; und gerade dieser „materielle Anteil" unterscheidet jene Sachverhalte, die wir mit den

Sinnen wahrnehmen können, von jenen – oder doch vom entscheidenden Teil jener Sachverhalte – die uns die innere Wahrnehmung vermittelt.

Unmittelbare Vorstellungen und Modellvorstellungen

Mit dem Vordringen über die mittleren Dimensionen hinaus verlor auch das, was wir als *Vorstellung* des Dinglichen bezeichnen, seinen landläufigen Charakter. Es wurde immer weniger anschaulich und nahm immer mehr den Charakter des Gedachten denn des Vorgestellten an, und zwar so sehr. dass das über „die Dinge" Ausgemachte schließlich nur noch mit Hilfe der mathematischen Sprache adäquat ausgedrückt werden kann. Wenn wir – als Augenwesen – uns trotzdem das durch indirekte Methoden Erkannte (z. B. ein atomares System) anschaulich vorstellen wollen, müssen wir zu Modell-Vorstellungen greifen. Diese decken sich mit dem vorgestellten „Ding" natürlich viel weniger als z. B. meine Vorstellung des Tisches, an dem ich sitze mit dem Tisch selber. Aber auch Modell-Vorstellungen stimmen irgendwie mit dem vorgestellten Ding überein, jedenfalls in einem viel wörtlicheren Sinn als die durch innere Wahrnehmung zustande gekommenen Vorstellungen mit dem Sachverhalt übereinstimmen, den sie veranschaulichen. Modell-Vorstellungen werden auf Grund von meist wiederholbaren – und damit verifizierbaren – Beobachtungen gewonnen, und sie können als die zur Zeit bestmögliche optische Vorstellung von dem infrage stehenden Sachverhalt bezeichnet werden. Sie können deshalb nicht willkürlich durch andere ersetzt werden, sondern erst dann, wenn neue Beobachtungen gemacht werden, die sich mit dem bisherigen Modell nicht mehr vereinbaren lassen.

Nun bewegt sich aber unsere Erkenntnis der sinnlich wahrnehmbaren Dinge nur zum kleinsten Teil im makro- und mikrophysikalischen Bereich. Deshalb haben die soeben angsteilten Überlegungen mehr erkenntnistheoretischen als praktischen Wert. Alles in allem können wir bei der Aussage bleiben, dass die sinnlichen Vorstellungen die Dinge ziemlich genau so wiedergeben, wie sie sind.

„Innere" Vorstellungen

Veranschaulichung des an sich Unanschaulichen

Ganz anders als mit den sinnlichen verhält es sich mit jenen Vorstellungen, welche durch *innere* Wahrnehmung im Bewusstsein entstehen. Diese geben meistens nicht Dinge wieder, sondern Sachverhalte, die im eigentlichen Sinne des Wortes undinglich sind wie z. B. verdrängte Gefühle und

Wünsche, ferner das Ich, das unbewusste Führungszentrum, die orthogenetische Tendenz, seelische Wandlungsvorgänge usw. Dieses Undingliche ist nicht etwa nur unsichtbar in dem Sinne wie Moleküle und Atome unsichtbar sind. Es ist überhaupt unanschaulich. Weil nun etwas erst dann bewusstseinsfähig ist, wenn es vorgestellt werden kann, kann man die durch innere Wahrnehmung zustande gekommenen Vorstellungen als Veranschaulichungen von etwas an sich Unanschaulichem bezeichnen.

Selbst Erlebtes und Übernommenes
Dass derartige Vorstellungen dem Ich durch Träume, Visionen und Fantasien zufließen, wurde schon mehrmals erwähnt. Bevor wir jedoch auf diese Gebilde eingehen, müssen wir uns Rechenschaft darüber geben, dass im Bewusstsein eines Individuums immer auch zahlreiche Vorstellungen unanschaulicher Sachverhalte vorhanden sind, die nicht in diesem Individuum selber durch innere Wahrnehmung zustande kamen, sondern von diesem durch die Sinnesorgane aufgenommen wurden: durch Hören und Lesen, durch Betrachtung bildlicher Darstellungen usw. Wir entnehmen sie dabei dem Traditions-Depot als sogenannte Vorstellungen des kollektiven Bewusstseins. Die Tiefenpsychologie hat zwar nachgewiesen, dass auch diese für ganze Kulturräume gültigen Vorstellungen unanschaulicher Sachverhalte – z. B. die Lehrinhalte der historischen Religionen – ursprünglich von einzelnen Individuen innerlich wahrgenommen und dann geäußert, d. h. ins Traditions-Depot hin eingelegt wurden. Wir wollen jedoch an dieser Stelle von jenen absehen und uns nur mit *den* Vorstellungen befassen. die dem Ich direkt mit dem inneren Wahrnehmungsstrom zugeführt werden.

Unterschied zwischen innerer und außersinnlicher Wahrnehmung
Wir haben bisher – insbesondere in dem Kapitel über das archaische Welterleben – die innere Wahrnehmung einfach als jene Wahrnehmung umschrieben, die dem Ich nicht über die Sinnesorgane zufließt. Bei der Besprechung des Schemas vom Informationsfluss im Menschen haben wir sie dann präzisiert als jenen Informationsstrom, mittels dessen das Ich vom unbewussten Führungssystem informiert wird. Nun ist aber das unbewusste Führungssystem, wie wir sahen, keine von der Umwelt abgeschlossene Monade. Es nimmt sogar von der Umwelt viel mehr Information auf als das Ich und zwar wiederum über zwei „Kanäle“: einerseits über den Sinneskanal, anderseits auf außersinnliche Weise, als sogenannte Paragnosie (Gedankenlesen, Hellsehen, Präkognition usw.).

Währenddem nun aber das unbewusste Führungssystem und das Ich zu den Sinneswahrnehmungen parallel geschaltet sind – d. h. während Sinneseindrücke sowohl dem Unbewussten wie dem Bewusstsein zufließen – ist wie gesagt nur das unbewusste System zu außersinnlicher Wahrnehmung fähig. *Es* entscheidet dann, was es davon ins Bewusstsein weitergeben „will". Was an außersinnlich Wahrgenommenem vom Ich wahrgenommen wird, empfängt dieses über den inneren Informationsstrom.

Der innere Informationsstrom ist somit ein heterogenes Gebilde und eine der größten Schwierigkeiten bei der Interpretation des innerlich Wahrgenommenen besteht deshalb darin, herauszufinden, ob es sich um Veranschaulichungen der eigenen Innerlichkeit, um Information über die Innerlichkeit anderer psychischer Systeme (Gedankenlesen) oder um sinnlich oder außersinnlich wahrgenommene Sachverhalte der Außenweit handelt.

Gestalt-Charakter des innerlich Wahrgenommenen

Träume, Tagesfantasien und Visionen können unter dem Oberbegriff „Fantasie" zusammengefasst werden, und wir werden im Folgenden den inneren Informationsstrom gelegentlich auch als Fantasiestrom bezeichnen. Im Gegensatz zu allem Gedachten und Ausgedachten sind die echten Fantasien nicht das Ergebnis der Reflexion, d. h. der Tätigkeit des Ich, sondern sie entstehen durch die Aktivität des außerbewussten Führungszentrums und strömen als fertige Gebilde in den Bewusstseinsraum ein. Diese Gebilde werden vom Ich wie die Dinge der Außenwelt wahrgenommen und bilden wie jene das Ausgangsmaterial für die Reflexion.

Es ist nun ein Kennzeichen aller Fantasien, dass sie geformt beziehungsweise gestaltet sind. Sie werden deshalb auch Gestaltungen des Unbewussten genannt. Natürlich sind auch die Sinnesvorstellungen gestaltet: sie sind gestaltet durch die unbewussten Transformatoren, die z. B. aus Lichtwellen Farben „machen". Wenn wir aber die Informationsströme mit Sprachen vergleichen, können wir sagen, die Sinnesvorstellungen erreichen das Bewusstsein als Wörter und werden erst durch die Tätigkeit des Ich zu sinnvollen Texten zusammengefügt. Die Gestaltungen des Unbewussten hingegen erreichen das Bewusstsein schon in der Form fertiger Texte, die eine reiche syntaktische und semantische Struktur aufweisen, ohne dass das Ich etwas dazu beigetragen hat.

Unterschiedlicher Dichte-Grad der Gestaltungen des Unbewussten
Die verschiedenen Arten von Gestaltungen des Unbewussten haben eine unterschiedliche formale und damit auch eine unterschiedliche inhaltliche Dichte. Tagesfantasien sind in der Regel sehr locker und veränderlich und enthalten meistens eine Unmenge von überflüssigem Beiwerk. Träume – wenigstens jene Träume, an die sich das Ich nach dem Erwachen erinnert – sind häufig formal sehr straff gestaltet. Sie haben z. B. meistens einen typisch dramatischen Aufbau mit Exposition (Ort und Personen), Verwicklung, Umschlag und Lösung. Jene Gebilde, welche durch die sogenannte aktive Imagination zustande kommen, sind meistens ebenfalls sehr dicht. Den höchsten formalen und inhaltlichen Dichtegrad weisen die Visionen auf.

Erlebnis-Qualität des innerlich Wahrgenommenen
Das Ich wird durch die Gestaltungen des Unbewussten stärker bewegt und gewandelt als durch die Sinneswahrnehmungen, d. h. die Fantasien haben größere Erlebnisqualität als jene. Der Grad des Erlebens geht ungefähr parallel mit dem Dichte-Grad. Die Außenwelt (z. B. ein Sonnenaufgang oder der gestirnte Himmel) kann das Ich zwar auch bewegen aber eine genaue Analyse zeigt, dass dann jeweils eine Projektion vorliegt, wobei innerpsychische Inhalte außen erlebt werden. Die Askese des methodischen Positivismus erzog ja den Wissenschaftler gerade dazu, derartige Projektionen innerpsychischer Inhalte aus der Außenwelt zurückzuholen und letztere „sachlich" zu betrachten.

Kybernetisch betrachtet sind innere Vorstellungen Wirk-Impulse
Die Situation des Ich ist nun prinzipiell verschieden, je nachdem ob es sinnliche oder innere Wahrnehmung empfängt. Gegenüber der Sinneswahrnehmung befindet es sich in der gleichen Lage wie das oberste Führungszentrum. Beide Zentren sind der Sinneserfahrung gegenüber wie erwähnt parallel geschaltet, d. h. sie sind an die gleichen afferenten (= heranführenden) Bahnen angeschlossen. Durch den inneren Informationsstrom hingegen ist das Ich in einen Regelkreis eingebaut, dessen Steuerungszentrum die unbewusste Führungsinstanz ist. Das Ich fungiert in diesem Regelkreis meistens als Befehlsempfänger, und die dem Ich zufließende Information kann als efferenter – vom unbewussten Führungszentrum ausgehender – Strom angesehen werden: als ein Strom, der Wirk-Impulse enthält.

Wir können die menschliche Psyche mit einem Geschäft vergleichen, das vor nicht allzu langer Zeit eine Filiale gegründet hat. Das unbewusste System kann mit der Haupt-Geschäftsleitung verglichen werden, das Ich mit dem Filialleiter. Wie einem tüchtigen Filialleiter, so wird auch dem Ich ein weiter Spielraum für die freie Entscheidung eingeräumt, und es wird von ihm ein großes Maßan eigener Initiative verlangt. Aufs Ganze gesehen muss das Ich jedoch sein Denken und Wollen auf die Intentionen und Direktiven der „Hauptgeschäfts-Leitung" – des außerbewussten Führungszentrums – ausrichten. Diese für das Ich charakteristische Paradoxie zwischen Frei- und Unfreisein ist ein Grund, weshalb Vergleiche zwischen Computer und Psyche ihre Grenze haben.

Wie nun eine Geschäftsleitung über das, was in der Filiale vor sich geht orientiert sein muss, wird auch das unbewusste Zentrum laufend über das informiert, was im Bewusstsein geschieht. Das Ich ist – kybernetisch gesehen – wie erwähnt ans unbewusste Zentrum rückgekoppelt. Diese Rückkoppelung geschieht ohne das Dazutun des Ich, d. h. unbewusst. Die Theologie, die die Dynamik zwischen dem außerbewussten Führungszentrum und dem Ich noch nach dem Modell der Beziehung zwischen dem sich offenbarenden Gott und dem Menschen interpretierte, bezeichnete diesen Sachverhalt als Allwissenheit Gottes in Bezug auf den Menschen: „Gott kennt unsere geheimsten Gedanken". Das Ich befindet sich somit in der Situation eines geführten Führers. Aus dem Erlebnis dieser paradoxen Befindlichkeit ergibt sich das erwähnte Problem der gleichzeitigen Freiheit und Unfreiheit des Menschen (des Ich): ein Problem, dessen Lösungsversuche einen großen Teil des Inhalts von Religionen und Philosophien ausmachen.

Wir stellten fest, dass der Fantasiestrom als ein Strom von Wirk-Impulsen aufzufassen ist. Diese Wirk-Impulse enthalten einerseits Zielvorstellungen, Anregungen und allgemeine Direktiven für die weitere Entwicklung des Ich, anderseits Hinweise und Befehle, die sich auf dessen gegenwärtige Situation beziehen. Zur ersten Gruppe gehören unter anderem alle Einfälle und Inspirationen, welche der kulturellen Kreativität des Ich – und zwar der künstlerisch-wissenschaftlich-philosophischen wie auch der technischen-zivilisatorischen – zu Grunde liegen. Die Hinweise und Befehle hingegen spielen eine zentrale Rolle bei Ethik und Religiosität.

Die Weisungen des unbewussten Zentrums sind in der Regel leise. Der größte Teil davon erreicht gar nicht die Helle des Bewusstseins. Die experimentelle Traumforschung hat nachgewiesen, dass die meisten

Träume nicht erinnert werden, dass jedoch Unterdrückung des Träumens zu Störungen führt, und einen Traum-Nachholbedarf schafft. Es kann daraus wohl geschlossen werden, dass der größte Teil des Geträumten in den dämmerhaften Randzonen des Bewusstseinsfeldes verarbeitet wird: in jenen Bereichen, die sich im Verlauf der Evolution schon lange vor dem Aufleuchten der ersten Ich-Funken ausgebildet haben.

Geht nun aber das Ich allzu sehr eigene Wege und verschließt es sich allzu sehr den aus dem Unbewussten kommenden Impulsen (theologisch: verhärtet sich das Herz des Menschen gegenüber den Mahnungen Gottes allzu sehr), dann kann sich das Unbewusste recht eindrücklich bemerkbar machen. Wir wollen hier absehen von jenen indirekten Wirkungen, die wir als neurotische und psychosomatische Symptome bezeichnen. Der Fantasiestrom selber kann bedrängend werden und kann das Ich sogar regelrecht erschüttern und aus der gewohnten Bahn hinauswerfen. Am eindrücklichsten und nachhaltigsten geschieht dies bei den visionären Erlebnissen. Wer Gelegenheit gehabt hat, als Analytiker solches Geschehen und dessen Folgen aus unmittelbarer Nähe zu beobachten, der weiß, dass den betroffenen Menschen der Schrecken des Erlebnisses noch jahrelang in den Knochen sitzt, und dass ein Mensch durch derartiges Erleben in der Regel völlig gewandelt wird.

Die Sprache des Unbewussten

Die Gestaltungen des Unbewussten sind wie gesagt sprachlicher Ausdruck. Sie sind allerdings in einer Sprache formuliert, die für unser heutiges Bewusstsein weitgehend zu einer Fremdsprache geworden ist. Verhaltensforschung und Kybernetik haben uns in den letzten Jahren das Verständnis erschlossen für die Tatsache, dass es tierische wie technische Sprachsysteme gibt, die eine völlig andere Struktur haben als die von Menschen zur gegenseitigen Kommunikation benützten Sprachsysteme. Dadurch dürfte auch das Verständnis gewachsen sein für die von der heutigen Begriffssprache verschiedene Struktur jener Sprache, in der sich die außerbewusste Führungsinstanz dem Ich mitteilt.

Syntaktischer und semantischer Aspekt

Eine Sprache kann bekanntlich komplementär entweder mit Blick auf ihre syntaktische (formale) oder mit Blick auf ihre semantische (Bedeutungs-) Struktur betrachtet werden. Bei der praktischen analytischen Arbeit hat man sich in erster Linie mit dem semantischen Aspekt zu befassen. Dort geht es darum, den Sinngehalt der aus dem Unbewussten kommenden

Nachrichten zu verstehen, damit der Analysand erkennt, was die Führungsinstanz von ihm will. Die theoretische Psychologie hingegen befasst sich außerdem noch mit der formal-syntaktischen Struktur der Sprache des Unbewussten, und dieser Aspekt steht auch bei unserer Betrachtung im Vordergrund.

Als Ausdrucksmittel benützt nun die Führungsinstanz teils verbale Formulierungen, teils Zahlen und bildlose Evidenzen, zur Hauptsache jedoch Bilder und Bildabläufe.

Verbale Formulierungen

Verbale Formulierungen kommen in Träumen, Imaginationen und Visionen in der Weise vor, dass die darin auftretenden und agierenden Figuren sprechen. Die sprechenden Figuren können Menschen oder menschenähnliche Wesen sein, doch können in den Gestaltungen des Unbewussten auch Tiere, gelegentlich sogar Pflanzen menschliche Sprache sprechen. Oft hört man aber im inneren Erleben eine Stimme, ohne dass eine sprechende Figur gesehen wird. Solche Stimmen haben in der Regel imperativen beziehungsweise „numinosen“ Charakter. (Die „Stimmen“ der Schizophrenen sind eine Zerrform dieses an sich normalen Phänomens). Verbale Formulierungen werden nicht nur auditiv wahrgenommen, gelegentlich werden sie auch in schriftlicher Fixierung geschaut. Auch diese lesbaren Botschaften wirken in der Regel numinos. Ein bekanntes biblisches Beispiel dieser Ausdrucksweise des Unbewussten ist die Vision des Königs Nebuchadnezzar von der Hand, die „Mane Tekel Phares“ an die Wand schrieb (Daniel 5,5-30).

Bei den verbalen Formulierungen richtet sich das Unbewusste nach dem Bildungsgrad des Ich. So verwendet es z. B. Begriffe, die der Träumer dank seiner beruflichen Ausbildung kennt, die jedoch nicht Allgemeingut sind; und lesbare Botschaften schreibt es in der Schrift, die dem empfangenden Ich vertraut ist. Dies bestätigt die Annahme, dass das Bewusstsein ans Unbewusste rückgekoppelt ist.

Zahlen als sprachliches Ausdrucksmittel

Ein anderes Ausdrucksmittel des Unbewussten sind die Zahlen. Sie dienen im eigentlichen Sinne zur Veranschaulichung unanschaulicher Sachverhalte. Dabei wird relativ selten das schriftliche Zeichen für die Zahl wahrgenommen. Der Zahlwert wird meistens dargestellt durch die Anzahl Handlungs- und Geschehensträger, z. B. durch die Anzahl von Personen oder Tieren, von Gegenständen, Treppenstufen usw. Oft dienen auch geometrische Gebilde zur Darstellung eines Zahlwerts, z. B. ein Kreis, ein Kreuz, ein Dreieck oder Quadrat.

In der Sprache des Unbewussten wird somit die Zahl weniger in ihrer quantitativen als vielmehr in ihrer qualitativen (symbolischen, gleichnishaften) Bedeutung verwendet. Das Unbewusste stellt durch die Zahlen mit Vorliebe seelische Entwicklungs- und Wandlungsvorgänge dar, welche in erster Linie die Ich-Persönlichkeit – den handlungsfähigsten Teil der Psyche – betreffen. Hierzu einige Beispiele:

Die Tatsache, dass der Wandlungsprozess als Ganzes ein Wachstumsprozess ist, bei dem keine Phase übersprungen werden kann, wird oft durch die Zahl 7 ausgedrückt (vergl. die „sieben Stufen" in der Mystik).

Die Gesetzmäßigkeit, nach der jeder einzelne dieser Wandlungsschritte sich vollzieht, wird häufig durch die Zahlen 1-4 dargestellt. Dabei wird jene erste Phase, in der der neue, das Bewusstsein wandelnde Inhalt eben erst aus dem Unbewussten aufzutauchen beginnt, das Ich fasziniert, aber von ihm noch nicht verstanden werden kann, durch die Zahl 1 symbolisiert. Zerfällt der Inhalt dann in Gegensatzpaare, wobei die Gegensätze noch als unvereinbare gegensätzliche Wesenheiten angesehen werden, erscheint die Zahl 2. Dass die Bearbeitung der Gegensatzpaare voranschreitet oder vorwärtsdrängt, und dass die Assimilation des zur Bewusstheit drängenden Inhalts sich vorbereitet, wird durch die Zahl 3 ausgedrückt. Dass die Übersteigung der Gegensätze (der eigentliche Schritt zur Bewusstwerdung) besonders schwierig und mühsam ist, zeigen die Fantasien durch die sogenannte Konstellation des fehlenden Vierten an: z. B. durch vier Stühle, wovon nur drei besetzt sind, durch eine an einem quadratischen Tisch sitzende Gruppe von Kartenspielern, wobei der vierte Spieler fehlt. Das Ende des Entwicklungsschrittes, bei dem die Gegensätze wiederum einheitlich, jedoch in einer differenzierten Einheit geschaut werden können, veranschaulicht die Zahl 4. Diese ist somit in der Zahlensymbolik äquivalent der Zahl 1. Beide drücken die einheitliche Schau aus. Aber von der Entwicklung her gesehen steht die durch die Zahl 4 symbolisierte Erkenntnisweise gleichsam eine Spiraltour höher: in diesem Stadium ist der Inhalt vom Bewusstsein assimiliert oder wird es demnächst sein.

Evidenz-Erlebnisse

Etwas Eigenartiges sind die Evidenzerlebnisse. Bei ihnen fallen dem Ich gleichsam Schuppen von den Augen. Etwas, worum es lange gerungen hat, wird ihm plötzlich klar und durchsichtig. Meistens sind die Evidenzerlebnisse mit Lichterscheinungen verbunden, womit wohl der Ausdruck

„Erleuchtung" zusammenhängt. Zu den bildlosen Evidenzen gehört das Erlebnis des „großen Lichts", von dem z. B. Zen-Buddhisten, sowie islamische und christliche Mystiker berichten.

Hildegard von Bingen schildert ihr Evidenzerlebnis wie folgt: „Im Jahre 1141 [...] kam ein feuriges Licht mit Blitzesleuchten vom offenen Himmel (archaisch-konkretistische Interpretation!) hernieder. Es durchströmte mein Gehirn und durchglühte mir Herz und Brust gleich einer Flamme, die jedoch nicht brannte, sondern wärmte, wie die Sonne den Gegenstand erwärmt, auf den sie ihre Strahlen legt. Nun erschloss sich mir plötzlich der Sinn der Schriften, des Psalters, des Evangeliums und der übrigen katholischen Bücher des alten und neuen Testaments. Doch den Wortsinn ihrer Texte, die Regeln der Silbenteilung und der (grammatischen) Fälle und Zeiten erlernte ich dadurch nicht."[3]

Mit dem letzten Satz weist sie darauf hin, dass es sich bei der hier gemeinten Erleuchtung nicht um eine Erkenntnis im Sinne des Sachwissens handelt sondern vielmehr um jenes existenziell bedeutsame Aufleuchten des Sinnes, das amerikanische Analysanden häufig mit „it clicks" benennen.

Bilder

Das weitaus häufigste und für den Vergleich mit den Sinnesvorstellungen aufschlussreichste Ausdrucksmittel des Unbewussten sind die Bilder und Bildabläufe. Die Sprache des Unbewussten ist zur Hauptsache eine Bildersprache, besser gesagt eine Verbildlichungs-Sprache. Diese Ausdrucksweise ist dem heutigen Menschen am schwersten zugänglich, weil er ihr durch die einseitige Zuwendung zum sinnlich Wahrnehmbaren und deshalb wörtlich zu Verstehendem entfremdet wurde.

Die Erkenntnis der eigentlichen Verbildlichungen in den Gestaltungen des Unbewussten wird noch dadurch erschwert, dass eine große Gruppe von bildhaften Vorstellungen, die das Bewusstsein auf dem Weg über den Fantasiestrom erreichen, als vom unbewussten Führungszentrum mitgeteilte Sinneswahrnehmungen aufzufassen sind. Es sei daran erinnert, dass auch das unbewusste Zentrum an den sinnlichen Wahrnehmungsstromangeschlossen ist, ja dass es sogar in der Lage ist, eine weitaus größere Menge von Sinnesdaten aufzunehmen als das Ich. Da zudem die Aufmerksamkeit des Ich in der Regel auf einen einzigen Punkt oder Aspekt beschränkt und damit eingeengt ist, macht das unbewusste Zentrum häufig das Ich – im Sinne einer hilfreichen Unterstützung – auf Aspekte aufmerksam, die dieses wegen seiner röhrenförmigen Auffassungsweise und wegen Voreingenommenheit übersehen hat. Außerdem sei daran erinnert, dass das unbewusste System auch auf nichtsinnlichem Wege Information über die Außenwelt zu empfangen vermag und diese oft in Träumen und Visionen ans Ich weitergibt (telepathische Träume).

In allen Fällen nun, wo sich die Mitteilungen des Unbewussten auf die Außenwelt beziehen, sind sie, wie man in der Fachsprache sagt, auf der Objektstufe zu deuten. Sie sind in diesen Fällen wie Sinneswahrnehmungen aufzufassen, also als das zu nehmen, was sie darstellen.

Zur Hauptsache jedoch orientieren die Träume und Visionen das Ich über innerpsychische Tendenzen, Vorgänge und Situationen. Die eine „Methode", mit der das Unbewusste diese unanschaulichen Sachverhalte bewusstseinsfähig, d. h. anschaulich macht, haben wir in der Zahlensymbolik kennen gelernt. Die andere „Methode" ist die eigentliche Verbildlichung. Bei dieser verwendet das unbewusste System Bildelemente, die dem Ich von der Sinneserfahrung her bekannt sind, und fügt aus diesen Elementen etwas Neues zusammen. Es schafft eine Fantasiefigur, durch die der unanschauliche Sachverhalt ausgedrückt wird. In diesem Sinne des Zusammenfügens bekannter Elemente zu etwas Neuern wird die unbewusste Führungsinstanz als bildschöpferische Instanz bezeichnet. Diese Veranschaulichungen können vom Ich – wenigstens auf der heutigen Bewusstheitsstufe – nicht wie die Sinnesvorstellungen einfach so hingenommen werden, wie sie ihm erscheinen. Sie müssen gedeutet, gleichsam dechiffriert werden, d. h. ihr verborgener Sinn muss erschlossen werden, bevor das Ich ihn assimilieren kann. Man spricht hier vom Verständnis auf der Subjektstufe.

Um zu erläutern, auf welche Art und Weise die bildschöpferische Instanz bekannte Bildelemente zu neuen Gebilden – zu den eigentlichen Fantasiefiguren – komponiert, wählen wir am besten ein allbekanntes Beispiel aus dem kollektiven Vorstellungsschatz des Abendländers: die Figur des Teufels. Der unanschauliche Sachverhalt, der im christlichen Bereich durch den Teufel veranschaulicht wird, kann wohl als desintegrierende Tendenz, welche der Ganzwerdung des Menschen (dem „Heilsstreben") entgegenwirkt, umschrieben werden. Die Darstellungen des Teufels in der bildenden Kunst und in der Literatur sind zwar recht mannigfaltig.

Bei einem Vergleich derselben lässt sich jedoch ein allen Varianten zu Grunde liegendes Kompositionsmuster erkennen: ein männlicher Körper, dunkle Hautfarbe, tierische Füsse, meistens die eines Ziegenbocks, ein Kuhschwanz, Hörner, die ebenfalls denen eines Ziegenbocks gleichen, sowie Flügel, die oft an diejenigen einer Fledermaus erinnern. Oft wird der Teufel mit einer Gabel in der Hand dargestellt, und in Erzählungen wird zudem berichtet, er ströme Schwefelgestank aus. Alle Elemente, aus denen die Teufelsgestalt zusammengesetzt ist, sind uns von der Sinneserfahrung her bekannt, und doch ist die Gestalt als Ganzes etwas, das wir mit den Sinnen nirgends wahrnehmen können, weshalb sie denn auch von den Positivisten für nicht existent erklärt wurde.

Bild-Abläufe

Wie nun aber ein sprachlicher Text nicht aus einzelnen Wörtern sondern aus Satzteilen und Sätzen besteht und erst dadurch seinen vollen Sinn erhält, so bestehen auch die Gestaltungen des Unbewussten nicht nur aus einzelnen Bildern sondern aus Bild-Abläufen: aus Handlungen und Geschehnissen.

Für dieses Geschehen, das in Träumen und Visionen vom einzelnen innerlich erlebt, und das als geäußerte und vom Kollektiv überarbeitete innere Wahrnehmung in Mythen und im Glaubensgut der Hochreligionen, sowie auch in Legenden, Sagen und Märchen überliefert wird, ist nun charakteristisch, dass es sich in der Außenwelt nicht abspielen kann. Es besteht zwar – ebenso wie die Fantasiegestalten – aus Elementen, die in der Außenwelt beobachtet werden können. Diese sind aber so zusammengefügt, dass sie einerseits den Naturgesetzen widersprechen, anderseits den Regeln der Logik, die ja auf der Annahme gründen, dass ein Ding nur mit sich selber identisch sei.

In den Gestaltungen des Unbewussten kann z. B. ein Mensch ohne technische Hilfsmittel fliegen, kann auf den Wolken herumwandern oder unter Wasser leben ohne nass zu werden und dort sogar Feuer anzünden. Menschen können sich in Tiere oder Pflanzen verwandeln. Sie können, nachdem sie gestorben und begraben sind, wieder auferstehen. Auch kann da eine Person gleichzeitig wahrer Gott und wahrer Mensch sein, kann eine Jungfrau ein Kind gebären, können in einer Gottheit drei Personen vorhanden sein, ohne dass es drei Götter sind, und dazu kann noch ausgesagt werden, der Sohn gehe ungezeugt aus dem Vater hervor und der Heilige Geist aus dem Vater und dem Sohne zugleich.

Der archaische Mensch hatte keine Schwierigkeiten, das in den Mythen erzählte Geschehen als konkretes *historisches* Geschehen anzunehmen. Dies war vor allem deshalb möglich, weil er – beim damaligen Entwicklungsstand des Bewusstseins – noch nicht zur Kausalanalyse des sinnlich Wahrgenommenen fähig war.

Dem heutigen Menschen hingegen, der naturwissenschaftlich und historisch geschult ist, erscheint das archaisch-konkretistisch verstandene Mythische als Unsinn, und das wörtlich verstandene Paradox als Beleidigung des Intellekts. Das Verständnis der individuell erlebten wie der überlieferten Gestaltungen des Unbewussten erschließt sich ihm nur dann, wenn er diese als Veranschaulichungen innerer Sachverhalte auffasst. Dann aber erweist sich der scheinbare Unsinn als höchster Sinn, dann erweisen sich die Handlungs- und Geschehensmuster als ausdrucksmächtige Semanteme.

Es zeigt sich dann auch, dass das Paradox (z. B. die jungfräuliche Mutterschaft oder die göttliche Dreifaltigkeit) von der sprachschöpferischen unbewussten Instanz als unübertreffliches Ausdrucksmittel verwendet wird, mittels dessen sie kurz und treffend Sachverhalte formuliert, zu deren Umschreibung wir, auch wenn sie nach jahrhundertelanger Symbolverarbeitung endlich teilweise in Begriffen ausgedrückt werden können, noch ellenlange Abhandlungen benötigen.

Entschlüsselung der Sprache des Unbewussten

Seit bald einem Jahrhundert befasst sich die tiefenpsychologische Forschung mit der Entzifferung der Sprache des Unbewussten. Sie versucht das, was in Bildern und Bild-Abläufen, in Zahlen und Paradoxen formuliert ist, in unsere heutige Begriffssprache zu übersetzen. Den Schlüssel dazu fand wie gesagt C. G. Jung. Er fand ihn, nachdem er darauf gestoßen war, dass in den nicht auf die persönliche Lebensgeschichte reduzierbaren Trauminhalten die gleichen Bilder und Bildabläufe vorkommen wie in den Mythen und im Glaubensgut der Hochreligionen. Das hieß soviel, wie dass letztere in der gleichen Sprache abgefasst seien wie die Träume, und dass der Sinn der nicht auf Persönliches reduzierbaren Trauminhalte – die er als archetypische bezeichnete – verstanden werden kann, wenn man den Sinn der Mythen versteht.

Um den Sinngehalt der Mythen zu ergründen, wandte Jung die vergleichende Methode an. Dazu stellte er zuerst Mythen aus den verschiedensten Kulturen und Zeiten zu thematischen Gruppen zusammen: Schöpfungsmythen, Heldenmythen, Mythen der Gotteskindschaft, Mythen vom Leiden, Tod und Auferstehung, Erlösungsmythen usw. Dann verglich er Mythen der gleichen Gruppe miteinander. Dabei erwies sich die Tatsache als hilfreich, dass der Sinn vieler Mythen schon durch die damit zusammenhängenden Kulte und Gebräuche, durch theologische Reflexion usw. wenigstens teilweise erhellt war

Es ergab sich, dass durch die wahrhaft fantastische Vielfalt der mythischen Erzählungen lediglich einige wenige Grundmuster auf je verschiedene Weise veranschaulicht wurden: dass – ebenso wie im unermesslichen Formenreichtum der Lebewesen – einige wenige Grundfunktionen des Lebensprozesses physisch verwirklicht sind. Das heißt, dass in den vielfältigen Gestaltungen des Unbewussten auf *synonyme Weise* einige wenige psychische Dynamismen verbildlicht wurden: die Dynamik zwischen dem Führungszentrum und dem Ich, die Entstehung des Ich, der Einfluss des Verdrängten auf das Ich, der Sog des Unbewussten auf das noch schwache Ich, die Stadien, über die sich die Wandlungsvorgänge der bewussten Einstellung vollziehen usw

Die Geschehens- und Handlungs-Muster, mittels welcher die unbewusste bild-schöpferische Instanz innerpsychische Dynamismen veranschaulicht (z. B. das Muster „Auferstehung nach Leiden und Tod"), werden in der Linguistik des Unbewussten als *Mythologeme* bezeichnet. Jung nannte sie auch archetypische Motive.

Jung wurde zur vergleichenden Erforschung der Mythen, Sagen und Legenden, der Märchen, des alchemistischen Schrifttums sowie der Symbole der Hochreligionen – zu einer Arbeit, die den größten Teil seines wissenschaftlichen Werkes ausmacht – durch sein therapeutisches Bemühen gedrängt. Er war in erster Linie Arzt und suchte den Sinngehalt der Fantasien, Träume und Visionen, die seine Patienten ihm vorlegten, zu verstehen. Das individuell Erlebte zu verstehen war ihm deshalb so wichtig, weil er in ihm Wirk-Impulse des unbewussten Führungszentrums erkannte, die dem einzelnen Menschen hic et nunc seinen individuellen Weg und den Ausweg aus seiner Ich-Problematik weisen (theologisch: die ihm den Ratschluss Gottes offenbaren).

Entschlüsselung der Sprache des Unbewussten bedeutete Überwindung der archaischen Apperzeption

Nun hatte aber die Entschlüsselung der Sprache des Unbewussten erkenntnistheoretische Konsequenzen von ungeheurer Tragweite. Hatte nämlich Freud durch die Entdeckung des inneren Wahrnehmungsstromes die Enge des positivistischen Apperzeptionsschemas gesprengt, so überwand Jung das archaische, als er nachwies, dass die „metaphysischen Gestalten" und das „metaphysische Geschehen" nicht konkretistisch zu verstehen sind, sondern als sprachliche Figuren, mittels welcher das unbewusste psychische System dem Bewusstsein unanschauliche Sachverhalte, Situationen und Prozesse mitteilt.

Obwohl nun Freud und Jung die entscheidenden „Einfälle" gehabt hatten, durch die der zweite Schritt der Bewusstseinsmutation ermöglicht wurde, ist es doch bemerkenswert, dass weder der eine noch der andere die Konsequenzen, die sich aus seiner Entdeckung ergaben, im vollen Ausmaß zu ziehen – oder doch durchzuhalten – vermochte. Freud blieb erstaunlicherweise sein Leben lang ein Positivist, und Jung neigte – vor allem im Alter – immer wieder nicht nur zu archaisierender Ausdrucksweise sondern offensichtlich auch zu archaischer Apperzeption. Es ist das gleiche Phänomen, das man auch bei Max Planck beobachten konnte: auch er sträubte sich bekanntlich, die Konsequenzen in vollem Ausmaß anzuerkennen, die sich aus seiner bahnbrechenden Entdeckung, dass die Energie gequantelt ist, ergaben.

Um Jungs Verhalten zu verstehen muss man außerdem bedenken, dass er das war, was man in archaischer Zeit einen Seher genannt hätte. Die Visionen, die ihn überfielen und erschütterten, hat er in seinen Memoiren andeutungsweise dargestellt. Hätte er einige Jahrhunderte früher gelebt, wäre er vielleicht zum Gründer einer der frühchristlichen Gnosis nahestehenden Kirche oder Sekte geworden. In der Gnosis und in der Alchemie sah er nämlich das Problem des Bösen, das ihn namentlich im Alter so sehr beschäftigte, in der ihm zusagenden Weise gelöst. Dass er die inneren Erlebnisse hatte, war unabdingbare Voraussetzung für sein wissenschaftliches Werk

Seine Größe liegt darin, dass er trotz des überwältigenden Eindrucks, den das Erlebte auf ihn machte, genügend Standfestigkeit besaß, um dieses gedanklich zu analysieren: um erstens zu durchschauen, dass er nicht einen Blick in die jenseitige Welt getan hatte und auch nicht metaphysischen Wesen begegnet war, und um zweitens die dargelegte Modellvorstellung der Psyche zu entwerfen. Sowohl für Freud wie für Jung war die wahrhaft historische Leistung, ein bisher gültiges Apperzeptionsschema durchbrochen zu haben, genug. Die Bresche, die sie schlugen, zu verbreitern, und die Konsequenzen, die sich aus ihren Entdeckungen ergeben, zu Ende zu denken, dürfte die Aufgabe sein, die *unserer* Generation – der Generation ihrer Enkel – gestellt ist.

Bewältigt werden muss diese Aufgabe durch Zusammenarbeit all jener Fachgebiete, die sich mit dem Menschen und mit den Produkten des menschlichen Geistes befassen. Dabei wird jener neue Wissenschaftstypus sich entfalten, der sich vom positivistischen dadurch unterscheidet, dass er auf dem *erweiterten* Empirie-Begriff – auf dem um die innere Wahrnehmung erweiterten – aufbaut.

Grunddisziplin dieser neuen Humanwissenschaft – in dem Sinne wie die Physik heute Grunddisziplin der Naturwissenschaften ist – wird m.E. die Tiefenpsychologie sein. Sie wird es deshalb sein, weil nur der praktizierende Tiefenpsychologe in der Lage ist, die Gestaltungen des Unbewussten in statu nascendi zu erfassen, sowie die Wechselwirkungen zwischen dem Unbewussten und dem Bewusstsein – insbesondere die Reaktionen des Unbewussten auf Probleme und Entscheidungen des Ich – und die langfristigen Transformationsprozesse des Bewusstseins gleichsam unter Laborbedingungen zu beobachten. Der Ort, an dem diese Beobachtungen gewonnen werden können, ist die analytische Sprechstunde. Was für Anforderungen dabei an die Selbstkritik des Beobachters gestellt werden, wollen wir hier nicht diskutieren. Es sei lediglich vermerkt, dass die Tiefenpsychologie nur dann zur Grunddisziplin im erwähnten Sinne werden kann, wenn – auf der Grundlage der „im Felde" gemachten Beobachtungen – vermehrt auch theoretische Arbeit geleistet wird.

Innerlich Wahrgenommenes als objektiv Wirkliches

Wir untersuchten den Unterschied zwischen den Sinnesvorstellungen und den Gestaltungen des Unbewussten in der Absicht, dadurch die Voraussetzung zu schaffen für das Verständnis dessen, was beim zweiten Schritt der Bewusstseins-Mutation geschah. Es sind nun noch einige Überlegungen anzustellen über den Wirklichkeitscharakter dessen, worüber uns die beiden Wahrnehmungsströme informieren.

Dass es sich bei der Außenwelt um etwas objektiv Wirkliches handelt, steht wohl für uns Heutige außer Zweifel. Anders hingegen verhält es sich bei dem, was wir innerlich wahrnehmen. Die allgemeine Meinung unserer Zeit – eine Frucht des positivistisch-rationalistischen Zeitalters – geht wie gesagt noch dahin, all das, was wir durch die Gestaltungen des Unbewussten inne werden, sei „nichts als" freie Erfindung des Ichs; oder wenn die Existenz des Unbewussten anerkannt wird, geht die Meinung dahin, es handle sich eben um „nur Psychisches", und das sei gegenüber der handgreiflichen äußeren Wirklichkeit soviel wie nichts.

Wir haben gesehen, welch wichtige Funktion der positivistisch-rationalistischen Einstellung im Prozess der abendländischen Bewusstseinsevolution zukam. Hier aber ist darauf hinzuweisen, dass sie nun – als absolute Position – wie jede andere überholte Einstellung je länger je mehr zum Hindernis für die weitere Entwicklung wird.

Die Dürre und Unfruchtbarkeit des heutigen Geistesleben kann nur überwunden werden, wenn wieder erkannt wird, dass die Innerlichkeit

– d. h. das, was wir als das *Unbewusste* bezeichnen – ebenso real ist wie die Außenwelt. Das heißt, dass sie unabhängig von unserem Bewusstsein existiert, und dass das Ich beim Erkennen und Entscheiden von ihr her – an langer Leine – geleitet wird.

Die Einsicht in den Wirklichkeitscharakter der Innerlichkeit ist jedoch nicht das Ergebnis eines rationalen Vorgangs. Darin liegt die große Schwierigkeit für den modernen Menschen. Es geht dabei nicht um ein intellektuelles Erkennen sondern um ein Erleben. Und gerade dieses wurde dem abendländischen Menschen seit der Renaissance systematisch abgewöhnt. Die große Erziehungsaufgabe der neuzeitlichen Wissenschaft bestand wie gesagt darin, die Sinne zu schärfen für das So-Sein der Außenwelt, und dies hatte zur Folge, dass die nach außen projizierten Bilder der Innerlichkeit ihren Erlebniswert verloren. Im Hinblick auf das Erkennen der Außenwelt wurde unser Schulsystem entwickelt: ein System, das zwar großen Nutzen brachte, das aber auch zum Prokrustesbett wurde, auf dem heute vielen die Fähigkeit zum Erleben abgehackt wird.

Die Erkenntnis, dass die Innerlichkeit etwas objektiv Wirkliches ist, kann nicht durch Mitteilung gelehrt werden wie ein Wissensstoff. Dieses Erkennen kommt über das Erleben zustande, und das Erlebnis kann durch bewusste Anstrengung nicht erzwungen werden, es geschieht. Dass es geschieht, wird bewirkt durch jenes Etwas, das in der religiösen Sprache als Gnade bezeichnet wird. Es setzt eine Empfängnisbereitschaft des Ich voraus, die dem heutigen, auf Aktivität und Erzwingen eingestellten Menschen weitgehend fehlt: die Haltung des Geschehen-lassen-Könnens, in theologischer Sprache ausgedrückt: die Haltung des Glaubens im Sinne der fides qua creditur (= Glaubens-Funktion). In archaischer Zeit wurde der Mensch zu dieser Haltung vor allem durch die spirituellen Schulen erzogen.

Wir sprachen schon von der paradoxen Situation, in der sich das Ich in Bezug auf die beiden Wahrnehmungsströme befindet. Wo es sich um die Bewältigung der Außenwelt handelt – sei es im Erkennen oder im Tun – scheint der Mensch frei zu sein und erlebt sich als agierendes Zentrum. Stellt er sich hingegen auf die innere Wahrnehmung ein, erfährt er sich als Empfangenden und zwar in erster Linie als Befehls-Empfänger. Hier befindet er sich in der Rolle des Filialleiters, der trotz seiner nach außen entfalteten Aktivität und Initiative auf die Weisungen der Geschäftsleitung zu hören hat. Und wie mancher Filialleiter, der nach außen mit Imponier-Gehaben auftritt, bei Sitzungen mit der Generaldirektion gut daran tut, eine Haltung einzunehmen, die die Verhaltensforscher – in Anlehnung an die alten Lehrer der Spiritualität – als Demutshaltung bezeichnen, so muss auch das Ich sich anders verhalten, wenn es sich der äußeren und anders, wenn es sich der inneren Wirklichkeit zuwendet.

Der innere Erfahrungsstrom enthält eben nicht, wie die Sinneswahrnehmung, einfach Information über das So-Sein der außerbewussten Wirklichkeit sondern Wirk-Impulse: Anweisung für das „richtige“ Verhalten, ferner Anregungen und Antriebe für das Erkenntnisstreben und die schöpferische Tätigkeit, aber auch Mahnungen, Vorwürfe und Korrekturen.

Aus diesem Grunde hat die innere Wahrnehmung für das Ich existenziellen Charakter. Das Ich wird durch sie in seinen ureigensten Belangen betroffen. Da hört vorerst einmal die objektivierende Haltung des Weltbetrachters, der sich aus der Sache heraushält, auf. Die bewusste Persönlichkeit muss sich in den Prozess hineinziehen, ergreifen und wandeln lassen. Wer sich der inneren Erfahrung geöffnet und sich mit ihr auseinandergesetzt hat, ist nicht mehr der gleiche wie vorher, und es steht für ihn dann außer Zweifel, dass die außerbewusste Innerlichkeit etwas objektiv Wirkliches ist. Erst nachträglich kann dann auch gegenüber der inneren Wahrnehmung eine „objektivierende Haltung“ eingenommen werden: kann die theoretische Funktion des Ich zum Zuge kommen, kann aus dem innerlich Wahrgenommenen sowie aus dem, was andere über ihre innere Wahrnehmung berichten – im Sinne einer Wesensanalyse der Phänomene – auf das So-Sein der inneren Wirklichkeit, auf Struktur und Funktion der Psyche geschlossen werden. Aber das, was einer bei der inneren Erfahrung erlebt hat, wird ihn auch bei der wissenschaftlichen Betrachtung der Innerlichkeit zu Behutsamkeit und Vorsicht, zu Ehrfurcht vor dem unerforschbaren Rest veranlassen.

Bei der inneren Erfahrung erleben wir eben das, was der archaische Mensch die „Mächte“ nannte. Unser Ich tritt dabei in direkten, „hautnahen“ Kontakt mit jener Dynamis, welche einerseits zu immer höherer Ordnung hinstrebt, die aber auch, um weiter aufbauen zu können, immer wieder abbrechen und Bestehendes zerstören muss. Daher rührt der ambivalente Charakter des inneren Erlebens, den Rudolf Otto als fascinosum et tremendum bezeichnet hat.

Die Naturwissenschaft analysiert die sinnlich wahrgenommenen raumzeitlichen Systeme nach dem Prinzip von Ursache und Wirkung, wobei der Begriff „Ursache“ wie gesagt etwas notwendigerweise Wirkendes bezeichnet. Im Gegensatz dazu erleben wir bei der inneren Wahrnehmung die aus dem Unbewussten auf das Ich einwirkende Dynamis als *personale Macht.*

Der Ausdruck „Person" ist deshalb „richtig", d. h. die dem Menschen bestmögliche Bezeichnung für das Erlebte, weil das Bedeutungsfeld von „Person" die Fähigkeit zu freiem Entschluss, zu Erkennen und Wollen einschließt: Eigenschaften, die alle dem im Unbewussten gelegenen Führungszentrum, dessen Wirk-Impulse das Ich innerlich wahrnimmt, zukommen. Aus diesem Grunde veranschaulicht sie sich ja auch in den Gestaltungen des Unbewussten in erster Linie durch das Bild einer Person.

Physische und psychische Wahrheit

Die Unterscheidung einer äußeren und einer inneren Wirklichkeit beziehungsweise eines äußeren und eines inneren Aspektes der Wirklichkeit hat auch Konsequenzen für die traditionelle Auffassung von Wahrheit. Es geht in diesem Zusammenhang nicht um jene - ebenfalls neue Einsicht, dass die Wahrheit in einem gewissen Sinne wandelbar ist, weil das Bewusstsein sich entwickelt, und weil dabei die Vorverbindungen des Denkens sich wandeln. Dies gehört zum Fragenkomplex der Bewusstseinsorthogenese.

Im Zusammenhang mit der Unterscheidung zwischen äußerer und innerer Seite der Wirklichkeit steht die Unterscheidung zwischen äußerer und innerer („physischer" und „psychischer") Wahrheit. Wenn wir einer Aussage das Prädikat „wahr" zuteilen, wollen wir damit ausdrücken, dass diese Aussage einigermaßen mit dem Sachverhalt, über den ein Ich etwas aussagt, übereinstimmt. Nun besteht aber zwischen Aussagen über äußere und solchen über innere Sachverhalte ein wesentlicher Unterschied. Aussagen über äußere Sachverhalte sind eingesichtig. Aussagen über innere Sachverhalte hingegen sind vielgesichtig. Damit ist Folgendes gemeint:

„Physische" Wahrheit ist „eingesichtig"

Wenn zwei Beobachter einen physischen Sachverhalt unter dem gleichen Blickwinkel betrachten und dabei zu Aussagen kommen, die sich widersprechen, dann kann nur die eine Aussage wahr sein. Einer von beiden hat dann ungenau beobachtet oder aus dem Beobachteten falsche Schlüsse gezogen. Falls den beiden an der Wahrheitsfindung gelegen ist, muss die Beobachtung oder der Schlussvorgang so lange wiederholt werden, bis beide zum gleichen Ergebnis kommen. Dabei ist es gleichgültig, ob es sich um einen Sachverhalt der Natur oder der Kultur (z. B. um ein historisches Ereignis) handelt.

Dabei wird wie gesagt vorausgesetzt, dass der Sachverhalt unter dem genau gleichen Blickwinkel betrachtet werde, was bei komplexen Sachverhalten nicht immer leicht feststellbar ist. Bei experimentellen Situationen bedeutet diese Voraussetzung außerdem, dass das Objekt unter den genau gleichen Versuchsbedingungen untersucht werde.

„Psychische" Wahrheit ist „vielgesichtig"

Bei der inneren Wahrnehmung verhält sich die Sache nun anders als bei der sinnlichen. Erstens tritt das Ich nicht als *aktiv* beobachtendes Subjekt auf wie bei der Sinneswahrnehmung. Es kann folglich auch keinen Aspekt und keine Versuchsbedingungen auswählen, denn es wird durch die innere Wahrnehmung über etwas informiert, zu dem es von sich aus keinen Zugriff hat. Innere Sachverhalte werden dem Ich im eigentlichen Sinne des Wortes offenbart: die außerbewusste Führungsinstanz enthüllt ihm dabei etwas, und zwar enthüllt sie ihm, *was* ihr beliebt und *wann* es ihr beliebt. Matthias Josef Scheeben, einer der wenigen großen katholischen Theologen des 19. Jahrhunderts nannte deshalb den Offenbarungsvorgang eine freie und ungeschuldete Selbsterschließung Gottes.[4]

Indem die unbewusste Führungsinstanz dem Ich offenbart, was ihr beliebt, bestimmt *sie* den Gesichtspunkt, unter dem ein innerer Sachverhalt – der ja immer etwas sehr Komplexes ist – dargestellt wird. Das Ich hat dann herauszufinden, unter welchem Aspekt der betreffende Sachverhalt geoffenbart wurde. Dass dabei der Vergleich zwischen Gestaltungen des Unbewussten aus verschiedenen Kulturen und Zeiten hilfreich ist (sogenannte Amplifikations-Methode) wurde erwähnt.

Aber dies hat mit der Vielgesichtigkeit des innerlich Wahrgenommenen noch wenig zu tun. Zu erkennen, was damit gemeint ist, hilft uns aber dieser Vergleich von mythischem Material aus verschiedenen Kulturbereichen. Dabei zeigt sich nämlich, dass sogar der *gleiche Aspekt* ein und desselben Sachverhalts durch verschiedene Bilder und Bildabläufe dargestellt werden kann. So wurden z. B. die desintegrierenden, die Ganzheit des psychischen Systems gefährdenden Tendenzen nicht nur durch die Figur des Teufels veranschaulicht, sondern durch das ganze Panoptikum dämonischer Gestalten sowie durch die negativen Züge ambivalenter Gottesbilder. Alle diese bildsprachlichen Ausdrücke sind *synonym.* Ebenso wurde die Zielvorstellung des bewussten Menschseins – die Ganzheit bei entwickeltem Ich (theologisch ausgedrückt: nach dem Sündenfall) – in unserem Kulturkreis durch die mythische Gestalt des Gottmenschen Jesus-Christus und des „neuen Adam" dargestellt, in Persien durch Gayomard, in Indien durch Purusha, in China durch P"an-Ku. Auch diese Ausdrücke sind – wenn wir von der Bewusstseins-Höhe, auf der sie entstanden, absehen – synonym.

Synonym in eben diesem Sinne sind auch die folgenden theologischen Aussagen: die indische, wonach Prajapati Nachkommenschaft erzeugte, indem er seinen Phallus in die Hand nahm und sich selbst befriedigte, ferner die ägyptischen, welche lehren, Atum habe Shu und Tefnut ausgespuckt, (später:) Atum habe Shu und Tefnut ausgeatmet und (zuletzt:) Ptah als „der sehr Große" habe durch das Aussprechen schöpferischer Worte (Logoi) die Götter-Neunheit erzeugt. Synonym dazu ist schließlich der christliche Glaubenssatz, der Logos sei als Sohn ungezeugt aus dem Vater hervorgegangen.

Physisch-konkretistisch verstanden konnte – für Archaiker – nur eine dieser Aussagen wahr sein. Psychisch hingegen – als synonyme, vielgesichtige Veranschaulichungen eines und desselben unanschaulichen Sachverhalts – des Hervorwachsens des Ichs aus der unbewussten Führungsinstanz – sind sie alle in gleicher Weise wahr. Es liegt ihnen sogar die gleiche Sprachfigur zu Grunde: das Mythologem der unnatürlichen Zeugung: der Zeugung ohne Weibliches.

Das Hereinklappen der metaphysischen Welt

Beim zweiten Schritt der Bewusstseinsmutation wurde die metaphysische Welt, von der der archaische Mensch durch göttliche Offenbarung Kunde zu haben glaubte, ins Innere des Menschen hineingeklappt. Dabei ist aus dem zweistöckigen Weltbild der spät-archaischen Phase ein einstöckiges geworden. Übernatur wurde zu Natur. Bei der Konfrontation mit dieser Tatsache erhebt sich nun für viele die bange Frage, was denn dabei aus Gott geworden sei.

Diese Frage wollen wir in diesem Kapitel zu beantworten versuchen; hierzu müssen wir sie jedoch anders formulieren, denn bei der Mutation des Bewusstseins wurde ja nicht die objektive Wirklichkeit verändert sondern die Apperzeption der Wirklichkeit. Was immer schon wahrgenommen wurde, kann jetzt auf differenziertere Art verstanden werden. Anstalt zu fragen, was aus Gott geworden sei, scheint es mir deshalb passender zu fragen, wie jene Wirklichkeit, die der archaische Mensch als Gott bezeichnet hat, heute aufzufassen sei.

Zwiefache Bedeutung des Ausdrucks „Gott"

Wenn wir den Verlauf der Bewusstseinsevolution – vor allem derjenigen auf dem metaphysischen Zweig – verfolgen, sehen wir, dass der Mensch nach und nach dazu kam, unter dem Ausdruck „Gott“ zwei völlig verschiedene Sachverhalte zu subsumieren: einerseits den „sich offenbarenden Gott“, anderseits den „transzendenten Weltenschöpfer“. Hereingeklappt, d. h. als Projektion einer psychischen Wirklichkeit erkannt wurde nur die Vorstellung des sich offenbarenden Gottes.

Führen wir uns noch einmal vor Augen, wie die Doppelbedeutung des Ausdrucks „Gott“ zustande kam. Erinnern wir uns daran, dass der archaische Mensch – vor allem der früharchaische – vorwiegend existenziell eingestellt war: dass er sich wenig um das So-sein der *Welt* kümmerte sondern sich vor allem bemühte, so zu leben, dass er nicht den Zorn der jenseitigen Wesen auf sich zog. Die Götter waren für ihn deshalb in erster Linie „sich offenbarende Götter“, die ihn erkennen ließen, ob sie mit seinen Taten oder Absichten einverstanden waren oder nicht.

Die Vorstellungen, die der archaische Mensch sich von den Göttern machte, waren wie dargelegt aus jenen Bildern hervorgegangen, unter denen sich die psychische Führungsinstanz den homines religiosi in ihren „Gesichten“ – in „Gotteserlebnissen“ – veranschaulicht hatte. Um die Äußerungen jener Gottesmänner waren dann die Mythen entstanden sowie die Religionen: Religionen, die wegen der existenziellen Einstellung vor allem *gelebt* wurden und das Leben der Menschen mit Sinn erfüllten.

Mit dem Aufkommen der objektivierenden Einstellung begann man dann die Mythen gedanklich zu verarbeiten, und diese theologische Reflexion führte in spätarchaischer Zeit unter anderem zu jener zweiten Bedeutung, die unter dem Ausdruck Gott subsumiert wurde: zum Begriff des Weltenschöpfers.

Schöpfungsmythen sind „ätiologische“ Mythen

Ein ausgewachsener Mythos enthält, wie wir sahen, neben den religiösen Elementen – neben jenen Teilen, die die Beziehung des Ich zur außerbewussten Führungsinstanz veranschaulichen – auch ätiologische (die Natur erklärende) und historische Elemente.

Dem ätiologischen Teil der Mythen zuzuzählen sind nun die sogenannten Schöpfungsmythen. Sie entstanden jeweils als Antwort auf die Frage nach dem Ursprung der sichtbaren Welt. Die tiefenpsychologische Analyse des archaischen Schrifttums hat nun aber gezeigt, dass immer dann, wenn das Ich sich mit einem Problem der Außenwelt beschäftigt, zu dessen Bewältigung ihm die kognitiven Voraussetzungen fehlen, sich Veranschaulichungen *psychischer* Vorgänge nach außen projizieren. C. G. Jung hat mehrere Jahrzehnte darauf verwendet, die Schriften der

Alchemisten unter diesem Blickwinkel zu erforschen. Die Alchemisten hatten sich bekanntlich zum Ziel gesetzt, aus minderwertigem Stoff Gold herzustellen. Dabei wussten sie nicht einmal, was bei einem Verbrennungsprozess vor sich geht. Neben der Arbeit in der „Küche" verbrachten sie jeweils viel Zeit in der Meditier- und Schreibstube; dort ließen sie ihrer Fantasie recht freien Lauf. Jung stellte nun fest, dass in den alchemistischen Schriften – verstreut unter Unmengen von abstrusem Zeug – Bilder und Bildabläufe vorkommen, die auch in Träumen und Fantasien heutiger Menschen auftreten: Bilder und Bildabläufe, durch die sich dem Ich *seelische* Wandlungsvorgänge veranschaulichen. Wie nun die bildschöpferische Instanz denen, die in vorwissenschaftlicher Zeit die Wandlungsvorgänge der Materie zu ergründen versuchten, die Stadien und Gesetzmäßigkeiten der psychischen Wandlungsvorgänge veranschaulichte, so veranschaulichte sie denen, die nach der Entstehung der sichtbaren Welt fragten, die Entstehung der „Menschenwelt": der im Verlauf der Bewusstwerdung entstandenen vorgestellten „Welt".

Weil die Frage nach der Entstehung der Außenwelt offenbar auf jeder Stufe der Bewusstheit gestellt wurde, kann man heute – wie der Tiefenpsychologe Pedro Poliscuk nachgewiesen hat –, aus der vergleichenden Erforschung der Schöpfungsmythen gewisse Stufenfolgen der Evolution des Bewusstseins rekonstruieren.[5]

Theologische Reflexion der Schöpfungsmythen führte zum Begriff des Schöpfergottes

Da nun aber die Theologen aller Zeiten die Schöpfungsmythen konkretistisch verstanden und glaubten, Gott habe ihnen darin offenbart, wie er die sichtbare Welt geschaffen habe, entwickelten sie durch Spekulation über diese Mythen eine immer differenziertere Vorstellung des Weltenschöpfers; dabei war es für sie – wenigstens von der Stufe des Monotheismus an – selbstverständlich, dass der „sich offenbarende Gott" und der Weltenschöpfer ein und derselbe sei. Eine Etappe dieses Prozesses haben wir am Beispiel der altägyptischen Theologie verfolgt. Dort sahen wir auch, welche Spannung sich dadurch innerhalb der Gottesvorstellung ergab: dass die Vorstellung eines transzendenten Schöpfergottes nicht mehr vereinbar war mit der Vorstellung eines Gottes, der sich den Menschen mitteilt, insbesondere nicht mehr mit der Vorstellung eines Gottes, an den sich die Menschen mit ihren täglichen Anliegen wenden können. Wie dargestellt fiel den Theologen daraufhin – als Ausweg aus diesem Dilemma beziehungsweise als vereinigendes Symbol – das Symbol des präexistenten, wesensgleichen göttlichen Sohnes ein.

Heute, da wir die Sprache des Unbewussten verstehen, wird ersichtlich, dass auch das „Hervorgehen des göttlichen Sohnes aus dem Vater vor aller Zeit" eine Sprachfigur des Unbewussten ist: eine Sprachfigur, durch die ebenfalls ein psychischer Vorgang veranschaulicht wird, nämlich die „Abzweigung" der Bewusstseinsorthogenese aus jener allgemeinen orthogenetischen Tendenz, die die unbewussten raumzeitlichen Systeme schuf.

An dieser Stelle ist jedoch auf einen anderen Aspekt des Symbols des wesensgleichen göttlichen Sohnes hinzuweisen: auf die Tatsache, dass es seinerzeit – bei den Ägyptern, bei den späten Griechen, bei den alexandrinischen Juden und bei den Christen – dazu diente, einen drohenden Riss in der Gottesvorstellung zu verhindern: ein Auseinanderfallen jener verschiedenartigen Inhalte, die auf der damaligen Entwicklungsstufe des Bewusstseins noch unter *einem* Gottesbegriff subsumiert werden mussten.

Auch Reflexion über sinnlich Wahrgenommenes führte zum Begriff des Weltenschöpfers

Nicht nur das theologische Denken hat zur Vorstellung eines Weltenschöpfers geführt sondern auch jenes, das von den sinnlich wahrnehmbaren Dingen ausging. Wir haben gesehen, dass die Vorsokratiker, die sich ja bewusst von denen distanzierten, deren Denken an Mythen anknüpfte, recht bald diesen Punkt erreichten. Auch in der abendländischen Geschichte – vor allem während der Neuzeit – gab es immer wieder Philosophen, die auf Grund ihrer Kenntnis der Natur einen Schöpfergott postulierten, und auch das heutige Wissen um die Evolution des Kosmos lässt den Gedanken an ein weltschöpferisches Sein ohne weiteres zu. Bis zum zweiten Schritt der Bewusstseinsmutation konnten aber die Theologen diesen „Gott der Philosophen", wie sie ihn nannten, für sich behändigen und mit ihrem „Gott der Bibel" beziehungsweise dem „Gott der Offenbarung" identifizieren. Da sie glaubten, im Besitz der „übernatürlichen Offenbarung" zu sein, nahmen sie jeweils mit Befriedigung zur Kenntnis, dass sogar „weltliche" Denker mit dem beschränkten „Licht des natürlichen Verstandes" dazu kamen, den theologischen Standpunkt zu bestätigen.

Die Vorstellung des Schöpfergottes wurde bei der Mutation nicht „hereingeklappt"

Als aber dann die Entdeckung desUnbewussten zur Einsicht führte, dass der Offenbarungsvorgang ein innerpsychisches Geschehen ist, und dass das, was der archaische Mensch als „sich offenbarenden Gott" auffasste, seinen Sitz in der menschlichen Seele hat, fiel der theologische Anspruch auf Zuständigkeit in Sachen Gott – auch in Sachen Schöpfergott – dahin. Wenn fürderhin über den Weltenschöpfer reflektiert wird, wird dies das sein, was die Theologen als natürliche Theologie bezeichneten: Es wird Naturphilosophie sein, d. h. ein Denken, das von den von der Naturwissenschaft erarbeiteten Fakten ausgeht.

Die Vorstellung des Schöpfergottes wurde ja vom Hereinklappen der metaphysischen Wirklichkeit nicht betroffen; im Gegenteil: nachdem nun auch das Zwischenstadium der deterministischen Naturauffassung von der Entwicklung überwachsen worden ist und der finale Aspekt des Naturgeschehens – als Komplement zum kausalen – jetzt auch von „zünftigen" Naturwissenschaftlern wieder ins Auge gefasst wird, steht wie gesagt der Vorstellung eines weltschöpferischen Seins, das schon vor der raumzeitlichen Wirklichkeit da war, nichts mehr im Wege.

Ob man dieses aus sich seiende Sein (das ens a se der Scholastiker) als Gott bezeichnen will, ist eine Sache der Übereinkunft. Wichtig ist jedoch, sich einzugestehen, dass die Vorstellung eines die raumzeitliche Wirklichkeit schaffenden Seins das Ergebnis einer *Schlussfolgerung* ist, und zwar einer Schlussfolgerung, die weder verifiziert noch falsifiziert werden kann: dass sie aller Voraussicht nach immer hypothetisch bleiben wird. Dies wiederum bedeutet, dass heute im Bezug auf den „Schöpfergott" ein Agnostizismus – als Eingeständnis des *Nicht-wissen-könnens* – wohl die einzige mit geistiger Redlichkeit vereinbare Haltung ist.

Das „Hereinklappen" war die vierte Demütigung des abendländischen Menschen

Anzunehmen, der „Gott der Offenbarung" habe seinen Sitz in der Seele – und zwar als ein Sein, das nicht mehr zur Übernatur sondern zur Natur gehört – ist für Archaiker ein schwer verdaulicher Brocken, selbst wenn ihnen im mythischen Weltbild noch so unbehaglich ist. Es ist dies eben – um einen Ausspruch von Freud abzuwandeln – die vierte Demütigung, die der abendländische Mensch sich gefallen lassen musste. Freud sagte, die erste Demütigung habe in der Erkenntnis bestanden, dass die Sonne nicht um die Erde kreist, die zweite in der Erkenntnis, dass der Mensch sich aus der Tierreihe herausentwickelt hat und die dritte in der Erkenntnis, dass er (das Ich) nicht Herr im eigenen Hause (in der Psyche) ist.[6] Als dann Jung noch den Nachweis erbrachte, dass es sich bei den „jenseitigen Wesen" des archaischen Menschen um nach außen projizierte Veranschaulichungen psychischer Mächte handelt, war dies der vierte und wohl auch schwerste Schlag.

Man wird sich aber auch mit diesem Schlag abfinden müssen, denn die Bewusstseinsmutation war ein Ereignis innerhalb eines irreversiblen Entwicklungsprozesses. Das „Hereinklappen" des „sich offenbarenden Gottes", den man ja in spätarchaischer Zeit als „reinen Geist" aufgefasst hatte, erscheint nur so lange als Verlust beziehungsweise als Minderung, bis man zu erkennen beginnt, wie groß und gewaltig – alles bewusste Begreifen übersteigend und somit bewusstseinstranszendent – das in der Natur wirkende Geistige ist.

Der Geist-Aspekt der Natur

Ansatzpunkt für einen neuartigen Geist-Begriff

Weil um die Bedeutung des Wortes „Geist" heute große Verwirrung herrscht, wollen wir vorerst umschreiben, was wir unter dem in der Natur wirkenden Geist verstehen. Knüpfen wir an das späte archaische Weltverständnis an. Nicht nur den Jenseitigen schrieb man damals Geistigkeit zu. Auch den Menschen fasste man, obwohl er im „Diesseits" lebte, als geistbegabtes Wesen auf. Dabei stellte man sich vor, sein Körper, der wie die übrige Natur geistlos sei, werde von einer Seele bewohnt: von einer Geistseele, die für die Dauer des „irdischen Lebens" sich mit ihm vereine.

Der Positivismus eliminierte dann zwar die Vorstellung autochthoner metaphysischer Geist-Wesen, behielt aber – wenigstens in der ersten Zeit – die Auffassung bei, der Mensch bestehe – im Gegensatz zu den übrigen Lebewesen und noch mehr im Gegensatz zur leblosen Natur – aus Körper und Seele, beziehungsweise aus Körper und Geist. Dieser geschrumpfte Dualismus wurde von Rene Descartes auf eine für Positivisten annehmbare Formel gebracht. Nach ihm ist zu unterscheiden zwischen einer res cogitans (einem denkenden „Ding") und einer res extensa (einem ausgedehnten „Ding", d. h. der Natur einschließlich unseres Körpers). Die res cogitans wurde dann je nachdem als Seele, als Geist oder als Bewusstsein bezeichnet.

Geist ist deshalb heute für positivistische Naturwissenschaftler synonym mit Bewusstsein, im strengen Sinn sogar nur mit dessen Inhalten in Form von Theoremen, Formeln, Gleichungen usw. Geisteswissenschaftler bezeichnen das Bewusstsein häufig als *subjektiven* Geist und stellen diesem die Kultur – den exteriorisierten subjektiven Geist – als *objektiven* gegenüber.

Nun sprachen auch die Pioniere der Tiefenpsychologie von objektivem Geist. Im Gegensatz zu den Geisteswissenschaftlern verstanden sie jedoch darunter etwas ganz anderes, nämlich das menschliche Unbewusste. Sie bezeichneten dieses neu entdeckte geistige System deshalb als objektiv, weil es nicht nur dem direkten Zugriff des Ich (des Subjekts) nicht zugänglich ist, sondern weil es, wie wir sahen, sogar das Bewusstsein phylogenetisch hervorgebracht hat, beziehungsweise im Verlauf jedes individuellen Lebens (= ontogenetisch) aus sich hervorwachsen lässt. Wie das Hervorwachsen des Bewusstseins aus dem Unbewussten ontogenetisch vor sich geht, hat in den letzten Jahrzehnten Jean Piaget anhand empirischer Fakten auf meisterhafte Weise aufgezeigt.

Bei den folgenden Betrachtungen interessiert uns jedoch nicht das Bewusstsein sondern das Unbewusste. Wir beschränken dabei den Ausdruck „unbewusster Geist" allerdings nicht auf das menschliche Unbewusste, sondern verstehen darunter etwas, das die ganze Natur – vom Atom bis hinauf zum Menschen – durchzieht.

Zur Kenntnis dieses in der Natur wirkenden Geistes können wir auf zweierlei Weise gelangen. Erstens können wir ihn – auf dem Weg über die *innere* Wahrnehmung – unmittelbar erfahren, zweitens können wir ihn aus dem *sinnlich* Wahrnehmbaren erschließen.

Über die innere Wahrnehmung begegnen wir dem objektiven Geist in seinem höchsten Komplexitätsgrad. Dabei geht es allerdings nicht in erster Linie um Sachwissen über dessen Sosein, sondern um eine existenzielle Begegnung: um ein Innewerden jener „Mächte", die der archaische Mensch als metaphysische Wesen verstand. Auf den Zugang zum Geist mittels innerer Wahrnehmung werden wir im Kapitel über eine zeitgemäße Auffassung von Religiosität zu sprechen kommen. Zwar kann man auch aus den geäußerten inneren Wahrnehmungen eine Vorstellung über die Struktur und Wirkweise des unbewussten Geistes erarbeiten. Dies ist ja der Weg, den die theoretische Richtung der Tiefenpsychologie geht. Die Aussagen, zu denen sie dabei gelangt, sind jedoch nur Aussagen über das *menschliche* Unbewusste.

Da wir nachweisen möchten, dass ein seiner selbst nicht bewusstes Geistiges die *ganze* Natur durchzieht, wollen wir uns fragen, was mit Hilfe der Sinneswahrnehmung über dieses ausgemacht werden kann, mit anderen Worten: was die von der Naturwissenschaft erarbeiteten Fakten in dieser Hinsicht hergeben.

Dieses Unterfangen scheint wohl vielen aussichtslos zu sein, geht doch heute die Meinung jener Naturwissenschaftler, die nicht latente Archaiker sind, meistens noch dahin, der letzte Rest des Geistigen, der beim Entmythologisierungsprozess übrig blieb – das Bewusstsein –, lasse sich in absehbarer Zeit auf physikalisch-chemische Vorgänge zurückführen, und damit sei dann endgültig bewiesen, dass es nur eine Eigenschaft der Materie sei.

Die Betrachtungsweise, die heute zum Erkennen eines die ganze Natur durchziehenden Geistigen führt, hat sich jedoch *innerhalb der Naturwissenschaften* schon seit langer Zeit angebahnt. Dies geschah allerdings unbewusst. Ebenso wie die Scholastiker, ohne es zu beabsichtigen, entscheidende Vorarbeit für den ersten Schritt der Bewusstseins-Mutation geleistet haben, so bereiteten positivistische Naturwissenschaftler deren zweiten Schritt vor.

Den initialen Impuls dazu gab Charles Darwin, als er anhand von Fakten nachwies, was man schon lange vermutet und postuliert hatte: dass die höheren Lebewesen sich schrittweise aus einfachsten Anfängen entwickelt haben. *Vor* dem empirischen Nachweis der Evolution waren die Naturkundigen bestrebt gewesen, die pflanzlichen und tierischen Formen, von denen sie noch annahmen, sie seien in einem einmaligen Akt geschaffen worden, in ein statisches System einzuordnen. Als dann Darwin der Nachweis gelungen war, dass die Arten sich entwickelt haben, erstarb das Interesse an der systematischen Klassifikation, und man begann nach der Abstammung jeder einzelnen Art zu fragen.

Evolutionsforschung mit Blick auf die Variation

Es war ein glückliches Zusammentreffen, dass seit Darwins Zeit die Biologie sich mächtig entfaltet und die morphologische Feinstruktur des Lebendigen sowie die physiologischen Vorgänge erhellt hat. Dadurch gelangten die Abstammungsforscher in den Besitz eines wertvollen Instrumentariums: währenddem die Paläontologen die Erde nach Resten ausgestorbener Arten durchsuchten, machten sich vergleichende Anatomen, Physiologen, Embryologen, Serologen und andere daran, von je verschiedenen Gesichtspunkten her die verwandtschaftlichen Beziehungen zwischen den Lebewesen zu bestimmen.

Durch diese Zusammenarbeit einer Vielzahl biologischer Disziplinen wurde – einem säkularen Puzzlespiel vergleichbar – im Verlauf eines Jahrhunderts ein bis in Einzelheiten gehender Stammbaum der Lebewesen erarbeitet. An diesem können wir ablesen, wie die lebendige Substanz sich im Laufe der Zeit differenziert hat, z. B. in die großen Hauptäste der Pflanzen, Schwämme, Hohltiere, Stachelhäuter, Weichtiere und Gliederfüssler, und in jenen Ast der Chordaten, aus dem wir selbst hervorgegangen sind.

Natürlich sprach man schon während jener ersten Phase der Evolutionsforschung von niederen und höheren Pflanzen und Tieren, doch trat damals der Gesichtspunkt der Evolutionshöhe gegenüber dem der Aufzweigung in den Hintergrund. Man blickte vorwiegend auf die unübersehbare *Vielfalt* der Formen, die durch die Variation des Themas „Lebewesen" entstanden war. So sind denn auch die Ergebnisse dieser Variantenforschung – im Gegensatz zu denen der später einsetzenden Komplexitätsforschung – außerordentlich bunt und anschaulich. Über das Geistige jedoch, das im Naturgeschehen zum Ausdruck kommt, sagen sie noch soviel wie nichts aus.

So war denn auch die Evolutions-Theorie, die als Ergebnis jener ersten Phase zustande kam, ausgesprochen materialistisch. Als man den „Mechanismus" von Mutation und Selektion entdeckt hatte, glaubte man die Entfaltung des Lebendigen hinreichend erklären zu können. Man stellte sich vor, jede Art sei das Ergebnis eines blinden Würfelspiels, d. h. des blossen Zufalls. Man versuchte sogar, mit Hilfe der Kombinatorik nachzuweisen, dass jede der vorhandenen Arten im Verlaufe der ungeheuren Dauer des Würfelspiels irgendeinmal entstehen *musste.*

Gerade an diesem Punkte setzen heute Naturwissenschaftler, die ihr Unbehagen im Positivismus begründen wollen, mit ihrer Kritik ein. Der Physiker Heitler z. B. wies daraufhin, dass die Zeitspanne, während der die Evolution sich abspielte, nach seiner Berechnung viel zu kurz gewesen sei, als dass durch *blosses* Würfeln die Vielfalt der Arten hätte zustande kommen können.[7]

Aber die Evolutionsforschung ist unterdessen längst in ihre zweite Phase eingetreten, in der das Evolutionsgeschehen mehr unter dem zum Variationsaspekt komplementären Aspekt der Höherentwicklung betrachtet wird. Diese zweite Phase führt nun wie von selbst zur Überwindung der materialistischen Evolutionstheorie. Sie ermöglicht eine Theorie der Evolution, die den Begriff des Geistigen wieder auferstehen lässt, allerdings eines Geistigen, das zur Natur gehört, und das etwas ganz anderes ist als die übernatürlichen Geistwesen der archaischen Phase.

Evolutionsforschung mit Blick auf die Höherentwicklung (Orthogenese)

Im Zuge des Umschwungs von der mechanistischen zur strukturalistischen Naturauffassung fiel am Stammbaum der Arten mehr und mehr die Tatsache auf, dass das Lebendige innerhalb jedes Variationszweiges *immer komplexere Struktur* angenommen hat: dass beim Evolutionsprozess erstens in den zentrierten „Körnern" immer zahlreichere unter sich verschiedene Bauelemente zu einer Ganzheit zusammengefügt wurden – zuerst in den Kategorien des Atomaren und Molekularen, später in der des Lebendigen – zweitens, dass Hand in Hand mit der morphologischen Komplexität auch die Komplexität der Beziehungen zunahm: dass einerseits innerhalb des einzelnen Systems die Bauelemente auf immer mannigfaltigere Weise miteinander vernetzt wurden, und dass anderseits die Systeme auf immer reichhaltigere Weise miteinander in Beziehung traten.

Überblickte man bei dieser neuartigen Betrachtungsweise die Evolution als Ganzes, fiel auf, dass sie in zwei aufeinanderfolgenden Schüben verlaufen ist. Man sah, dass bei einem ersten Schub die eigentliche Materiewerdung stattgefunden hat: der Übergang von frei sich expandierender Energie in den gebundenen Zustand, wodurch die atomare Körnerklasse – die im periodischen System aufreihbaren chemischen Elemente – entstand, und dass dann, nach dieser Erstüberformung der Energie, bei einem weiteren Schub sich eine Zweitüberformung vollzog. Diese Zweitüberformung ist das, was man gemeinhin als Evolution bezeichnet. Bei ihr wurden die in sich sehr stabilen Atome, ohne dass sie dabei ihre Struktur aufgaben, zu komplexeren ganzheitlichen Gebilden zusammengefügt: zu immer komplexeren Molekülen bis hinauf zu den prävitalen Substanzen. Diese wurden dann zur lebendigen Substanz integriert, die sich darauf zum Stammbaum der Arten entfaltete. Den ersten Schub der Evolution können wir nach Erwin Nickel als Werden *der* Materie, den zweiten als Werden *an der* Materie bezeichnen.[8]

In die Systeme höherer Ordnung gingen die Systeme niedrigerer Ordnung jeweils in der Weise ein, dass sie einerseits ihre ursprüngliche Struktur beibehielten, anderseits aber in den Dienst eines größeren Ganzen gestellt wurden und dabei ihre Selbstständigkeit einbüssten. Dadurch bildeten sich innerhalb der „Körner" immer mannigfaltigere *Hierarchien* von strukturellen Systemen aus. So finden wir innerhalb des Systems „Organismus" bei höheren Lebewesen „übereinander" atomare, molekulare und zelluläre Systeme, und „über“ diesen Organe und Organsysteme.

Ein vorwärtsschreitendes Ordnungsprinzip

Überschaut man nun den Evolutionsprozess in seiner späteren Phase, fallt auf, dass sich gleichsam eine Hauptachse des Strebens nach höherer Komplexität herausgebildet hat: innerhalb der Wirbeltierreihe finden wir zwar nicht die größte Anzahl von Formen, jedoch die intensivste Zunahme der Komplexität. Über die Stufen von Knochenfisch, Amphibium, Reptil und Säuger nahm diese in unvorstellbarem Maße zu. Unsere eigene Art, die menschliche, die schließlich aus dieser Reihe hervorging, ist die bisher komplexeste Ausformung der raumzeitlichen Wirklichkeit: das komplexeste „Korn“.

Die Evolution der Wirbeltierreihe war aber nur die letzte Phase dieses in der Zeit vorwärtsschreitenden, unumkehrbaren Prozesses. Sie spielte sich während der relativ kurzen Zeitspanne von – grob gesagt – einer halben Milliarde von Jahren ab. Die gesamte Evolution hingegen, die mit der Bildung der Elementarteilchen begann, setzte schon vor ca. 15 Milliarden Jahren ein. Während dieser unvorstellbar langen Dauer können wir ein unbeirrbares Vorwärtsschreiten zu immer höheren Ordnungsstufen nachweisen. Darin aber manifestiert sich unserem segmentär erkennenden Bewusstsein eine Dynamik, die – bildlich gesprochen – eine andere Richtung einschlägt als jene durch den Energie-Begriff auf einen allgemeinen Nenner gebrachte Dynamik, auf die Physik und Chemie ihr Augenmerk ausschließlich richten, und die auch den Biologen des positivistischen Zeitalters die einzige im Naturprozess erkennbare Art von Dynamik zu sein schien.

Wenn nämlich die Energie im Naturprozess sich selbst überlassen bleibt, oder wenn ihr vom Menschen dazu Gelegenheit gegeben wird, strebt sie nach Abnahme der „Intensität“ (Dichte, Temperatur, Spannung, Ladung usw.). Sie strebt dem entropischen Zustand zu: jenem Zustand, der von der Physik als Zustand des Ungeordnetseins definiert wird.

Um jene vor allem im Bereich des Lebendigen zu beobachtenden Vorgänge zu benennen, die der Neigung der Energie, dem ungeordneten Zustand zuzustreben, offensichtlich entgegenlaufen, wird zwar oft der Ausdruck Negentropie verwendet. Aber die Tatsache, dass mit diesem Wort etwas benannt wird, das nicht ins traditionelle naturwissenschaftliche Weltbild passt, wurde bisher wohl zu wenig beachtet.

Wenn wir jedoch die in interdisziplinärer naturwissenschaftlicher Forschung erarbeitete Einsicht zur Kenntnis nehmen, dass nicht erst auf der Stufe des Lebendigen sondern seit dem Beginn unseres Kosmos ein vorwärtsschreitendes Streben nach Ordnung am Werke ist, und wenn wir uns ferner eingestehen, dass dieses unserem segmentär erkennenden Bewusstsein als etwas Eigenständiges erscheint – als eine Dynamik, die in eine andere Richtung strebt als die energetische – gewinnen wir einen Ansatzpunkt für einen zeitgemäßen Begriff des Geistigen. Und zwar gewinnen wir damit eine Vorstellung des Geistigen, die sich mit dem heutigen Wissen über die Materie verträgt.

Es sei betont, dass es sich nicht darum handelt, eine neue „Kraft" einzuführen, wie dies z. B. die Vitalisten mit ihrer vis vitalis versuchten. Es geht – wie immer bei einem Schritt zu höherer Bewusstheit – einfach darum, das schon Bekannte auf differenziertere Weise zu sehen. Dabei wird die differenziertere Unterscheidung im Sinne der *komplementären* Betrachtungsweise, die ja der heutigen Bewusstseinsebene adäquat ist, zu geschehen haben. Wenden wir diese auf die schon bekannten Tatsachen an, dann wird lediglich das bisherige Bedeutungsfeld des Ausdrucks „Materie" schrumpfen, und für den dadurch frei werdenden Bedeutungsbereich werden wir das Wort „Geist" einsetzen.

Heutige Definition der Materie impliziert das Ordnungsprinzip

Ebenso wie die Vorstellung des Geistigen hat auch die des Materiellen eine Entwicklung durchgemacht, wobei jeweils Schritt für Schritt eine differenziertere Auffassung eine weniger differenzierte ablöste. Wir können diese Entwicklung jedoch außer Acht lassen, denn im Gegensatz zur archaischen Geistvorstellung blieb die Vorstellung der Materie bis ins 18. Jahrhundert rudimentär. Es genügt hier, dass wir uns fragen, auf welche Weise *heutige* Naturwissenschaftler die Materie definieren. Dabei müssen wir uns an Atomphysiker und Anorganiker wenden, denn diese befassen sich mit der Materie im reinen Zustand, d. h. vor deren Zweitüberformung. Unter ihnen herrscht wohl Konsens darüber, dass Materie als *geformte Energie* zu umschreiben ist.[9] Die marxistische Auffassung von „Materie", die nicht eine naturwissenschaftliche sondern eine philosophische ist, lassen wir hier außer Betracht.

Nun enthält diese Definition aber zweierlei: erstens das, *was* geformt ist, zweitens dessen *Geformtsein.* Um den Anschluss an das fortschreitende formschaffende Prinzip zu gewinnen von dem wir gesagt haben, es könne als Ansatzpunkt für einen zeitgemäßen Geistbegriff dienen, gilt es jetzt sich bewusst zu machen, dass wir im je verschiedenen Angeordnetsein der „Teilchen“ zu Atomen gleichsam Momentaufnahmen vom Wirken dieses Prinzips vor uns haben.

Die Materie, mit der Physiker und Chemiker arbeiten, ist *gewordene* Materie. Das Geformtsein der Energie zum atomaren Muster ist das Ergebnis eines Werdeprozesses. Um deutlicher zu erkennen, inwiefern die Definition der Materie als geformte Energie ein in der Natur wirkendes geistiges Prinzip schon impliziert, ist es deshalb von Vorteil, erst einmal danach zu fragen, auf welche Weise Materie geworden ist.

Diese Frage ist identisch mit der Frage nach dem Gewordensein unseres Kosmos. Halten wir uns, bevor wir darauf eingehen, vor Augen, dass wir heute zwar viel über die Entwicklung unseres Kosmos aussagen können, dass mit dessen Anfang jedoch unserer Erkenntnis eine unüberschreitbare Grenze gesetzt ist. So können wir z. B. nicht erkennen, ob es noch andere Kosmen gebe; wir können auch nicht erkennen, was vor Beginn unseres Kosmos da war, ebenso wenig wer oder was unseren Kosmos entstehen und sich entwickeln ließ. Das ist ja der Grund, weshalb in der Frage nach dem Weltenschöpfer seit der Bewusstseins-Mutation Agnostizismus der einzig vertretbare Standpunkt ist.

Von den Theorien über das Werden des Kosmos ist heute das sogenannte Standard-Modell diejenige, die am besten durch Beobachtung abgesichert ist. Nach dieser Theorie ist vor ca. 15 Milliarden Jahren – im „Urknall“ – eine Singularität von immenser Dichte und Temperatur, in der die gesamte Energie unseres Kosmos konzentriert war, explodiert. Die nach der Explosion quasi kontinuierlich sich ausbreitende Energie verdünnte sich und kühlte sich ab. Dabei kondensierten sich aus ihr isolierte Teilchen, wobei auch jene Teilchen entstanden, die zu Bausteinen der Materie werden sollten: Protonen, Neutronen und Elektronen. Nach weiterer Expansion und Abkühlung des Kosmos konnten die Kerne die Elektronen an sich binden, und es entstanden dabei die einfachsten Atome: zur Hauptsache Wasserstoff und Helium. Das Plasma war nun soweit abgekühlt, dass Kernprozesse in ihm nicht mehr stattfinden konnten.[10]

Dank der Bildung von Atomen (d. h. von namhaften Masse-Punkten) konnte jetzt aber die Gravitation wirksam werden. Es entstanden Gaswolken, und diese zogen sich zu Sternen zusammen. Indem die Protosterne („Jugendform“ der Sterne) sich kontrahierten und so zu Normalsternen wurden, erhitzten sie sich infolge des zunehmenden Gravitationsdrucks so sehr, dass in ihrem Innern nun die Evolution der Materie voranschreiten konnte. Der Reihe nach bildeten sich in ihnen Elemente höherer Ordnungszahl, und zwar bis zum Eisen durch thermonukleare Prozesse, vom Eisen an aufwärts bis zum Uran durch Neutronenanlagerung.[11]

Weil die Neutronenanlagerung – im Gegensatz zur thermonuklearen Synthese – ein endothermer Prozess ist (ein Prozess, der Energie verbraucht), ließ nun der Gasdruck im Innern des Sterns nach. Es kam zum Gravitationskollaps und schließlich zur Explosion des Sterns. Dabei wurde ein großer Teil der synthetisierten Elemente in den kosmischen Raum hinausgeschleudert. Die so entstandenen Wolken ballten sich wiederum zusammen, sodass der Prozess von neuem beginnen konnte. Auf diese Weise folgten zahlreiche Generationen von Sternen aufeinander: von Sternen, in denen immer wieder Materie synthetisiert wurde. Aus den kosmischen Wolken entstanden mit der Zeit aber auch kleinere und kühlere Sterne: Planeten, auf denen dann – unter bestimmten Bedingungen – die „Zweitüberformung“ stattfinden konnte. Beobachtet wurde diese zwar nur auf unserem Planeten. Es ist jedoch sehr wahrscheinlich, dass sie sich auch auf Planeten vieler anderer Sonnensysteme vollzog. Es ist ferner anzunehmen, dass dabei – wegen anderer „zufälliger“ Konstellation der Faktoren – andere Strukturen entstanden als bei uns.

Von Anfang an zwei divergierende Tendenzen unterscheidbar

Wir können also, wenn wir das Werden des Kosmos überblicken, von Anfang an die beiden erwähnten Tendenzen unterscheiden. Einerseits sehen wir ein Streben nach Expansion, was identisch ist mit Abnahme der Dichte und der Temperatur, beziehungsweise mit Zunahme der Entropie, d. h. des Ungeordnetseins. Anderseits können wir – an einem Teil der Energie – ein kontinuierliches Streben nach geordneten Zuständen erkennen: nach immer komplexerer Anordnung jenes Etwas, das, wenn es sich selbst überlassen ist, dem ungeordneten Zustand entgegen strebt Nun ist zu bedenken. dass in der eben gemachten Aussage *der Ausdruck „Ordnung“ in unterschiedlicher Bedeutung verwendet* wurde. Das Ungeordnetsein, mit dem die Physiker den entropischen Zustand definieren, ist nicht das Gegenteil jener Ordnung, die im Evolutionsprozess aufgebaut wird. Der Anfangszustand, von dem aus die Energie der Entropie entgegenstrebte, war wie gesagt ein Zustand größter Dichte und Temperatur. Aus diesem Grunde ist der Ausdruck „Negentropie“ in dem Sinn, wie er für biologische Prozesse verwendet wird, nicht ganz am Platz.

Die beiden Tendenzen sind einander nicht diametral entgegengesetzt, sondern einfach verschieden. Beide laufen in der Zeit ab, laufen aber gleichsam *auseinander*.

Das Bild des Auseinanderlaufens kann man noch verdeutlichen, indem man sagt, die Tendenz zur Abnahme der „Intensität" laufe unbeirrbar geradeaus, währenddem die Tendenz zu Ordnung, nachdem sie einen Teil der Energie zu verschiedenen „Teilchen"-Klassen kondensiert habe, mit diesen vom „Lauf geradeaus" abbiege.

Durch das Kondensieren eines Teils der Gesamtenergie *wurde die Welt körnig*. Deshalb sprechen wir ja, der Einfachheit halber, so oft von „Körnern". Auf der Ordnungsstufe der Elementarteilchen kann man nun allerdings darüber streiten, ob *die* Strahlungsenergie, die nicht kondensiert wurde, nicht ebenfalls *körnig* sei; denn bekanntlich verhält sich diese im Experiment – wenn man sie auf eine Compton – Zelle treffen lässt – wie eine Garbe dahin schießender Korpuskel. Verfolgen wir jedoch das formschaffende Prinzip *nach* seinem „Abbiegen", wird die Sache klar. Nun sind die geformten „Körner" (die als erste entstandenen Wasserstoff-, Helium- und Lithium-Atome) eindeutig von der Strahlung unterscheidbar. Nun sind sie ganzheitliche Gebilde, die in sich zentriert und nach außen abgegrenzt sind. Sie sind jetzt „Materie" im traditionellen Sinn. Und wenn die Komplexität der „Körner" zunimmt, geschieht dies – von der Ordnungsstufe „Leben" an – wie erwähnt dadurch, dass in ihnen sich Hierarchien bilden, wobei jeweils Strukturen niedrigerer Ordnung als Bausteine in die nächst höhere Ordnungsstufe integriert werden.

Im jungen, heißen Universum befanden sich Teilchen und Strahlung noch im thermischen Gleichgewicht. Das heißt, dass damals laufend neue Teilchen entstanden, währenddem die gleiche Menge Teilchen wiederum zerstrahlte.[12] Als dann das sich expandierende Plasma sich so weit abgekühlt hatte, dass Kerne und Elektronen zu einfachen atomaren Strukturen zusammentreten konnten, hörte der thermische Kontakt zwischen Strahlung und „Materie" auf. Dies war der Moment, in dem – um bei unserem Bild zu bleiben – das anordnende Prinzip endgültig vom „Lauf geradeaus" abbog. *Die* Strahlung, die bis dahin nicht kondensiert bzw. materialisiert war, breitete sich fortan – als Gravitations-, Neutrino- und Photonenstrahlung- unaufhörlich geradlinig (im landläufigen Sinn) aus und schwächte sich ab. Was aus ihrem Photonen-Anteil bis heute geworden ist, konnte 1965 von den Radioastronomen Penzias und Wilson erstmals beobachtet werden: eine schwache Reststrahlung von nur 3° Kelvin.[13] Welch gewaltige Abnahme an „Intensität" dies bedeutet, kann man ermessen, wenn man sich vor Augen hält, dass ihre Temperatur unmittelbar nach dem Urknall ungefähr Millionen von Grad betrug.

Seit der endgültigen Entschränkung von Strahlung und „Materie" musste *die* Energie, die zur Synthese der Elemente und der chemischen Verbindungen sowie für den Aufbau und Stoffwechsel der Lebewesen benötigt wurde, aus dem kondensierten Zustand freigesetzt werden. Die Teilchen dienten somit nicht nur als Baumaterial beim Evolutionsprozess sondern gleichzeitig als Lieferanten von dessen Bildungs- und Betriebsenergie. Die aus Teilchen freigesetzte Energie wurde zwar oft über viele Stufen hinweg ausgenützt, wurde dabei oft von einer Form in die andere übergeführt, und diente oft auch dazu, „abgesunkene" Energie wieder auf höhere Niveaus hinauf zu pumpen; aufs Ganze gesehen folgte sie aber doch – nachdem sie einmal aus dem kondensierten Zustand entlassen war – unaufhaltsam ihrem Gefälle.

Der eben gebrauchte Ausdruck weist uns daraufhin, dass wir auch mit unserem Sprachempfinden die beiden Tendenzen unterscheiden. Spontan assoziieren wir das Wort „Energie" mit „Richtung nach unten". Wir sprechen von Energiegefälle, von Energieentladung, von Abkühlung und von Abnahme der Intensität. Die Zunahme an Ordnung hingegen assoziieren wir mit „Richtung nach oben". Unreflektiert sprechen wir von höheren Pflanzen und Tieren, von Höherentwicklung, von höhermolekularen Substanzen usw. Diesem Sprachgebrauch folgend können wir das fortschreitende Ordnungsprinzip als Orthogenese (grch. orthos =aufrecht, emporgerichtet), Anagenese oder Anamorphose (grch. ana = hinauf) bezeichnen. Diese Ausdrücke werden denn auch synonym verwendet.

Außerdem könnten wir die Richtungen, die durch den Sprachgebrauch vorgezeichnet werden, noch in das vorhin gebrauchte Bild von der Aufzweigung der beiden Tendenzen einfügen. Der energetische „Lauf geradeaus" würde dann zu einem Lauf geradeaus abwärts; und das Abbiegen der orthogenetischen Tendenz würde zu einem Abbiegen nach oben. Wegen der Akzeleration des Evolutionsvorgangs müsste man sich die nach oben führende Bahn außerdem als Kurve vorstellen, die immer steiler wird.

Natürlich handelt es sich dabei nur um ein Modell, mit dem etwas Unanschauliches vorstellbar gemacht werden soll; und gewiss könnte man das Gemeinte auch durch ein anderes Bild darstellen.

Komplementäre Betrachtung von Materie und Geist

Nun können wir jedes „Korn" – vom Atom bis hinauf zum Menschen – entweder mit Blick auf das ins Auge fassen, *was* angeordnet ist, oder mit Blick auf die Art und Weise, *wie* dieses Etwas angeordnet ist. Wollen wir das, was bei diesen beiden Betrachtungsweisen vom Ich erfasst wird, benennen, drängen sich die durch die Tradition eingebürgerten Wörter Materie und Geist auf: der Ausdruck „Materie" für das, *was* angeordnet ist, der Ausdruck „Geist" für die *Art und Weise* des Angeordnetseins. Da bisher für ein „Korn" – vor allem der prävitalen Organisationsstufe – allein der Ausdruck „Materie" verwendet wurde, würde in diesem Falle das Bedeutungsfeld von „Materie" eingeengt, und für den dabei frei werdenden Anteil das Wort „Geist" eingesetzt.

Es würde somit kein neues Etwas – kein neues Prinzip, keine neue Kraft oder Wesenheit – eingeführt. Es wurde lediglich mit einem separaten Wort etwas benannt, was man schon seit Langem unterschieden, beobachtet und beschrieben hat. Der Ausdruck „Psyche" würde dabei von dem allgemeineren Ausdruck „Geist" absorbiert. Die Wörter „vegetativ", „animalisch" und „psychisch" würden lediglich verschiedene Ordnungsstufen des *allen* raumzeitlichen „Körnern" eigenen unbewusst – Geistigen bezeichnen.

Dabei müssen wir uns aber bewusst bleiben, dass wir mit dem Begriffspaar „Materie" und „Geist" nicht mehr wie einst *gesonderte* Wesenheiten benennen – Wesenheiten, die sich wohl vereinen, die aber auch für sich allein bestehen können – sondern lediglich *komplementäre Aspekte* der als etwas Einheitliches aufgefassten raumzeitlichen Wirklichkeit.

Das komplementäre Denken erfordert zwar heute noch eine gewisse Anstrengung. Es sich wirklich zu eigen zu machen wird vielleicht noch auf lange Zeit hinaus eine ebenso schwer erreichbare Tugend sein, wie es einst die Unterdrückung des Fantasierens für die ersten Naturforscher war. Ungewohnt ist das komplementäre Denken vor allem deshalb, weil es einem fundamentalen Satz der Logik widerspricht: dem Satz vom ausgeschlossenen Dritten.

Wir müssen uns jedoch mit der Tatsache abfinden, dass beim zweiten Schritt der Bewusstseins-Mutation auch die Logik relativiert wurde. Diese hat zwar bei unseren alltäglichen Überlegungen – sogar bei den meisten Überlegungen im wissenschaftlichen Alltag – noch ihre Berechtigung, ebenso wie ja auch die klassische Physik trotz ihrer Relativierung heute noch im Bereich der mittleren Dimensionen ihre Gültigkeit hat. Je weiter wir jedoch hinter die Fassade des unmittelbaren Eindrucks vordringen, desto mehr müssen wir die Tatsache berücksichtigen, dass wir spätestens beim Fragen nach dem, was die Welt im Innersten zusammenhält, die komplementäre Denkweise nicht mehr umgehen können.

Die griechischen und die abendländischen Philosophen durften eben noch glauben, der Mensch könne das Wesen (ousia, substantia) eines Dinges erfassen. Zum Leben auf der heutigen Ebene der Bewusstheit gehört jedoch das Eingeständnis, dass uns das „Ding an sich" unerreichbar ist: dass wir im Grunde genommen nur beschreiben können, als was uns die Dinge *erscheinen,* und zwar auch dann, wenn wir *hinter* die Fassade des unmittelbaren Augenscheins vordringen.

Durch das Ernstnehmen dieser Beschränktheit unseres Erkennens ist es uns möglich geworden, die Wirklichkeit wiederum unistisch aufzufassen. Dies ist nur ein anderer Aspekt des Hereinklappens der metaphysischen Welt. Die neue Weltsicht ist jedoch auf differenziertere Weise unistisch als es die des früharchaischen Menschen gewesen ist, weil ihr eine Zerlegung der „Mutter Natur" in ihre Bestandteile vorausging.

Zerlegung ist gleichbedeutend mit Unterscheidungsfähigkeit, und diese schließt den Zwang in sich, alles, was wir genauer ins Auge fassen, durch Begriffspaare zu benennen. Aus diesem Zwang ging ja die dualistische Weltsicht hervor. Aber anders als während der dualistischen Zeit vermögen wir heute einzusehen, dass wir mit den Begriffspaaren – wenigstens im Grenzbereich – nicht gesonderte Wesenheiten sondern je verschiedene Aspekte eines einheitlichen Seins benennen.

Tauglichkeitstest für den neuen Geist-Begriff

Wenn wir unseren Blick nicht mehr auf die einzelnen „Körner" richten – auf Momentaufnahmen aus der Entfaltung der raumzeitlichen Wirklichkeit – sondern wiederum auf den Evolutionsvorgang, erweist sich uns schon die Tauglichkeit des neuen Geist-Begriffs.

Beachten wir als Erstes die Tatsache, dass das Verhältnis zwischen materiellem und geistigem Anteil innerhalb der „Körner" sich mehr und mehr zu Gunsten des geistigen verschoben hat. Am unteren Pol der Evolutionsachse steht das Materielle noch ganz im Vordergrund. Da wird z. B. auf der Stufe des Atoms eine relativ große Menge kondensierter Energie (Masse) durch ein sehr einfaches Muster – das Muster von Kern und Schale (n) – zusammengefügt Am oberen Pol hingegen ist das Verhältnis umgekehrt. Im Menschen finden wir eine relativ kleine Masse auf unvorstellbar komplexe Weise angeordnet.

Nun nahm aber das Geistige im Laufe der Zeit nicht nur quantitativ zu sondern – und das ist hier das Entscheidende – auch *qualitativ.* Das will heißen, dass mit jeder höheren Ordnungsstufe neue Eigenschaften und Gesetzmäßigkeiten auftraten: Qualitäten, die den zur höheren Struktur integrierten Bauelementen nicht zukommen.

Schon das Wasserstoffatom hat Eigenschaften, die seine Struktur-Teilchen – das Proton und Elektron – nicht haben. Und mit jedem Schritt der Elementensynthese kamen neue Eigenschaften dazu: Eigenschaften, die durch die quantitative Zunahme der Teilchen allein nicht erklärbar sind. Einen weiteren, gewaltigen Zuwachs an Eigenschaften brachte die chemische Evolution. Die dabei erreichte Vielfalt ist jedoch noch begrenzt auf jene Kategorie von Eigenschaften, die der Ausdruck „lebloser Stoff" impliziert.

Auf der Ordnungsstufe des Lebendigen sehen wir dann wiederum etwas völlig Neues auftreten: Spontaneität, Reizbarkeit, Stoffwechsel, Reproduktion und Mutabilität. Dabei umfasst der unscheinbare Begriff „Stoffwechsel" schon auf der Stufe der Zelle eine Fülle von Fähigkeiten, die vorher nicht da waren: z. B. die Fähigkeit zur Biosynthese, zu Wachstum und Regeneration, zur aktiven Form- und Ortsveränderung sowie zum regulierten Stoffaustausch mit der Umgebung. Und der Ausdruck „Reizbarkeit" impliziert – ebenfalls schon auf der Stufe der Zelle – eine kaum überblickbare Fülle ganzheitlich dirigierter, aufs Feinste aufeinander abgestimmter Regulationen.

Als dann mehrzellige Organismen entstanden und sich im Laufe der Zeit – nach dem Prinzip hierarchisch gestufter Kompetenzverteilung mit Spezialisierungen – zu immer höherer Komplexität entfalteten, kamen bei jedem Entwicklungsschritt neue Eigenschaften dazu. Am Eindrucksvollsten ist dabei wohl die Zunahme der Fähigkeit zur Aufnahme von Nachrichten aus der Außenwelt, zu deren Verarbeitung und Beantwortung. Hand in Hand damit traten jene Eigenschaften auf, die wir als psychische bezeichnen. Und mit der Entstehung des Menschen kam noch einmal etwas völlig Neues dazu: die Bewusstheit. Im Zug der Entfaltung der Systemtheorie wurden zur Messung dieses In-die-Existenz-Treten von etwas völlig Neuem beim Evolutionsschritt zu einem komplexen System zwei Ausdrücke eingeführt: Fulguration und Emergenz.

Was wird mit dieser Einsicht in die Wirkweise des geistigen Prinzips gewonnen? Ich bin der Meinung, sie helfe uns weiter beim interdisziplinären Bemühen um eine einheitliche Auffassung des Naturgeschehens; sie helfe uns vor allem zwei Barrieren überwinden, an denen diese Diskussionen immer wieder zum Stehen kommen. Die eine ist die Auffassung vom Stufenbau der Natur, die andere ist das, was ich als Exaktheitswahn bezeichnen möchte.

Durch die gegenseitige Abschottung der naturwissenschaftlichen Fachgebiete wurde ein Naturverständnis verfestigt, das schon durch den biblischen Schöpfungsbericht vorgezeichnet war: die Auffassung, die Natur bestehe aus übereinander gelagerten Schichten, die voneinander völlig verschieden seien. Die unterste Schicht, die des leblosen Stoffs, teilt man dabei in eine anorganische und eine organische ein. Die darüber liegende des Lebendigen unterteilt man in eine vegetative, eine animalische und eine psychische. Die oberste Schicht schließlich, die des Menschen, bezeichnet man als geistige, wobei man wie gesagt unter Geist das Bewusstsein versteht.

Entscheidend an diesem Naturbild ist nun, dass man glaubt, durch die genannten Ausdrücke würden wesensmäßig verschiedene Seinsweisen benannt. Dies verleitet in vielen Fällen zum Schluss, für die Entstehung jeder dieser Schichten sei ein schöpferischer Eingriff von außen oder wenigstens das Auftreten einer neuen Kraft nötig gewesen. Ein neuerer Vertreter der Seinsstufen-Philosophie war Nikolai Hartmann, und auf ihn berufen sich denn auch meistens die latenten Archaiker unter den unbefriedigten Positivisten.

Dass das Wissen um den Evolutionsvorgang die statische Auffassung der Natur nicht zu erschüttern vermochte, lag wohl daran, dass die materialistische Theorie der Evolution nicht überzeugend war. Überzeugender dürfte da schon die heute sich aufdrängende Theorie sein, die das Evolutionsgeschehen als Manifestation eines Ordnungsstrebens auffasst, und im Mechanismus von Mutation und Auslese lediglich eine „Arbeitsweise“ dieses geistigen Prinzips auf der Stufe des Lebendigen sieht. Sobald man – im Lichte dieser erweiterten Theorie – zu sehen vermag, dass mit jeder höheren Ordnungsstufe neue Eigenschaften auftraten, fällt die Seinsstufenlehre wohl ohne weiteres außer Diskussion.

In anderer Hinsicht als die Seinsstufenlehre wirkt der Exaktheitswahn hemmend auf eine einheitliche Auffassung der Natur. Er verhindert ein adäquates Verständnis des Lebensprozesses und noch mehr ein Verständnis der höheren Lebewesen. Geradezu verheerend wirkt er sich dort aus, wo man sich bemüht, ein erfahrungswissenschaftliches Menschenbild zu erarbeiten, das alle Dimensionen des Menschseins umfasst.

Der Exaktheitswahn hat historische Gründe. Er kam dadurch zustande, dass das Selbstverständnis von Physik und Chemie, die ja die ersten Naturwissenschaften waren, von den später aufkommenden vielfach kritiklos übernommen wurde. Physik und Chemie verstehen sich als exakte Naturwissenschaften, und es war vor allem die Exaktheit, die dann zum Kriterium echter naturwissenschaftlicher Gesinnung wurde. Dies ist zwar nicht von vornherein abzulehnen, doch kommt es darauf an, in welcher Bedeutung „Exaktheit" genommen wird. Versteht man darunter die Forderung, es solle exakt beobachtet werden, ist dagegen nichts einzuwenden, denn das ist ja gleichbedeutend mit methodischem Positivismus und sollte selbstverständlich sein. Nun impliziert aber der Ausdruck „exakte Naturwissenschaften" auch ein bestimmtes Verständnis von Naturgesetzlichkeit, und es ist die Fixierung auf dieses, die sich bei humanwissenschaftlichen Gesprächen so ungünstig auswirkt.

Der Begriff „Naturgesetz" wurde von Physikern geschaffen. Er ist für sie der Allgemeinausdruck für jene Regelmäßigkeiten des Verhaltens, die an der „reinen Materie" zu beobachten sind. Die Gesetze der „reinen Materie" sind aber starre Gesetze: starr in dem Sinn, dass sie nur eine kaum feststellbare Variationsbreite haben. Deshalb kann man sie – das tatsächliche Verhalten des unbelebten Stoffs etwas idealisierend – durch mathematische Formeln, insbesondere durch Differentialgleichungen, ausdrücken.

Man spricht zwar viel von der Relativierung der klassischen Naturgesetze durch das Aufkommen der Quantenmechanik und der Relativitätstheorie. Dabei wird aber das Wort „Relativierung" oft unbewusst dazu benutzt, die Tatsache zu verschleiern, dass man in Tat und Wahrheit die im Bereich der „reinen Materie" gültigen Gesetze verabsolutiert: dass man postuliert, man müsse das gesamte Naturgeschehen auf diese zurückführen können. Gerade durch diese Forderung aber wird ein adäquates Verständnis der Organisationsstufe „Leben" verhindert.

Physiker und Chemiker fassen die Naturgesetze heute als Eigenschaften der Materie – der geformten Energie – auf. Wenn wir nun die komplementäre Betrachtungsweise auf die raumzeitlichen Gebilde anwenden und das Geformtsein – und folglich auch die Eigenschaften – der „Körner" als Ausdruck des geistigen Prinzips verstehen, wird der Begriff „Naturgesetz" aus seiner Einengung befreit. Dann vermag man nämlich zu sehen, dass mit dem Voranschreiten der Evolution – als neuartige Eigenschaften höherer Systeme – auch neuartige Naturgesetze entstanden.

Zu diesen gehört schon die Fülle der Regelungen im Innern der Zelle, von denen die Molekularbiologen berichten, sowie jene Steuerungen, mit denen sich die Physiologen befassen. Zu ihnen gehören auch die kognitiven Strukturen und die Verhaltensmuster der höheren unbewussten Lebewesen, ferner die Gesetzmäßigkeiten, die von den empirischen

Bewusstseinspsychologen erarbeitet wurden, und schließlich die Wechselwirkung zwischen Unbewusstem und Bewusstsein, welche die Tiefenpsychologen erforschen.

Für diese „höheren" Naturgesetze ist es nun charakteristisch, dass sie nicht mehr starr sind sondern eine Variationsbreite – einen „Spielraum" – aufweisen. Geradezu ein Naturgesetz ist es, dass der Spielraum umso größer wird, je höher die Ordnungsstufe ist, auf der die auf Regelmäßigkeiten hin untersuchten Qualitäten erstmals auftreten.

Diese Zunahme des Spielraums ist die notwendige Voraussetzung für jene Freiheit des Verhaltens, die man bei höheren Lebewesen beobachtet, und die schließlich in der menschlichen Willensfreiheit gipfelt. Wir werden darauf zurückkommen, wenn wir die sogenannte Innerlichkeit der Lebewesen und die Verinnerlichung der Kreativität besprechen.

Eines nur wollen wir hier festhalten: je komplexer ein „Korn" ist, umso weniger kann es – sowohl wegen seiner hierarchischen Struktur als auch wegen des segmentären Charakters unseres Erkennens – mit einem Blick oder mit wenigen Blicken erfasst werden. Das heißt: je komplexer die Ordnungsstufe ist, der wir uns zuwenden, umso mehr Gesichtspunkte sind notwendig, um ein „Korn" in seiner ganzen Fülle zu erfassen, umso mehr Disziplinen mit ihren je spezifischen Methoden und Begriffssystemen müssen zusammenarbeiten.

Dies wiederum bedeutet, dass schon beim Einzeller mit der Begrifflichkeit von Physik und Chemie nur noch ein Teilaspekt erfasst werden kann. Erfassen kann man mit ihr Struktur und Eigenschaften der Biomoleküle, nicht aber die ganze Stufenfolge von Überformungen, bei der die Moleküle nur noch als Bau- und Funktionselemente dienen.

Es sei nicht vergessen, dass uns die Biochemie in den letzten Jahrzehnten einen staunenerregenden, bisher unbekannten Bereich des Lebendigen erschlossen hat. Doch je weiter hinauf wir auf der Evolutionsskala steigen, desto mehr verliert die Biochemie – als „höchster" Exponent der exakten Naturwissenschaften – an Bedeutung, desto mehr hingegen nehmen die „unexakten" an Bedeutung zu: jene Fachgebiete, die mit der Tatsache leben müssen, dass die Phänomene, die sie auf Regelmäßigkeiten hin untersuchen, innerhalb einer nach oben hin immer größer werdenden Bandbreite streuen, und dass „ihre" Naturgesetze nicht mehr in mathematischer Sprache formulierbar sind.

Erst ein Ansatz

Wir sind ausgezogen, um den objektiven Geist zu entdecken: um das wieder zu entdecken, was in der Vorstellungswelt des archaischen Menschen einen weiten Raum eingenommen hatte, und das dann während der positivistischen Phase fast völlig verloren ging.

n diesem Verschwinden und Wiederauftauchen der Geistvorstellung ist eine Gesetzmäßigkeit der Bewusstseinsevolution zu erkennen: jenes Naturgesetz, das in der Sprache des Unbewussten durch das Mythologem von Tod und Auferstehung ausgedrückt wird. So wie im Mythos der wieder auferstandene Gott eine andere Erscheinungsform hat als vor seinem Tode, so apperzipieren wir das, was wir das objektiv Geistige nennen, heute anders als der archaische Mensch es tat.

Das Mythologem von Tod und Auferstehung lässt uns aber auch verstehen, dass das Verschwinden der Geistvorstellung während der positivistischen Phase – und somit der naive Materialismus – ein notwendiges Übergangsstadium war.

Was wir bisher an objektiv Geistigem wiedergefunden haben, ist erst ein Ansatzpunkt. Die Vorstellung des Geistigen als des fortschreitenden anordnenden Prinzips hat noch recht wenig zu tun mit jenem Geistigen, das uns in der inneren Wahrnehmung begegnet, und auch recht wenig mit der bewussten Geisttätigkeit und deren Ausdruck, der Kultur. Was bisher von der „abgestorbenen" Geistvorstellung wieder aufgetaucht ist, ist eben erst *ein Keim.* Dieser Keim ist jedoch entwicklungsfähig, und es wird die Aufgabe der auf uns folgenden Generation sein, ihn zur vollen Entfaltung zu bringen. Auf welche Weise die Entfaltung des Keims sich vollziehen könnte, soll in den nächsten Abschnitten – in Form einer ganz groben Skizze – dargelegt werden.

Geist als Tendenz zur Selbstwerdung

Wenn man sagt, die „Körner" seien immer komplexer geworden, heißt dies nur, dass die Realisierung immer komplexerer „Körner" *möglich* wurde. Es sind die einmal gefundenen Strukturmuster, Baupläne oder Reaktionsprogramme, die weiterbestehen, so lange sie nicht durch den Ausleseprozeseliminiert werden. Das einzelne ausgeformte „Korn" hingegen hat nur eine beschränkte Lebensdauer. Nach seinem Tode zerfällt es in niedrigmolekulare Gebilde – in die eigentliche „Materie" – und aus den Trümmern werden dann wieder komplexere „Körner" aufgebaut. In der Zwischenzeit schweben jedoch die Strukturmuster nicht als „reiner Geist" irgendwo im leeren Raum. In der Erbsubstanz verschlüsselt, also immer noch an ein materielles Substrat gebunden, lösen sie sich schon vor dem Tod des Individuums von diesem ab.

Dynamischer Charakter der arttypischen Muster

Wenn wir nun unseren Blick auf die arttypischen Muster richten, entfaltet sich der Ansatz zur Vorstellung des naturhaft Geistigen, den wir durch Betrachtung des Evolutionsvorgangs gewonnen haben, zu einer Vorstellung, die dem schon recht nahe kommt, was man landläufig unter Geist versteht.

Das Wirken der arttypischen Muster kann unter den Aspekten der Ganzheit, der Transformation und der Selbstregulation ins Auge gefasst werden: unter jenen Aspekten, die wir als Kennzeichen der systemischen Betrachtungsweise kennen gelernt haben. Dabei erweisen sich die Muster – und damit das naturhaft Geistige – als aktive Anordner, die niedrige Systeme immer wieder für eine beschränkte Zeit in eine hierarchische Ordnung zwingen. Dynamisch ist zwar schon jenes Ordnungsstreben, das sich in der Phylogenese – im Werden der arttypischen Muster – manifestiert. Beim Werden des einzelnen „Korns" zeigt sich jedoch der dynamische Charakter des Geistigen viel augenscheinlicher, da dieser Prozess sich mit einer für uns noch erlebbaren Geschwindigkeit vollzieht.

Beim Selbstwerdungsstreben nimmt das „Programm", das in der Erbsubstanz verschlüsselt ist, sichtbare Gestalt an. Dabei geht es aber nicht nur um die geradlinige Entfaltung zu einer einmaligen Form, denn im Verlauf jedes Lebens findet – wenigstens von einer gewissen Ordnungsstufe an – eine mehrmalige Transformation statt: ein Wandel sowohl der morphologischen Struktur und damit der Gestalt als auch der Innerlichkeit. Ein Schulbeispiel dieser „programmgesteuerten" Entfaltung ist der Wandel der Raupe über die Puppe zum Schmetterling, wobei wir vor allem den Wandel der Gestalt erfassen. Auch beim Menschen ist der Wandel der Gestalt offenkundig, doch steht hier der Wandel der Innerlichkeit im Vordergrund. Allerdings ist dieser beim Menschen „störungsanfälliger" als beim unbewussten Lebewesen, weil das Bewusstsein ihm die Möglichkeit gibt, von dem abzuweichen, wozu er angelegt ist. Diese Tatsache wurde ja schon im biblischen Paradiesmythos bildhaft dargestellt und in der theologischen Erbsündenlehre auf eine dem archaischen Menschen entsprechende Weise reflektiert.

Nun geschieht aber die Entfaltung eines Lebewesens über alle Transformationen hinweg unter Aufrechterhaltung der Ganzheit. In jedem Augenblick scheint etwas in ihm dafür besorgt zu sein, dass ein ganzheitliches

Zusammenwirken aller Elemente gewährleistet ist. Das Ganzheitsstreben des arttypischen Musters zeigt sich nicht nur darin, dass die morphologisch fassbare Anordnung der Elemente auf allen hierarchischen Stufen aufrechterhalten wird, und dass die ungezählten chemischen Prozesse, die wir als Betriebsstoffwechsel bezeichnen, aufeinander abgestimmt bleiben. Es manifestiert sich auch in dem, was man Umtrieb oder Durchlauf nennt. All die mannigfaltigen Verbindungen, die die Funktion des Organismus ermöglichen, haben nämlich nur eine kurze Lebensdauer. Kaum sind sie aufgebaut, werden sie schon wieder abgebaut, um dann aus niedrigerer Materie wieder neu geschaffen zu werden. In der Tatsache, dass ein Individuum ein und dasselbe bleibt, obwohl es sich mehrmals transformiert, und obwohl dauernd niedrigere Materie gleichsam durch es hindurchfließt, zeigt sich das Ganzheitsstreben des arttypischen Musters wohl am eindrucksvollsten.

Regulation auf allen Komplexitätsstufen

Selbstwerdungs- und Ganzheitsstreben vollziehen sich durch Regulation. So wie man – anthropomorph sich ausdrückend – sagen kann, das fortschreitende Ordnungsprinzip bediene sich bei der Phylogenese des „Mechanismus" von Mutation und Auslese, könnte man sagen, es bediene sich bei der Ontogenese des „Mechanismus" der Selbstregulation. Wir haben ja schon gesehen, dass die systemische Betrachtungsweise machtvollen Auftrieb erhielt, als man entdeckte, wie universell der Regelkreis in der Natur zur Anwendung kommt. Ebenso wie in einem Lebewesen Systeme verschiedener Evolutionshöhe zu einem hierarchischen Gefüge zusammengebaut sind, ist in ihm Regulation über Regulation getürmt. Seit Langem weiß man, dass der Organismus als Ganzes wie ein selbstregulierendes System funktioniert, und dass die großen Untersysteme Atmung, Kreislauf, Blut usw. nach diesem Prinzip arbeiten. In jüngster Zeit haben die Molekularbiologen noch nachgewiesen, dass selbst innerhalb der Zelle eine Unmenge von Regelkreisen vorhanden ist. Dabei zeigte sich, dass nicht nur die intrazellulären Organellen als informationsverarbeitende Zentren fungieren sondern sogar einzelne Moleküle.

Jeder der in eine solche Hierarchie eingefügten Regelkreise ist bis zu einem gewissen Grade autonom, wird aber gleichzeitig von einem *höheren* Ganzen her dirigiert. Die hierarchische Verteilung der Regelung ist der Grund dafür, dass der Sitz des Ganzheitszentrums nirgends lokalisiert werden kann. Der Ausdruck „Zentrum" ist eben wie die Ausdrücke „Instanz" und „Muster" metaphorisch zu verstehen. Die Evolution der

Sprache hat leider mit der Evolution des Bewusstseins nicht Schritt gehalten.

Materieller und geistiger Aspekt der Information

Mit dem Begriff „Regelung“ ist der Begriff „Information“ unabdingbar gekoppelt. Nur durch das Fließen von Information kommt Regelung zustande: durch deren Aufnahme, Verarbeitung und Abgabe. Und die Verarbeitung der Information ist nur möglich, wenn im System Information gespeichert ist. Deshalb bestehen jene Strukturen, die wir Muster, Baupläne oder Reaktionsprogramme nennen, im Grunde genommen aus Information.

Den Begriff „Information“ müssen wir uns nun näher ansehen, denn durch ihn gewinnt die Vorstellung des naturhaft Geistigen nahezu jenes Gesicht, das wir gewöhnlich mit Geist assoziieren. Wenn wir nämlich all die kunstvoll formulierten Aussprüche, die von Dichtem und Denkern über den Geist gemacht wurden, nach ihrem Bedeutungsgehalt aussortieren, lassen sie sich – etwas prosaisch – fast alle den Kategorien Aufnahme, Verarbeitung und Abgabe von Information zuordnen. Eine Bedeutungskategorie wird dabei zwar nicht erfasst: die des Schöpferischen. Diese ist aber schon im Ansatz zum Begriff des naturhaft Geistigen – im Begriff „Orthogenese“ – enthalten.

Gerade diese Nähe zur landläufigen Geistvorstellung birgt jedoch die Gefahr in sich, dass wir Information als ein Geistiges auffassen, das für sich allein bestehen kann. Deshalb ist es wichtig. sich vor Augen zu halten, dass auch Information komplementär betrachtet werden muss: dass sie neben dem geistigen auch einen materiellen Aspekt hat.

Jede Information bedeutet etwas. Aber der Bedeutungs-Gehalt ist jeweils an einen Bedeutungs-*Träger* gebunden. Wir begegneten dieser bemerkenswerten Tatsache schon, als wir feststellten, dass die arttypischen Muster, wenn sie als Erbinformation in der Generationenfolge weitergereicht werden, an ein materielles Substrat gebunden sind. In diesem Fall sind die Bedeutungsträger, die in der Informationslehre auch Signale genannt werden, Molekularstrukturen (Nukleotide); in anderen Fällen sind es Schallwellen, elektromagnetische Wellen, nervale Aktionsströme, Lochungen, Druckerschwärze usw. Der Bedeutungsträger ist somit etwas, das mit den Methoden der Chemie und Physik erfasst werden kann; er ist immer eine Erscheinungsform der Energie.

Im Bedeutungsträger erfassen wir somit den materiellen Aspekt der Information: jenen Aspekt, unter dem betrachtet die Information gemessen und als Menge gehandhabt werden kann. Die Anzahl „bit", mit der die Informationstechniker rechnen, gibt lediglich die Menge der Trägerelemente an, die nötig ist, um einen bestimmten Bedeutungsgehalt zu übermitteln. Der geistige Aspekt der Information hingegen manifestiert sich uns im Bedeutungs-Gehalt. Dieser ergibt sich ja erst durch die Kombination oder Modulation von Signalen, d. h. durch eine bestimmte *Anordnung* der Trägerelemente. Ebenso wie erst die Anordnung der „Teilchen" das ausmacht, was wir als chemische Elemente bezeichnen, so macht auch erst das Angeordnetsein die Träger-Energie zur Information im eigentlichen Sinn: zu einem Inhalt, durch den ein erkennendes Subjekt über etwas informiert wird. Die Art und Weise der Anordnung wird aber durch die Anzahl „bit", die zu seiner Formulierung nötig ist, nicht erfasst.

Die komplementäre Betrachtung von Information bewahrt uns nicht nur davor, das naturhaft Geistige schließlich doch wieder als selbstständige Wesenheit aufzufassen und damit in den Dualismus zurückzufallen. Sie gestattet uns auch, uns von der Auffassung materialistischer Kybernetiker abzugrenzen, welche wie z. B. Karl Steinbuch die Meinung vertreten, die Kenntnis der Regelungsvorgänge mache es möglich, den Menschengeist auf physikalische Vorgänge zurückzuführen.[14]

Adaptation der Vorstellung von Psyche

Die Einsicht in das durchgehende Geregeltsein der Natur und in den komplementären Charakter der Information hilft uns ferner, die Vorstellungen, die wir mit dem Ausdruck „Psyche" assoziieren, der heutigen Bewusstheit anzupassen. Diese Vorstellungen werden nämlich immer noch durch das archaische Weltverständnis bestimmt: zum Teil durch die Seinsstufenlehre, zum Teil durch die Lehre von der Freiseele.

Dem, was bisher über das Geregeltsein auf allen Ordnungsstufen des Lebendigen gesagt wurde, wäre noch hinzuzufügen, dass man in einem gewissen Sinn schon beim Atom von Regelung reden könnte. Das Elektronenkollektiv eines Atoms stellt bekanntlich ein präzis geordnetes und ausgewogenes Ganzes dar. Wird nun diese Ordnung gestört, indem ein oder mehrere innere Elektronen entfernt werden, dann wird – wie Wolfgang Pauli gezeigt hat – die „Harmonie" dadurch wieder hergestellt, dass das verbleibende Elektronenkollektiv neu verteilt wird. Es ist – anthropomorph ausgedrückt – wie wenn etwas im Atom die Störung erkennen und dann entscheiden würde, wie der Sollzustand mit den noch zur Verfügung stehenden Mitteln auf bestmögliche Weise wieder herzustellen ist.

Ob man dieses gemeinhin als naturgesetzlich (im traditionellen Sinn) bezeichnete Geschehen als Regelung gelten lassen will, ist wohl heute noch Ansichtssache. Einer einheitlichen Schau der Natur wäre es jedenfalls dienlich. Aber auch wenn man erst bei den Biomolekülen von Regelung – und damit implicite von Erkennen, Entscheiden und Befehlsabgabe – spricht, wird die Abgrenzung des „edlen Psychischen" gegen das darunter liegende „niedrige Leibliche" sinnlos. Dann wird man nämlich zugeben müssen, dass die Informations-Aufnahme, -Verarbeitung und -Abgabe, die in einem Enzymkomplex – also im alleruntersten „vegetativen" Bereich – geschieht, sich nur dem Grade nach, nicht aber prinzipiell von jenem Geschehen unterscheidet, das wir Menschen bei der Introspektion beobachten können, und das wir nach altem Brauch als psychisch bezeichnen.

Damit ist zwar die durch die Seinsstufenlehre bestimmte Vorstellung von psychischer und leiblicher Schicht überwunden, und mit ihr eine Apperzeption, die zu Leibfeindlichkeit und Triebentfremdung geführt hat. Unbeeinflusst durch die Einsicht in das universelle Geregeltsein des Naturgeschehens bleibt jedoch jener Dualismus, hinter dem die Vorstellung der Freiseele steht: jener Dualismus, der zur Frage führt, wie es möglich sei, dass die Psyche auf den Leib einwirke.

Man kann sich nämlich – bei herkömmlicher Betrachtung – die BioRegelkreise als körperliche Strukturen vorstellen, durch die Information als etwas Seelisches bzw. Geistiges hindurchfließt. Da hilft die komplementäre Betrachtung der Information weiter. Sobald man sich nämlich darüber Rechenschaft gibt, dass Information neben dem geistigen unabdingbar auch einen materiellen Aspekt hat, muss wohl der letzte dualistische Spalt sich schließen. Er dürfte sich noch fester schließen, wenn man sich vor Augen hält, dass ja auch die „körperlichen" Strukturen der Regelkreise – das, was man in der Computertechnik Hardware nennt – heute sowohl unter dem materiellen als auch unter dem geistigen Aspekt zu betrachten sind.

Adaptation der Vorstellung des Unbewussten

Mit der Adaptation dessen, was wir uns unter Psyche vorstellen, gewinnt auch die Vorstellung des Unbewussten an Profil, und zwar in zweierlei Hinsicht. Erstens gewinnt dabei die Vorstellung des menschlichen Unbewussten an Tiefe. Wir müssen uns dann unter dem Unbewussten etwas vorstellen, das nicht nur auf eine oberste Schicht beschränkt ist, sondern den ganzen Organismus durchzieht: etwas, das die ganze Hierarchie der Ordnungsstufen bis hinab zum Geschehen im Bereich der Enzyme umfasst. Das, was Jung mit den damals zu Verfügung stehenden sprachlichen Mitteln das kollektive Unbewusste genannt hat, erweist sich dann wirklich als gleichbedeutend mit dem, was heute die Biologen arttypische Muster oder Reaktionsprogramme nennen.

Dies mag zwar für jene Tiefenpsychologen, die das Unbewusste mystifizieren und für sich ein esoterisches Wissen beanspruchen möchten, eine Ernüchterung bedeuten. Dass das Unbewusste dadurch aber nicht abgewertet wird, dürfte klar werden, sobald man die Fakten zur Kenntnis nimmt, die die biologischen Wissenschaften zutage gefördert haben. Dann erweist sich nämlich das, was mit dem prosaischen Ausdruck „arttypisches Muster" bezeichnet wird, als etwas, das jedes menschliche Begreifen übersteigt. Dieser Hinweis gilt auch für jene Archaiker, die meinen, die Internalisierung des Offenbarungsvorgangs entwerte das, was sie sich als sich offenbarenden Gott vorstellten. Der Vollzug dieser Einsicht wird allerdings durch die Tatsache behindert, dass Leute, die von den Geisteswissenschaften oder von der Theologie herkommen, sich nur in den seltensten Fällen die Mühe nehmen, das Wissen über die Natur, das heute möglich ist, sich wirklich zu eigen zu machen.

Der Ausdruck „das Unbewusste" kann dann aber zweitens auch nicht mehr auf das menschliche Unbewusste eingeschränkt werden. Da Regelung und somit Informationsverarbeitung bei allen „Körnern" vorkommt, und da diese auf der ganzen Stufenleiter unterhalb des Menschen unbewusst geschieht, können wir bei allen „Körnern" von einem arttypischen Unbewussten reden. Dann können aber auch die Verhaltensforschung, die Neurowissenschaften, die Physiologie und die Molekularbiologie als Wissenschaften des Unbewussten aufgefasst werden: als Wissenschaften, von denen jede das unbewusst geistige Geschehen in der Natur unter einem andern Aspekt betrachtet und mit einem anderen Begriffssystem beschreibt. Mit dieser Einsicht würde die Kluft, die zwischen Psychologie und Biologie heute noch besteht, sich schließen.

Selbstwerdungsstreben allein würde zu Vereinzelung führen

Selbstwerdung der „Körner" führt zu deren Abgrenzung gegen die Umgebung, und diese Abgrenzung nahm im Verlauf der Evolution mehr und mehr zu. Morphologisch äußert sie sich z. B. in der Bildung einer Zellmembran, die im Innern der Zelle ein von der Umgebung verschiedenes Milieu schafft, bei höheren Organismen außerdem in der Bildung einer Haut. Sie schreitet vorwärts mit dem Erwerb der Homoiothermie („Warmblütigkeit"), die das Lebewesen weitgehend unabhängig von Temperaturschwankungen der Umgebung macht: ebenso in der zunehmenden Differenzierung von Sinnesorganen, die wie Auge und Ohr es dem Lebewesen ermöglichen, Nachrichten aus der Ferne zu empfangen.

Parallel zur morphologisch erkennbaren Abgrenzung grenzt sich das Lebewesen auch innerlich von der Umgebung ab. Diese innerliche Abgrenzung, auf die wir bei der Verinnerlichung der Kreativität noch zu sprechen kommen, gipfelt schließlich im Erwerb der Bewusstheit.

Zunehmende Abgrenzung des Individuums von der Umgebung würde, wenn sie kein Gegengewicht hätte, zu Vereinzelung und – auf der Stufe des Menschen – zu Vereinsamung führen. Dem wirkte aber das naturhaft Geistige entgegen, indem es auf allen Ordnungsstufen überindividuelle Systeme schuf: indem es jedes „Korn" in ein übergeordnetes, bergendes Ganzes einbettete.

Geist als Tendenz zu überindividueller Ordnung

Wir haben gesehen, dass die orthogenetische Tendenz, anthropomorph ausgedrückt, das Problem der Phylogenese – der Schaffung immer neuer Arten unter Garantie des Weiterbestehens der tauglichen alten – dadurch löste, dass sie den „Mechanismus" von Mutation und Auslese erfand, und dass sie dem Problem der Ontogenese (Selbstwerdung) durch Erfindung der programmgesteuerten Selbstregulation beikam. Der „Trick" nun, dessen sie sich zur Schaffung überindividueller Systeme bediente, bestand darin, dass sie jedes „Korn" nur mit bestimmten anderen in Beziehung treten ließ: dass sie die Beziehungen zwischen den „Körnern" *kanalisierte.*

Dabei sind zweierlei beziehungsschaffende Kanäle zu unterscheiden: die zwischen „Körnern" gleicher Art und die zwischen verschiedenen Arten von „Körnern". Durch diese Differenzierung kamen zweierlei überindividuelle Beziehungsgefüge zustande: Innerartliche und überartliche. Insgesamt bilden diese eine hochkomplexe Ordnung, und wenn wir diese betrachten, erschließt sich uns ein weiterer Aspekt des unbewussten Geistes.

Ordnungen gleichartiger „Körner"

Im subvitalen Bereich fügen sich gleichartige „Körner" – sofern sie im festen Aggregatszustand vorkommen, also nicht flüssig, gelöst oder gasförmig sind – zu kristallinen Strukturen zusammen. Dies gilt für Atome wie für Moleküle und zwar bis hinauf zu den Proteinen. Es wurde schon oft die

Frage aufgeworfen, *wo* das Kristallgitter sich befinde, wenn die Moleküle in ungeordneter Weise im Lösungsmittel herumschwimmen. Heute weiß man, dass die Art und Weise, wie die atomaren und molekularen „Körner" sich zu Kristallen zusammenfügen, sobald das Lösungsmittel verschwindet, schon im Ordnungs-Muster eines jeden „Korns" angelegt ist. Schon auf dieser niedrigen Komplexitätsstufe bedient sich somit die anordnende Tendenz jenes oben erwähnten Prinzips, wonach sie über die je typische Struktur eines „Korns" festlegt, auf welche Weise dieses zu anderen, gleichartigen „Körnern" in Beziehung tritt: in eine Beziehung, die auf dieser niedrigen Stufe sich auf die Anordnung zu kristallinen Verbänden beschränkt. Im vitalen Bereich führt die im arttypischen Muster beziehungsweise Reaktionsprogramm festgelegte Erkenntnis – und Verhaltensweise gegenüber „Körnern" gleicher Art zur Bildung von Gesellschaften, und zwar von den niedrigeren – wie z. B. Mückenschwärmen – bis hinauf zu den höchsten wie Schimpansenhorden.

Bei Lebewesen können wir die beziehungsschaffenden Kanäle (Regelkreise), durch die Individuen zu überindividuellen Ordnungen zusammengefügt werden, unter zwei Aspekten betrachten. Erstens können wir untersuchen, was für Signale eine Art empfangen und aussenden kann, und zweitens wie reich der Bedeutungsgehalt ist, der durch diese Kanäle fließt beziehungsweise den eine Art zu erkennen vermag.

Die Wahrnehmungssysteme einer Art sind jeweils nur für ein bestimmtes Spektrum von Signalen geschaffen. So vermag das menschliche Auge aus der breiten Skala der elektromagnetischen Schwingungen nur den schmalen Bereich der Lichtwellen wahrzunehmen, und das Sinnesorgan „Haut" übermittelt uns noch die nahe dabei liegenden Wärme-Wellen. Alle übrigen Frequenzen filtriert unser Wahrnehmungssystem aus: Röntgenstrahlen, Radar- und Radiowellen sowie Gammastrahlung können wir erst dann wahrnehmen, wenn sie durch technische Umsetzer in Licht- oder Schallwellen verwandelt worden sind.

Von Art zu Art ist dieses Spektrum verschieden. So können Bienen auch ultraviolettes Licht sehen und Fledermäuse können Ultraschall hören, und Hunde vermögen ein viel breiteres Spektrum von Gerüchen wahrzunehmen als wir. Weil die Wahrnehmungssysteme einer Art jeweils aus der Fülle der auf sie einströmenden Signale nur eine begrenzte Auswahl zu empfangen vermögen, den Rest hingegen ausfiltrieren, nimmt jede tierische Art nur einen *Teilbereich* der Wirklichkeit wahr. Der Ausschnitt aus der Fülle des objektiv Wirklichen, den die Sinnesorgane dem betreffenden Lebewesen zuleiten, macht für dieses *die* Welt aus. Über sie hinaus erkennt es nichts, d. h. was außerhalb derselben liegt, existiert für die betreffende Art nicht.

Um dieser Tatsache Rechnung zu tragen führte schon in der Pionierzeit der Verhaltensforschung Jakob von Uexküll wie erwähnt den Ausdruck „Umwelt“ in das biologische Denken ein. Unter Umwelt verstand er den arttypischen Ausschnitt aus der viel umfangreicheren Umgebung eines Lebewesens. Es gibt so viele Umwelten, wie es tierische Arten gibt. In einem gewissen Sinn könnte man schon bei atomaren „Körnern“ von einer je spezifischen Umwelt sprechen. In der Sprache der Chemie wird dafür das Wort „Affinität“ verwendet. Bedeutsam jedoch wird der Begriff „Umwelt“ auf der Stufe des Lebendigen.

Nun macht aber nicht schon die Bandbreite der Sinneswahrnehmung eine Umwelt aus, sondern erst der Umfang dessen, was ein Tier – bei gegebener Bandbreite des Wahrnehmungskanals – an „Dingen“ zu erkennen vermag. Dieser Umfang nahm mit der Evolutionshöhe zu. So sind die Umwelten höherer Tiere – nach Uexküll – reicher möbliert als die der evolutionsmäßig niedrigeren: ein höheres Lebewesen vermag mehr „Dinge“ zu erkennen.

Wenn das gleiche „Ding“ in der Umwelt verschiedener Arten vorkommt, hat es zudem je verschiedene Bedeutung, d. h. es *ist* dann für jede Art etwas anderes. So ist – um ein von Üxküll beschriebenes Beispiel anzuführen – der Stengel einer Wiesenblume in der Umwelt der Ameise ein Weg – und nur ein Weg – auf dem sie zu ihrem Nahrungsgebiet in den Blumenblättern gelangen kann; in der Umwelt einer Zikadenlarve ist er eine Zapfstelle – und nur eine Zapfstelle – für den Saft, aus dem sie ihr Schaum-Haus erbaut, und in der Umwelt der Kuh ist er Nahrung, sonst nichts.[15] Die Komplexität einer Umwelt entspricht der morphologisch-physiologischen Komplexität der Art, zu der sie gehört. Auch sie ist in deren arttypischem Muster in deren informationsverarbeitendem Zentrum festgelegt.

Innerartliehe Kommunikation

Bei Organismen erschöpft sich das Zusammentreten zu Gesellschaften nicht mehr in blassem Aneinanderreihen der „Körner“ wie im Kristall. Die höhere Komplexität äußert sich hier als größerer Beziehungsreichtum zu „Körnern“ gleicher Art. Dabei gewinnt die Möglichkeit zur innerartliehen Kommunikation an Gewicht. Diese beruht darauf, dass Individuen der gleichen Art die gleichen *Zuordnungs-Schemata* für gesendete und empfangene Signalkombinationen haben. Sie beruht mit anderen Worten darauf, dass Individuen einer Art die gleiche Sprache „sprechen".

Bis vor kurzem glaubte man, der Mensch allein besitze die Fähigkeit zur Sprache. Er allein besitzt zwar die Fähigkeit zur menschlichen Sprache, und diese ist eine Sprache ganz besonderer Art, da ja der Mensch, dank des Bewusstseins, ein Lebewesen ganz besonderer Art ist. Aber die Verhaltensforscher haben uns gerade in den letzten Jahren gezeigt, wie reichhaltig die innerartliehe Kommunikation bei unbewussten Lebewesen oft ist: wie reichhaltig im Sinne von semantischem Reichtum die Sprachen der Tiere sind.

Überartliche Ordnungsgefüge

Die Beziehungsfähigkeit zwischen *verschiedenen* Arten wird dadurch ermöglicht, dass sich deren Umwelten teilweise überlappen, sodass dadurch ein gemeinsamer „Welt-Bereich" entsteht. Um die so gewonnene zwischenartliehe Beziehungsfähigkeit zu verdeutlichen, schuf Üxküll den Ausdruck Funktionskreis und unterschied unter anderem einen Feindkreis und einen Beutekreis. Bei dieser Betrachtungsweise tritt z. B. ein Amsel-Weibchen, das innerartlich zum Geschlechtskreis eines Amsel-Männchens gehört, zwischenartlich in den Feindkreis des Regenwurms und in den Beutekreis des Habichts. Vom Amselweibchen aus gesehen gehört hingegen der Habicht zum Feindkreis, der Regenwurm zum Beutekreis.

So bestimmen in der unbewussten Natur die arttypischen Muster, wer mit wem in Beziehung tritt, beziehungsweise wer für wen überhaupt existiert. Deshalb herrscht in der Natur nicht, wie man eine zeitlang glaubte, der Kampf aller gegen alle, sondern es sind in einem Lebensraum jeweils – durch unsichtbare Schranken voneinander abgegrenzt – viele ökologische Nischen vorhanden: imaginäre Nischen, in denen unmittelbar nebeneinander Tiere leben, die voneinander überhaupt keine Notiz nehmen, weil sie füreinander gar nicht existieren. Was wir als ökologische Nischen bezeichnen, sind im Grunde genommen „Abdrücke" der nach außen projizierten Umwelt-Muster beziehungsweise der nach außen projizierten Erkenntnis- und Verhaltensmuster. Mittels dieser Muster wird innerhalb eines Lebensraumes das friedliche Nebeneinander zahlreicher Arten gewährleistet.

Wenn wir die Beziehung zwischen den selbstständigen „Körnern" – und zwar vom anorganischen Bereich bis hinauf zum Menschen – betrachten, erschließt sich uns wie gesagt eine weitere Dimension des außerbewussten

Geistes: jene Dimension, unter der wir die überindividuelle Gesamtordnung der Welt – oder doch wenigstens unseres Planeten – erfassen können.

Diese planetare Ordnung kann als allumfassendes, hochkomplexes übergeordnetes kybernetisches System – als Ökosystem – verstanden werden. Erst wenn wir dieses universelle Aufeinanderabgestimmt-Sein der lebendigen und der unbelebten „Körner" betrachten, gewinnt die Aussage an Gewicht, dass die orthogenetische Dynamik nicht nur zur Vereinzelung und Vereinsamung der „Körner" sondern gleichzeitig auch zu deren Einordnung in ein höheres Ganzes führt. Und wenn wir das hierarchisch strukturierte kybernetische System, das dabei zustande kommt, ins Auge fassen, offenbart sich uns der unbewusste Geist wiederum als jene Dynamis, die zur Ordnung und zwar zu einer außerordentlich komplexen Ordnung geführt hat.

Diese Betrachtungsweise hat nun gelegentlich zur Folge, dass selbst moderne Denker geneigt sind, das Anordnende, das zu dieser großartigen Leistung fähig ist, im Sinne des archaischen Konkretismus zu personifizieren: von einem Welt-Subjekt (Binder) oder von einem außerhalb der Individuen befindlichen, zu Denken und Wollen fähigen Unbewussten beziehungsweise „Selbst" usw. zu reden. Sie übersehen wohl, dass die Information *in* den „Körnern" (und nur in den Körnern!) verarbeitet wird, und dass die Hierarchie der überindividuellen Ganzheiten lediglich durch Interaktion individuierter Systeme zustande kommt.

Geist als Innerlichkeit

Das Modell des Regelkreises half uns verstehen, auf welche Weise die Bauelemente eines „Korns" miteinander vernetzt sind und wie das „Korn" in ein überindividuelles, bergendes Ganzes eingefügt ist. Nun sind aber an einem technischen Regelkreis nicht die Drähte und Schaltelemente das Entscheidende, sondern die Information, die in ihnen übermittelt und verarbeitet wird. An der Information wiederum ist das Entscheidende nicht das einzelne, nichts sagende Signal sondern die Anordnung der Signale: der auf diese Weise formulierte Bedeutungsgehalt, d. h. das, was *erkannt* werden kann. Wir wollen uns nun in Gedanken gleichsam ins „Korn" hinein versetzen: an jene Stellen, an denen Information ankommt; wir wollen uns fragen, was das „Korn" zu erkennen vermöge und was es mit dem Erkannten mache. Wir betrachten dann das „Korn" gleichsam von innen her, d. h. wir richten unseren Blick auf dessen Innerlichkeit. Damit nehmen wir bei unseren Überlegungen über den Geist einen ähnlichen Standortwechsel vor, wie ihn die Biologen – ohne sich dabei um den Geist zu kümmern – im Verlauf unseres Jahrhunderts vollzogen haben.

Innerlichkeit oder innere Wirklichkeit ist wiederum nicht etwas, das für sich allein bestehen kann. Mit den Ausdrücken Äußerlichkeits- und Innerlichkeitsforschung benennen wir nur zwei Forschungsweisen, die von verschiedenen Seiten her – und damit auch mittels unterschiedlicher Methoden – ein und denselben Sachverhalt „Lebewesen“ untersuchen, und die somit zwei komplementären Aspekte der lebendigen „Körner“ erschließen. Wir stoßen hier wieder auf die Insuffizienz unserer indoeuropäischen Sprachen. Diese sind zwar sehr leistungsfähig, wenn es darum geht, Quantitäten des Raumes und der Zeit zu erfassen. Wollen wir jedoch Strukturen, d. h. raum- und zeitlose Beziehungen beschreiben, müssen wir – sofern diese nicht mittels der mathematischen Kunstsprache beschreibbar sind – zu *Metaphern* greifen: müssen wir quantitative, Raum und Zeit beschreibende Ausdrücke im übertragenen Sinn verwenden.

Räumlich drang ja schon die klassische Biologie bis ins Innerste der Lebewesen vor, indem sie diese sezierte, indem sie mit Hilfe des Mikroskops die Feinstruktur der Gewebe und Organe durchsuchte und indem sie mit physikalischen und chemischen Methoden die Lebensfunktionen ergründete und die Substanzen analysierte, aus denen die Lebewesen aufgebaut sind. Im übertragenen Sinne jedoch kann dieses gesamte Bemühen der klassischen Biologie als Forschung von außen her – als Erforschung der „Äußerlichkeit“ – bezeichnet werden.

Räumlich gesehen untersuchen auch die Innerlichkeitsforscher das Lebewesen von außen. Es ist gerade das Handicap der Verhaltensforscher, dass sie nur die *Äußerungen* der Tiere beobachten können und dass sie von diesen aus dann indirekt auf deren Innerlichkeit schließen müssen.

Die Verhaltensforschung betrachtet wie erwähnt das Tier, insofern es „Subjekt“ ist: Erkennendes, denkendes (es gibt auch unbewusstes Denken!), sich äußerndes und wirkendes „Subjekt“. Nun darf aber der Ausdruck „Subjekt“ nicht auf die Lebewesen eingeschränkt werden. Weil, wie wir gesehen haben, auch im prävitalen Bereich von Selbstregulation und infolgedessen von Informationsverarbeitung gesprochen werden kann, sollten streng genommen auch die anorganischen „Körner“ als „Subjekte“ verstanden werden. Gestützt wird diese Ausdehnung des Subjekt-Begriffs durch das, was die Biochemiker z. B. über die kognitiven Fähigkeiten der Enzyme berichten: dass diese Eiweiß-Moleküle die Substanzen, denen sie etwas anfügen oder wegnehmen müssen, auf Grund ihrer räumlichen

Form *erkennen* (Stereospezifität), um sie dann für einen Moment festzuhalten, zu bearbeiten und wieder abzustoßen.

Der Ausdruck „Subjekt“ wird hier allerdings in einer anderen Bedeutung verwendet als beim Ich, das ja die Fähigkeit besitzt, sich vom erkannten Objekt zu unterscheiden. Vom menschlichen Standpunkt – vom Standpunkt des bewussten Lebewesens – aus bezeichnen wir jenes evolutionsmäßig niedrigere Erkennen als unbewusstes Erkennen und verwenden den Ausdruck „Subjekt“ deshalb im übertragenen Sinn.

Die Betrachtung der Innerlichkeit der unbewussten Lebewesen erschließt uns insofern einen neuen Aspekt des in der Natur wirkenden Geistes, als sie uns mit der Frage nach deren Wissen konfrontiert: nach jenem Wissen, das angeboren ist, und das – bei höheren Lebewesen – im Verlauf der individuellen Existenz durch erlerntes Wissen bereichert wird. Es handelt sich dabei um die Frage, inwiefern und in welchem Umfang das unbewusste Lebewesen das bisher noch nie Wahrgenommene zu erkennen vermag und wie es – ohne es erst erlernt zu haben – weiß, wie es sich zu verhalten hat.

Was die Verhaltensforscher da zu Tage förderten war ein schwerer Schlag für die menschliche Überheblichkeit. So zeigte z. B. der Biologe Adolf Portmann, über welch ungeheures Wissen schon ein so niedriges „Korn“ wie das Tollwut-Virus verfügen muss, damit das Weiterbestehen seiner Art aufrecht erhalten werden kann.[16] Wenn man sich nur ein wenig umsieht, kommt man aus dem Staunen über das Wissen der unbewussten „Körner“ nicht mehr heraus, und es scheint dann nicht mehr zuviel verlangt, wenn die Tiefenpsychologen den Menschen (die Ich-Persönlichkeit) auffordern, auf die Weisungen zu achten, die sein unbewusstes System ihm zukommen lässt: jenes System, das die höchste Komplexität und somit den höchsten Grad an Innerlichkeit – an unbewusstem Wissen – hat.

Da das unbewusste Wissen außerhalb des Bewusstseins gelegen ist, wird es gelegentlich extranes Wissen genannt; und da es dem bewussten Wissen so sehr überlegen ist, hat man es auch als „absolutes“ Wissen des Unbewussten bezeichnet.

Bedenkt man, was das menschliche Unbewusste alles „weiß“, staunt man wohl nicht mehr darüber, dass dem Naturforscher von dort her Lösungen von Problemen „einfallen“: chemische oder mathematische Formeln zum Beispiel, deren Richtigkeit dann durch gezielte Empirie verifiziert werden kann.

Das menschliche Unbewusste ist eben tatsächlich ein Mikrokosmos, d. h. eine Welt im Kleinen. Dieses umschließt – wegen des hierarchischen Aufbaus des menschlichen Organismus – nicht nur Systeme aller Komplexitätsstufen vom Atom an aufwärts, es weiß auch mit diesen umzugehen. So kann es z. B. spielend Eiweiße synthetisieren: etwas, das der modernen Chemie erst in vereinzelten Fällen – und auch dann nur mit ungeheurem Aufwand – gelingt.

Die Betrachtung der Lebewesen mit Blick auf die Innerlichkeit lässt uns nicht nur deren angeborenes Wissen erkennen, sondern auch deren *Fähigkeit zum Erleben.* Ebenso wie das Wissen ist auch das Erleben eine Manifestation des Geistes, allerdings eine Manifestation, die schwierig zu beschreiben und zu erforschen ist, und die deshalb an dieser Stelle nur erwähnt werden soll.

Geist als Kreativität

Wir haben gesehen, dass bei Lebewesen durch Hinausprojizieren der inneren Strukturen die arttypischen Umwelten entstehen. So trägt jedes Lebewesen, wohin es auch geht, seine nach außen projizierte „Welt" wie eine unsichtbare Kugel mit sich herum: wie eine Kugel, in deren Mitte es steht. Die Information zuführenden Kanäle münden in die Zentren dieser imaginären Kugeln, und alle Information, die hineinfließt, wird vom jeweiligen Zentrum her verarbeitet (Subjekthaftigkeit der „Körner").

Bei unmittelbarem Erleben beurteilt auch der Mensch alles vom Zentrum, und zwar vom Ich – Zentrum aus. Dank der Bewusstwerdung gelang es ihm aber, sich bis zu einem gewissen Grade aus dem festen Eingefügtsein in seine Umwelt – „Kugel" – aus dem Regelkreis Lebewesen Umwelt – zu lösen. Auf der heutigen Bewusstseinsebene ist es uns sogar möglich, uns in Gedanken auf einen Standort zu begeben, der sozusagen außerhalb der raumzeitlichen Wirklichkeit liegt. Überblicken wir von dort aus den Evolutionsprozess als Ganzes, verlieren die „Körner" ihre Eigenständigkeit und Beständigkeit. Ihre informationsverarbeitenden Funktionen treten zurück. Die raumzeitliche Wirklichkeit erscheint uns dann wie ein Strahlenbündel, das aufwärts strebt zu höherer Komplexität (Orthogenese) und das sich bei diesem Aufwärtsstreben in eine Vielfalt von Formen verzweigt (Variation). Der Geist erscheint uns bei dieser Betrachtungsweise als unerschöpfliche Kreativität, die nicht nur immer neue sondern auch immer reichhaltigere Formen schafft. Insofern dieser kreative Prozess unbewusst verläuft, schafft: er Natur. Insofern er bewusst verläuft, schafft er – innerhalb der Natur – Kultur.

Die Muster, die die gebundene Energie (Masse) zu komplexen raumzeitlichen Gebilden anordnen, erscheinen – vom Standort „außerhalb" her gesehen – nicht mehr als Ganzheitszentren je verschiedener „Körner“ und als stabile Mittelpunkte je verschiedener Umwelten sondern als unaufhörlich sich fortpflanzenden Strahlen. Innerhalb eines solchen Strahles ist das Individuum nicht mehr als ein kurzes Aufleuchten: ein flüchtiges Intervall.

So relativiert die Betrachtung „von außen her“ den auf das „Korn“ zentrierten Standpunkt. Sie drängt uns die Einsicht auf, die geistige Dynamis habe nicht in erster Linie die „Interessen“ des einzelnen „Korns“ – auch nicht des menschlichen – im Auge: ihr sei viel mehr – so schmerzlich dies auch für unser Empfinden ist – die Gesamtentfaltung wichtiger als das Individuum. Die Individuen seien, von der Evolution her gesehen, gleichsam nur Durchgangsstadien oder Knotenpunkte der Kreativität.

Die Funktion des Individuums scheint bei dieser Betrachtungsweise darin zu bestehen, einen kleinen Beitrag an den schöpferischen Gesamtprozess zu leisten. Der Beitrag des einzelnen ist verschwindend klein, denn die Orthogenese scheint selbst für kleinste Fortschritte unendlich große Mengen von Individuen zu benötigen. Die unbewussten Lebewesen leisten ihren Beitrag an den schöpferischen Gesamtprozess dadurch, dass sie in ihrer Nachkommenschaft Varianten des arttypischen Musters liefern: Varianten, unter denen vielleicht – in seltenen Fällen – solche sich finden, die den Selektionsprozess besonders gut bestehen und ein winziges Schrittchen höher hinauf zu größerer Komplexität führen.

Der schöpferische Beitrag menschlicher Individuen an den universellen Kreativitätsprozess besteht in erster Linie in dem, was sie für die Weiterentwicklung des Bewusstseins tun: er besteht in ihrer kulturellen Leistung. Obwohl die Bewusstseinsevolution bedeutend rascher voranschreitet als die biologische, und obwohl dementsprechend der Beitrag des einzelnen bedeutender sein kann als bei unbewussten Lebewesen, scheint doch die Orthogenese auch hier mit großen Mengen und kleinem Wirkungsgrad zu arbeiten.

Vom Standort außerhalb des raumzeitlichen Kontinuums aus betrachtet scheint der ungeheure Verschleiß von Individuen und der unentrinnbare Tod jedes Individuums „in Ordnung“ zu sein. Er erscheint von dort aus weder als gut noch als böse, er scheint einfach der raumzeitlichen Entfaltung des kreativen Prinzips zu dienen.

Nun können wir aber den Standort „außerhalb“ nur in Stunden philosophischer Reflexion einnehmen. Unserem spontanen Erleben entspricht der Standort in der Mitte des „Korns“, denn vom Schicksal aller „Körner“, der pflanzlichen wie der tierischen, sind auch wir Menschen betroffen: wie ihnen so ist auch uns der Tod gewiss; aber im Gegensatz zu den unbewussten Lebewesen sehen wir den Tod auf uns zukommen. Vom Standpunkt des Ich aus gesehen ist das schöpferische Prinzip, dem wir unser Leben verdanken, zugleich auch das zerstörerische, denn nach einem kurzen Zeitintervall lässt es jedes „Korn", das es ins Leben rief, ebenso sicher wieder zerfallen.

Der gedankliche Standpunkt „außerhalb", der uns den Ausblick auf den kreativen Aspekt des Geistigen in seiner ganzen raumzeitlichen Ausdehnung ermöglicht, gestattet uns auch, unsere eigene, bewusste Kreativität in den richtigen Proportionen zu sehen: als Teilprozess im Rahmen der universellen Geistentfaltung, als Fortsetzung der völlig unbewussten Kreativität in der entwicklungsgeschichtlich neuen Form einer Kooperation zwischen unbewusster und bewusster Geisttätigkeit; denn wie wir sahen, quillt die bewusste Kreativität bei jedem Menschen letztlich aus dem unbewussten psychischen Bereich hervor.

Verinnerlichung der Kreativität

Ich habe schon darauf hingewiesen, dass im Verlauf der Evolution innerhalb der einzelnen „Körner der Anteil des Geistigen gegenüber dem Anteil des Materiellen überhandnahm: dass die Evolution nach Vergeistigung strebt. Wir können dies nun präzisieren, indem wir sagen, die Kreativität habe sich verinnerlicht: die Tendenz zum Überwiegen des Geistigen bestehe vor allem in der Tendenz zur Vermehrung der Innerlichkeit.

Kreativität hat viel mit Spiel zu tun. Sie setzt eine Vielfalt von Möglichkeiten voraus, mit denen gespielt werden kann, um spielend Neues zu schaffen. Die Summe der Möglichkeiten kann als Spielraum bezeichnet werden. Im Verlauf der Evolution wurde nun der „äußere" Spielraum für die orthogenetische Tendenz immer enger, der „innere" hingegen immer weiter. Wie ist das gemeint?

Auf niedrigen Evolutionsstufen hatte die lebendige Substanz noch einen außerordentlich großen äußeren Spielraum. Aus einem sehr frühen Einzeller konnte sich theoretisch *jede* Art entwickeln. Mit jedem Differenzierungsschritt aber – mit jeder Verzweigung am Baum des Lebendigen – wurde der äußere Spielraum eingeschränkt, indem jedesmal eine große Anzahl anderer Möglichkeiten der Formwerdung endgültig ausgeschlossen wurde. Als z. B. die Wirbeltiere entstanden waren, konnte aus dieser Entwicklungslinie kein Hohltier mehr entstehen, kein Schwamm, kein Stachelhäuter und kein Insekt. Der „Mechanismus" von Mutation und Auslese erweist sich dabei als sinnvoller „Trick", den das fortschreitende Ordnungsprinzip auf der Stufe des Lebendigen anwandte, um einerseits die Erhaltung eines einmal gefundenen Musters zu gewährleisten, so lange die Selektion durch die sich verändernde Umwelt dies zulässt. anderseits aber die Möglichkeit für eine Weiterentwicklung offen zu lassen. Ohne Mutabilität könnte keine Evolution stattfinden. Mutation muss sich aber unter zwei einschränkenden Bedingungen vollziehen: erstens muss sie nach dem Prinzip des Austauschs von Mosaiksteinehen vor sich gehen, damit eine kontinuierliche Transformation gesichert ist, zweitens muss die Mutations*rate* unterhalb eines bestimmten Schwellenwertes gehalten werden. damit die im Muster zum Ausdruck kommende bzw. im Genom codierte Information nicht zerfließt.

Parallel zur Einengung des äußeren Spielraumes erweiterte sich der innere. Zwar hat jede Art ihre typischen angeborenen Erkenntnis – und Verhaltensmuster. Für ein Wirbeltier z. B. ist die Welt (Umwelt) definitiv anders geworden als für ein Insekt: ein Wirbeltier kann die Außenwelt nie nach Art eines Insekts erkennen und kann sich auch nicht wie ein Insekt verhalten.

Die Erweiterung des inneren Spielraumes besteht aber in etwas anderem als in der blassen Komplexitätszunahme der angeborenen Erkenntnis- und Verhaltensmuster und in einem Reicherwerden der Umwelten. Je höher „oben" auf der Evolutionsskala eine Art entstand, desto *gelockerter* ist ihre Innerlichkeit: desto größer ist der Spielraum für das individuelle Verhalten im Rahmen des arttypischen Musters bei einer gegebenen Situation. Voraussetzung dafür war allerdings eine gewichtige „Erfindung": die „Erfindung" individueller Lernfähigkeit und damit von individuellem Gedächtnis.

Betrachten wir z. B. ein Infusorium als Vertreter einer niedrigen Evolutionsstufe. Im Experiment wurde nachgewiesen, dass die Innerlichkeit eines Infusoriums sehr armselig ist: dass sie nicht einmal richtige Gegenstände „enthält". Das Infusorium vermag nämlich keine umrissene Gestalten zu erkennen sondern nur diffuse Milieufaktoren wie Licht, Wasserstoffionen-Konzentration usw. Der Armseligkeit der Umwelt entspricht eine Starrheit des Verhaltens. Wie starr, ohne erkennbaren individuellen Spielraum diese niedrigen Tiere in ihre arttypische Umwelt „eingehängt" sind, lässt sich nachweisen, wenn man die wenigen Faktoren, die sie zu erkennen vermögen, variiert. Durch wahlweise Veränderung des Lichteinfalls und des PH kann man die Infusorien wie Marionetten gleichsam an unsichtbaren Fäden herumführen, wie und so lange es einem beliebt.

Bei Vertretern des oberen Evolutions-Poles ist von einer willkürlichen „Fernsteuerung" auch bei noch so genauer Kenntnis der jeweiligen Innerlichkeit keine Rede mehr. Höhere Tiere können in einer gegebenen Situation relativ frei zwischen mehreren Möglichkeiten des Verhaltens wählen. Bei einem Schimpansen ist dies so ausgeprägt, dass man den Eindruck hat, man stehe einer Person gegenüber: einem Wesen, das auf Grund seiner (relativen) Verhaltensfreiheit weitgehend macht, was ihm beliebt und wann es ihm beliebt.

Diese Zunahme des inneren Spielraumes – des Spielraumes für das Tun und Lassen – ergab die Grundlage für die menschliche Freiheit. Mit dem Ich ist dann innerhalb des „Korns" Mensch ein Aktivitätszentrum entstanden, das die Tendenz hat, den im arttypischen Muster festgelegten Spielraum zu überschreiten. Seine Rückkoppelung ans unbewusste System bewirkt jedoch, dass dieser Hang zur Grenzüberschreitung gezügelt wird.

Das ständige Pochen des Ich an die durch das arttypische Reaktionsprogramm festgelegten Grenzen erweiterte jedoch im Verlauf der Bewusstseinsevolution seinen Freiheitsraum. Mit dieser Tatsache hängt das schon erwähnte Problem der Adaptation der Ethik zusammen: der aktiven Anpassung der Normen für das bewusste Tun, die durch einen Optimierungsprozess zwischen den Interessen und Möglichkeiten des Ich und dem unbewussten Urgrund – dem „Willen Gottes" des archaischen Menschen – zustande kommt. Dieser Optimierungsprozess kann jedoch nur stattfinden, wenn die Wechselwirkung zwischen dem Ich und dem Selbst spielt: wenn der Mensch auch die existenzielle Haltung pflegt und auf die Intentionen der Führungsinstanz achtet. Damit kommen wir zum Problem der Religiosität, genauer gesagt zur Frage, auf welche Weise heute, da infolge der Bewusstseins-Mutation das Absterben der Religionen begonnen hat, Religiosität noch gelebt werden könne.

Neuartige Auffassung von Religiosität

Ende der Religionen. Sehnsucht nach Religiosität

Mit dem Hereinklappen der metaphysischen Welt ging das Zeitalter der Religionen zu Ende. Heilige Bücher als übernatürlich offenbartes Wort Gottes, geistige Gemeinschaft als Bezogensein auf einen metaphysischen Ahn hin, rituelles Tun jeder Art sowie Priestertum haben durch die Überwindung der archaischen Apperzeption ihre Grundlage verloren.

Hellhörige evangelische Theologen der Generation vor uns haben dies schon erkannt. Währenddem in der katholischen Kirche der Triumphalismus – als Eucharistie- und Christkönigs-Bewegung – blühte, und im protestantischen Raum die dialektische Theologie kräftig die archaische Trommel rührte, erklärten Dietrich Bonhöffer und Friedrich Gogarten, das Zeitalter der Religion sei zu Ende; die Säkularisierung des abendländischen Menschen – d. h. sein Zurückverwiesensein auf das „Diesseits „sei eine Tatsache, an der man nicht vorbei gehen könne.

Aber auch Bonhöffer und Gogarten vermochten nicht über ihren theologischen Schatten zu springen, denn das „offenbarte Wort Gottes" war auch für sie ein indiskutables Faktum. Als dann die Wogen der dialektischen Theologie verebbten, und die katholische Kirche sich im Vatikanum II um ein Aggiornamento bemühte, hätte man erwarten können, nun würden die Zeichen der Zeit erkannt. Aber auch da erwies sich, wie gezeigt, die archaische Auffassung des Offenbarungsvorgangs als unüberwindbare Schranke: als „ökologische Barriere", die von Theologen nicht durchbrochen werden konnte. So dreht sich denn heute das kirchliche Denken trotz ernsthaften Bemühens im Kreise. Die, die bisher Träger der religiösen Tradition waren, bringen es nicht fertig, dem Menschen unserer Zeit den Weg zu einer seiner Bewusstseinslage entsprechenden Art von Religiosität zu weisen.

Dass nämlich heute – obwohl das Zeitalter der Religionen zu Ende ist – ein ungeheures Bedürfnis nach Religiosität besteht, ist unverkennbar. Es äußert sich z. B. in der Zuwendung zu östlichen Praktiken und Weisheitslehren; es steht aber auch hinter dem Unbehagen vieler Naturwissenschaftler, von dem wir ausgegangen sind. Der Mensch kann eben auf die Dauer nicht auf *einem* Bein stehen. Er kann nicht ausschließlich objektivierend eingestellt sein – sich um Sachwissen allein bemühen – und dabei seelisch gesund bleiben. Aber auf archaische Art ist Religiosität heute für viele Menschen nicht mehr vollziehbar.

Fides quae und fides qua

Anderseits ist anzunehmen, dass Religiosität, die dem heutigen Selbst- und Weltverständnis entspricht, nicht etwas radikal anderes sein kann als Religiosität eh und je war. Um nun zu erkennen, was beim Wandel von der archaischen zur heutigen Art von Religiosität unterging und was weiterhin Bestand hat, ist uns eine Unterscheidung hilfreich, die schon von mittelalterlichen Theologen erarbeitet wurde: die Unterscheidung zwischen fides quae und fides qua: zwischen dem Glauben *an* etwas und der Glaubensfunktion bzw. Glaubenshaltung.

Der Glaube an einen Glaubensinhalt – an ein konkretistisch aufgefasstes mythisches Geschehen – fiel mit dem Hereinklappen der metaphysischen Welt dahin. Die Glaubensfunktion hingegen fiel nicht nur nicht dahin, sondern wurde von der Wissenschaft – von der Tiefenpsychologie, der ersten Disziplin des neuartigen Typus von Wissenschaft – als etwas zum Menschsein Gehörendes, d. h. als etwas in der Struktur der menschlichen „Seele“ Begründetes – erkannt. Allerdings verstehen wir darunter nicht mehr das Bezogensein des Menschen auf einen als metaphysisches Wesen vorgestellten Gott, sondern als Bezogensein des Ich auf das „Selbst“.

Trotz des Wandels der Apperzeption des innerlich Wahrgenommenen hat aber all das, was die Theologie über die Glaubensfunktion ausgesagt hat, weiterhin Gültigkeit. Da wir Heutigen infolge der areligiösen positivistischen Evolutionsphase in religiösen Dingen gleichsam Analphabeten geworden sind, sind die theologischen Schriften über die fides qua für uns sogar eine reichhaltige Quelle des Wissens. Dass diese Quelle uns zugänglich wird, setzt jedoch voraus, dass wir in der Lage sind, die archaische Ausdrucksweise in die heutige zu übersetzen: an die Stelle von „Gott“ (in der Bedeutung „sich offenbarender Gott“) den Ausdruck „Selbst“ zu setzten und an die Stelle von „Mensch“ beziehungsweise „Seele“ den Ausdruck „Ich“. Ferner ist zu bedenken, dass die theologischen Traktate über die fides qua ein Wissen enthalten, das dem der *theoretischen* Psychologie entspricht. Theologie ging ja – wie alle Wissenschaft – aus der objektivierenden Einstellung hervor. Es war das *So-Sein* der Glaubensfunktion, über das die Theologen reflektierten.

Erfahrungsschatz der spirituellen Schulen

Wollen wir uns das reiche Erfahrungswissen zu Nutze machen, das der archaische Mensch über die *Praxis* der Religiosität hatte, müssen wir nicht auf die Theologie zurückgreifen, sondern auf die Schulen der Spiritualität. Diese waren ja, wie wir sahen. aus dem Bemühen um die Pflege der existenziellen (= religiösen) Einstellung hervorgegangen und bildeten in spätarchaischer Zeit ein komplementäres Pendant zur Theologie. Nicht dass es auf der einen Seite Theologen, auf der andern Spirituelle gegeben hätte. Es gab zwar Spirituelle, die sich nur wenig um theologische Gelehrsamkeit kümmerten, aber die großen schöpferischen Theologen waren wohl alle gleichzeitig um Spiritualität bemüht: suchten bei aller Gelehrsamkeit ein „gottgefälliges“ Leben zu führen.

Nun müssen wir uns aber vor Augen halten, dass in allen spirituellen Schulen – in den christlichen, jüdischen, islamischen, buddhistischen, hinduistischen (Yoga), taoistischen sowie in denen der primitiven Völker

– wegen der archaischen Apperzeption des innerlich Wahrgenommenen fides quae und fides qua miteinander verquickt waren: dass jede von ihnen sich vor dem Hintergrund eines mythischen Weltbildes entfaltet hat. Dies zu sehen ist deshalb wichtig, weil der westliche Mensch so sehr auf den Erwerb von Sachwissen getrimmt ist, und weil er deshalb – wenn er sich den Schriften von Mystikern und Weisheitslehrern zuwendet – häufig bestrebt ist, aus diesen etwas über das Sosein der „anderen Welt" zu erfahren.

Gerade diese Aussagen über Glaubensinhalte müssen wir aber beiseiteschieben, wenn wir nicht gerade religionswissenschaftlich oder tiefenpsychologisch interessiert sind. Was wir Heutigen von den archaischen Homines religiosi lernen können. ist deren beispielhafte existenzielle Haltung: deren Bemühen, ihr Denken und Tun nach dem „Willen Gottes" auszurichten; lernen können wir von ihnen ferner viele Verhaltensregeln, die sich ihnen bei diesem Bemühen als hilfreich erwiesen: deren „Knowhow" der Religiosität.

Homo faber-Haltung und Haltung des Geschehen-lassen-Könnens

Der westliche Mensch ist zum Homo faber geworden, und er *muss* Homo faber sein, wenn er den zivilisatorischen Apparat, den er geschaffen hat, handhaben will. Wenn er sich hingegen um das Finden des „richtigen Tuns" bemüht, muss er gerade die Homo faber-Haltung ablegen. Die innere Wahrnehmung, die ihm mitteilt, ob seine ichhaften Absichten richtig oder unrichtig seien, und die ihm Hinweise über den richtigen Weg gibt, lässt sich eben nicht wie die Sinneswahrnehmung aktiv anstreben und herbeiführen. Weil die Führungsinstanz (das „Selbst") sich dem Ich mitteilt („offenbart") wann und wie es ihr beliebt, setzt die Hinwendung zu ihr eine abwartende Empfängnisbereitschaft voraus: eine Haltung des Geschehen-lassen-Könnens, die dem auf Aktivität und Ergreifen trainierten westlichen Menschen weitgehend verloren gegangen ist. Zwar muss der Mensch (das Ich) sich um innere Erfahrung *bemühen;* er kann sie aber nicht erzwingen, sie geschieht, und *dass* sie geschieht, hängt von jenem vom Selbst ausgehenden Geschehen ab, das die Theologie als Gnade bezeichnet hat.

Je mehr Menschen dazu kommen, auf ihre innere Stimme zu hören und das Gehörte zu verwirklichen, desto mehr werden jene Eigenschaften, die wir an Naturvölkern schätzen, und die vor allem durch den Positivismus zurückgedrängt wurden – z. B. die Verbundenheit mit Mensch und Natur – wieder zum Blühen kommen. Auf der heutigen Bewusstseinsebene wird jedoch diese Verbundenheit nicht mehr nur Ausfluss unbewusster Partizipation sein, sondern bewusstes Bezogensein auf etwas, das man auch als etwas vollkommen anderes zu erleben imstande ist.

Psychotherapie und Religiosität

Wie mit den Mächten des Unbewussten auf eine dem heutigen Bewusstheitsniveau entsprechende Art religiöse umzugehen ist, hat uns C. G. Jung gelehrt. Er hat nicht nur die archaische Apperzeption überwunden und damit den entscheidenden Anstoß zum Hereinklappen der metaphysischen Welt gegeben; er hat sich auch gleichzeitig bemüht, nach dem areligiösen positivistischen Zeitalter die Religiosität zu rehabilitieren: seine Schüler zu einer im vollen Sinne des Wortes religiösen Haltung hinzuführen.

Die Methode, die er – durch Weiterentwicklung des freudschen Ansatzes – hierzu entwickelt hat, wird zwar heute vorwiegend in der Psychotherapie verwendet: zur Depotenzierung des persönlichen Unbewussten, d. h. zur Korrektur der Fehleinstellungen, zu denen die Erziehung sowie die Konfrontation mit der gesellschaftlichen Wirklichkeit in unserer desorientierten Zeit fast unumgänglich führen. Es ist dies eine Arbeit, die darauf abzielt, Menschen an die Erfordernisse des Lebens anzupassen: sie zur Bewältigung des Lebens zu befähigen. Dies ist aber nur der erste Schritt auf dem Wege zur Religiosität: der Schritt, der die Voraussetzung dafür schafft, dass Religiosität sich entwickeln kann.

Psychotherapeutische Methoden gibt es heute viele. Als therapeutische Methode ist die analytische Therapie nach Jung eine unter vielen: in manchen Fällen sind zur Anpassung ans äußere Leben andere Methoden sogar eher indiziert. Sobald es aber darum geht, eine dem heutigen Bewusstheitsniveau entsprechende Art von Religiosität zu leben, erweist sich die Jung'sche Methode – wegen der dahinter stehenden Modellvorstellung der Psyche und Jungs Ehrfurcht vor den Mächten des Unbewussten – allen anderen als überlegen. Da erweist sie sich als evolutionärer Durchbruch.

Jung hat sich ja in erster Linie um die Problematik der zweiten Lebenshälfte interessiert: um die Persönlichkeitsentfaltung von Menschen, die zwar ans äußere Leben angepasst waren – die oft sogar den Gipfel des Erfolges erreicht hatten –, die aber in der Krise der Lebensmitte entdeckten, dass ihr Leben trotz allem im Grunde genommen sinnentleert war. Dabei hat ihm die Erfahrung gezeigt, dass jeweils dann, wenn das persönliche Unbewusste (der sogenannte Schattenbereich) aufgearbeitet ist, das Problem der Religiosität sich konstelliert: dass die Einsicht sich einstellt, dass der Mensch seiner Ganzheit nur dann nahe kommt, wenn er bereit ist, auf die Intentionen der Führungsinstanz zu hören und einen Weg zu gehen, der unter Umständen in eine ganz andere Richtung führt als das Ich (das Ego) gehen möchte: dass der Mensch erst dann sein „Heil“ erlangt, wenn er bereit ist, von der egozentrischen Haltung abzulassen und sich auf das Selbst zu zentrieren: eine Haltung einzunehmen. die während der archaischen Zeit als religiöse Haltung (als fides qua) bezeichnet wurde.

Individuationsprozess als Konkretisierung eines arttypischen Musters
Jung hat viele Menschen während ihrer seelischen Reifung – bei der Auseinandersetzung zwischen dem Ich und dem Selbst – begleitet. Dabei ist ihm aufgefallen. das jeweils der Reihe nach bestimmte Stadien durchschritten werden müssen. Dadurch kam er zur Überzeugung. dass es sich bei dieser Entwicklung um einen weitgehend naturhaften Wachstumsvorgang handelt: um ein – wie er es nannte – archetypisches Geschehen. d. h. um die Entfaltung eines für die menschliche Art typischen Musters. Vergleicht man nun das, was Homines religiosi der archaischen Zeit über den „Weg ihrer Seele zu Gott“ erzählen (z. B. Ignatius von Loyola oder Therese von Avila) mit dem, was heute zu beobachten ist, sieht man, dass jene Persönlichkeitsentwicklungen sich nach dem gleichen Muster vollzogen; und doch besteht zwischen jenem Weg und dem heutiger Menschen ein Unterschied. Der archaische Mensch des Abendlandes verstand seinen Lebensweg als Nachfolge Christi: als Annäherung an ein kollektives, in der Bibel beschriebenes Ideal.

Heute hingegen, da erstens das konkretistische Verständnis des „Christus-Geschehens“ hinfällig geworden ist, zweitens der Demokratisierungsprozess – das Herauslösen des einzelnen aus der Partizipation an der Gruppe – wenigstens potentiell zur Mündigkeit des Menschen geführt hat, hat das Finden des *individuellen* Lebensweges an Bedeutung zugenommen. Mehr als früher wird heute die individuelle Veranlagung des Menschen berücksichtigt und bejaht statt unterdrückt. Jung bezeichnete deshalb den seelischen Reifungsvorgang als Individuationsprozess: als Prozess, der zwar nach einem arttypischen Muster verläuft, bei dem jedoch der einzelne sich nicht einem für die ganze Gruppe gültigen Ideal anzugleichen bestrebt ist sondern zu dem zu werden versucht, wozu er seiner individuellen Veranlagung nach angelegt ist.

Bei dieser Bejahung des Pluralismus der Lebensformen und Lebenswege gewinnt die „Offenbarung ad hoc“ – im Gegensatz zu der in der Bibel festgelegten „einmaligen und endgültigen Offenbarung in Christus“ an Bedeutung. Unabdingbare Voraussetzung für eine zeitgemäße Religiosität ist es deshalb, wiederum das *unmittelbare* Erleben jenes Geistes zu erlernen, den der archaische Mensch „sich offenbarenden Gott“ nannte.

Zu erläutern, wie dies zu geschehen hat, ist hier nicht der Ort. Bei der vorliegenden Arbeit geht es ja nur darum, die erkenntnistheoretischen – die auf archaischer und positivistischer Apperzeption beruhenden – Hindernisse, die diesem Erleben im Wege stehen, aufzuzeigen.

Eines jedoch sei hier noch erwähnt: das Hören auf die innere Stimme führt, wie die Erfahrung zeigt, nicht zu einem Verhalten, das den in den Evangelien niedergelegten sittlichen Normen widerspricht. Dies ist verständlich, wenn man bedenkt, dass jene Normen – wie die Ethiken aller Religionen – ebenfalls durch Auseinandersetzung des Ich mit den Intentionen des Selbst entstanden sind: dass sie dem gleichen, in der menschlichen „Seele“ angelegten „Muster“ entsprungen sind wie die heutige innere Erfahrung. Aber seit der „Zeitwende“ hat die vom Menschen geschaffene Umwelt – die physische, soziale, wirtschaftliche und kulturelle – sich radikal geändert, und das Bemühen um das „richtige“ Tun verlangt heute vielfach Antworten auf Probleme, die zur Zeit Jesu noch gar nicht vorhanden waren.

Psychotherapeuten und Seelsorger

In allen spirituellen Schulen war es Brauch, dass der Schüler sich von einem erfahrenen Meister führen ließ. Dieser führte ihn nicht nur in die Praktiken des „geistlichen Lebens“ ein sondern war ihm unter anderem auch behilflich, die „Stimme des bösen Geistes“ beziehungsweise des „Versuchers“, von der „Stimme Gottes“ zu unterscheiden, d. h. die aus dem persönlichen Unbewussten (von den „Komplexen“ her) kommenden Impulse von den Impulsen des „Selbst“ zu unterscheiden. In dieser Rolle des „Seelenführers“ versteht sich heute in der tiefenpsychologischen Praxis auch der Analytiker, dessen Aufgabe ja vor allem darin besteht, die Gestaltungen des Unbewussten, die der Analysand ihm vorlegt, zu interpretieren.

Die Erziehung des heutigen Menschen zur Religiosität dürfte jedoch meines Erachtens nur zu einem geringen Teil von professionellen Psychotherapeuten geleistet werden. Erstens deshalb, weil nur die wenigsten psychotherapeutischen Methoden tiefenpsychologisch ausgerichtet sind; zweitens aber auch deshalb, weil Psychotherapeuten von ihrem Beruf her eher für die Behandlung von Anpassungsstörungen motiviert sind. Wegen der ungeheuren Zahl psychischer Krankheiten sind sie damit ja auch vollauf beschäftigt.

Mit der Zeit dürfte die Erziehung zur existenziellen Haltung beziehungsweise zum religiösen Leben – und zwar in einer der heutigen Bewusstheit entsprechenden Art – als Aufgabe all jener erkannt werden, die mit der Erziehung und Betreuung von Menschen betraut sind. Dabei dürfte sich auch den kirchlichen Seelsorgern ein weites Wirkungsfeld eröffnen, denn diese sind ja von ihrem Beruf her wie keine andere Menschengruppe dazu motiviert. Die Bewältigung dieser Aufgabe würde jedoch voraussetzen, dass sie es fertig brächten, die vierte Demütigung des abendländischen Menschen zu akzeptieren: zu akzeptieren, dass das, was in der kirchlichen Tradition als sich offenbarender Gott aufgefasst wurde, nach heutiger Einsicht eine *seelische* Macht ist. Dazu genügte allerdings nicht die intellektuelle Zustimmung allein. Es würde erfordern, dass sie zuerst selber lernten, sich der inneren Erfahrung zu öffnen. Die hohe Schule der Spiritualität (das „innere Gebet" – die „Zwiesprache der Seele mit Gott" und vor allem das Hören auf die Offenbarung ad hoc), eben das, was man innere Erfahrung nennt, wurde ja innerhalb der Kirchen immer nur von einem kleinen Kreise geübt. Weil die Kirchen schon früh um Orthodoxie bemüht waren, stand der Glaube an die christliche Lehre (die fides quae) immer im Vordergrund der Verkündigung. Unmittelbare Erfahrung des „Willens Gottes" war – wegen der dieser Erfahrung immanenten Tendenz zur „Häresie" – gar nicht besonders erwünscht. In der spätpositivistischen Zeit verkümmerte dann das spirituelle Bemühen noch vollends, da man – dem Zeitgeist folgend – christliche Erziehung mehr und mehr als Erlernen von theologischem Wissen verstand.

Die Seelsorger müssten deshalb – wenn sie der Aufgabe, die unsere Zeit ihnen stellt, gerecht werden wollen – ebenso wie die übrigen Erzieher gleichsam am Punkt Null anfangen. Sie müssten die beschwerliche Schulung auf sich nehmen, die – das Wirken der „Gnade" vorausgesetzt – zu dem führen kann, was in archaischer Zeit als Gotteserlebnis beziehungsweise Gottesbegegnung bezeichnet wurde.

Erst dann nämlich, wenn sie die Führung durch das Unbewusste selber erfahren haben, können sie zur Gewissheit gelangen, dass dem in der Natur wirkenden Geist, d. h. der aus dem unbewussten Bereich auf das Ich einwirkenden Führungsinstanz all jene Eigenschaften zukommen, die die Theologie dem menschennahen Gott zugeschrieben hat: z. B. Vorsehung, Weisheit, Güte und Macht.

Bewusstseins-Mutation als Makro-Mutation

Bevor wir unsere Untersuchung abschließen, wollen wir uns noch überlegen, welchen Stellenwert die Bewusstseins-Mutation innerhalb der Evolution des Bewusstseins hat.

Die deskriptive biologische Evolutionsforschung unterscheidet zwischen kleinen und großen, beziehungsweise zwischen Mikro- und Makro-Mutationen. Als Makro-Mutationen fasst sie z. B. die Entwicklungsschritte von den Amphibien zu den Reptilien und von den Reptilien zu den Säugern auf: Entwicklungsschritte, bei denen jeweils ein grundlegend neuer, komplexerer Typus von Lebewesen entstand. Solch große Entwicklungsschritte machte die orthogenetische Tendenz jeweils dann, wenn sie einen „Bauplan" – durch Differenzierung in Arten – bis an die Grenze der in ihm liegenden Möglichkeiten ausgeschöpft hatte: wenn sie an einer ökologischen Barriere anstieß, die mit der bisherigen „Konstruktion" nicht mehr überschritten werden konnte.

Makro-Mutationen sind seltene Ereignisse. Innerhalb des Zeitraumes von ca. dreieinhalb Milliarden Jahren, in dem das unbewusst Lebendige sich entfaltete, haben auf dem Gesamt aller Entwicklungslinien nicht mehr als zweihundert derartige Neuerungen stattgefunden, während in der gleichen Zeit – als Ergebnis kleinerer Mutationen – Millionen von Arten entstanden sind.

Unter dem Einfluss der Molekularbiologie ist zwar in jüngster Zeit der Ausdruck Makro-Mutation in Misskredit geraten. Ihn zu vermeiden mag dort berechtigt sein, wo man nur das Geschehen im molekularen Bereich ins Auge fasst und dabei notwendigerweise sein Gesichtsfeld auf Hunderttausendstel Quadratmillimeter einschränkt. Sobald man aber seine Aufmerksamkeit dem Evolutionsprozess im Großen zuwendet, hat die Unterscheidung zwischen Mikro- und Makro- Mutationen weiterhin ihren Sinn. Der Ausdruck „Mutation" war ja schon lange vor dem Aufkommen der Molekularbiologie in Gebrauch. Mutatio bedeutet Veränderung und heißt im Zusammenhang mit der Evolution so viel wie Entwicklungsschritt In dieser allgemeineren Bedeutung wird dieses Wort hier zur Benennung der Geschehnisse bei der Evolution des Bewusstseins verwendet, und da erweist sich die Unterscheidung zwischen kleinen und großen Schritten als hilfreich.

Kleine gab es in großer Zahl, und zwar auf dem metaphysischen wie auf dem physischen Entwicklungszweig. Auf dem metaphysischen Zweig entstanden dabei jeweils neue Gottesbilder, und – im Zusammenhang mit diesen – neuen Mythen, neue mythische Kosmologien und neue Gruppierungen der metaphysischen Zwischenwesen. Eine Reihe solch kleinerer Mutationen konnten wir im altägyptischen Reich beobachten. Der letzte Entwicklungsschritt dieser Art auf dem zu uns führenden Evolutionsstrahl war die Ablösung der Jahwe-Vorstellung durch das trinitarische Gottesbild.

Auf dem physischen Entwicklungszweig entstanden durch kleine Mutationen jeweils neue Vorstellungsmodelle vom Naturgeschehen. So löste z. B. die kopernikanische Auffassung des Kosmos die ptolemäische ab, trat die galileische Auffassung der Bewegung an die Stelle der aristotelischen, verdrängte die Entdeckung des Sauerstoffs die Phlogiston-Theorie, und überwanden die Relativitätstheorie sowie die Quantenmechanik die durch Newton geschaffene sogenannte klassische Physik. Jede dieser Mutationen führte dazu, dass jeweils ein Ausschnitt aus dem Naturgeschehen, von dem sich schon frühere Generationen eine auf Empirie gegründete Auffassung erarbeitet hatten, auf völlig neue, evolutionsmäßig höhere Art verstanden wurde.

Alle diese kleinen Entwicklungsschritte vollzogen sich jedoch unter der Dominanz eines die ganze Zeit über gültigen Apperzeptionsschemas: die auf dem metaphysischen Zweig unter der Dominanz des archaischen, die später einsetzenden auf dem physischen Zweig unter der Dominanz des positivistischen. Bei *der* Mutation hingegen, die in diesem Buche beschrieben wurde, hat sich das Apperzeptionsschema selber geändert, und zwar das erste Mal seit der Entstehung des Bewusstseins.

Den Stellenwert, den der Bauplan in der biologischen Evolution hat, hat in der Evolution des Bewusstseins das Apperzeptionsschema. Aus diesem Grunde können wir den Übergang von der archaischen zur heutigen Apperzeption als Makro-Mutation des Bewusstseins bezeichnen. Dass die Ausformung des positivistischen Apperzeptionsschemas schon zu dieser gehörte – als Schema des Übergangs beziehungsweise des ersten Schrittes derselben – haben wir gesehen.

Bevor biologische Makro-Mutationen zustande kamen, zeigte sich jeweils, wie erwähnt, eine evolutionäre Unruhe: eine Unruhe, die – bei Betrachtung unter dem finalen Aspekt – als Tasten auf das Neue hin aufgefasst werden kann. Solch ein Tasten können wir auch vor der Makro-Mutation des Bewusstseins beobachten. Zu der Zeit, als die griechischen Denker sich vom archaischen Konkretismus abzusetzen versuchten, machten sich auch in anderen Knotenpunkten der Bewusstsein-Evolution Bestrebungen ähnlicher Art bemerkbar. In Indien entstand dabei der Buddhismus und in China der Taoismus.

Jene Tastversuche endigten jedoch blind und zwar vor allem deshalb, weil dort nicht der Weg über die Erforschung der Natur eingeschlagen wurde. Buddhismus und Taoismus waren ebenso wie das Urchristentum – bei allem Fortschritt gegenüber dem Bisherigen – in erster Linie „Wege der Seele zu Gott". Bei ihnen überwog die existenzielle Einstellung. Der Impuls zur objektivierenden Einstellung mit Hilfe der Sinneswahrnehmung ging von den Griechen aus. Zwar verlief der griechische Anlauf noch im Sande, jedoch nur scheinbar, denn wir haben gesehen, dass der zweite Anlauf – der abendländische – an jene Ergebnisse anknüpfte, die die Griechen erarbeitet hatten. Wie bei den biologischen Makro-Mutationen geschah somit auch bei der des Bewusstseins der Durchbruch nur an einer einzigen Stelle: er geschah bei uns. Aber auch bei uns vollzog er sich – wie alle Mutationen – nicht auf breiter Front, sondern wie gezeigt nur in einzelnen Individuen.

Was nun folgen wird ist das, was die Biologen adaptive Radiation nennen. Hierbei jedoch unterscheidet sich das Geschehen beim Menschen von dem beim unbewussten Lebewesen. In der Biosphäre breitete sich der neue Typus jeweils auf genetischem Weg *über* die bisherigen Typen aus; durch aktive Anpassung eroberte er nach und nach den ökologischen Raum, der den niedrigeren Formen verschlossen war, und differenzierte sich dabei in eine Vielzahl von Arten.

Bei den Mutationen des Bewusstseins hingegen vollzieht sich jeweils nach dem Durchbruch jener Prozess, der in der Sprache des Unbewussten durch das Mythologem von Leiden, Tod und Auferstehung ausgedrückt wird: findet jene Diskontinuität in der Tradition statt, die darin besteht, dass die neue Weltsicht zwar von anderen Individuen der menschlichen Art übernommen wird, jedoch nur unter der Voraussetzung, dass in ihnen erst einmal die bisherige Einstellung stirbt.

Diese Gesetzmäßigkeit gilt auch für die kleinen Mutationen des Bewusstseins. Wie sie sich jeweils bei den kleinen Mutationen auf dem physischen Entwicklungszweig vollzogen haben, hat der amerikanische Wissenschaftshistoriker Thomas S. Kuhn sehr schön beschrieben. Die Betrachtung unter dem Blickwinkel der Bewusstseinsevolution war ihm zwar fremd, und er bezeichnet deshalb die kleinen Entwicklungsschritte – in Anlehnung an die Terminologie der traditionellen Geschichtsschreibung – als Revolutionen. Mit großer Deutlichkeit hat er aber herausgearbeitet, dass jeweils die neue Auffassung des Naturgeschehens (er nennt sie Paradigma) mit der alten inkommensurabel ist: dass deshalb ihre Annahme nicht aufgrund logischer Überlegungen geschieht, sondern dass sie dem ähnelt, was bei der Bewusstseinsentwicklung auf dem metaphysischen Zweig als Bekehrung bezeichnet wird. „Konversionen geschehen eine um die andere, bis dann, nachdem die letzten Widerstandleistenden (d. h. die, die sich nicht bekehren lassen, Anm. d. Verf.) gestorben sind, die gesamte Fachwissenschaft wieder unter einem einzigen, allerdings nunmehr anderen Paradigma arbeitet.“[17]

Nun sind aber die Fachwissenschaften – als Gelehrten-Gemeinschaften – so etwas wie Organismen, die gerade durch ihre Struktur dazu angelegt sind, dass derartige Wandlungsprozesse sich in ihnen vollziehen können. Analog dazu sind die archaischen geistigen Gemeinschaften Strukturen, die Gewähr bieten, dass ein stattgehabter Wandel der Gottesbilder sich durchsetzt. So entstand z. B. die christliche Urgemeinde im Schoße der Synagoge und schnürte sich dann – wie ein Ableger von seiner Mutterpflanze – von dieser ab.

Für *die* Auseinandersetzungen, die zum Vollzug der Makro-Mutation führen werden, fehlt allerdings bisher noch eine strukturierte, die gegensätzlichen Blöcke übergreifende Gemeinschaft. Bescheidene Ansätze zu einer solchen sind die interdisziplinären Gesprächszirkel, die sich allenthalben bilden, und es ist zu hoffen, dass diese sich in Zukunft zu wirkungsvollen Organen entwickeln werden.

Anmerkungen

Zum 1. Kapitel

1 Grönbech I. S. 42-73
2 Müller S. 100
3 Hirschberg S. 83-94
4 Hirschberg S. 139
5 1976 S. 118
6 1976 S. 123
7 Grönbech I. S. 183-89
8 S. 213-29
9 S. 43 f., 83
10 nach Maringer S. 171 f.
11 zit. Lévy-Bruhl S. 134
12 zit. Lévy-Bruhl S. 132
13 1976 S. 159
14 Girard S. 169. 180. 188
15 Stirnimann 1976 S. 270-87
16 S. 140
17 1949 S. 19-143
18 Maringer S. 136 f.
19 Maringer S. 138 – 40
20 S. 112
21 Walker J. S. 153
22 zit. Müller S. 236
23 19625. 41
24 1962 s. 116
25 Müller S. 203
26 Girard S. 63
27 Eliade 1960 S. 249-54
28 Grönbech I. S. 183-91, 208
29 Maringer S. 1 18-20
30 Stirnimann 1976 S. 110
31 Müller S. 281
32 Müller S. 185
33 Müller S. 269
34 1978. S. 24, 38, 41, 50 f.

35 Lévy-Bruhl S. 17-24
36 zit. Ninck S. 15
37 Dulles S. 14
38 1969 S. 5
39 1906 S. 564
40 zit. Lévy-Bruhl S. 82-83
41 Schwarzer Hirsch 1978. S. 63-95
42 1962 S. 24
43 1962 S. 39 f.
44 Howitt S. 408
45 Scholem S. 43 7
46 Loyola, Ignatius von 1963 S. 56, 66
47 v. Franz 1959 S. 115-30
48 v. Franz 1951 S. 387-496
49 Ninck S. 6
50 Ninck S. 19
51 Müller S. 233
52 I. S. 294 f.
53 Grönbech I. S. 295
54 Girard S. 396-407
55 zit. Müller S. 256
56 Grönbech II. S. 132-248
57 Siehe z. B. Schwarzer Hirsch 1978 S. 47-62
58 Girard S. 37
59 Girard S. 121-158, 177-203
60 II. S. 223
61 Müller S. 144, 225, 271
62 Müller S. 144
63 Müller S. 142
64 Eliade 1960 S. 43-54
65 Müller S. 37-48
66 Müller S. 136
67 Müller S. 186
68 Müller S. 176
69 Müller S. 184
70 Girard S. 58-65, 103
71 Lubac S. 62-65
72 Lubac S. 40

73 Lubac S. 68f
74 Girard S. 129-51
75 Müller S. 124 f.
76 S. 102

Zum 2. Kapitel

1 Heberer u.a. S. 87
2 Gallup G.G. in Tuttle 1975
3 Maringer S. 86-108
4 Girard S. 105
5 mündl. Mitteilung
5a 1911 S. 15
6 Schmidt Wilh., I. S. 179 f.
7 Renner S. 36
8 Thule XLV S. 271 f.
9 Schärer H. S. 19
10 Grönbech I. S. 185 f.
11 Schwarzer Hirsch 1962 S. 63
12 Hennecke S. 326
13 Grönbech I. S. 257-72
14 Grönbech I. S. 214
15 Grönbech I. S. 271
16 Grönbech I. S. 271
17 Grönbech I S. 270 f.
18 Hultkrantz S. 90f f., 199
19 Müller S. 253
20 Spiegel S. 110-114. 304-307
21 Spiegel S. 223-229
22 Spiegel S. 224
23 Spiegel S. 87
24 Spiegel S. 90-105
25 Spiegel S. 106
26 Spiegel S. 177
27 Spiegel S. 199 f.
28 Spiegel S. 230-37
29 Pyr. Spr. 527 Par. 1248 zit. Spiegel S. 178
30 Spiegel S. 112

31 Pyr. Spr. 600 Par. 1652/3 zit. Spiegel S. 113

32 Spiegel S. 247

33 Spiegel S. 200 f.

34 Spiegel S. 248

35 Eliade 1954 S. 71-80

36 Spiegel S. 265. 341-43

37 Jaeger W. in Gadamer (Hrsg.) S. 50

38 Jaeger W. in Gadamer (Hrsg.) S. 53

39 Snell B. in Gadamer (Hrsg.) S. 22-31

40 Stenzel J. in Gadamer (Hrsg.) S. 218

41 Stenzel J. in Gadamer (Hrsg.) S. 223

42 Stenzel J. in Gadamer (Hrsg.) S. 239

43 Stenzel J. in Gadamer (Hrsg.) S. 216

44 Stenzel J. in Gadamer (Hrsg.) S. 236-38

45 Kraft S. 104

46 Harnack I. S. 126 f.

47 Kraft S. IX

48 Kraft S. 82

49 Kraft S. 84 f.

50 Kraft S. 104
Harnack I. S. 125

51 nach Schulz

52 Harnack I. S. 108f f.
Schulz S. 324 f.

53 Harnack I. S. 344. 497 f., 505-25

54 Harnack I. S. 529-36, 540-50

55 c f. Mirgeler S. 32-35

56 Mirgeler S. 26-28, 90 f.

57 Overbeck S. 168

58 Overbeck S. 169 f.

59 Overbeck S. 171 f.

60 Overbeck S. 176-199

61 Harnack I. S. 399-404, 416 f.

62 Schulz S. 245, 251, 255-70

63 Benz Richard in Legenda aurea S. X f.

64 Benz Richard in Legenda aurea S. XIIIf f.

65 Beißel S. 18-20

66 Harrer (Hrsg.) S. 72

67 Grabmann S. 15 f.
68 Overbeck S. 3 f.
69 Grabmann S. 31
Overbeck S. 285-87
70 Overbeck S. 295 f.
71 Overbeck S. 235f f.
72 Overbeck S. 10
73 Overbeck S. 16
74 Harnack III S. 10
75 Harnack III S. 560
76 Harnack III S. 692
77 Dezinger 849
78 Grabmann S. 19
79 Denzinger-Schönmetzer 35-39
80 Rahner/Vorgrimmler S. 373
81 Zahrndt S. 46

Zum 3. Kapitel

1 Mirgeler S. 111
2 Burdach S. 33ff.
3 Burdach S. 97f.
4 z.H. Hildegard v. Bingen S. 89
5 Overbeck S. 25-44
6 Clair S. 12ff., 66ff., 62ff., 185ff., 23
7 Overbeck S. 238-42
8 Overbeck S. 58
9 Overbeck S. 45
10 Overbeck S. 45
11 Overbeck S. 49
12 Overbeck S. 53
13 Müller S. 105-14
14 zit. Overbeck S. 57
15 Overbeck S. 207ff.
16 Overbeck S. 210-29
17 Overbeck S. 255
18 Overbeck S. 310f.
19 Overbeck S. 312f.

Zum 4. Kapitel

1 Obrist W., unveröffentlichte Studie
2 Uexküll 1921 S. 94 ff.
3 S. 89
4 cf. Ermertz
5 unveröffentlichtes Manuskript
6 Freud 1948 S. 295
7 z. B. 1970 S. 48 ff.
8 Nickel S. 112
9 Prof. Erwin Nickel, mündl. Mitteilung
10 Ruder Hans in Siewing (Hrsg.) S. 15 ff.
11 Wegener Horst in Siewing (Hrsg.) S. 25 ff.
12 Ruder Hans in Siewing (Hrsg.) S. 22
13 Ruder Hans in Siewing (Hrsg.) S. 21
14 Steinbuch S. 2 f.
15 1970 S. 111 ff.
16 Portmann 1956 S. 204 ff.
17 Kuhn S. 163

Literatur

Ach Narziss: Über die Begriffsbildung. Eine experimentelle Untersuchung. (Untersuchungen zu Psychologie und Philosophie, Bd. 3), Bamberg 1921. Nachdr. Darmstadt 1971

Bachofen, Johann Jakob: Das Mutterrecht (Ges. Werke Bd. II & III) Basel 1948

Bally, Gustav: Vom Spielraum der Freiheit. Bedeutung des Spiels bei Tier und Mensch. Basel 1966

Bender, Hans: Verborgene Wirklichkeit, Parapsychologie und Grenzgebiete der Psychologie. München 1976

Beißel, Stefan: Die Verehrung der Heiligen und ihrer Reliquien in Deutschland im Mittelalter. (Die Verehrung der Heiligen und ihrer Reliquien in Deutschland bis zum Beginne des 13. Jahrhunderts, Stimmen aus Maria Laach, Erg.-H. 47, 1890: und: Die Verehrung der Heiligen und ihrer Reliquien in Deutschland während der zweiten Hälfte des Mittelalters. Stimmen aus Maria Laach, Erg.-H. 54, 1892) Nachdr. Darmstadt 1976

Benz, Ernst: Die Vision, Erfahrungsformen und Bilderwelt. Stuttgart 1969

Benz, Ernst: Der Heilige Geist in Amerika. Düsseldorf 1970

Binder, Hans: Probleme der Wirklichkeit. von der Naturwissenschaft zur Metaphysik. Bern 1975

Bingen, Hildegard von: Wisse die Wege, Scivias. Nach dem Originaltext des illuminierten Rupertsberger Kodex der Wiesbadener Landesbibliothek ins Deutsche übertragen und bearbeitet von Maura Böckeler. Salzburg 5. Aufl. 1963

Biram. Sigmund: Die außerpsychologischen Voraussetzungen der Tiefenpsychologie. München 1966

Böcher, Otto: Dämonenfurcht und Dämonenabwehr. Ein Beitrag zur Vorgeschichte der christlichen Taufe. (Beiträge zur Wissenschaft vom alten und neuen Testament) Berlin 1970

Brunner, Cornelia: Die innere Welt. Visionen von Giulia. Zürich 1975

Bultmann, Rudolf: Das Urchristentum. Zürich 1949

Burdach, Konrad: Reformation. Renaissance, Humanismus. Zwei Abhandlungen über die Grundlage moderner Bildung und Sprachkunst 2. Aufl. 1926. Reprograph. Nachdr. Darmstadt 1978

Caminada, Christian: Die verzauberten Täler, die urgeschichtlichen Kulte und Bräuche im alten Rätien. Olten 1961

Camap, Rudolf: Grundlagen der Logik und Mathematik. München 1913

Cassirer, Ernst: Kants Leben und Lehre. 2. Aufl. 1921
Clair, Colin: Unnatürliche Geschichten, ein Bestiarium. Zürich 1969
Cordan, Wolfgang: Popol Vuh. das Buch des Rates; Mythos und Geschichte der Maya. aus dem Quiche übertragen und erläutert. Düsseldorf 1962
Cumont, Franz: Die Mysterien des Mithra. Ein Beitrag zur Religionsgeschichte der römischen Kaiserzeit 3. Aufl. 1923. Reprogr. Nachr. Darmstadt 1975
Denzinger, Heinrich: Enchiridion Symbolerum et Definitionum 261947
Denzinger-Schönmetzer. Enchiridion Symbolorum. Freiburg/Br. 321963
Derlon, Pierre: Unter Hexern und Zauberern. Die geheimen Traditionen der Zigeuner. Basel 1976
Dopp, Josef: Formale Logik. Einsiedeln 1969
Dulles, Avery: Was ist Offenbarung? Freiburg 1970
Eliade, Mircea: Die Religionen und das Heilige. Salzburg 1954
Eliade, Mircea: Schamanismus und archaische Ekstasetechnik. Zürich 1960
Ermertz, Edmond: Herrlichkeit wird Gnade: die Struktur der Offenbarung nach M.J. Scheeben. Dissertation Rom 1968
Evans-Pritchard, E.E.: Theorien über primitive Religionen. Mit einer Vorlesung „Sozialanthropologie gestern und heute“ als Einleitung. Frankfurt a.M. 1968
Evans-Wentz. W.Y. (Hrsg.): Das Tibetanische Totenbuch. Zürich 1960
Fasold, Hugo: Bioregulation: Regulations- und Kontrollmechanismen in der Zelle. Heidelberg 1976
Feiner, J. / Löhwer, M. (Hrsg.): Mysterium Salutis. Grundriss heilsgeschichtlicher Dogmatik. Bd. I. Die Grundlagen heilsgeschichtlicher Dogmatik. Zürich 1965
Fischer, Hans: Studien über Seelen-Vorstellungen in Ozeanien. Habilitationsschrift Univ. Tübingen. München 1965
Flußer, David: Jesus in Selbstzeugnissen und Bilddokumenten. Reinbek b. Harnburg 1975
Frank, Helmar (Hrsg.): Kybernetik. Frankfurt a.M. 6. Aufl. 1966
Frank, Karl Suso: Grundzüge der Geschichte des christlichen Mönchtums. Darmstadt 1975
Frank, Karl Suso (Übers.): Frühes Mönchtum im Abendland. II Bde. (Bibliothek der alten Welt. Reihe Antike und Christentum.) Zürich 1975

Franz, Marie-Louise v.: Die Passio Perpetuae. in C. G. Jung. Aion. Zürich 1951
Franz, Marie-Louise v.: Die Visionen des Niklaus von Flüe. Zürich 1959
Franz, Marie-Louise v.: Zahl und Zeit. Psychologische Überlegungen zu einer Annäherung von Tiefenpsychologie und Physik. Stuttgart 1970
Freud, Sigmund: Vorlesungen zur Einlührung in die Psychoanalyse. Ges. Werke Bd. XI Reprinted London 1948
Freud, Sigmund: Traumdeutung, Franklurt a.M. 1961
Freundlich, Rudolf: Einführung in die Semantik. Darmstadt 1972
Frey-Rohn, Liliane: Von Freud zu Jung. eine vergleichende Studie zur Psychologie des Unbewussten. Zürich 1969
Froböse-Thiele, Felicia: Träume, eine Quelle religiöser Erfahrung. Darmstadt 1972
Fromm Erich: Psychoanalyse und Religion. Zürich 1966
Gadamer, Hans Georg (Hrsg): Die Begriffswelt der Vorsokratiker. Darmstadt 1968
Ganoczy, Alexander: Einführung in die katholische Sakramentenlehre. Darmstadt 1979
Gätje, Helmut: Koran und Koranexegese. Zürich 1971
Ghazali, Al: Der Pfad der Gottesdiener. Übersetzt und erläutert von Ernst Bannerth. Salzburg 1964
Gibson, James J.: Die Sinne und der Prozess der Wahrnehmung. Bern 1973
Girard, Ralael: Die ewigen Mayas, Zivilisation und Geschichte. Wiesbaden 1969
Gowinda, Lama Anagarika: Der Weg der weißcn Wolken. Erlebnisse eines buddhistischen Pilgers in Tibet. Bern 1975
Gmbmann, Martin: Die Geschichte der katholischen Theologie seit dem Ausgang der Väterzeit. Mit Benützung von M.J. Scheebens Grundriss dargestellt. (Herders theol. Grundrisse) 1933. Nachdruck 1974
Granet, Marcel: Das chinesische Denken. 2. Aufl. München 1971
Granet, Marcel: Die chinesische Zivilisation. München 1976
Grönbech, Wilhelm: Kultur und Religion der Germanen. 2 Bde. Hrsg. von Otto Höfler. Ins Deutsche übers. von Ellen Hoffmeyer unter Zugrundelegung der dänischen Originalausgabe „Vor Folkaert i Oldtiden“ und der erw. engl. Übersetzung „The Culture of the Teutons“ 5. Aufl. 1954. Reprograph. Nachdruck Darmstadt 1961
Grunebaum, G.E. v.: Der Islam im Mittelalter. Zürich 1963

Hager, Fritz-Peter (Hrsg.): Logik und Erkenntnislehre des Aristoteles. Darmstadt 1972

Harnack, Adolf v.: Lehrbuch der Dogmengeschichte 111 Bde. 4., neu durchgearbeitete und vermehrte Auflage 1909/10. Reprograph. Nachdruck Darmstadt 1964

Harrer, Heinrich (Hrsg.): Unter Papuas. Innsbruck 1976

Harzheim, Egbert / Retscheck. Helmut: Einführung in die allgemeine Topologie. Darmstadt 1975

Heberer, Gerhard / Hunke. Winfried / Rothe. Hartmut: Der Ursprung des Menschen. Unser gegenwärtiger Wissensstand. 4., völlig neubearb. und erw. Aufl. Stuttgart 1975

Heisenberg, Werner: Der Teil und das Ganze. München 1972

Heitler, Walter: Der Mensch und die naturwissenschaftliche Erkenntnis. 4. Aufl. Braunschweig 1966

Heitler, Walter: Naturphilosophische Streifzüge. Braunschweig 1970

Heitler, Waller: Die Natur und das Göttliche. Zug 1974

Hennecke, E.: Neutestamentliche Apokryphen. 2. Aufl. Tübingen 1924. Bd. XXV

Hessen. Johannes: Griechische oder biblische Theologie? Basel 1962

Heußer, Hans (Hrsg.): Instinkte und Archetypen im Verhalten der Tiere und im Erleben des Menschen. Darmstadt 1966

Hilgenfeld, Adolf: Die Ketzergeschichte des Urchristentums. urkundl. dargestellt. Darmstadt 1966

Hirschberg, Waller: Die Kulturen Afrikas (Handbuch der Kulturgesch.) Frankfurt a.M. 1974

Hoenn, Karl: Artemis. Gestaltwandel einer Göttin. Zürich 1964

Holz, Hans Heinz: Leibnitz. Stuttgart. 1958

Hornung, Erik: Der Eine und die vielen. Ägypt. Gottesvorstellungen. Darmstadt 1971

Howells, William: Die Ahnen der Menschheit. Rüschlikon-Zürich 1963

Howitt, A.W.: The Native Tribes of South-East Australia. London 1904

Hultkrantz, Ake: Conceptions of the Soul among North American Indian. A Study in Religious Ethnology. Stockholm 1953

Jacobus de Voragine: Legenda aurea. Aus dem Lateinischen übersetzt von Richard Benz. Köln 1969

Jammer, Max.: Der Begriff der Masse in der Physik (Concepts of Mass). 2. Aufl. Darmstadt 1974

Jordan Pascual: Der Naturwissenschaftler vor der religiösen Frage. Oldenburg 1963

Jung, Carl Gustav: Ges. Werke. Zürich / Olten
Jung, Carl Gustav: Briefe. 111 Bde. Olten 1972/73
Kattenbusch, Ferdinand: Die Entstehung einer christlichen Theologie. 2. Aufl. Darmstadt 1962
Kerenyi, Karl: Die Mysterien von Eleusis. Zürich 1962
Kerenyi, Karl: Griechische Grundbegriffe. Zürich 1964
Kerenyi, Karl: Antike Religion. Darmstadt 1971
Kraft, Heinrich: Die Kirchenväter bis zum Konzil von Nicäa. Bremen 1966
Kuhn, Thomas S.: Die Struktur wissenschaftlicher Revolutionen. Frankfurt a.M. 2. Aufl. 1976
Kurzrock, Ruprecht (Hrsg.): Systemtheorie. Berlin 1972
Lanczkowski, Günter. Einführung in die Religionsphänomenologie. Darmstadt 1978
Lange, Reinhold: Imperium zwischen Morgen und Abend. Die Geschichte von Byzanz in Dokumenten. Recklinghausen 1972
Leeuw, Gerardus van den: Phänomenologie der Religion. (Neue theologische Grundrisse). 4. Aufl. Tübingen 1977
Lévy-Bruhl, L.: Die geistige Welt der Primitiven. München 1927. Reprint Darmstadt 1966
Lévy-Strauss, Claude: Strukturale Anthropologie. Frankfurt a.M. 1907
Lévy-Strauss, Claude: Das wilde Denken. Frankfurt a.M. 1968
Lévy-Strauss, Claude: Das Ende des Totemismus. 3. Aufl. Frankfurt a. M. 1969
Lewing, Kurt: Der Übergang von der aristotelischen zur galileischen Denkweise in Biologie und Psychologie. Annalen der Philosophie Bd. IX 1930-31. Reprograph. Nachdr. Darmstadt 1971
Loyola, Ignatius von: Das geistliche Tagebuch. Freiburg 1961
Loyola, Ignatius von: Der Bericht des Pilgers. 2. Aufl. Freiburg 1963
Lubac, Henri de: Corpus Mysticum, Eucharistie und Kirche im Mittelalter. Einsiedeln 1969
Malcolm, Norman u.a.: Über Ludwig Wittgenstein. Frankfurt a.M. 1968
Malinowski, Bronislaw: Argonauts of the Western Pacific. London 1922
Mann, Ulrich: Einführung in die Religionspsychologie. Darmstadt 1973
Maringer, Johann: Vorgeschichtliche Religion. Religionen im steinzeitliehen Europa. Einsiedeln 1956
Marler, Peter H. / Hamilton, William J.: Tierisches Verhalten. (Serie Modeme Biologie) München 1972

Marxsen, Willi: Die Auferstehung des Jesus von Nazareth. Gütersich 1968
Maudoodi, Sayyid Abu-1-Ala: Weltanschauung und Leben im Islam. Freiburg 1971
Müller, Werner: Glauben und Denken der Sioux, zur Gestalt archaischer Weltbilder. Berlin 1970
Neumann, Erich: Ursprungsgeschichte des Bewusstseins. Zürich 1949
Neumann, Erich: Die große Mutter. Zürich 1956
Nickel, Erwin: Zugang zur Wirklichkeit. Fribourg 1963
Ninck, Martin: Wodan und germanischer Schicksalsglaube. Jena 1935. Reprogr. Nachdr. Darmstadt 1967
Oehl, Wilhelm (Hrsg.): Deutsche Mystikerbriefe des Mittelalters 1100-1550. München 1931. Reprogr. Nachdruck Darmstadt 1972
Otto, Rudolf: Das Heilige. 35. Aufl. München 1963
Overbeck, Franz: Vorgeschichte und Jugend der mittelalterlichen Scholastik. Basel 1917. Reprogr. Nachdr. Darmstadt 1971
Piaget, Jean: Der Strukturalismus. Olten 1973
Piaget, Jean: Abriss der genetischen Epistemologie. Olten 1974
Pick, Heinz: Einflihrung in die Festkörperphysik. Darmstadt 1978
Portmann, Adolf: Biologie und Geist. Zürich 1956
Prutz, Hans: Die geistlichen Ritterorden. Berlin 1908. Reprogr. Nachdr. Berlin 1977
Quispel, Gillen: Gnosis als Weltreligion. Zürich 1972
Radin, Paul: Gott und Mensch in der primitiven Welt. Zürich I 953
Rahner, Karl: Hörer des Wortes. zur Grundlegung einer Religionsphilosophie. München 1963
Rahner, Karl und Vorgrimmler, Herbert: Kleines Konzilskompendium. Alle Konstitutionen, Dekrete und Erklärungen des zweiten Vaticanums in der bischöflich beauftragten Übersetzung. Freiburg 1966
Renner, Eduard: Goldener Ring über Uri, Ein Buch vom Erleben und Denken unserer Bergler, von Magie und Geistern und von den ersten und letzten Dingen. Neuchatel 2. Autl. 1954
Savage, Jay M.: Evolution. München 1973
Schamanengeschichten aus Sibirien. Aus dem Russischen übersetzt und eingeleitet von Adolf Friedrich und Georg Buddruss. München 1955
Schär, Hans: Religion und Seele in der Psychologie C. G. Jungs. Zürich 1946

Schärer, H.: Die Gottesidee der Ngadju Dajak in Süd-Borneo. Leiden 1946
Schlemmer, Johannes (Hrsg.): Anpassung als Notwendigkeit. München 1973
Schlette, Friedrich: Germanen zwischen Thorsberg und Ravenna. Köln 1977
Schmid, Rudolf: Das Bundesopfer in Israel. Wesen, Ursprung und Bedeutung der alttestamentlichen Schelamim. (Studien zum alten und neuen Testament). München 1964
Schmidt, Wilhelm: Der Ursprung der Gottesidee. Bd. I 21926, Münster i.W
Schalem, Gershom: Die jüdische Mystik in ihren Hauptströmungen. Frankfurt a. M. 1967
Schulz, Friedrich: Die Stunde der Botschaft, Einrührung in die Theologie der vier Evangelisten. Harnburg 2. Aufl. 1970
Schwarzer Hirsch: Ich rufe mein Volk. München 1962
Schwarzer Hirsch: Die heilige Pfeife. Olten 1978
Seidmann, Peter: Der Weg der Tiefenpsychologie in geistesgeschichtlicher Perspektive. Zürich 1959
Seuse, Heinrich: Deutsche mystische Schriften. Düsseldorf 1966
Shah, Idries: Die Sufis. Düsseldorf 1976
Siewing, Rolf (Hrsg.): Evolution: Bedingungen, Resultate, Konsequenzen, unter Mitwirkung zahlreicher Fachgelehrter. Stuttgart 1978
Spiegel, Joachim: Das Werden der altägyptischen Hochkultur. Ägypt. Geistesgeschichte im 3. Jahrtausend v. Chr. Heidelberg 1953
Spieth, J.: Die Ewe-Stämme. Berlin 1906
Spieth, J.: Die Religion der Eweer in Süd-Togo. Göttingen 1911
Steinbuch, Karl: Automat und Mensch. Kybernetische Tatsachen und Hypothesen. Berlin 3. Aufl. 1965
Steinen, Wolfram von den: Der Kosmos des Mittelalters, von Karl dem Großen zu Bemhard von Clairvaux. Bem 2. Aufl. 1967
Stirnimann, Hans: Existenzgrundlagen und traditionelles Handwerk der Pangwa in SW-Tansania. Fribourg 1976
Stirnimann, Hans: Die Pangwa in SW-Tansania, Soziale Organisation und Riten des Lebens. Fribourg 1979
Ströker, Elisabeth: Einführung in die Wissenschafistheorie. Darmstadt 1973

Tedlock, Dennis und Barbara (Hrsg.): Über den Rand des tiefen Canyon. Lehren indianischer Schamanen. Düsseldorf 1978
Theresia von Jesu: Leben. von ihr selbst beschrieben. (Sämtliche Schriften, Bd. 1.) München 3. Aufl. 1960
Tuttle, R. (Ed.): Sociecology and Psychology of Primates. The Hague, 1975
Uexküll, Jakob v. / Kriszat, Georg: Streifzüge durch die Umwelten von Tieren und Menschen. Bedeutungslehre. Frankfurt a.M. 1970
Uexküll, Jakob, Umwelt und Innenwelt der Tiere. Berlin 1921
Walker, James R.: The Sun Dance and Other Ceremonies of the Oglala Division of the Te-ton Dakota, New York 1917
Walker, Kenneth: Die andere Wirklichkeit, Parapsychologische Phänomene. Zürich 1964
Weinberg, Steven: Die ersten drei Minuten, der Ursprung des Universums. München 1977
Weizsäcker, Carl Friedrich v.: Die Einheit der Natur. München 1971
Widengren, Geo: Religionsphänomenologie. Berlin 1969
Wiener, Norbert: Mensch und Menschmaschine. Frankfurt a.M. 1952
Wiethoff, Bodo: Grundzüge der älteren chinesischen Geschichte. Darmstadt. 1974
Whorf, Benjamin Lee: Sprache, Denken, Wirklichkeit. Reinbek b. Hamburg. 8. Aufl. 1971
Zahrndt, Heinz: Die Sache mit Gott, die protestantische Theologie im 20. Jahrhundert. München 1966
Zavala, Jose F.: Die psychische Entwicklung in altmexikanischer Symbolik. Dargestellt an einem altmexikanischen Gesang im Lichte der Psychologie C. G. Jungs. Stuttgart 1977
Zerries, Otto/Schuster Meinhard: Mahekodotedi. Monographie eines Dorfes der Waika-Indianer (Yanooma) am oberen Orinoco (Venezuela). München 1974
Zimmer, Heinrich: Philosophie und Religion Indiens. Zürich 1961
Zimmer, Heinrich: Maya. der Indische Mythos. Zürich 1952
Zimon, Henryk: Regenriten auf der Insel Bukerebe (Tansania). Fribourg 1974

Werke von Willy Obrist bei opus magnum
(www.opus-magnum.de)

Die Mutation des europäischen Bewusstseins: Von der mythischen zur heutigen Weltsicht und Spiritualität
Eine Kurzfassung des Gesamtwerks
156 S., 2006, ISBN: 978-3939322016, € 14,90

Im diesem Buch hat Obrist das Wesentliche seines umfangreichen Werks knapp und übersichtlich zusammengefasst.

Religiosität ohne Religion
300 S., 2009, ISBN: 978-3939322184, € 24,90

Willy Obrist geht davon aus, dass Religiosität zum angeborenen Programm für die psychische Reifung des Homo sapiens gehört, aber einer zeitgemäßen Interpretation bedarf, in der sich Natutwissenschaft, Psychologie und Spiritualität miteinander versöhnen lassen.

Tiefenpsychologie und Theologie – Zwei Etappen der Evolution des Bewusstseins
192 S., 2009, ISBN: 978-3939322-17-7, € 24,90

Willy Obrist vermittelt eine Einführung in die Tiefenpsychologie und ihre brisanten Konsequenzen, die ihre Erkenntnisse für Kirche und Spiritualität haben. Der Mensch braucht nicht an einem archaischen und mythischen Weltbild festhalten, um seine Religiosität zu leben, da ihr Kern durch den modernen Wandel der Weltsicht nicht berührt wird.

Das Unbewusste und das Bewusstsein
196 S., 2013, ISBN: 978-3-939322-77-1, € 16,90

Willy Obrist zeigt, dass empirisch fundierte Modellvorstellungen der unbewusst-bewussten Psyche sich sowohl mit dem heutigen naturwissenschaftlichen Weltbild als auch mit dem menschlichen Bedürfnis nach Religiosität verbinden lassen.

Keine Materie ohne Geist
Natur als Quelle von Ethik und Sinn
288 S., 2021, ISBN: 978-3-939322-80-1, € 24,90

Materie und Geist, Psyche und Natur werden als komplementäre Aspekte einer einheitlichen Wirklichkeit gesehen. Eine zeitgemäße Ethik resultiert aus der Beziehung zur Ganzheit des Selbst.

Die Mutation des Bewusstseins
Vom archaischen zum heutigen Selbst- und Weltverständnis
308 S., 2021, ISBN: 978-3-939322-78-8, € 24,90

Willy Obrist stellt anhand umfangreichen ethnographischen, religions- und geistesgeschichtlichen Materials den Verlauf und die Gesetzmäßigkeit der Bewusstseins-Evolution dar.

Die Mutation des Bewusstseins fand in Europa statt
224 S., 2021, ISBN: 978-3-939322-79-5, € 14,90

Willy Obrist führt in diesem seinem letzten Werk den Nachweis, dass die Evolution des Bewusstseins, die zu einer Synthese von Wissenschaft und Religiosität führt, vor allem als ein Beitrag Europas an die Entwicklung des menschlichen Geistes zu sehen ist.